Prolingheuer
Der »rote Pfarrer« von Köln

Meiner Frau Marianne

Hans Prolingheuer

DER »ROTE PFARRER« VON KÖLN

Georg Fritze (1874–1939)

Christ · Sozialist · Antifaschist

Jugenddienst-Verlag

Umschlag: hammerteam
Gesetzt in der Linotype Garamond
Druck: F. L. Wagener, Lemgo
Buchbinderei: Klemme & Bleimund, Bielefeld

CIP-Kurztitelaufnahme der Deutschen Bibliothek

Prolingheuer, Hans:
Der »rote Pfarrer« von Köln : Georg Fritze
(1874–1939) Christ, Sozialist, Antifaschist /
Hans Prolingheuer. – Wuppertal : Jugenddienst-Verlag, 1981.
ISBN 3-7795-7348-2

Inhalt

Vorwort

Am Morgen des 3. Januar 1979 trifft sich auf dem Kölner Südfriedhof, an der Grabstätte 799, Flur 71, eine Schar Männer und Frauen. Ein schlichter Grabstein ragt aus dem tiefen Schnee: »Pfarrer Georg Fritze 1874–1939«. Vierzigster Todestag jenes Christen, Sozialisten und Antifaschisten, an dem sich in Deutschland, in der Kirche und natürlich im »hilligen Köln« die Geister einst geschieden haben. Die Menschenmassen, die dem Kölner Pfarrer Georg Fritze seit den Revolutionstagen des Winters 1918/1919 anhingen, hatten den »Prediger der Bruderliebe«, den »Streiter ohne Furcht und Tadel« wider Militarismus, Kapitalismus und Faschismus, unter dem Druck des Naziterrors schon zu Lebzeiten verlassen. Und die Schar der Getreuen, die das große Morden überlebt hat, ist über die vierzig Jahre hinweg kleiner und kleiner geworden. Ein Dutzend noch, die sich an diesem Wintermorgen am Grabe Georg Fritzes versammeln, um des verständnisvollen Seelsorgers, des solidarischen Genossen und des furchtlosen Kampfgefährten zu gedenken.

Aber an diesem Morgen des 3. Januar 1979 trauen die Frauen und Männer ihren Augen nicht. Die Angehörigen und alten Freunde Georg Fritzes erleben etwas, an das sie im tiefsten Grunde ihres von der Kirche so arg enttäuschten Herzens nicht mehr geglaubt hatten. Neben dem Kranz der Kölner SPD lehnt auch ein Kranz des Evangelischen Stadtkirchenverbandes Köln am Grabstein – niedergelegt von Pfarrer Ernst-Heinz Bachmann[1], dem Stadtsuperintendenten des Evangelischen Stadtkirchenverbandes Köln. Und der Repräsentant des evangelischen Köln beläßt es nicht nur bei dieser offiziellen Kranzniederlegung. Er bricht an diesem eis-

1 Siehe Aufnahmen auf der 3. Umschlagseite. Ernst-Heinz Bachmann (1915), Theologe mit rechtswissenschaftlicher Staatsprüfung, seit 1955 Pfarrer in Köln. Nach der Vierteilung des einstigen Kirchenkreises Köln im Jahre 1964 bis 1980 Superintendent des Kirchenkreises Köln-Nord. 1966 bis 1980 Stadtsuperintendent des Evangelischen Stadtkirchenverbandes Köln. Seit seiner Pensionierung ordnet er den reichen Nachlaß seines Schwiegervaters, des Marburger Systematikers, Religionswissenschaftlers und Missionskundlers Heinrich Frick (2. 11. 1893 bis 31. 12. 1952).

kalten Wintermorgen des 3. Januar 1979 auf dem Kölner Südfriedhof auch das eiskalte Schweigen und Verschweigen, das die Kirche Georg Fritze, einem ihrer profiliertesten rheinischen Pfarrer während der zwanziger und dreißiger Jahre, seit seinem Tode im Januar 1939 angetan hat.

Dort vor den Angehörigen der Familie Fritze und dem kleinen Kreis der Freunde Georg Fritzes spricht der Kölner Stadtsuperintendent Ernst-Heinz Bachmann erstmalig offen und öffentlich von der Schuld der Kirche und vieler Christen gegenüber ihrem Diener und Bruder Georg Fritze. Und die Anwesenden wissen aus eigenem Miterleben, was da mit diesen ersten offenen Worten des Kölner Kirchenmannes gemeint ist: die am Ende tödliche Jagd einer seit dem 9. November 1918 dem Faschismus entgegenfiebernden und seit jenem 30. Januar 1933 sich endlich am Ziel ihrer politischen Wünsche und Hoffnungen wähnenden Kirche und Christenheit auf einen Menschen, dem sie das politische Stigma eingebrannt hatte, das den Kölner Theologen zum Dissidenten stempelte: Georg Fritze, der »rote Pfarrer« von Köln. War es Verlegenheit oder Schlimmeres, was den Antifaschisten Georg Fritze nach der Überwältigung des Nationalsozialismus in Staat und Kirche so beharrlich aus dem kirchlichen Bewußtsein gedrängt hat?

Wie total dieses kirchliche Verschweigen und Vergessen war, hatte der Kölner Stadtsuperintendent am Nachmittag des 7. Februar 1974 selber erfahren. Der im Jahre 1955 aus Hessen nach Köln berufene Theologe hatte sage und schreibe erst am Eröffnungstage der städtischen Ausstellung »Widerstand und Verfolgung in Köln 1933–1945«, während des Rundgangs der Ehrengäste durch diese Ausstellung, aus einigen Exponaten von der Existenz des Kölner Amtsbruders und Widerstandskämpfers Georg Fritze Kenntnis erlangt[2]. Daß überhaupt Dokumente des Pfarrers Georg Fritze ausgestellt waren, ist dem Spürsinn des Kölner Historikers Franz Irsfeld und der Eigeninitiative des Kölner Kirchengemeindeamtsleiters Christian Semm zu verdanken. Franz Irsfeld ergatterte nämlich aus dem Archiv der Evangelischen Kirchengemeinde Köln im-

---

2 Historisches Archiv der Stadt Köln (Hg.), Ausstellungskatalog »Widerstand und Verfolgung in Köln 1933–1945«, 1974, S. 294–300 und Abb. 8.

merhin den mageren Rest der nach dem Kriege stark verdünnten Kölner »Personalakte Fritze«. Zwangsläufig fiel die Ausbeute dieses Aktenrestes spärlich aus, doch durch die Kölner Ausstellung gelangte wenigstens der Name des Verschwiegenen und Vergessenen mit seinen charakteristischen Merkmalen in die Öffentlichkeit[3]: Christ, Sozialist, Antifaschist. Dem jahrzehntelangen systematischen Totschweigen war endlich ein Riegel vorgeschoben[4]. Seither taucht der Name Georg Fritze auch in der Literatur hin und wieder auf – sein Name, nicht viel mehr. Unvermittelt, wie eine Sternschnuppe – zuweilen mit irrlichterndem Fantasieschweif versehen.[5] Allein der in der DDR wirkende Kirchenhistoriker Walter Bredendiek gibt mit zwei Artikeln zu erkennen, daß er

---

3 Schon 1973 stellt F.-M. Balzer Georg Fritze in die Reihe der wichtigen deutschen Religiösen Sozialisten, in: Klassengegensätze in der Kirche – Erwin Eckert und der Bund der Religiösen Sozialisten, 2. Aufl. 1975, 8 Zeilen auf Seite 281.

4 Der Verf. hatte im Rahmen der Kölner Ausstellung Fritzes ehem. Hilfsprediger Udo Röhrig (Pfarrer in Kirchberg/Hunsrück), Angehörige und Freunde zu einem »Informationsgespräch« des Ev. Jugendpfarramtes Köln am 11. 5. 1974 ins Historische Archiv der Stadt Köln eingeladen: »Evangelischer Kirchenkampf in Köln 1933–1945«. In der Sitzung der Ämterleiter des Ev. Stadtkirchenverbandes Köln, am 12. 6. 1974, bat der Verf., »in gebührender Weise des 100. Geburtstags des Herrn Pfarrer Fritze zu gedenken« (Protokoll). Zum 100. Geburtstag erschienen dann 2 Artikel: M. Diercks, Ein Pfarrer im Widerstand, in: Christ in Köln, 19. Ausgabe – 2/74; und G. Eichner, Pfarrer im Widerstand gegen Hitler-Genossen, in: Der Weg, Ausgabe Köln, vom 11. 8. 1974.

5 So z. B. in: Gerhard Jankowski / Klaus Schmidt (Hg.), Arthur Rackwitz – Christ und Sozialist zugleich, Schwarz-Weiß-Reihe, 1976, Bd. 7, S. 17; Günter Ewald, Religiöser Sozialismus, Urban-Taschenbücher, 1977, Bd. 632, S. 85 und 87; Emilie Hainke, Erinnerungen an zwei Kölner Pfarrer – 2. Georg Fritze (1874–1939), in: Rainer Sommer (Hg.), Die Kartause in Köln – Festschrift der Evangelischen Gemeinde Köln zum 50. Jahrestag der Einweihung der Kartäuserkirche in Köln zur evangelischen Kirche am 16. September 1978, 1978, S. 112–116; Reinhold Billstein (Hg.), Das andere Köln – Demokratische Tradition seit der französischen Revolution, 1979, S. 329 f., dort auch Auswertung des Gedenkartikels von Harald Biskup zum 40. Todestag G. Fritzes, im Kölner Stadt-Anzeiger vom 3. 1. 1979: »Pfarrer wurde im Stich gelassen« (S. 357). Es ist bemerkenswert, daß Fritze bei Jankowski/Schmidt ohne irgendeine Quellenangabe als »sozialliberal« apostrophiert wird.

wirklich Georg Fritzes Spur aufgenommen hat[6]. Ihm bin ich auch sehr dankbar für manch weiterführenden Hinweis; denn mein Interesse an Georg Fritze war seit 1971 geweckt.

Am 17. Mai 1971 hatte ich zum ersten Mal den Namen Georg Fritze gehört. Damals fragte ich den Vorgänger Ernst-Heinz Bachmanns, den pensionierten Kölner Stadtsuperintendenten Hans Encke[7], wann er die Geschichte des Kölner Kirchenkampfes schreiben werde, niemand in Köln sei dermaßen prädestiniert, das weiße Blatt im Buch des rheinischen Kirchenkampfes zu füllen, wie er, der einstige Leiter der Kölner Bekennenden Kirche.

Die bemerkenswerte Antwort habe ich mir damals folgendermaßen notiert:» Ich bin nicht so wichtig. Fritze! Fritze! An Fritze haben wir uns alle versündigt. Ein großartiger Mann! In Köln muß zuerst Fritze aufgearbeitet werden. Dann versteht man auch den Kölner Kirchenkampf.« Warum er, der Freund Fritzes, mit der Aufarbeitung nicht begonnen habe – diese Frage ließ er unbeantwortet. Vielleicht hatte ihn der gescheiterte Versuch des Kölner Kirchmeisters Hans Peuster aus dem Jahre 1952 mutlos gemacht, der wohl geglaubt hatte, einige in Legenden versteckte Zeilen in einem ›Festbuch‹ würden das Nazi-Opfer Fritze der Gemeinde schon bleibend in Erinnerung rufen[8]. Aber längst waren wieder Antikommunisten, nicht Antifaschisten gefragt.

---

6 Walter Bredendiek, Lenin und die Sowjetunion im Urteil evangelischer Theologen in den letzten Jahren der Weimarer Republik, in: Stimme der Gemeinde vom 14. 4. 1970; Wege neuer Weltgestaltung, in: Neue Zeit (DDR), Nr. 206, vom 31. 8. 1974, Gedenkartikel zum 100. Geburtstag Georg Fritzes.

7 Hans Encke (12. 1. 1896 bis 2. 8. 1976), 1922–1925 Krankenhaus- und Berufsschulpastor in Köln, von 1925–1966 Pfarrer in Köln-Riehl. 1934–1946 Vertrauensmann der Kölner Bekenntnissynode, in dieser Zeit Mitglied des rheinischen Bruderrates und zeitweise Vertreter der Bekenntnissynode Rheinland auf Landes- (Preußen) und Reichsebene (Konferenz der Landesbruderräte). 1946–1964 Kölner Superintendent, nach der Teilung des Kölner Kirchenkreises bis zur Pensionierung 1966 Superintendent des Kirchenkreises Köln-Mitte, von 1964–1966 Stadtsuperintendent des neugegründeten Evangelischen Stadtkirchenverbandes Köln.

8 Festbuch der Evangelischen Gemeinde Köln zur Wiedereinweihung der Antoniterkirche am 18. Mai 1952, 1952, S. 43 f. Siehe auch Anm. 390, Abs. 2, S. 168.

Seit diesem Gespräch mit Hans Encke habe ich alles gesammelt, was auch nur am Rande mit Georg Fritze zu tun haben könnte. Als mich dann, nach meinem Kurzbericht über Georg Fritze, der Landeskirchliche Ausschuß für die Geschichte des Kirchenkampfes im Rheinland in seiner November-Sitzung des Jahres 1977 gebeten hatte, »Leben und Wirken des Kölner Pfarrers Georg Fritze zu dokumentieren«, habe ich mit meinen systematischen Recherchen begonnen. Der Beschluß erleichterte mir die Arbeit. Er machte etliche kirchliche Amtspersonen gesprächiger und gewährte Einsicht in Akten und Dokumentensammlungen, die mir sonst wohl verschlossen geblieben wären.
So habe ich trotz allen Vernichtungswerkes an der Hinterlassenschaft Georg Fritzes – sei es das alliierte Bombardement im oder das verantwortungslose ›Aktenreinigen‹ nach dem Kriege – Dokumente im In- und Ausland aufstöbern können, die es heute ermöglichen, ein dokumentarisches Mosaik aus 34 zum Teil in sich geschlossenen Farbsteinen vorzulegen[9]. Leben und Wirken und schließlich das Martyrium eines Christen, Sozialisten und Antifaschisten, der in einer von DNVP- und NSDAP-Mitgliedern beherrschten und geleiteten Kirche – als ›roter Pfarrer‹ verteufelt – nach einem Kirchenkampf von zwanzig Jahren Beruf und Leben verliert.
Stellvertretend für die große Zahl derer, die mir bei der mühseligen Spurensuche behilflich waren, möchte ich meinen herzlichen Dank sagen den Kindern Gorg Fritzes, Klaus Fritze, Rotterdam; Dorothee Golay, Lausanne; Berta und Dr. Ulrich Fritze, Köln; Georg Fritzes Mitarbeiterin Grete Eichmeyer, Köln; sowie dem schon genannten Dozenten Dr. Walter Bredendiek, Berlin (DDR), und dem Landeskirchlichen Ausschuß für die Geschichte des Kirchen-

9 Auf Drängen der rheinischen Theologiestudenten hat der Verf. schon im November 1979 Auszüge aus den Kapiteln 1–17 zum Vorabdruck freigegeben, in: Fluchblatt 39, Informationen für rheinische Theologiestudenten, S. 3–14: Christ, Sozialist, Antifaschist. Über die genannten Kapitel hat der Verf. außerdem im Rahmen der Kölner Gedenkwoche für die Märtyrer Clarenbach und Fliesteden am 2. Oktober 1979 in einer öffentlichen Veranstaltung einen Vortrag gehalten: Georg Fritze 1874–1939 – Pfarrer in Köln, Sozialdemokrat und Bekenner im Widerstand.

kampfes im Rheinland, in Sonderheit dem Vorsitzenden, Altpräses Professor D. Dr. Joachim Beckmann, und seinem Stellvertreter, Landespfarrer Dr. Dietrich Meyer, Düsseldorf. Daß ich aber überhaupt das zunehmende Arbeitspensum neben meinem Beruf und meinen Mandaten im Rat der Stadt Köln und in der Landschaftsversammlung Rheinland zum Abschluß führen konnte, verdanke ich nicht nur dem Verständnis, sondern auch der tätigen Mithilfe meiner Frau, Marianne Prolingheuer, und meiner Tochter, Antje Prolingheuer.

Während seiner Ansprache am 3. Januar 1979, am Grabe Georg Fritzes auf dem Kölner Südfriedhof, stellte der Kölner Stadtsuperintendent Ernst-Heinz Bachmann ohne Umschweife fest, hier ruhe ein Opfer politischer Willkür und Verfolgung, das auf Rehabilitation warte. Ich wünsche mir von Herzen, daß dieses Buch mit dazu beitragen kann, eine offizielle kirchliche Rehabilitierung des Denunzierten und aus dem kirchlichen Dienst Exorzierten herbeizuführen. Den Denunzianten ist ja nach 1945 reichlich Gnade widerfahren. Gewähren wir Georg Fritze nach vier Jahrzehnten wenigstens sein Recht! Was die Schuld betrifft, so hat dazu Hans Encke am 17. Mai 1971 schon alles gesagt: »An Georg Fritze haben wir uns alle versündigt.« (Siehe Nachwort!)

Köln, im Juli 1980 Hans Prolingheuer

1 Liberale Lehrer

Bernhard Friedrich Georg Fritze wird am 1. August 1874 als Sohn der Eheleute Albrecht und Bertha Fritze zu Magdeburg geboren. Dort besucht Georg seit 1880 die städtische Vorbereitungsschule. Mit neun Jahren ist er Schüler des Gymnasiums zum Kloster Unserer Lieben Frauen. Nach dem Tode des Vaters im April 1885 findet der zehnjährige Kaufmannssohn Aufnahme in das dem Kloster angeschlossene Alumnat, »dem ich«, so deutet er Jahre später an, »nicht nur Gutes verdanke«[10].

Der früh verstorbene Vater hinterläßt seiner Familie keine finanzielle Sicherheit, so daß »die Mutter sich schwer mit den vier Kindern hat durchschlagen müssen«[11]. Zeitweise arbeitet sie als Wäscherin, um ihren Kindern die gute Ausbildung erhalten zu können. Und was das Gymnasium zum Kloster Unserer Lieben Frauen betrifft, so ist Sohn Georg dort in der Tat in besten Händen: eine weit über Magdeburg hinaus gerühmte Gelehrtenschule, an der kein Geringerer als der evangelische Theologe Professor Wilhelm Bornemann[12] als Geistlicher Inspektor wirkt. Dieser wird in der Oberstufe Georgs Religionslehrer, der dem Abiturienten am 9. März 1892 auf dem Reifezeugnis bescheinigt: »Mit dem Lebhaftesten und vielseitigsten Interesse hat er sich allen im Religionsunterricht angeregten Fragen und Gegenständen zugewandt. Sein Verständnis für die christliche Lehre und für die Geschichte und das Leben der christlichen Kirche war, wie seine Kenntnisse und Leistungen beweisen, hoch erfreulich. Sehr Gut.«[13]

Das ist neben dem Gut in Mathematik, Griechisch, Französisch und Geschichte bei Wilhelm Bornemann ganz sicher kein frommer

10 AEKR, Lebenslauf der Personalakte Georg Fritze.

11 Brief der Tochter Georg Fritzes, Frau Dorothee Golay, Lausanne, vom 27. 1. 1979 an den Verfasser.

12 Wilhelm Bornemann (2. 3. 1858 bis 30. 6. 1946), seit 1884 Privatdozent in Göttingen, Praktischer Theologe und Kirchengeschichtler, 1886 Geistl. Inspektor am Kloster Unsrer Lieben Frauen in Magdeburg, 1898 Prof. in Basel, ab 1902 in Frankfurt/M.: Pfarrer, Senior, Präsident der evang. Landeskirchenversammlung, Prof. für Praktische Theologie. Mitbegründer und Mitarbeiter der Zeitschrift »Die Christliche Welt«.

13 AEKR, Reifezeugnis, Personalakte.

Trost für die drei Genügend in Deutsch, Latein und Physik. Ein Sehr Gut von Wilhelm Bornemann in Religion – das will etwas heißen bei dem Mitbegründer und Herausgeber der derzeit bedeutendsten evangelischen Zeitschrift im deutschsprachigen Raum: »Die Christliche Welt«. Das will etwas heißen bei einem der vertrautesten Freunde Martin Rades[14], die in und mit ihrem auflagenstarken Organ nicht nur Theologie, sondern auch Theologen machen.

Rückblickend erinnert sich Georg Fritze an seine religiöse Entwicklung auf dem Gymnasium: »Meine Augen begannen sich zu öffnen. Zum Zwiegespräch von jeher sehr geneigt mußte ich aber auch bald beim Austausch der Gedanken mit einem aus geistig, nicht aber religiös, sehr interessierten Kreisen stammender Schulkameraden den heftigsten Widerspruch erfahren. Jetzt scheint's wie Spiel, was wir damals gesprochen, dennoch wurden jene unreifen Gespräche für mein naives Glaubensleben oft bitterernst; zwar glaubte ich fest, doch wurde ich bisweilen beunruhigt; ich trieb im stillen ›Apologetik‹. Da kam mir der Religionsunterricht in Prima, der von der Glaubens- und Sittenlehre handelt, zu Hilfe. Er stellte mich, indem in ihm mit nüchternster Offenheit die religiösen Probleme des Verhältnisses von Religion und Naturwissenschaft, Willensfreiheit und Gesetzmäßigkeit, des Glaubensbegriffes, der Persönlichkeit Jesu u. a. behandelt, allerdings mir auch wohl manche überkommene Vorstellung geraubt wurde, auf festen Boden, was für mich zugleich eine Vertiefung und Festigung meines ganzen Standpunktes bedeutete. Natürlich war damit mein Durst nicht gelöscht, vielmehr im Grunde nur noch stärker geworden.«[15]

14 Martin Rade (4. 4. 1857 bis 9. 4. 1940), ev. Theologe; Rade schuf 1886 bzw. 1888 zusammen mit W. Bornemann, Fr. Loofs und Paul Drews die Zeitschrift »Die Christliche Welt«, deren Herausgeber er bis 1931 geblieben ist. Rade gehörte zu den Gründern des »Evang. Sozialen Kongresses« (1890) und galt als der »Führer aller Freunde evang. Freiheit« (RGG^2). 1892 bis 1899 Pfarrer an der Frankfurter Paulskirche. Seit 1904 ao., ab 1921 ord. Prof. für Systematische Theologie in Marburg. Er formulierte nicht nur die Losung »Politik ist Christenpflicht«, er praktizierte sie auch, u. a. als demokratischer Abgeordneter der preußischen Verfassunggebenden Versammlung (1919–1921). Rade war ein Förderer der Friedensarbeit lange vor dem Ersten Weltkrieg, er unterstützte von Kirche oder Staat bedrohte Personen und Minderheiten. Eine tiefe Freundschaft verband ihn mit seinem Schwager Friedr. Naumann.

15 AEKR, Lebenslauf der Personalakte Georg Fritze.

Der Theologe und Pädagoge Wilhelm Bornemann hat es also verstanden, seinem auf der Suche nach der Wahrheit, auf der Suche nach dem Sinn des Lebens sich abrackernden Schüler Georg Fritze Appetit auf Theologie zu wecken. Schon im April 1892 nimmt der Siebzehnjährige sein Theologiestudium auf. Nicht in Studentenherrlichkeit. Sieben der acht Semester bleibt er an der Universität Halle. Hört Martin Kähler[16] und Friedrich Loofs[17]. Nur im dritten Semester geht er nach Marburg, um den die Theologie jener Jahre prägenden systematischen Theologen Wilhelm Herrmann[18] zu erleben.

Bei der Fülle des auf ihn einstürmenden Stoffes muß Georg Fritze lange nach der richtigen Methode seines Studiums suchen: »Bei Stoffen, die mich interessierten«, so resümiert der Student im letzten Semester selbstkritisch, »blieb ich zu oft stecken, so sind es auch in der Dogmatik mehr die apologetischen Fragen und der Glaubensbegriff, mit denen ich mich genauer beschäftigt habe; in dem Studium der Bibel weniger Einleitung, als Exegese und Theologie, vornehmlich des Neuen Testaments.«[19]

Darum empfindet es Georg Fritze nachträglich als eine große Hilfe, »als ich im Winter 1894/95 auf Verwenden eines mir wohlwollenden hiesigen Professors in das Schlesische Konvikt aufgenommen wurde[20], dem ich die drei letzten Semester meines Studiums angehört habe. Hier lernte ich das rechte Maß innehalten für die Arbeit in den verschiedenen Disziplinen, hier lernte ich das geregelte und regelmäßige Arbeiten, hier begann ich etwas von wissenschaftlicher Methode mir anzueignen. Meine Neigungen aber für

---

16 Martin Kähler (6. 1. 1835 bis 7. 9. 1912), biblizistischer Dogmatiker und Apologet. 1864 Prof. in Bonn, seit 1867 in Halle, gab der theol. Fakultät das Gepräge.

17 Friedrich Loofs (19. 6. 1858 bis 13. 1. 1928); Konfessionskundler und Kirchengeschichtler, 1882 Dozent in Leipzig, seit 1886 Prof. in Halle. Mitbegründer und Mitarbeiter der »Christlichen Welt«.

18 Johann Wilhelm Herrmann (6. 12. 1846 bis 2. 1. 1922), Systematischer Theologe; 1875 Dozent in Halle, seit 1879 Prof. in Marburg.

19 AEKR.

20 Ev. Studentenwohnheim mit 14 Plätzen in der Wilhelmstraße 10. Bei dem »wohlwollenden hiesigen Professor« handelt es sich um seinen väterlichen Berater Friedrich Loofs.

Dogmatik, besonders der Apologetik und Studium des Glaubensbegriffs ... und für die neutestamentliche Theologie blieben auch hier die herrschenden.«[21]

Selbstverständlich zählt Georg Fritze schon als Student zu den inzwischen überall in Deutschland sich organisierenden »Freunden der Christlichen Welt« – zu jenen Wortführern der liberalen Theologie wider die Orthodoxie –, hält in örtlichen Arbeitskreisen Referate im Sinne des berühmt-berüchtigten Blattes, das ihm durch seine theologischen Lehrer seit seiner Magdeburger Schulzeit zum ständigen Begleiter geworden ist.

Am 23. Juli 1896 besteht Georg Fritze ohne Not in Halle sein erstes theologisches Examen, auch das zweite bringt er mit der Gesamtnote »fast gut« am 10. Mai 1898 in Magdeburg hinter sich. Seine ausgewiesenen Stärken sind demnach: Praktische Theologie in Gottesdienst und Seelsorge, Pädagogik, Kirchen- und Dogmengeschichte und nicht zuletzt – die Predigt. Sogar zur »Form des Vortrags« ist in den Akten des Königlichen Consistoriums der Provinz Sachsen über Georg Fritzes Examenspredigt löblich vermerkt: »Die sicher memorierte Predigt wurde mit gutem Ausdruck, kräftiger und wohltönender Stimme angemessen vorgetragen.«[22]

Nach dem sich anschließenden Militärdienst vom 1. Oktober 1898 bis zum 30. September 1899 ist dem Fünfundzwanzigjährigen der Weg ins preußische Pfarramt geöffnet. Aber Georg Fritze nimmt die Einladung zum Dienst in seiner wohlgeordneten Heimatkirche nicht an. Er schlägt den vor ihm liegenden bequemen Weg aus. Der trainierte Apologet mag dem Reich Gottes noch nicht in der Etappe dienen. Georg Fritze will sich zuvor an der Front bewähren.

---

21 AEKR.
22 AEKR.

2 Kampfplatz Belgien

Der kirchliche Dienstweg Georg Fritzes beginnt am 22. Oktober 1899 als Hilfsprediger der Belgischen Missionskirche in der südbelgischen Industriestadt Charleroi[23]. Eine Wüste für einen Magdeburgischen Theologen. Ein Sturz aus ›Unseres Herrgotts Kanzlei‹ hinab in die wahre Hölle. Aber Georg Fritze hat einen Kampfplatz gesucht, hier hat er ihn gefunden. Und es wird ein Kampf an drei Fronten zugleich: ein aus dem finstersten Mittelalter ins 19. Jahrhundert überdauerter inquisitorischer und vulgärer Katholizismus; ein brutaler, menschenfressender Kapitalismus; ein unterdrücktes und ausgebeutetes, das Christentum zutiefst verachtendes Proletariat.

Da dient er nun einer Kirche, die 1899, verglichen mit der Ordnung seiner Preußischen Landeskirche und der Tradition seiner sächsischen »Reformationsprovinz«, eigentlich gar keine Kirche ist[24]. Bei Verkündung der Religions- und Unterrichtsfreiheit im neuen Belgien des Jahres 1830 hatten im Bereich von Charleroi nur zehn Evangelische das jahrhundertelange Gemetzel der Gegenreformation überlebt. Als Georg Fritze siebzig Jahre später, am 30. September 1900, »zu Charleroi für den Dienst am Wort in der Belgischen Missionskirche feierlich ordiniert« und bald darauf als »zweiter Pfarrer von Charleroi«[25] in sein Pfarramt eingeführt wird, ist in der belgischen Bergarbeiterstadt bereits eine junge evangelische Gemeinde von mehr als dreitausend Mitgliedern herangewachsen. Und wie überall in Belgien, so geht auch in Charleroi dieser gewaltige Zuwachs fast ausschließlich auf Kosten der katholischen Kirche. »Los von Rom!« – so lautet auch in Belgien seit Jahren die Parole.

Georg Fritze kämpft jedoch nicht »wie einer, der in die Luft schlägt«. Er analysiert zunächst gründlich die Situation, erforscht

---

23 Der Schweizer le pasteur Sublet hatte Georg Fritze während einer »Kollektenreise« zu Gunsten der Belgischen Missionskirche für diesen Dienst auf Zeit gewonnen. Brief Klaus Fritze, Rotterdam, vom 8. 12. 1979 an den Verfasser.

24 Bis zur Annahme der Synodalverfassung im Jahre 1902 trug die Belgische Missionskirche Vereinscharakter.

25 Die Einführung ins Pfarramt erfolgte am 29. 4. 1902.

die Geschichte des Landes und die verhängnisvolle Entwicklung zur gegenwärtigen Lage der Kirchen in Belgien. Und das Ergebnis seiner systematischen Untersuchung bringt Daten und Fakten ans Licht, die auch in Deutschland Aufsehen erregen. Er hält in Deutschland Vorträge, und seine »orientierende Skizze« erscheint in München bald als Buch, im Rahmen der »Los von Rom«-Kampagne. Doch »Los von Rom«, das ist für Georg Fritze ein Kampf ohne Zielangabe. Er gibt dem Kampf eine Richtung, für die zu kämpfen sich lohnt. Schon der Titel seines Buches verkündet sein Programm: »Los von Rom und Hin zum Evangelium in Belgien«[26]:

». . . waren die einzigen Losungsworte Rom und Antirom, so beginnt jetzt eine ruhigere Prüfung der religiösen Frage, ja des Evangeliums Jesu Christi, sich langsam Platz zu machen. Einzelne einflußreiche Männer der liberalen Partei und – wunderbar – ganze Kreise der Sozialdemokratie fangen an, sich mit dem Christentum in ernstem Suchen auseinanderzusetzen, . . . ein vor einigen Monaten in Lüttich abgehaltener sozialdemokratischer Kongreß beschloß nach einer lehrreichen Debatte, die bisherige mehr feindliche Stellung der Partei zur Religion auf dem nächsten nationalen Kongreß zu Brüssel einer Prüfung zu unterziehen.«

Als Georg Fritze im Oktober 1903 in seine preußische Provinzialkirche Sachsen zurückkehrt, liegen vier entscheidende Lehrjahre hinter ihm. Jahre, die ihn bleibend geprägt haben: Kampf gegen eine pervertierte, entartete, das Evangelium von der befreienden Gnade und Barmherzigkeit Gottes verfälschende Kirche; liebevolle Geduld und Solidarität mit den Opfern der Herrschenden in Kirche und Staat, und seien diese auch längst zu militanten Atheisten geworden; Überwindung aller provinzialkirchlichen Enge und Strenge eines nationalen Christentums, um zur ökumenischen Bruderschaft zwischen den Kirchen, den Völkern und den Rassen zu gelangen.

---

26 G. Fritze, Los von Rom und Hin zum Evangelium in Belgien, Heft 5 der Reihe »Berichte über den Fortgang der ›Los von Rom Bewegung‹«, Hg. Lic. Bräunlich, 1904. Zitat aus Fritzes Vortrag vom 8. 10. 1902 vor der XV. Generalversammlung des Evangelischen Bundes zu Hagen in Westfalen: Die Aussichten des Evangeliums in Belgien. Siehe Dokument 1, S. 188 ff.

Als sich der so an der Front bewährte Pfarrer Georg Fritze am 4. Oktober 1903 beim Königlichen Consistorium in seiner Vaterstadt Magdeburg zurückmeldet[27], hat er erst einmal wieder sächsischer Vikar zu werden. Man weist ihn ein in die Vikarstelle Artern, bei Groß-Wanzleben, nachdem er am 16. Oktober 1903 auf dem Königlichen Konsistorium der Provinz Sachsen – in Anwesenheit dreier christlicher Zeugen – seinen Amtseid geschworen und unterzeichnet hat:
»Ich, Friedrich Bernhard Georg Fritze, schwöre meinen Eid zu Gott, dem Allwissenden und Heiligen, daß, nachdem ich zum evangelischen Provinzialvikar bei der Provinz Sachsen berufen worden bin, in diesem und in jedem andern geistlichen Amte, zu welchem ich künftig berufen werden möchte, ich, so wie es einem Diener der christlichen Kirche geziemt, Sr. Kaiserlichen und Königlichen Majestät von Preußen, meinem allergnädigsten Könige und Herrn, und dem Königlichen Hause, treu und gehorsam sein, das Wohl des Landes in dem mir angewiesenen oder noch anzuweisenden Wirkungskreise, so viel in meinen Kräften steht, befördern, die mir wohlbekannten Pflichten des mir anvertrauten Amts mit Gewissenhaftigkeit erfüllen, und in meiner Gemeinde als ein treuer Seelsorger mit allem Ernst und Eifer bemüht sein will, durch Lehre und Wandel das Reich Gottes und meines Herrn und Meisters Jesu Christi zu bauen. Alles, so wahr mir Gott helfe durch Jesum Christum. (gez.) Georg Fritze«
Ein Jahr später wählt ihn das Presbyterium in Nordhausen zum Pfarrer an der Kirche St. Petri, wo er am 27. November 1904 in sein neues Amt eingeführt wird. Im Frühjahr 1905 heiratet Georg

27 In einem Zeugnis unter dem Schriftwort Offb. 2,10 – »Sei getreu bis in den Tod, so will ich dir die Krone des Lebens geben« – bescheinigt der Generalsekretär der Belgischen Missionskirche, Kennedy Anet, dem scheidenden Georg Fritze am 19. 3. 1904, »daß Herr Pastor G. Fritze im Dienst der genannten Kirche gestanden hat . . . Der Verwaltungsrat freut sich, der regen und treuen Tätigkeit das beste Zeugnis auszustellen, die Herr Pastor Fritze nicht nur in der Gemeinde Charleroi und zwar besonders in der Abteilung Gilly-Ransart als französischer Pfarrer, sondern auch als deutscher Pfarrer unter den zahlreichen in dem Kreise Charleroi wohnenden Deutschen durch Hausbesuche, Religionsunterricht, Konfirmation, Gottesdienst, Erteilung von Abendmahl und Vollziehung von Taufe, endlich durch Begräbnisfeiern entfaltet hat.«

Fritze die zweiundzwanzigjährige Holländerin Katharina Havelaer aus Haarlem, Tochter des Direktors der Haarlemer Wasserwerke, Louis Willem Havelaer, eines wohlhabenden Förderers der Belgischen Missionskirche.[28]

Von Nordhausen aus nimmt Georg Fritze die alten Verbindungen zur »Christlichen Welt« wieder auf und gewinnt in den folgenden Jahren auch die persönliche Freundschaft des Herausgebers Martin Rade[29]. Seit dieser Zeit erscheint Georg Fritze auch als Autor des liberalen evangelischen Blattes. Mit dem Nordhauser Kreis der »Freunde der Christlichen Welt« hat er sich bald eine Plattform geschaffen, von der aus er seiner Gemeinde regelmäßig das Neueste aus Theologie, Kirche und Politik präsentiert. Natürlich gilt Fritzes großes Interesse auch weiterhin der Belgischen Missionskirche. Immer wieder bringt er den Freunden die vielfältigen, durch neue Besuche bereicherten Erfahrungen der ersten vier Dienstjahre nahe. Und seine Folgerungen werfen auch Fragen an die eigene Kirche auf. 1908 erscheint seine zweite Studie: »Die Evangelisationsarbeit der Belgischen Missionskirche«[30].

Das Königliche Consistorium zu Magdeburg indes scheint den vierjährigen Kirchendienst Georg Fritzes in Belgien nicht so wichtig zu nehmen: es rechnet Georg Fritze nur drei Jahre davon auf die Dienstzeit an.

---

28 Der Rotterdamer Bakteriologe Louis Willem Havelaer hatte von 1892–1900 eine leitende Stellung bei den Wasserwerken der südbelgischen Provinzhauptstadt Namur inne.

29 Vgl. Briefwechsel Fritze/Rade im Nachlaß Rade (839), Marburger Universitätsbibliothek.

30 Auch diese Studie von Georg Fritze gilt heute noch als wichtige Quellensammlung zur belgischen Kirchengeschichte. Vgl. RGG^2, Bd. 1, Sp. 883 f., und Evangelisches Kirchenlexikon, Bd. 1, Sp. 381 ff.

3 Der Fall Jatho

Um diese Zeit gerät erstmalig Köln in das Blickfeld des Nordhauser Pfarrers. Es ist der Kölner Pfarrer Carl Jatho, der Georg Fritzes Aufmerksamkeit und Sympathie weckt[31]. Der protestantische Prediger der Domstadt am Rhein macht keinen Hehl aus der Tatsache, daß er – wie zahlreiche Theologen insgeheim – sich längst nicht mehr zu den kirchlichen Dogmen, wie beispielsweise der Dreieinigkeit Gottes oder der Jungfrauengeburt Mariens, bekennen kann.

Was jedoch diesen Kölner Pfarrer Carl Jatho weit über das Rheinland hinaus so bekannt und beliebt macht, ist seine Verkündigung der grenzenlosen Liebe und Güte Gottes; eine Verkündigung, die beeindruckend verdeutlicht, daß die Liebe Gottes eben nicht im Vorzeigen althergebrachter Dogmen oder in der Vorführung artistischer theologischer Spitzfindigkeiten sichtbar wird, sondern in der Hinwendung Jesu zu den Mühseligen und Beladenen. Darum wird Carl Jatho nicht müde, in immer neuen Variationen sein Thema zu entfalten, deutlich zu machen, wer denn in Wahrheit die ersten Bürger des Reiches Gottes sind. »Es sind«, so predigt er landauf, landab, »die Sklaven, die Frauen, die Enterbten des Schicksals, die Parias und Proletarier.«[32]

Darum drängen die Mühseligen und Beladenen aller Stände unter seine Kanzel, wo immer Carl Jatho auch im Lande predigen mag. Beunruhigt indessen sind die Epigonen Luthers und Calvins auf den Lehrstühlen und in den Kirchenleitungen, denen der Kölner Prediger vorwirft: »Sie machten Christus zu einem Doktor der Theologie . . . dozierend auf seinem Katheder.«[33]

Georg Fritze nimmt diese befreiende Botschaft aus Köln dankbar auf. Nicht nur in Charleroi, auch gerade erst wieder als Teilnehmer am fünften »Weltkongreß für freies Christentum und religiö-

---

31 Carl Jatho (25. 9. 1851 bis 11. 3. 1913), seit 1891 Pfarrer in Köln. Seine (vorwiegend der Kirche entfremdeten) Hörer sammelten sich im »Verein der Freunde evang. Freiheit«, während kirchlich-konservative Kreise seit 1905 seine Entlassung aus dem Kirchendienst forderten.

32 Carl Jatho, Briefe, hg. von Carl O. Jatho, 1914, S. XIII.

33 Carl Jatho, Briefe, a.a.O., S. XIX.

sen Fortschritt« in Berlin[34] hat der Prediger an St. Petri zu Nordhausen gelernt, daß fixierter Glaube schon wichtig ist, daß aber auch das umfassendste, das lauterste Credo ohne die Glaubwürdigkeit des Bekenners zur puren Gotteslästerung entartet. Und als seine preußische Kirchenleitung in Berlin im Juni 1911 gegen Carl Jatho ein Lehrzuchtverfahren eröffnet, da ist es kein Wunder, daß sich Georg Fritze in Nordhausen an die Seite des Kölner Pfarrers stellt. Er ist empört darüber, daß sich der begnadete Prediger und Menschenfreund wie ein Schwerverbrecher gegen die Religion vor einer preußischen Spruchkammer zu verantworten hat, und daß da dreizehn Glaubensrichter dann auch tatsächlich mehrheitlich Carl Jatho seines Amtes als Pfarrer entheben[35].

In einer öffentlichen Kundgebung protestiert Georg Fritze in Nordhausen gegen diese kirchliche Zwangsmaßnahme: »Der Fall Jatho, wegen der von Jatho ausgegangenen echt christlichen Art und wegen seiner, trotz ganz unannehmbaren Theologie, durch und durch christlichen Lebensart, hätte dazu führen sollen, anzuerkennen: es mag jemand eine unannehmbare Theologie haben: erweist sich seine Persönlichkeit und seine Arbeit in ihren Wirkungen als christlich, als lebenweckend im Sinne Jesu, nun, so darf er eben bleiben, ja, so wollen wir Gott danken, daß hier mal wieder einer gekommen ist, der wahrhaftig wirkt, tief wirkt und dauernd wirkt in tief religiösem und christlichem Sinne.«[36]

Die preußischkonservative Presse greift den liberalen Protestanten Georg Fritze scharf an und warnt die Behörden in Staat und Kirche vor dem »Jathoisten in Nordhausen«: »Wo bleibt denn hier das Christentum? Entweder glaubt jemand an einen dreieinigen Gott,

---

34 Der Berliner Kongreß (5.–10. 8. 1910) begann am 3. 8. in der Kölner Flora mit einem Vorprogramm. Jatho in seiner Eröffnungsrede: »Die Kulturentwicklung drängt seit Jahrhunderten darauf hin, Brücken zu schlagen von Volk zu Volk, von Kirche zu Kirche, von Religion zu Religion. Wir prüfen den Wert und die Kraft dieser geschichtlich gewordenen Gemeinschaften und Organisationen an dem Maßstab der Menschlichkeit, der Menschenrechte und der Menschenpflichten.« Original des handgeschriebenen Redetextes im Besitz des Verfassers.

35 Fritzes theol. Lehrer Friedrich Loofs gehörte zu den zwei Kammermitgliedern, die gegen Jathos Entlassung stimmten.

36 Nordhauser Zeitung, Nr. 190, vom 15. 8. 1911.

den Schöpfer Himmels und der Erde, und er ist ein *Christ,* oder aber er glaubt *nicht* an einen persönlichen Gott, der die Welt erschaffen hat, wie *Jatho,* und er ist *kein Christ.* Hier heißt es, entweder *Christ* oder *Heide.* Dazwischen gibt es nichts. Zu bedauern ist es nur, daß sich dieses moderne Heidentum auch schon bis nach Nordhausen verpflanzt hat. Wohin mag diese Geistesrichtung, dieser Unglaube, noch führen?«[37]

Obwohl der Vorgang im Königlichen Consistorium zu Magdeburg aktenkundig wird und zu Rücksprachen führt, läßt sich Georg Fritze nicht einschüchtern. Als 1912 auch Carl Jathos Verteidiger, der Dortmunder Pfarrer Gottfried Traub, amtsenthoben wird[38], greift Georg Fritze zur Feder, um sich erneut von Nordhausen aus kritisch zu Wort zu melden. In einem Zeitungsartikel über Adolf Harnack weiß er ausführlich und lobend zu erwähnen, daß Adolf Harnack, der große Theologe und »Anwalt einer entschlossenen Fortentwicklung unserer evangelischen Kirche im Sinne religiöser Freiheit und freier Religiosität«, zum Fall Traub seine Stimme erhoben hat[39]:

»Harnack hat nach Traubs Absetzung gesprochen. Sein Wort war eine Tat. Viele schauen *auch auf ihn* und hoffen, daß seine Persönlichkeit und sein weithin reichendes Wort in diesen Entscheidungszeiten für eine fortgehende Erstarrung oder eine entschlossene Weiterbildung unseres preußischen evangelischen Kirchenwesens zugunsten des letzteren mächtig ins Gewicht fallen werden.«[40]

Für Georg Fritze machen die Fälle Jatho und Traub doch nur den wahren Grund allen kirchlichen Übels sichtbar:

»Die letzte Ursache dieser Vorgänge erblicken wir in der gegenwärtigen Kirchenverfassung, die den Einzelgemeinden gegenüber der Gesamtkirche nicht die nötige Selbständigkeit verbürgt.

---

37 Sächsisches Tageblatt, Nr. 164, vom 19. 8. 1911.

38 Gottfried Traub (11. 1. 1869 bis 22. 9. 1956), bis zur Entlassung Pfarrer an St. Reinoldi zu Dortmund, 1919 preußischer Landtagsabgeordneter (DNVP), 1920 in Kapp-Putsch verwickelt, war als Kultusminister im Kapp-Lüttwitz-Kabinett vorgesehen, wegen seiner vaterländischen Gesinnung vom EOK wieder voll rehabilitiert, Hg. Augsburger Nachrichten.

39 Adolf Harnack, Die Dienstentlassung des Pfarrers Lic. Gottfried Traub, 1912.

40 Montagsblatt der Magdeburgischen Zeitung, Nr. 48, vom 25. 11. 1912, S. 380–382: »Adolf Harnack«.

Der Fall Jatho zeigt, daß es unumgänglich nötig ist, die Entscheidung über alle das Innenleben der Gemeinden betreffenden Fragen von den Organen der Gesamtkirche hinweg in die Einzelgemeinde hinein zu verlegen.
Der Fall Traub zeigt, wie wenig man der eigentümlichen Stellung des evangelischen Pfarrers, der in erster Linie als berufener Diener der ihm anvertrauten Gemeinde zu werten ist, gerecht wird, wenn man ihn vor allem als den zur Unterordnung unter die Organe der Gesamtkirche verpflichteten Beamten der Gesamtkirche betrachtet.«[41]

4 Die Wirkung der Kriegspropaganda

Aber nicht nur die Kirchenpolitik Preußens fordert den Widerspruch Georg Fritzes heraus. Auch die gesamtpolitische Entwicklung im Lande beunruhigt ihn zunehmend. Er, der auf Grund seiner Erfahrungen in der Bergarbeiterstadt Charleroi politisch hellwach und inzwischen zum Sozialisten geworden ist[42], er, den die Lehrjahre in Belgien jeglichen Nationalismus ausgetrieben, dafür aber Augen und Herz geöffnet haben für den Auftrag Jesu zu ökumenischer Zusammenarbeit der Christen und Völker im Sinne des Johannesevangeliums – »auf daß sie alle eins seien« –, der beobachtet mit großer Sorge, daß angesichts der Balkankrise die Aufrüstung Deutschlands immer unverhohlener betrieben wird und daß die für den Herbst des Jahres 1913 geplanten Jahrhundertfeiern des Sieges über Napoleon allein dem Zweck dienen, im deutschen Volk Stimmung gegen Frankreich zu machen.
So findet Georg Fritze als Nordhauser »Vetrauensmann« der »Freunde der Christlichen Welt« zu jener mutigen Minderheit der 400 Gesinnungsgenossen aus allen evangelischen Landeskirchen Deutschlands, die sich im Juni 1913 erstmalig öffentlich auch in die

41 Resolution der Nordhauser »Freunde der Christlichen Welt«, Nachlaß Rade.
42 Fritze im Brief vom 16. 1. 1911 an Rade: »Ich neige stark zum Sozialismus.« Das genaue Datum seines SPD-Eintritts ist unbekannt.

große Politik einmischt. Georg Fritze gehört zu den Unterzeichnern des Aufrufes »An die Geistlichen und theologischen Hochschullehrer der evangelischen deutschen Landeskirchen«[43]:

»Das Jahr 1913, das uns Deutschen eine große Volkserhebung zurückruft, bringt uns zugleich neue beispiellose Kriegsrüstungen. Um den Völkerfrieden zu erhalten, so sagt man uns, muß immer angespannter gerüstet werden. Aber die Tatsachen zeigen, daß, da alle Kulturstaaten das Gleiche tun, die Kriegsgefahr so nicht vermindert wird, weil gerade die immer drückendere Last des bewaffneten Friedens, verschärft durch Haß und Mißtrauen der Völker untereinander, zur blutigen Entscheidung drängen kann, die wiederum nicht das Ende, sondern den Anfang erneuten Wettrüstens bedeuten würde.

Als Christen, die wir sein wollen, fühlen wir uns vor Gott und unserem Gewissen verpflichtet, aus diesem Dilemma des Krieges ohne Ende *den* Ausweg zu suchen, der menschenmöglich und gottgewollt ist: Friede auf Erden! Verständigung der Völker über eine Rechtsgemeinschaft, die das Unrecht des Krieges durch den Rechtsspruch ersetzt und den Völkern *die* Ethik zumutet, die zwischen Einzelmenschen selbstvertständlich ist . . .

Wir fordern von den Völkern christlicher Kultur das *sittliche* Opfer, daß sie unter Zurückstellung kriegerischen Ehrgeizes und der Gelüste gewaltsamer Eroberung einen internationalen Rechtszustand herbeiführen, der das Gewaltmittel der Waffen ausschaltet. Mit diesen Forderungen, die den Urgedanken des Evangeliums entsprechen, sollten diejenigen voranstehen, die auf Katheder und Kanzel die Religion des Gekreuzigten verkünden. Es ist schmerzlich zu bedauern, daß bisher nur ein verschwindender Teil der deutschen evangelischen Theologen den Völkerfrieden öffentlich vertritt, daß wir diese praktische Gefolgschaft Jesu Christi der kirchenfremden Sozialdemokratie überlassen.

Nicht allein das Ansehen unserer Kirchen, auch die Lebenskraft unseres Glaubens verlangt diesen Beweis des Geistes ohne Menschenfurcht . . .«

Aber in Staat und Kirche stehen die Zeichen längst auf Krieg. Und

---

43 Beiblatt zu Nr. 30 der »Christlichen Welt«, 1913. Siehe Dokument 2, S. 192.

am 1. August 1914 – Georg Fritze feiert an diesem Tage in Nordhausen seinen 40. Geburtstag – bricht er los.

Natürlich wird auch dieser Krieg sogleich von Kanzeln und Kathedern überschwenglich begrüßt. »Gott mit *uns*!«, heißt der Zuspruch der Kirchen. 93 Prominente – unter ihnen auch jene theologischen Lehrer Georg Fritzes, wie Wilhelm Herrmann und Adolf Harnack, die ihm und nahezu einer ganzen Theologengeneration bis auf diesen Tag Halt und Wegweiser sind – liefern mit einer öffentlichen Kundgebung ihrem Volk und Staat für das blutige Beginnen die christliche Moral. Daß die für die deutsche Sozialdemokratie so verführerischen Worte des Kaisers, »Ich kenne keine Parteien mehr, ich kenne nur noch Deutsche!«, aus der Feder des inzwischen geadelten Adolf von Harnack stammen, kann Georg Fritze noch nicht wissen. Der beobachtet zu seinem Entsetzen von Nordhausen aus, wie die nun beginnende systematische Kriegspropaganda die Hirne seiner Brüder und Genossen binnen weniger Tage umprogrammiert: Weg von der ökumenischen Bruderschaft! Weg von der internationalen Solidarität! Hin zum Freund-Feind-Denken! Hin zum Nationalismus! »Volk ans Gewehr!«

»Ich begegne vielen Freunden«, so beklagt sich Georg Fritze nach einem halben Jahr Weltkrieg, »denen es geradezu eine *religiöse* Forderung ist, daß Deutschland siegt . . . ihrer sind *viele*, die den Sieg Deutschlands bewußt oder unterbewußt identifizieren mit dem Sieg . . . Gottes. So klingt es uns aus zahlreichen Predigten auch unserer Gesinnungsfreunde entgegen: ›Was sollte denn aus der Welt werden, wenn Deutschland geknechtet würde! Das wäre ja der Untergang der Welt.‹«[44]

Georg Fritze hält entschieden dagegen: »Die oben gezeichnete Sprache hat vor einer in die Tiefen dringende Religiosität kein Recht.« Die Schlußfolgerung, »also *muß* jetzt Deutschland siegen um Gottes willen«, weist er als theologisch »geradezu bedenklich« zurück: »Entweder wir scheiden Gott aus diesem Kriegsgeschehen überhaupt aus – das tun manche unserer Freunde; ich kann's

44 Aus einer handschriftlichen Aufzeichnung Fritzes von Anfang 1915, die er Rade am 16. 3. 1915 zur Veröffentlichung in der »Christlichen Welt« zuschickte. Vergeblich.

nicht – oder wir sind überzeugt: Gott lenkt die Völker nach seinem Rat, dann wollen wir getrost ihm überlassen, auf welchem Wege er seine ewigen Ziele verfolgt.«[45]
Doch wann immer Georg Fritze selbst mit »nahe stehenden Freunden« über den Krieg spricht, fühlt er, »wie furchtbar die Gefahr droht, die sonst hoch gepriesenen christlichen Maßstäbe preiszugeben«. Ihr Vorwurf trifft ihn hart, seine »Art schwäche den Willen zum Siege«[46]. Und Georg Fritzes Meinung über die Verletzung der Neutralität Belgiens dient nicht gerade der Festigung alter Freundschaften. Da glaubt auch Freund Rade »nicht, daß wir als *Christen* gut tun, über diese Probleme unserer jüngsten Weltgeschichte uns zu streiten«.[47]
Dennoch bittet Martin Rade den kirchlichen Belgien-Experten Georg Fritze, für »Die Christliche Welt« einen umfassenden Artikel über das politisch so heikle Thema Belgien zu schreiben. Am 25. April 1915 hat Georg Fritze seinen Beitrag fertig. Er befaßt sich vor allem mit den Schriften und Verlautbarungen, die seit dem Einmarsch der deutschen Truppen in Belgien erschienen sind. Und was wurde bis zum Frühjahr 1915 nicht alles über Belgien und seine Neutralität geschrieben. Die Ausbeute ist reichlich, und der Name Fritze bürgt für Außergewöhnliches.
Als Georg Fritze am 25. April 1915 sein Manuskript abschickt, ist er skeptisch. In seinem Begleitbrief an Martin Rade gibt er allerdings der Redaktion freie Hand: »Ich habe versucht, Ihren Wunsch zu erfüllen. Es war nicht leicht. Ich glaube, Sie werden auch manches nicht bringen mögen. Streichen Sie ruhig.«[48]
Und was dann da in den drei November-Nummern von Georg Fritze in der »Christlichen Welt« über Belgien zu lesen ist, vermittelt denn auch den Eindruck, als wenn Martin Rade und seine Berater in der Redaktion von dem großzügigen Angebot Georg Fritzes nur allzu gründlich Gebrauch gemacht hätten[49].

45 Ebenda.
46 Brief Georg Fritze an Martin Rade vom 16. 3. 1915.
47 Die Christliche Welt, Nr. 46, 1914, Sp. 1003.
48 Brief Georg Fritze an Martin Rade vom 25. 4. 1915.
49 Die Christliche Welt, Nr. 44, vom 4. 11. 1915, Sp. 886–889; Nr. 45, vom 11. 11. 1915, Sp. 907–908; Nr. 46, vom 18. 11. 1915, Sp. 925–927. Der Beitrag Fritzes erschien unter der Überschrift: »Schriften über Belgien«.

Jahre später erst kann Georg Fritze seine Meinung über die bitteren Folgen des Krieges für die evangelischen Christen Belgiens ungekürzt und ungeschminkt sagen. In seinem siebenspaltigen Artikel unter dem Stichwort »Belgien« gelangt er im »Handwörterbuch für Theologie und Religionswissenschaft«, in der 2. Auflage der berühmten RGG[50], zu dem Schluß:
»Der Krieg hat der Sache des Protestantismus in B(elgien) empfindlich geschadet; nicht bloß weil durch ihn die protestantischen Gemeinden ökonomisch in ärgste Bedrängnis geraten sind, sondern auch weil der Krieg und seine Grausamkeiten weithin kurzweg dem Protestantismus zur Last gelegt wurden.«
Und diese Schlußfolgerung ist nur zu verständlich, denn Kaiser Wilhelm II. ist ja nicht nur oberster Kriegsherr, sondern zugleich auch als König von Preußen Bischof und Oberhaupt der evangelischen Landeskirche Preußens.

5 Von Nordhausen nach Köln

Schon gegen Ende des Jahres 1910 hatte Georg Fritze mehrere Einladungen von seinen Freunden in Hessen erhalten, sich in Frankfurt/Main um eine Pfarrstelle zu bewerben. Besonders Professor Wilhelm Bornemann, inzwischen Senior[51] von Frankfurt/Main, bemühte sich sehr intensiv um die Zusage seines einstigen Magdeburger Schülers Georg. Auch Martin Rade ermunterte den Nordhauser Freund zum Wechsel. Doch sie alle vermochten es nicht, den engagierten Theologen, Sozialisten und Publizisten aus der Nordhauser Abgeschiedenheit, dort vom Südhang des Harzes ins geistige und politische Getümmel der Großstadt zu locken.
Georg Fritze hatte seine guten Gründe: »Die sich nach freier Frömmigkeit Sehnenden zählen auf mich. In Frankfurt fürchte ich Untergang in der Vielgeschäftigkeit; ich muß ruhig arbeiten kön-

50 Religion in Geschichte und Gegenwart (RGG), 2. Auflage, Bd. 1, Sp. 877–883. Dieser Band erschien 1927. Den Artikel »Belgien« verfaßten Fritze und sein belgischer Freund Schyns.

51 Senior = Superintendent oder Kreisdekan. Siehe Anm. 12.

nen, soll ich in Predigt, Unterricht, Vortrag etwas geben.« Und weiter gibt er Freund Rade zu verstehen: »*Vertraulich* darf ich wohl hinzufügen: ob Lehrer und Schüler wirklich in so enge amtliche Gemeinschaft gehören? Ich verdanke Bornemann sehr, sehr viel und verehre ihn.«[52]

Fünf Jahre später indes gibt er dem Drängen der Freunde nach und sendet im Herbst 1915 seine Bewerbung an die Altstadt-Gemeinde Köln. Die Stadt am Rhein, in der einst Carl Jatho bis zu seinem plötzlichen Tode im Frühjahr 1913 trotz aller Anfeindungen, Maßregelungen und Demütigungen so segensreich gewirkt hat, reizt ihn, die »Kirchhofsfriedlichkeit der Reformationsprovinz« Sachsen[53] zu verlassen. Seine Wahl zum Pfarrer an der Trinitatiskirche erfolgt bereits am 7. Januar 1916. Und schon wenig später vermittelt er Martin Rade, dem geheimen Regisseur dieses Stellenwechsels, von Nordhausen aus den ersten Eindruck seiner bisherigen Köln-Besuche: »Es scheint, daß unsere Art in C. nicht vertreten ist. Neulich schon erschrak ich, als Becker[54] im Cölner Gemeindeblatt schrieb: ›nicht bloß das Heil Deutschlands, nein, das Heil der Welt hängt von Deutschlands Sieg ab‹.«[55]

Georg Fritze hat die Wahl angenommen, und zwei Monate nach der Geburt des vierten Kindes[56] zieht die Familie Fritze im April 1916 von Nordhausen um nach Köln am Rhein, in das Pfarrhaus Große Witschgasse 17. Am 24. April 1916, am zweiten Ostertag, wird Georg Fritze durch Superintendent Rehse »in feierlichem Gottesdienst, der in der Trinitatiskirche stattfand und bei dem ein Kirchenchor mitwirkte, in sein Amt eingeführt«[57].

---

52 Brief Georg Fritze an Martin Rade vom 16. 1. 1911, in dem es aber auch über Nordhausen heißt: »Bloß das Andere: Synode, Pfarrkonferenzen etc. ist kaum zum Ertragen, so inhaltlos, so geistesarm!«

53 So im Brief Fritze an Martin Rade vom 28. 12. 1909.

54 Karl Theodor Becker (1865), seit 1912 Pfarrer in Köln. Nachfolger des entlassenen und 1913 verstorbenen Carl Jatho.

55 Brief Georg Fritze an Martin Rade vom 19. 2. 1916.

56 Die vier Kinder der Eheleute Fritze sind alle in Nordhausen geboren: Klaus am 18. 2. 1911, Dora am 28. 4. 1913, Berta am 25. 6. 1914 und Ulrich am 27. 2. 1916.

57 Tagebuch Kreissynode Köln, Nr. 359, am 24. 4. 1916. Friedrich Ludwig Rehse (1866–1922), seit 1915 Superintendent.

Abends ist das evangelische Köln zu einer Feierstunde in das evangelische Vereinshaus in der Rheingasse geladen, um den neuen Pfarrer willkommen zu heißen. Ein festlich-kulturelles Programm, in dem alles, was in der Kölner Gemeinde Amt und Namen hat, was singen und spielen kann, aufgeboten ist. Nach der Begrüßung der Familie Fritze durch den Vorsitzenden des Presbyteriums, den Lizentiaten Pfarrer Radecke[58] und der Ansprache Georg Fritzes, ist die »Vaterländische Rede« des Kölner Kirchmeisters Wilhelm von Recklinghausen zweifellos der zeitgemäße Höhepunkt dieses Osterabends in Köln, angesichts der seit dem 21. Februar ununterbrochen tobenden Schlacht um Verdun. Und als sich die Festversammlung nach dem Schlußwort von Pfarrer Beckey[59] erhebt, weiß sie, wovon im Schlußchoral die Rede ist, wenn sie inbrünstig singt:

»Im Streite zur Seite ist Gott uns gestanden,
er wollte, es sollte das Recht siegreich sein;
da ward, kaum begonnen, die Schlacht schon gewonnen.
Du Gott, warst ja mit uns! Der Sieg, er war dein.

Wir loben dich, oben, du Lenker der Schlachten,
und flehen: ›Mögst stehen uns fernerhin bei,
daß deine Gemeinde nicht Opfer der Feinde!‹
Dein Name sei gelobt! O Herr, mach uns frei!«

Es sind die verheerenden Auswirkungen dieses Krieges, die Georg Fritze keine Zeit lassen, sich in Ruhe und systematisch mit seinem neuen Arbeitsfeld vertraut zu machen. Das Elend schreit zum Himmel. Zu seinem Pfarrbezirk der Trinitatiskirche zählen in der Kölner Altstadt und im Severinsviertel ohnehin die Ärmsten der Armen. Sechstausend Seelen. Dazu die Not des Krieges. Dazu der lange, eisige Winter 1916/1917, der die Versorgung der Bevölkerung zeitweise unmöglich macht. In dieser Zeit wird Georg Fritze ein kurzer Nebensatz seiner dreiseitigen Dienstanweisung zur Hauptaufgabe, nämlich: ». . . die besondere Seelsorge mit Hausbesuch, Krankenbesuch und Armenpflege auszuüben«.

58 Louis Waldemar Radecke (1876), seit 1909 Pfarrer in Köln; Vorsitzender des »Verbandes der Freunde evangel. Freiheit«.

59 Heinrich Friedrich Beckey (1848–1933), seit 1892 Pfarrer in Köln.

Das Kölner Presbyterium setzt sich in dieser Notzeit erfolgreich dafür ein, daß die Kölner Pfarrer nicht zum Militär- oder Felddienst einberufen werden. Dafür leistet es dankbar und tapfer Kriegshilfe in Sachwerten. Es spendet Glocken und Orgelpfeifen für die Rüstung, zeichnet Kriegsanleihen und öffnet auch in der Woche die Kölner Kirchentüren, wann immer der himmlische Schlachtenlenker auch an Werktagen für einen deutschen Sieg sollte günstig gestimmt werden müssen.

Georg Fritze predigt gegen den Strich. Er gesellt sich nicht zu jenen Komplizen des obersten deutschen Kriegsherrn und preußischen Bischofs, die Gott zum »Lenker der Schlachten« und Jesus zum »Guten Kameraden« umfunktionieren; Georg Fritze predigt »betont ›ökumenisch‹ . . ., gegen den ›deutschen Gott‹ und gegen andere religiös-chauvinistische Greuel, die damals die evangelische Verkündigung verwüsteten«[60]:

»Wir dürfen und können doch nicht vergessen, daß der Kern des Evangeliums, auf dem unser Dasein ruht, das *Reich Gottes* ist und daß dies *Reich Gottes in allen Völkern aller Weltteile seine Glieder* zählt und daß das Reich Gottes und das Reich des Vaterlandes, so sehr wir beide preisen, nicht dasselbe sind und daß *nur eines von ihnen* das Höchste sein kann.«[61]

---

60 Walter Bredendiek, in: Neue Zeit (DDR), Nr. 206, vom 31. 8. 1974: »Wege neuer Weltgestaltung«. Noch während der Feierstunde der Soldatenverbände und Bundeswehr am Volkstrauertag 1970 Im Kölner Hindenburg-Park stimmte der evangelische Militärdekan Günther Karstedt diesen Ton vom »Guten Kameraden« an. Lt. Kölnische Rundschau vom 16. 11. 1970 hießen die letzten Sätze seiner Rede: »Laßt uns den Weg zum ewigen Leben suchen, finden und vollziehen. Bleib du im ewigen Leben mein guter Kamerad.« Sätze, die in lärmendem Protest empörter Jugendlicher fast untergingen. Da Feldjäger gegen die zivilen Jugendlichen eingesetzt wurden, folgte ein jahrelanges (ergebnisloses) Ermittlungsverfahren auf Antrag des Jugendringes gegen die Militärs. Schließlich löste der Kölner Jugendring das ganze Problem dadurch, daß er 1971 im Hindenburg-Park mit Genehmigung der Kölner Stadtverwaltung am Volkstrauertag unter dem Beifall von Presse und Öffentlichkeit einen ganztägigen Kindertag veranstaltete. Seither befindet sich im Kölner Hindenburg-Park ein Bauspielplatz. Kein Platz mehr für derartige Reden.

61 Aus der Predigt Georg Fritzes über Röm. 12,2, aus Anlaß der Kölner Kirchenvisitation am 29. 4. 1917 in der Antoniterkirche.

An der Predigt Georg Fritzes scheiden sich in Köln die Geister. Doch der Aktivist der Deutschen Friedensbewegung läßt sich nicht beirren. »Wie es scheint«, wundert sich der Neukölner, »gibt es jetzt sogar in der katholischen Kirche eine . . . Friedensbewegung; nur in der Evangelischen Kirche ist's von solchen Stimmen merkwürdig still! Hier stehe ich, so gut ich kann, meinen Mann.« Und sein Wirken und Predigen für Frieden und Versöhnung mitten im Kriege trägt erste Früchte. In seinem Hause treffen sich »alle zwei bis drei Wochen etwa 30–50 . . . Freunde und Freundinnen aus allen Ständen . . . Das ist das mir bis jetzt Liebste, was mir Cöln gebracht hat.«[62]

Und während das Kölner Presbyterium im schlimmen Kriegs- und Revolutionsjahr 1917 nun schon monatelang darüber berät, wie denn wohl im katholischen Köln am besten der 400. Jahrestag der Reformation zu begehen sei, nimmt Georg Fritze den 31. Oktober 1917 zum Anlaß, sich abermals durch Unterschrift öffentlich gegen den Krieg zu erklären:

»Wir deutschen Protestanten reichen im Bewußtsein der gemeinsamen christlichen Güter und Ziele allen Glaubensgenossen, auch denen in den feindlichen Staaten, von Herzen die Bruderhand.

Wir erkennen die tiefsten Ursachen dieses Krieges in den widerchristlichen Mächten, die das Völkerleben beherrschen, in Mißtrauen, Gewaltvergötterung und Begehrlichkeit, und erblicken in einem Frieden der Verständigung und der Versöhnung den erstrebenswerten Frieden.

Wir sehen den Hinderungsgrund einer ehrlichen Völkerannäherung vor allem in der unheilvollen Herrschaft von Lüge und Phrase, durch die die Wahrheit verschwiegen oder entstellt und Wahn verbreitet wird, und rufen alle, die den Frieden wünschen, in allen Ländern zum entschlossenen Kampf gegen dies Hindernis auf.

Wir fühlen angesichts dieses fürchterlichen Krieges die Gewissenspflicht, im Namen des Christentums fortan mit aller Entschieden-

62 Brief Georg Fritze an Martin Rade vom 25. 5. 1917.

heit dahin zu streben, daß der Krieg als Mittel der Auseinandersetzung unter den Völkern aus der Welt verschwindet.«[63]
Diese in der »Christlichen Welt« veröffentlichte Friedenserklärung löst bis weit in das Jahr 1918 reichende Diskussionen im deutschen Protestantismus aus[64]. Gegenerklärungen und »eine seltene Fülle von Verurteilungen«[65] brechen über die »Verräter« herein. Doch als Martin Rade dann endlich im November 1918 die Namen aller Unterzeichner veröffentlicht[66], da finden sich kaum noch Ankläger. Da traut sich auch in Köln niemand mehr, Georg Fritze wegen seiner Unterschrift einen »vaterlandslosen Gesellen« zu schimpfen: In der Domstadt amtiert seit Wochen ein Arbeiter- und Soldatenrat, die deutschen Fronttruppen der 6., 17. und 65. Armee haben sich soeben über die Kölner Rheinbrücken ins Landesinnere zurückgezogen, und der Einmarsch der Alliierten steht unmittelbar bevor; in Berlin hat die Monarchie kampflos das Feld geräumt, Scheidemann die Republik ausgerufen, der Kaiser das Land verlassen. Die Staatskirche ist kopflos geworden. Friedrich Ebert ist Reichskanzler – ein Sozialdemokrat!
Da hat auch das Kölner Presbyterium in seiner Sitzung am 29. November 1918 – der ersten während der Revolution – ganz andere Sorgen. Bevor es über den wohl wichtigsten Tagesordnungspunkt seine Beratungen aufnimmt, nämlich »Vorbereitung von Maßnahmen gegenüber den Absichten auf Trennung von Staat und Kirche«, eröffnet der Vorsitzende die Sitzung nicht nur, wie sonst üblich, mit Gebet, sondern auch »mit Worten treudankbaren Gedenkens an den König von Preußen, den bisherigen Summus Episcopus der preußischen Landeskirche«[67].
Was nun die erklärten Absichten der Regierung Ebert betrifft, »die Trennung von Staat und Kirche« zu verwirklichen, so beschließt

63 Die Christliche Welt, Nr. 42, 1917, S. 556.
64 Evangelische Freiheit, Nov. 1917; Deutsch=Evangelisch, Dez. 1917; Protestantenblatt, Nr. 45, 1917; Die Christliche Welt, Nr. 50, 1917; Der Tag, Nr. 264, 1917; Fränkischer Kurier, Nr. 628, 1917; Christliche Welt, Nr. 44, 1917 (Chronik).
65 Die Christliche Welt, Nr. 13/14, 1918, Sp. 135.
66 Die Christliche Welt, Nr. 48/49, 1918, Beiblatt.
67 Protokollbuch A1, 9; Archiv der Evang. Gemeinde Köln, S. 363.

das Presbyterium nach langer Aussprache: »Es soll Einspruch erhoben werden gegen den, wie es den Anschein hat, von der gegenwärtigen Regierung geplanten Rechtsbruch, die Trennung von Staat und Kirche ohne Mitwirkung einer geordnet gewählten Volksvertretung vorzunehmen.«[68]

Georg Fritze hält gar nichts von derart reaktionären Reaktionen. Die Freiheit der Kirche vom Staat hält er für ein Geschenk des Himmels. Republik statt Preußentum – das ist für den Sozialisten ein Segen, die Erfüllung seines jahrzehntelangen Wunsches. Nun muß auch das Volk in der Kirche zu seinem Recht kommen.

Und während die revolutionäre Linke fordert: »Alle Macht den Räten!«, ruft Georg Fritze – zusammen mit 88 Protestanten aus dem kirchlichen, kulturellen und politischen Leben Deutschlands, unter ihnen Männer wie Friedrich Naumann, Otto Nuschke und Friedrich Siegmund-Schultze – die »protestantischen Volksgenossen« auf, wo irgend möglich, jetzt auch in der Kirche »Räte« zu bilden: »Volkskirchen-Räte«[69]. Dem Aufruf sind 10 Punkte als »Richtlinien für die Volkskirchen-Räte« angefügt:

»1. Nichts Künstliches! Nicht um jeden Preis etwas machen wollen. 2. Ehrfurcht vor dem bisherigen Bestande der Kirche, aber kein Respekt vor ihren Mängeln und keine Schonung ihrer Versäumnisse und Sünden . . . 8. Wir erstreben vor allem auch Gemeinschaft mit den Frei- und Sonderkirchlichen, um mit ihrer Hilfe eine Volkskirche zu bekommen, wie wir sie noch gar nicht gehabt haben. 9. Wir werden auch mit unseren Katholiken gern Hand in Hand gehen . . .«[70]

Daheim in Köln und darüber hinaus im Rheinland setzt sich Georg Fritze vor allem für eine strikte Neutralität der Kirche gegenüber den politischen Parteien ein. Das unselige Bündnis zwischen Thron und Altar soll sich nicht in einer neuen Kumpanei von Kirche und klerikal-konservativen Rechtsparteien fortsetzen als politischer Kampfbund gegen die Linksparteien. Allein auf dem Boden parteipolitischer Neutralität, so hofft er, wird auch zwischen So-

---

68 Ebenda, S. 365.

69 Die Christliche Welt, Nr. 50/51, Sp. 491–492, 1918.

70 Ebenda.

zialdemokratie und Kirche Vertrauen reifen und der tiefe Graben zwischen Kirche und Arbeiterschaft allmählich überwunden werden können. Und das ist für den Sozialdemokraten Fritze nicht zuerst eine parteitaktische, sondern vor allem eine theologische Frage: »Gott hat sein Volk in allen Parteien!«[71], wie darf sich da die Kirche mit einer Partei identifizieren und eine andere verdammen. Daß sich Georg Fritze wenigstens in dieser Hinsicht dann auch durchgesetzt hat, zeigt die Erklärung der Präsides aller evangelischen Gemeinden Groß-Kölns zur kirchlichen Lage, die im Januar 1919 in der Kölner Presse veröffentlicht wird: »Wir *halten es für selbstverständlich,* daß die Volkskirche gegenüber den politischen Parteien vollständige Neutralität wahrt.«

Georg Fritze bemerkt allerdings in seiner Naivität nicht, daß seine ganz überwiegend klerikal-konservativ und parteipolitisch deutschnational engagierten Amtsbrüder allein deshalb so plötzlich für eine Neutralität der Kirche gegenüber den politischen Parteien eintreten, um den Sozialisten Fritze in der Kirche politisch mundtot machen, um ihn fortan mit den eigenen Waffen schlagen zu können. So kommentiert dann auch die sozialdemokratische »Rheinische Zeitung« die insgesamt äußerst regierungsfeindlichen Kölner »Forderungen der evangelischen Kirche« mit der Überschrift: »Wäre sie doch auch sonst so energisch!«[72]

7 Kirche und Sozialdemokratie

Für Georg Fritze bringt das Kriegsende nicht nur den Zusammenbruch der Staatskirche. Auch die Theologie seiner Lehrer hat sich in den vier Jahren des schrecklichsten aller Kriege als hohl und brüchig erwiesen. Dort findet Georg Fritze seit langem keine Ant-

---

71 Siehe S. 40.

72 Rheinische Zeitung vom 11. 1. 1919, S. 2. Vgl. dazu: Karl Wilhelm Dahm, Pfarrer und Politik – Soziale Position und politische Mentalität des deutschen evangelischen Pfarrerstandes zwischen 1918 und 1933, Dortmunder Schriften zur Sozialforschung Bd. 29, Köln/Opladen 1965, S. 25, 50 ff. und 147 ff.; Hans Prolingheuer, Kirchenkampf vor 1933 – ein Kampf gegen die Weimarer Republik, 1980, S. 6 ff.

wort mehr auf seine Fragen. Seit jenem kriegerischen »Aufruf der 93« Intellektuellen vom Sommer 1914 hat er sich nach glaubwürdigeren Theologen umgesehen – und auch einen gefunden: Christoph Blumhardt[73].

Schon als Georg Fritze im Jahre 1899 seinen kirchlichen Dienst begann – ausgerüstet mit dem Handwerkszeug bester liberaler Theologie –, predigte der württembergische Pfarrer und sozialdemokratische Landtagsabgeordnete Christoph Blumhardt in Bad Boll längst nicht mehr an den Existenzfragen der Menschen vorbei. Ein Satz aus einer Blumhardt-Predigt dieses Jahres 1899 wird für Georg Fritze zum Schlüssel, der ihm das Tor zu einem neuen theologischen Bewußtsein öffnet:

»Wenn wir nicht im Leibe, in den materiellen Dingen Gemeinschaft haben, so werden wir es niemals in geistlichen Dingen haben. Wir sind keine Geister, sondern Menschen aus Fleisch und Blut, wir müssen alle Tage gegessen haben und in jeder Jahreszeit unsere Kleider haben und überall miteinander unsere Werkzeuge haben, wir müssen *miteinander* arbeiten und *nicht für uns allein,* sonst können wir niemals eins werden in der Liebe Christi, die Herde werden, die als Jesusgemeinschaft auftritt in der Welt und sagt: Jetzt muß es aber anders werden, jetzt darf nicht immerfort der Einzelne für sich leben, jetzt muß es ein Volk von Brüdern werden.«[74]

Jetzt, zwanzig Jahre danach, erkennt Georg Fritze in Predigt und Wirken dieses von den Frommen verachteten und von den Liberalen belächelten Christoph Blumhardt neuen Halt und neue Wegweisung für sein eigenes Predigen und Handeln. Jetzt, zwanzig Jahre danach, begreift der Liberale von einst mit Christoph Blumhardt: »Der *Heiland* ist ungeheuer liberal«.[75] Jetzt, mitten im re-

---

73 Christoph Blumhardt (1. 6. 1842 bis 2. 8. 1919), Pfarrer und Nachfolger in der Leitung des Schwefelheilbades Bad Boll seines Vaters Johann Christoph Blumhardt (1805–1880), von 1900 bis 1906 sozialdemokratischer Abgeordneter im Stuttgarter Landtag.

74 Kartäuser Pfarrblätter, Nr. 8/10, 1930; Zitat aus: R. Lejeune, Christoph Blumhardts Predigten und Andachten, 1925.

75 Johannes Harder (Hg.), Christoph Blumhardt – Ansprachen, Predigten, Reden, Briefe: 1865–1917, 1978, Bd. 1, S. 105.

volutionären Kampf des Nachkriegsdeutschland, zieht er aus dem befreienden Evangelium des Nazareners für seinen Kampf die Konsequenz: »Es gibt keine grundstürzendere Revolution als Ernst machen mit der Bruderliebe.«[76] Der evangelische Apologet wird zum Apologeten des Evangeliums.

Und Georg Fritze verliert keine Zeit. Immer deutlicher ergreift er Partei für die Arbeiter, welche die Kirche seit je hat links liegen lassen. Auf dem Höhepunkt des Wahlkampfes um die Wahlen zur Nationalversammlung am 19. Januar 1919 sorgt eine Anzeige auf der Titelseite der »Rheinischen Zeitung« für *die* politische Sensation:

> »KIRCHE UND SOZIALDEMOKRATIE. Über dieses Thema werden Mittwoch, den 15. Januar, nachmittags 5 Uhr, im großen Gürzenichsaale in Köln Pfarrer *Fritze* und Redakteur *Meerfeld* reden.«[77]

Ungläubiges Staunen bei der Arbeiterschaft: »Ein leibhaftiger Pfarrer auf unserer Seite?« »Ein roter Pfarrer! – Ein Pakt mit dem Teufel!«, so macht sich der Zorn der Klerikalen Luft. Weder Amtsbrüder noch Konsistorium können Georg Fritze von seinem Vorhaben abhalten. Und als der »rote Pfarrer von Köln« uneingeschüchtert am Mittwochnachmittag oben im großen Saal des berühmten Kölner Gürzenich seine Rede beginnt, stehen draußen noch Tausende auf den Straßen. Treppen, Gänge und Galerien drinnen waren schon Stunden vorher überfüllt. Alle wollen sie dieses historische, politische Ereignis miterleben. Ein Pfarrer für die SPD, wo doch gerade erst die katholischen Bischöfe in ihrer Kanzelabkündigung zu den Wahlen die Sozialdemokratie verdammt haben! Die Menschenmassen vor dem Gürzenich lösen sich erst auf, als ihnen die Veranstaltungsleitung die Wiederholung der Kundgebung fest zusagt. Drinnen wechseln andächtige Stille mit minutenlagen Beifallsstürmen.

Doch Georg Fritze vereinnahmt Christus nun nicht seinerseits für die Sozialdemokratie: »Wo stünde Jesus, wenn er heute durch unsere Reihen ginge? Ich glaube, es ist kein Zweifel, daß er sich zu

76 Georg Fritze, in: Mitteilungen, Nr. 3, S. 5, 1921.
77 Rheinische Zeitung, Samstag, 11. 1. 1919.

keiner Partei als zu der *seinigen* bekennen würde. Er hat sein Volk in allen Parteien, so wie er es während des Krieges in allen Völkern und einander bekämpfenden Heeren gehabt hat.« Darum rät er auch seinen Freunden und Genossen ab, »daß die politische Partei als solche einen Bund schließe mit der Religion; möglich aber und dringend wünschenswert ist, daß immer mehr Menschen in der Partei sich dem Geiste öffnen, der echte Religion nicht als Bedürfnis des Kranken, sondern als Kraft des Gesunden betrachten lernt«.

Und dann setzt er sich mit dem blinden Sozialistenhaß in den Kirchen auseinander: »Die soziale Frage ist zutiefst nicht eine Magen- und Wirtschafts-, sondern eine Menschtumsfrage« und: »Hätte die Kirche nur immer gegen den Materialismus *von oben* gekämpft, wie gegen den von unten!« Daß die Kirche in der Reihe der Unterdrücker und Ausbeuter gestanden habe, sei ihrer Verquickung mit dem Staat zuzuschreiben: »Darum glaube ich bestimmt, daß die Lösung des Verhältnisses von Staat und Kirche für die Kirche letztlich segensreich sein muß.«[78]

Seitenweise zitiert die »Rheinische Zeitung« anderntags aus Vorträgen und anschließender Diskussion, und die Wiederholung der Kundgebung am Samstagnachmittag – am Tage vor der Wahl zur verfassungsgebenden Nationalversammlung, die ja auch über das Verhältnis von Staat und Kirche entscheiden wird – bietet dasselbe Bild: Wieder ein überfüllter Gürzenich, wieder Menschenmassen draußen vor den verschlossenen Türen, wieder hitzige Diskussionen im Anschluß an die Vorträge.

Diesmal hat sich auch der deutschnationale Pfarrer Nack[79] eingefunden und zu Wort gemeldet. Er sieht in allem nur »Wahlmache«. Die sozialdemokratische »Rheinische Zeitung« berichtet: »Stürmischer Widerspruch brandete auf. Natürlich wollte es Herr Nack nicht anerkennen, daß die Kirche angesichts der sozialen

78 Zitate aus: Georg Fritze, Kirche und Sozialdemokratie, Siehe Dokument 3, S. 193 ff. Der kath. Priester Hohoff war »einer der ersten . . ., der mir ›Heil‹ zurief«, freute sich Fritze noch 1929 in seiner »Grußadresse« in: Das Rote Blatt, 2/1929. Herausgeber war Fritzes kath. Kölner Freund Heinrich Mertens. Siehe dazu auch: Dokumente 5, S. 204 ff.

79 Ernst Paul Karl Nack (1880), seit 1915 Pfarrer in Köln.

Zerklüftung der Gegenwart schwerwiegende Fehler mache . . . Pfarrer *Fritze* antwortete ihm auf dem Fuße . . . Zwei verschiedene Grundauffassungen lägen vor; es werde sich zeigen, welcher die Zukunft gehöre (Stürmische Beifallsbekundungen) . . . Die Liebestätigkeit der Kirche erkenne jeder Sozialdemokrat an; nur komme sie den letzten sozialen Problemen nicht nahe. Sie vermöge nicht, daß die armen Kinder mehr Brot hätten, in gesünderen Wohnungen aufwüchsen. Es fehle eben vielfach an der energischen Durchdringung mit jenem Geiste der Liebe, der auch dem Letzten im Volke die Augen öffnen wolle, um sich frei zu entfalten (langanhaltender Beifall).«[80]
Pfarrer Nack setzt diese »Vortragsangelegenheit« auf die Tagesordnung der Sitzung des Presbyteriums am 21. März. Aber trotz aller Vorbehalte gegenüber den Sozialdemokraten: bei den unsicheren Zeitläuften will sich niemand so recht engagieren. So wird der Antrag des Vorsitzenden Nack »in Sachen Verhältnis zur Sozialdemokratie« abgesetzt, und in der Sitzung am 10. April scheitert Herausforderer Nack gar vollends, so daß Georg Fritzes erste Amtsperiode als Vorsitzender des Presbyteriums beginnen kann[81].

8 Wider die kapitalistische Wirtschaftsordnung

Der Gürzenich-Vortrag vom 15. und 18. Januar 1919 bleibt auch nicht ohne Antwort aus der Kölner Arbeiterschaft. Georg Fritze ist überrascht von dem Echo: »Ohne es irgendwie beabsichtigt zu haben – ich war damals nur auf den Plan getreten, weil es mich innerlich tief schmerzte, wie von verschiedenen Seiten unter Mißbrauch der Berufung auf ›Religion‹ und ›Christentum‹ gegen die Sozialdemokratie Sturm gelaufen wurde – sah ich mich nach dem Vortrag von einer, im Laufe der nächsten Wochen sich steigernden Zahl Arbeiter umringt, die mich drängten, im Sinne des Gürzenichvortrages planmäßig weiterzuarbeiten.«[82]

80 Rheinische Zeitung vom 20. 1. 1919
81 Protokollbuch, a.a.O., S. 394 und 407.
82 Georg Fritze in: Die Eiche, Nr. 2, 1921, S. 146, Widerspruch und Aufbauarbeit in Köln.

Einen Plan hat Georg Fritze zwar noch nicht, aber er läßt sich seit diesen Tagen im Januar 1919 spontan auf eine Arbeit ein, für die er in seiner Kirche weder Ermutigung noch Vorbilder findet. Darum reist Georg Fritze im September 1919 ins thüringische Tambach, wo gleichgesinnte Theologen am Beispiel des schweizerischen Religiösen Sozialismus ihre Erfahrungen austauschen wollen. Hier in Tambach lernt Georg Fritze – wenige Wochen nach dem Tode Christoph Blumhardts – neue Weggefährten mit neuen theologischen und politischen Perspektiven kennen: Rudolf Bultmann, Günther Dehn, Hans Ehrenberg, Friedrich Gogarten, Eduard Thurneysen und – unter den drei Referenten aus der Schweiz – den Safenwiler Pfarrer Karl Barth.[83] Etwa hundert Theologen sind beisammen, und Georg Fritze vernimmt in diesen Tambacher Tagen für sich den bezwingenden Ruf zur Theologie, um sich *allein durch sie* befreien und radikalisieren zu lassen zum politischen Dienst am Menschenbruder. In den folgenden Monaten berät er mit seiner wachsenden Kölner Arbeiter-Gruppe Grundsätze für die weitere, planmäßige Arbeit, und schon am 9. März 1920 konstituiert sich in Köln ein »Bund religiöser Sozialisten Köln«. Der sechsköpfige Vorstand läßt an diesem Tage auf einem Flugblatt die Grundsätze des Bundes veröffentlichen und von nun an in der Kölner Arbeiterschaft verteilen:

»1. Wir sind überzeugt, daß die gegenwärtige auf Mammonismus und schonungslosen Konkurrenzkampf aufgebaute inner- und zwischenstaatliche Gesellschaftsform in schroffstem Widerspruch zum Christusgeiste steht und darum durch eine neue ersetzt werden muß.

2. Wir glauben, daß Gott sein Reich *auch auf der Erde* verwirklichen will, und zwar nicht bloß verborgen in den Herzen der Einzelnen sondern auch *sichtbar* in einer von *Christusgeist durchdrungenen Ordnung aller Beziehungen* der Menschen und Völker untereinander.

---

83 Vgl. dazu Jürgen Moltmann, Anfänge der dialektischen Theologie, in: Theologische Blätter 17 Bd. 1, 1966, und Eberhard Busch, Karl Barths Lebenslauf, S. 122 ff. Karl Barth (10. 5. 1886–10. 12. 1968), Pfarrer in Safenwil, Sozialdemokrat seit 1915, von 1921 bis zu seiner Vertreibung 1935 Systematiker in Göttingen, Münster und Bonn, danach in Basel.

3. Wir fordern, daß mit der üblichen Unterscheidung von Privatmoral und öffentlicher Moral völlig gebrochen, daß das christlich-sittliche Ideal auch auf das öffentliche Leben angewendet und besonders, daß das Wirtschaftsleben und das Zusammenleben der Völker im Sinne der Brüderlichkeit und Versöhnung umgestaltet werde.
4. Wir wollen Männer und Frauen sammeln, die die dargelegten Grundsätze und Ziele teilen und in dem angedeuteten Sinne Christentum *und* Sozialismus, Sozialismus *und* Christentum bejahen und für sie einzutreten entschlossen sind. Zugehörigkeit zu einer bestimmten Partei oder Religionsgesellschaft ist für die Aufnahme in unseren Kreis *nicht* Bedingung.«[84]

Die Reaktionen in der Kirche lassen hoffen: »Wohl hat es anfangs . . . hie und da gewisse Erregungen und Widerstände gegeben. Aber ziemlich rasch ist an deren Stelle trotz alles Festhaltens vieler an der Ablehnung der wesentlichen Grundsätze des Bundes Freundlichkeit und Anerkennung getreten. In entgegenkommendster Weise hat das Altkölner Presbyterium dem Bund sogar einen größeren, der Gemeinde gehörigen Saal zu den monatlichen Mitgliederversammlungen überlassen.«[85] Kein Wunder. Vorsitzender des Kölner Presbyteriums ist noch Georg Fritze, der es überhaupt verstanden hat, das gewiß schwierige, 36 Mitglieder zählende Leitungsorgan der Evangelischen Kirchengemeinde Köln – in dem alle nur denkbaren Gegensätze theologischer und politischer Art immer wieder in aller Schärfe hervorbrechen – mit großer Sachkunde zielstrebig aber brüderlich durch die chaotischen Monate der Unsicherheit und des Umbruchs in Kirche und Staat hindurchzuführen.[86]

In den sozialistischen Parteien Kölns hingegen lösen die vier Grundsätze des Kölner Bundes religiöser Sozialisten Diskussionen aus, vor allem der Vereinscharakter dieses Bundes[87], so daß der

84 Flugblatt Privatbesitz des Verf. Vorstandsmitglieder: Wilhelm Kuhlmann (1. Vors.), Georg Fritze (2. Vors.), Friedrich Frembgen, Elisabeth u. Georg Mayer, Robert Liebmann.
85 Georg Fritze, Widerspruch und Aufbauarbeit, a.a.O., S. 147.
86 Siehe Protokollbuch des Presbyteriums, a.a.O., S. 401–496.
87 »Strittig ist unter uns, in wie weit *Organisation* . . . not tut.«

Vorstand schon am 27. Oktober 1920 »Erläuterungen zu den Richtlinien« drucken und verteilen lassen muß:
»Wir sind der Meinung, daß ein klares Sichbekennen zu den von uns vertretenen Überzeugungen, insbesondere zur Notwendigkeit der Beseitigung der kapitalistischen auf Profit und Konkurrenzkampf aufgebauten Wirtschaftsordnung, mit bewußter Zugehörigkeit zu einer der bestehenden bürgerlichen Parteien nicht vereinbar ist. Es soll aber niemand ausgeschlossen sein, der mit Klarheit und Entschiedenheit überall offen für unsere Richtlinien eintritt. Willkommen ist auch, wer, ohne einer politischen Partei angeschlossen zu sein, sich mit uns verbunden fühlt. Zum Ganzen: Wir denken nicht daran, irgend einer der bestehenden *sozialistischen Parteien* Konkurrenz zu machen.«[88]
Seit dem 1. Januar 1921 gibt Georg Fritze als »Organ des Kölner Bundes« monatlich erscheinende »Mitteilungen des Bundes Religiöser Sozialisten Köln« heraus. Das Blatt hat »Vertrauensleute« in den Kölner Stadtteilen, hält Verbindung zu den Freunden in Hannover, Bonn, Dortmund, Essen, Krefeld, Kreuznach, Leverkusen, Mainz, Oberhausen, Bacharach, St. Goar, Solingen und Oberschönau/Thüringen und berichtet gleichzeitig über die Kölner Arbeit der Deutschen Friedensgesellschaft wie des Internationalen Versöhnungsbundes. Dadurch werden binnen kürzester Zeit Motive und Ziele der politischen Arbeit Georg Fritzes in Deutschland bekannt. Gilt es, anderenorts neue Gruppen zu gründen, dann ist Georg Fritze ein begehrter und zugkräftiger Redner.
Am 7. Mai 1921 spricht Georg Fritze in Essen über »Egoistisches und sozialistisches Christentum«. Der Stadtgartensaal ist überfüllt. »In seiner«, wie die »Arbeiterzeitung« schreibt, »glänzenden Weise, von edlem Feuer tiefer Begeisterung durchglüht, fesselte er die gespannt lauschenden Hörer.«[89] Seit diesem Abend existiert auch in Essen und in Essen-Rotthausen ein »Bund religiöser Sozialisten«, und eigene Richtlinien kursieren seither in den Essener Betrieben und Konzernen: »Wir bekämpfen die geistige und körperliche *Ausbeutung des Menschen durch den Menschen!*«[90]

---

88 Flugblatt Privatbesitz des Verfassers. Siehe Dokument 4, S. 202 f.
89 Essener Arbeiterzeitung vom 11. 5. 1921.
90 Flugblatt Privatbesitz des Verfassers.

Ab Oktober 1921 erscheinen Georg Fritzes »Mitteilungen« als gemeinsames Organ aller rheinischen Gruppen. Georg Fritze gibt seiner Druckschrift einen neuen Titel: »IHR SEID BRÜDER – religiös sozialistische Blätter aus dem Rheinland«. Der neue Titel ist Grundsatz: »Auch die Atheisten und Gottesleugner und Kirchenfeinde sind unsere Brüder ... Der Brudergedanke muß zum Wesensbestandteil unseres Frommseins werden; nicht bloß in dem Sinn, daß wir die anderen unsere Brüder *nennen*, sondern daß wir ihnen gegenüber wie Brüder fühlen, denken und handeln.«[91]
Als sich im November 1921 in Berlin die verschiedenen Gruppen zum »Bund religiöser Sozialisten Deutschlands« zusammenschließen, sind auch die von Georg Fritze geprägten rheinischen Gruppen dabei, und die Delegierten nehmen Georg Fritzes Angebot dankend an, zu Gunsten eines gemeinsamen neuen Bundesorgans das Erscheinen seiner rheinischen Blätter am Jahresende einzustellen. Damit ist seine publizistische Tätigkeit jedoch nicht etwa beendet. Er zählt fortan neben seinen Mitstreitern Gotthard Jäschke (Berlin), Emil Blum (Bern), Erwin Eckert (Mannheim), Emil Fuchs (Eisenach) und Leonhard Ragaz (Zürich) zu den publizistischen Mitarbeitern des deutschen Bundes, bald auch zu den ständigen Mitarbeitern der von Georg Wünsch herausgegebenen wissenschaftlichen »Zeitschrift für Religion und Sozialismus« sowie der von Friedrich Siegmund-Schultze betreuten Vierteljahresschrift des internationalen Versöhnungsbundes, »Die Eiche«.
Natürlich lädt auch die Kölner »Rheinische Zeitung« Georg Fritze regelmäßig zur Mitarbeit ein, oft genug stellt sie dem Genossen Pastor sogar die Titelseite zur Verfügung. Und wie unterschiedlich auch immer der Anlaß zum Schreiben sein mag, seine engagierten Artikel, Berichte und Kolumnen sind durchwirkt von dem roten Faden: »Es gibt keine grundstürzendere Revolution als Ernst machen mit der Bruderliebe!«

91 Ihr seid Brüder, Nr. 10, 1921.

9 Es bleibt alles beim alten

In der letzten Ausgabe seiner »Religiös-sozialistischen Blätter aus dem Rheinland«[92] mahnt Georg Fritze seine Freunde in Deutschland: »Unser Ziel ist nicht und darf nicht sein, an Mitgliederzahl zu wachsen, sondern Säemannsarbeit zu treiben, nicht Menschen zu überreden, sondern wir haben das Religiöse, Sozialistische ganz tief vor allem bei uns selbst zu erfassen und darzustellen und dann getrost zu vertrauen: das Reich Gottes kommt von selber (Markus 4).«[93] Und die Freunde und Genossen nehmen ihn beim Wort. Georg Fritze wird in den zwanziger Jahren zum vielgefragten Redner auf Großveranstaltungen und Kongressen – von Nürnberg bis Hamburg, von Prag bis Brüssel. Immer wieder geißelt Georg Fritze die politische Blindheit der Kirchen:

»Man sagt: die *Menschen* müssen anders werden. Ganz richtig; das will auch der Sozialismus. Aber er wendet sich gegen die Unterstellung: *erst* müssen die Menschen anders werden! General Booth sagte einmal: Man kann nicht die Seelen von Menschen retten wollen, die dauernd an kalten Füßen leiden. Wir fügen hinzu: Man kann als Christ nicht dem Bodenwucher begegnen wollen durch Evangelisationsversuche an den Inhabern der Kellerwohnungen oder an den Wucherern!

Man sagt: Es geschieht so viel und weist hin auf Innere Mission und Caritas und Sozialreformen und ist erbittert, daß der Sozialismus das alles nicht anerkennen will. Wann werden den Christen die Augen aufgehen, daß alle jene Wohlfahrtsarbeiten, so notwendig sie sind, darüber nicht hinweg täuschen können, daß mit ihnen *am Wesen der Dinge* nichts geändert wird . . . Alles Predigen und Unterrichten und alles Verkündigen der schönsten ethischen Wahrheiten prallt ab an der Wand des privatkapitalistischen Gesellschaftssystems, das den Privategoismus *zum Prinzip erhebt* . . . Sozialismus ist Aufhebung des Egoismus. Aufhebung des Egoismus ist *nicht* etwas, was von selber kommt!«[94]

---

92 Ihr seid Brüder, Nr. 12, 1921.

93 Markus 4, 1–34, Gleichnisrede Jesu vom Reich Gottes.

94 Vortrag vom 20. 4. 1921 in Nürnberg, Mitteilungen, Nr. 6–7, 1921.

Immer zeigen die Reden Georg Fritzes Wirkung. Der Tübinger Universitätsprofessor Robert Wilbrandt erlebt Georg Fritze beim Evangelisch-Sozialen Kongreß in Hamburg und berichtet anschließend geradezu begeistert: ». . . Da kam *das* Ereignis. Professor Baumgarten ließ die Bombe platzen. Er . . . verzichtete aufs Wort zugunsten von Pfarrer Fritze aus Köln; er wußte, daß der etwas zu sagen hatte.
Zögernd, scheu trat dieser allmählich aus sich heraus. Es war, wie die Szene in ›Über unsrer Kraft‹ von Björnson, im ersten Teil, in der Pfarrerkonferenz; wie da nach allen Satten die hungrige Seele spricht, wie Bratt, der tieferfüllte, seine Ergriffenheit ausspricht und alle ergreift. Es war, wie wenn bei den Quäkern, die ja keinen Geistlichen haben, sich der erhebt, den der Geist treibt. Hier sprach einer, der räumlich mitten drin war, aber doch ganz draußen.
Er fühle sich ja zwischen den andern hier sehr wohl, sagte er, doch es komme nichts vorwärts, es bleibe alles beim alten. Wenn er als Großstadtpfarrer zu den Proletarierkindern spreche, da sei ihm all das Herkömmliche unmöglich. Und nun erzählte er, erschütternd, von diesem seinem Miterleben. Der Kongreß lauschte. Beifall brach los, unterbrach den Redner. Da war einer, der etwas zu sagen hatte. Einer, der nicht anders konnte, den der Geist trieb . . . Und der Beifallssturm, den dieser Redner so ungewollt und ungeahnt erweckte war Weltgeschichte.«[95]
Aber der Pazifist leidet auch an der Sozialdemokratie. Seinem Freund Martin Rade klagt er schon im Sommer 1922: »Ich weiß und leide darunter, wie ohnmächtig sich die sozialistischen Parteien und Parteiführer erweisen; aber ich glaube, daß ich an der Wahrheit und Notwendigkeit des Sozialismus nicht weiter irre werden kann.«[96] Sechs Jahre später gar – nachdem die Sozialdemokraten, Reichskanzler Hermann Müller und Finanzminister Rudolf Hilferding, dem Bau des Panzerkreuzers im Kabinett doch

95 Rheinische Zeitung vom 14. 7. 1927. Vgl. auch »Evangelisch=Sozial«, Vierteljahresschrift für die sozial-kirchliche Arbeit, 1927, Nr. 3, dort auch ein Bericht von Georg Fritze.
96 Brief Georg Fritze an Martin Rade vom 25. 6. 1922.

zugestimmt und die Vorstände von Partei und Fraktion letztendlich vor dieser Entscheidung gekuscht hatten[97] – seufzt Georg Fritze: »Die Haltung der S.P.D. in der Wehrfrage (neben vielem anderen) kann es dahin bringen, daß ich mich von ihr löse.«[98]
Da ist es besonders der zunehmende Antikommunismus, der ihm schwer zu schaffen macht. Georg Fritze sind in seinem jahrzehntelangen Kampf gegen den Antisozialismus der Kirchen und Christen jedwede Berührungsängste abhanden gekommen. Er kann kein Kommunist, er kann und will aber auch kein Antikommunist sein. Und im Februar 1927 trägt er diesen Konflikt mit seiner Partei offen aus. Als die SPD nämlich den ersten internationalen »Kongreß gegen koloniale Unterdrückung und Imperialismus« boykottiert, weil sie diesen für kommunistisch unterwandert hält, reist der Sozialdemokrat Fritze nach Brüssel, um dort vom ersten bis zum letzten Tag an diesem umstrittenen Weltkongreß teilzunehmen. Und dort in der belgischen Hauptstadt trifft er Delegierte aus aller Welt; unter ihnen Jawaharlal Nehru aus Indien, die Witwe des chinesischen Revolutionärs Sun Yat-sen und Mohamed Hatta aus Indonesien, aus Deutschland Albert Einstein, Theodor Lessing, Ernst Toller beispielsweise – natürlich auch die KPD-Funktionäre Wilhelm Koenen, Ernst Putz und Walter Stoecker.
Sein Herz ist voll, als er nach einem Besuch alter Freunde in Charleroi nach Köln heimkehrt. Und weil dieser Kongreß in Deutschland nahezu totgeschwiegen wird, berichtet er darüber gleich in mehreren Zeitschriften[99]. Seiner SPD aber schreibt er ins Stammbuch, »daß die Kritik der S.P.D. an dem Kongreß nur dann beanspruchen darf, ernst genommen zu werden, wenn die S.P.D. nachweisen kann, daß sie *der als richtig vorausgesetzten Sache, der der Kongreß dienen will, auf anderem Wege tatsächlich dient.* Es könnte freilich auch sein, daß die S.P.D. diese *Sache nicht gut* heißt, daß z. B. ihre Haltung zur Kolonialpolitik mindestens deutliche Züge der *Unsicherheit* trägt . . .«

97 Den voraufgegangenen Wahlkampf (Mai 1928) bestritten die Berliner Sozialdemokraten noch mit der Frage: »Kinderspeisung oder Panzerkreuzer?«
98 Brief Georg Fritze an Martin Rade vom 28. 9. 1928.
99 Neuwerk, Nr. 9, 1927/28, S. 5–16; Sonntagsblatt des arbeitenden Volkes, Nr. 15, vom 10. 4. 1927; Die Eiche, 1927, S. 323–325.

»Aber auch das andere muß hier ausgesprochen werden«, und damit wendet sich Georg Fritze wieder seiner Kirche und den Christen zu, »daß es nämlich kein Zeichen von Tiefe ist, wenn Christen eine Sache darum verwerfen, weil dahinter auch, ja in starkem Maße, Kommunisten und Freunde von Sowjetrußland stehen, während sie gar nicht merken, in wieviel Sünde sie mitverstrickt sind durch jene Verbundenheit mit dem von Sowjetrußland bekämpften kapitalistischen Wirtschaftssystem. *Niemand meine, daß er sich wirklich ›draußen‹ halten könnte aus dem Ringen der Wirtschaftsgruppen und Gesellschaftsideale.* Auch hier gilt: *sie sind allzumal Sünder!*«[100]
Und dann schreitet Georg Fritze wieder zur außergewöhnlichen Tat. Er gründet vorwiegend aus Mitgliedern der »Bruderschaft sozialistischer Pfarrer« den deutschen Zweig der internationalen »Liga antiimperialistischer Pfarrer«[101].

10 Enteignet die Fürsten!

Es bedrückt Georg Fritze seit Jahren, daß das sozialistische Lager ausgerechnet in dem Augenblick zerbrechen mußte, als sich mit der Ausrufung der Republik für die deutsche Arbeiterschaft erstmalig in der Geschichte ein Weg zeigte, der wirtschaftlichen Ausbeutung und der politischen Unterdrückung für immer zu entkommen. Mit großer Sorge beobachtet er die bedrohlichen Folgen dieses politischen Zerwürfnisses. Je länger die politische Spaltung des Proletariats andauert, je tiefer der Graben des Mißtrauens und der politischen Feindschaft die geballte Kraft der Arbeiterschaft unterspült, desto unverhohlener feiern die als besiegt geglaubten Kräfte sowohl in Staat und Gesellschaft, als auch in der evangelischen Kirche fröhliche Urständ[102].

---

100 Neuwerk, Nr. 9, 1927/28, S. 7.
101 Vgl. dazu: W. Bredendiek, in: »Wege neuer Weltgestaltung«, Neue Zeit (DDR), Nr. 206, vom 31. 8. 1974.
102 Vgl. dazu: Reinhard Rürup, Arbeiter- und Soldatenräte im rheinisch-westfälischen Industriegebiet, 1975; Martin Greschat, Der deutsche Protestantismus

Da erscheint es auch Georg Fritze zu Beginn des Jahres 1926 wie ein Wunder, als sich Sozialdemokraten und Kommunisten verbünden, um wenigstens noch eines der 1918 gesteckten Ziele der Revolution zu erreichen: die entschädigungslose Enteignung der deutschen Fürsten, deren Vermögen 1926 auf etwa drei Milliarden Goldmark geschätzt wird. Ihr gemeinsam eingebrachter Gesetzentwurf ist kurz und bündig:

»Das gesamte Vermögen der Fürsten, die bis zur Staatsumwälzung im Jahre 1918 in einem der deutschen Länder regiert haben, sowie das gesamte Vermögen der Fürstenhäuser, ihrer Familien und Angehörigen werden zum Wohle der Allgemeinheit ohne Entschädigung enteignet.

Das enteignete Vermögen wird Eigentum des Landes, in dem das betreffende Fürstenhaus bis zu seiner Absetzung oder Abdankung regiert hat.«

Für dieses revolutionäre Vorhaben findet sich jedoch im Reichstag längst keine Mehrheit mehr, so daß SPD- und KPD-Fraktion beantragen, das Volk möge über ihren Gesetzentwurf durch einen Volksentscheid befinden.

Und noch ehe sich die Gegner dieses SPD-KPD-Unternehmens zum geschlossenen Gegenangriff formiert haben, nehmen die sozialistischen Antragsteller nahezu aus dem Stand mit einem gewaltigen Sprung die nach der Weimarer Verfassung dem Volksentscheid vorgebaute Hürde des Volksbegehrens. Vom 4. bis 17. März 1926 sprechen sich durch Eintragung in die Listen mehr als 12,5 Millionen wahlberechtigte Bürger für die Durchführung dieses Volksentscheides aus. Das sind dreimal soviel Unterschriften wie nötig und knapp zwei Millionen Stimmen mehr, als SPD und KPD während der letzten Reichstagswahlen im Dezember 1924 noch gemeinsam hatten erringen können[103].

Das in diesen Wochen geeinte Lager der Linken schöpft neuen Mut und neue Hoffnung. Auch Georg Fritze hält einen gemeinsa-

---

im Revolutionsjahr 1918/1919, 1974; Hans Prolingheuer, Kirchenkampf vor 1933 – ein Kampf gegen die Weimarer Republik, 1980.

103 12523939 Unterschriften gegenüber 10689969 Stimmen für SPD und KPD im Jahre 1924 bei den Reichstagswahlen.

men Sieg von Kommunisten und Sozialdemokraten über die politisch Gestrigen für durchaus denkbar, zumal sich wenigstens die evangelische Kirche in dieser Frage bisher zurückgehalten hat[104]. Doch das unerwartete Ergebnis des Volksbegehrens mobilisiert die politische Rechte binnen weniger Tage. Jedes Mittel ist ihr recht. Sogar das Amt des Reichspräsidenten wird in den Kampf hineingezogen, als der vor Jahresfrist erst gewählte Paul von Hindenburg das deutsche Volk wissen läßt: »Daß ich, der ich mein Leben im Dienste der Könige von Preußen und der deutschen Kaiser verbracht habe, dieses Volksbegehren zunächst als ein großes Unrecht, dann aber auch als einen bedauerlichen Mangel an Traditionsgefühl und als groben Undank empfinde . . . Ich sehe in ihm unter diesem Gesichtspunkt einen sehr bedenklichen Verstoß gegen das Gefüge des Rechtsstaats.«[105]

Jetzt zeigen auch die evangelische Kirche und ihre Verbände, wes politischen Geistes Kinder sie geblieben sind. Der »Evangelische Bund zur Wahrung der deutsch-protestantischen Interessen«, der zu den annähernd 140 Mitgliedsverbänden der rechtsradikalen VVV, der Vereinigung Vaterländischer Verbände zählt[106], putscht die evangelischen Christen in Deutschland auf: »Der durch den geplanten Volksentscheid beschrittene Weg führt unaufhaltsam zum völligen Zusammenbruch des sittlichen Bewußtseins, zu wirtschaftlicher Unsicherheit, kulturellem und staatlichem Niedergang. Wir sind es dem deutschen Namen schuldig, dafür zu sorgen, daß in dem Streit zwischen Recht und Raub Recht doch Recht bleibe!«[107]

Ähnlich äußern sich der preußische Kirchensenat und der kurmärkische Generalsuperintendent Otto Dibelius[108]. Schließlich ver-

104 Vgl. Jonathan R. C. Wright, Über den Parteien – die politische Haltung der evangelischen Kirchenführer 1918–1933, 1977, S. 73 f.

105 Frankfurter Zeitung vom 8. 6. 1926. Fritze hatte trotz massiver Bedrohung durch den Evangelischen Bund nicht Hindenburg, sondern den katholischen Zentrum-Politiker Wilhelm Marx gewählt.

106 Dies hatte die Vossische Zeitung am 29. 4. 1926 mit ihrem Artikel »Im Zeichen des Wehrgedankens – Die Vaterländischen Verbände als Staat im Staate« aufgedeckt. Unter den Mitgliedsverbänden: Stahlhelm, Wehrwolf, Bund »Wiking«, Deutsche Adelsgenossenschaft, Alldeutscher Verband, Jungdeutscher Orden.

107 Sonntagsblatt des arbeitenden Volkes, 1926, Nr. 24, S. 131.

108 Vgl. Kirchliches Jahrbuch 1926, S. 578 ff. und 517 f.

steigt sich auch noch das Leitungsorgan des Deutschen Evangelischen Kirchenbundes zu einer Kundgebung, in welcher der Deutsche Evangelische Kirchenausschuß zu dem Schluß gelangt: »Die geplante entschädigungslose Enteignung bedeutet die Entrechtung deutscher Volksgenossen und widerspricht klaren und unzweideutigen Grundsätzen des Evangeliums.«[109]

Während die deutschen Religiösen Sozialisten in ihrem Bundesorgan mit der Schlagzeile kontern: »Gott will es!«, und ein deftiges Luther-Wort zitieren – »Wenn jemandes Gut draufgehen muß, so muß das der Fürsten draufgehen, weil Fürst sein und nicht zugleich Räuber sein entweder gar nicht oder kaum möglich ist, und je größer der Fürst ist, um so größerer Räuber muß er sein«[110] –, formuliert Georg Fritze als Sprecher des Bundes Religiöser Sozialisten für Westdeutschland nach Abstimmung mit seinem Xantener Freund und Amtsbruder Wibbeling[111] eine öffentliche Erklärung. Ihm mißfällt auch, wie seine Freunde im Bund diese Auseinandersetzung mit der fürstenhörigen Kirche führen: »Ich meine, man sollte Christus überhaupt nicht, weder für noch gegen den Volksentscheid in Anspruch nehmen, sondern . . . das christliche Gewissen schärfen dafür, daß für die kirchliche Beurteilung des Eigentums die Frage seiner *Herkunft* eine entscheidende Rolle spielt.«[112]

Und so versenden die Freunde Fritze und Wibbeling am 15. Juni 1926 – fünf Tage vor dem Volksentscheid – an achtzehn befreundete Amtsbrüder im Rheinland und in Westfalen[113] die folgende öf-

---

109 Kundgebung vom 5. 6. 1926, ebenda. Vgl. dazu Protest des Fritze-Freundes Krüger-Velthusen in der Frankfurter Zeitung vom 8. 6. 1926, S. 2: »Fürstenenteignung und Evangelium«.

110 Sonntagsblatt des arbeitenden Volkes, 1926, Nr. 24, S. 125 f., Luther-Zitat aus Brief vom 15. 8. 1521 an Spalatin.

111 Wilhelm Wibbeling (1891), seit 1921 Pfarrer in Xanten.

112 Fritze am 10. 6. 1926 an Krüger-Velthusen: »Übrigens: die Arbeitsgemeinschaft der rel. Soz. Deutschlands hat für Volksentscheid öffentlich Stellung genommen, freilich in einer für mich nun auch wieder anfechtbaren Form«, vgl. Sonntagsblatt a.a.O., Titelseite: »Gott will es!« Dazu: Emil Fuchs, für den Thüringer Bund, in: Frankfurter Zeitung vom 2. 6. 1926.

113 Aus dem Rheinland: Hartmann, Solingen; Krüger-Velthusen, St. Goar; Loew, Remscheid; J. Lutze, Homberg; Speckmann u. Wester, Düren; Rabsch, Steeg; Fromm, Elberfeld; Encke u. Fuckel, Köln. Aus Westfalen: Ehrenberg u. Oli-

fentliche Erklärung mit der Bitte: »Zustimmung auf denkbar schnellstem Wege, am besten telegrafisch an Fritze gelangen zu lassen«:

»Erklärung evangelischer Pfarrer aus Rheinland und Westfalen zum Volksentscheid betr. Fürstenabfindung.

Wir müssen es ablehnen, daß von behördlicher und anderer kirchlicher Seite im Namen des christlichen Gewissens der Volksentscheid bekämpft und der Anschein erweckt wird, als fordere christliche Sittlichkeit seine unbedingte Ablehnung.

Die in den verschiedenen Kundgebungen vorliegende allzu einfache Betrachtung entspricht nicht der Schwierigkeit der wirklichen Lage; eine von Christus her bestimmte Haltung erfordert die Beachtung der oft fragwürdigen *Herkunft* der fürstlichen Vermögen wie auch die Erkenntnis, daß vom biblischevangelischen Gesichtspunkt aus von einer Heiligkeit des Privateigentums nicht geredet werden darf.

Eine wirklich gerechte Lösung des ganzen Problems gibt es nicht. Daß eine bessere Lösung als die im Volksentscheid vorgeschlagene zustandekommt, ist nach den bisherigen parlamentarischen Verhandlungen unwahrscheinlich. Damit liegt die Gefahr nahe, daß es bei dem jetzigen Zustand, der zwar nicht formal, aber tatsächlich rechtlos ist, bleibt und damit jeder Schutz gegen die ungerechten und unsozialen Forderungen der Fürsten fehlt.

Wir nehmen als Christen und Staatsbürger daher das volle Recht in Anspruch, auf Grund gewissenhafter Überzeugung beim Volksentscheid mit Ja zu stimmen.«

Aber seitdem die Gegner der Fürstenenteignung zur Wahlenthaltung aufgerufen und damit auch in der Kirche »unverhülltem Terror«[114] Tor und Tür geöffnet haben – so ruft das »Amtliche Verkündigungsblatt« von Marburg aus die Parole ins Kirchenvolk: »Achtung! Seht Euch die an, die am Sonntag, den 20. Juni, in den

mart, Bochum; Ferke, Dortmund-Sodingen; Glauert, Gladbeck; Störmer, Lüdenscheid; Hohagen, Schwelm; Zauleck u. zur Nieden, Wetter/Ruhr.

114 So Martin Rade in seinem Aufsatz: »Volksentscheid und Kirche«, in: Die Christliche Welt, vom 8. 7. 1926. Dort auch das Zitat aus dem »Amtlichen Verkündigungsblatt«, Marburg.

Abstimmungsraum gehen! Merkt sie Euch!« –, seitdem ist es nicht verwunderlich, daß das Echo auf Georg Fritzes Einladung zu einem öffentlichen, politischen Bekenntnis anderntags sehr, sehr kümmerlich ausfällt. Nur drei rheinische Freunde finden sich bereit, zu den Namen Fritze und Wibbeling auch ihre Unterschrift zu setzen: Hans Hartmann, Pfarrer in Solingen; Hermann Krüger-Velthusen, Pfarrer in Biebernheim/St. Goar; und Johann Rabsch, Pfarrer in Steeg[115]. Georg Fritze erspart sich jede weitere Rückfrage und gibt die Erklärung mit den fünf Unterschriften in die Kölner Zeitungsredaktionen.

Der Kölner »Stadt-Anzeiger« und die »Rheinische Zeitung« bringen die Erklärung am Donnerstag, am 17. Juni 1926, in vollem Wortlaut – die »Rheinische Zeitung« unter der reißerischen Überschrift: »Aufruf evangelischer Pfarrer ›Stimmt mit Ja!‹« Die Hitze der politischen Auseinandersetzung in der evangelischen Kirche steigt um etliche Grade. Die Presbyterien der Kirchengemeinden, in denen die Unterzeichner als Pfarrer wirken, werden mit Protesten, Einsprüchen und Beschwerden überschüttet. Der erste Einspruch erreicht das Kölner Presbyterium noch am Erscheinungstag der Erklärung:

»Leute von solcher Verstiegenheit der Anschauungen gehören nicht auf die Kanzel, sondern in die Wahlversammlungen . . . der Kommunisten und Sozialdemokraten, die den Volksentscheid betreiben. ›Sage mir, mit wem Du umgehst, und ich will Dir sagen, wer Du bist.‹ Als ein altes Mitglied der evangelischen Gemeinde Köln glaube ich, mir erlauben zu dürfen, Einspruch gegen dieses empörende Verhalten des Herrn Pfarrer Fritze zu erheben.«[116]

115 Hans Hartmann (1888), seit 1915 Pfarrer in Solingen-Ketzberg; Hermann Ludwig Krüger-Velthusen (1865), seit 1900 Pfarrer in Biebernheim; Johann Friedrich Wilhelm Rabsch (1888), seit 1920 Pfarrer in Steeg.

116 Schriftlicher Einspruch von Paul Steller, vom 17. Juni 1926. Georg Fritze merkt zu den Eingaben handschriftlich an, er sei »wahrlich versucht zu schreiben: mit Vergnügen Kenntnis genommen«; doch letztlich seien derartige Eingaben »ein Symptom für die unbewußte engste Verbundenheit der Psyche vieler Gemeindeglieder mit ganz bestimmten politischen Strömungen«. Ihn regen die Reaktionen nicht auf. Schon am 13. 6. berichtet er Krüger-Velthusen gelassen: »Heute sind mir 12 Menschen unter Protest aus der gut besuchten Christuskirche heraus gelaufen!« Er hofft (vergeblich) auf »Klärungen im Grundsätzlichen«. Die innerkirchliche Sachdiskussion findet jedoch nicht statt.

Nicht auszudenken, wenn der Volksentscheid am 20. Juni die erforderlichen 20 Millionen Stimmen erbracht hätte. Da jedoch die gemeinsame Initiative der Sozialdemokraten und Kommunisten bei 15551218 Stimmen für die Fürstenenteignung scheitert, verläuft auch der Aufstand der vielen Gemeindeglieder gegen die fünf Unterzeichner im Sande. Das Kölner Presbyterium beendet die Affäre in seiner Sitzung am 1. Juli 1926, indem es zu Protokoll nimmt: »Der Vorsitzende gibt Kenntnis von mündlichen Beschwerden und eingegangenen Briefen, die Stellungnahme verschiedener Pfarrer zur Fürstenabfindung betreffend. Die Angelegenheit wird damit als erledigt betrachtet.«[117]

Das Konsistorium der Rheinprovinz indessen hakt nach. Mit gleichlautenden Schreiben[118] fordert es die fünf Unterzeichner zur Stellungnahme auf: »Euer Hochehrwürden veranlassen wir zu einer Äußerung über die über den in verschiedenen Zeitungen u. a. in der Rheinischen Zeitung Nr. 139 vom 17. Juni 1926 veröffentlichten, von Ihnen unterschriebenen Aufruf evangelischer Pfarrer ›Stimmt mit ja‹, durch den Sie sich mit einer amtlichen Kundgebung der evangelischen Kirche der altpreußischen Union in Widerspruch gesetzt haben.«

Die fünf Amtsbrüder lassen sich jedoch nicht durch ihre Kirchenleitung auseinanderdividieren. Nach gemeinsamer Beratung antwortet Hermann Krüger-Velthusen, der dienstälteste der fünf beschuldigten rheinischen Pfarrer[119]:

»Erstens: Formell ist zu bemerken, daß die Überschrift ›Aufruf evangelischer Pfarrer, Stimmt mit Ja!‹ für uns eine peinliche Überraschung gewesen ist, für die wir jedoch die Verantwortung ablehnen, da sie von der ›Rhein. Zeitung‹ ganz aus eigenem Antriebe hinzugefügt ist.

Zweitens: Zur Sache selbst: Die letzte Triebkraft unseres Handelns war unser Verantwortungsbewußtsein gegenüber der Kirche; denn wir haben die Kundgebung des Kirchensenats als durch und durch

117 Vorschlag des Beamten- und Kassenausschusses vom 1. 7. 1926.
118 Schreiben ohne Anrede vom 3. 7. 1926, Az. I Nr. 1964.
119 Brief, ebenfalls ohne Anrede, vom 26. 7. 1926.

unevangelisch empfunden[120] insofern, als der Senat, wie wir auch in unserer Erklärung gesagt haben, in einer äußerst schwierigen Materie ex cathedra gesprochen hat in einer Weise, die wir auf Grund unseres evangelischen Gewissens ablehnen müssen. Christus und sein Evangelium dürfen nicht so einfach für oder gegen eine politische Entscheidung ins Feld geführt werden. Wir sind gewiß, daß der starken Erschütterung des Glaubens an die Überparteilichkeit der Kirche ... durch unsere Erklärung in etwa entgegengewirkt worden ist.«

Die Konsistorialen in der Koblenzer Regierungsstraße lassen sich mit ihrer Antwort Zeit. Doch als die fünf rheinischen Dissidenten dann endlich den Bescheid des Evangelischen Konsistoriums der Rheinprovinz in Händen haben, wird ihnen einmal mehr sichtbar, daß von einer *geistlichen* Leitung der Kirche beim besten Willen nicht die Rede sein kann[121]:

»Wir haben gern davon Kenntnis genommen, daß Sie und die übrigen Mitunterzeichner der Erklärung in Sachen des Volksentscheides die Überschrift der Veröffentlichung nicht veranlaßt haben. Es wäre besser gewesen, wenn Sie Vorkehrungen getroffen hätten, daß ein solcher Zusatz beim Abdruck der Erklärung nicht gemacht werden konnte.

Wir können jedoch nicht billigen, daß, nachdem die oberste Stelle unserer Kirche gesprochen hatte, evangelische Pfarrer, Diener dieser Kirche, in der Öffentlichkeit gegen diese amtliche Erklärung auftreten und sich dadurch wie eine hier vorliegende Beschwerde zeigt, das Vertrauen ihrer Gemeinde oder eines erheblichen Teiles ihrer Gemeinde entziehen. Ihr Recht, bei einer politischen Entscheidung Ihrer Überzeugung gemäß zu stimmen, wird dadurch in keiner Weise berührt.«

---

120 Krüger-Velthusen hatte bereits in der Frankfurter Zeitung vom 8. 6. 1926 seinen Kirchensenat attackiert: »Aber wo war die altpreußische Kirche, als *Bismarck* aus Gründen der Politik rücksichtslos deutsche Fürstenhäuser enteignete ... wo waren jüngst die Stimmen desselben Kirchensenats, als es galt dem göttlichen Gebot ›Du sollst nicht töten!‹ durch *Verbot des Duells* Geltung zu verschaffen?« Der Vorsitzende des Kirchensenats, der Rittergutsbesitzer Friedrich Winckler, war Fraktionsvorsitzender der DNVP im preußischen Landtag.

121 Schreiben des Konsistoriums vom 10. 9. 1926, Az.: I Nr. 2346. Leider fehlt bis

11 Die deutschen Unternehmer und die Maifeier

Als Martin Rade am 4. April 1927 seinen 70. Geburtstag feiert, gehört selbstverständlich auch Gorg Fritze zu den Gratulanten, die ihrem Freund, dem Gründer und Herausgeber der »Christlichen Welt«, eine Festschrift überreichen[122]. Doch was die »Christliche Welt« betrifft, so zählt der Kölner Freund inzwischen »zu denjenigen, die im Laufe der letzten Jahre der ›Christlichen Welt‹ nicht mehr so ganz nahe stehen«[123], und in seinem Beitrag schreibt er auch, warum:

»Wer als Großstadtpfarrer mitten im Proletariat lebt und Scharen von Kindern unterrichten und konfirmieren muß, die zur großen Mehrheit dem religiös und kirchlich ausgebrannten Proletariat entstammen, wer *da* Evangelium zu verkünden hat, der kann sich dem Eindruck nicht entziehen, daß selbst eine ›Christliche Welt‹ der Gefahr nicht entgangen ist, die gegenwärtige Wirklichkeit doch nicht in ihrer ganzen Ungeheuerlichkeit und Furchtbarkeit, in ihrer unser aller Gewissen auf das Schwerste belastenden besonderen Eigenart ganz erbarmungslos und scharf zu sehen, oder wenn das doch ungerecht geurteilt sein sollte: dem in der Großstadt im Proletariat und am Proletariat arbeitenden Evangeliumsverkündiger gehen die Erschütterungen, denen von der angedeuteten Wirklichkeit her *alles* religiöse Verkündigen heute notwendig unterworfen ist, in der ›Christlichen Welt‹ noch immer nicht tief genug. Man kommt dort doch immer noch irgendwie über diese Erschütterungen hinweg.«

Sätze, die wohlmeinende Freunde einmal mehr zum Anlaß nehmen, von einem Fritze-Syndrom, von »Proletariomanie« zu sprechen, während Georg Fritzes Widersacher in dem »roten Pfarrer von Köln« längst einen gefährlichen »Prediger des Klassenkampfes« diagnostizieren. Und beides empfindet Georg Fritze nicht

---

heute eine systematische Darstellung dieses wichtigen Themas: Kirche und Volksentscheid von 1926.

122 Vierzig Jahre »Christliche Welt« – Festgabe für Martin Rade zum 70. Geburtstag, im Auftrag der Freunde zusammengestellt von Hermann Mulert, 1927, S. 89–92.

123 Ebenda.

etwa als Diffamierung: die Kritik der »Proletariomanie« läßt er sich gefallen, »wenn man nämlich beachtet, daß der Vorwurf des ›Rasend‹-Gewordenseins öfter so erhoben worden ist, daß die Sache, um deren willen er erhoben wurde, hinterher als richtig Anerkennung fand«[124], und was den Klassenkampf betrifft, so hat sich seit Jahren an der Einstellung Georg Fritzes nichts geändert: »wir bejahen ihn als *eine leider* bittere Notwendigkeit«[125]. Im Mai 1928 jedoch sagen die deutschen Unternehmer ihrerseits dem ›Prediger des Klassenkampfes‹ den Kampf an.

Schon seit 1920 hat Georg Fritze zum 1. Mai regelmäßig – mit Genehmigung des Kölner Presbyteriums[126] – in einer Kölner Kirche eine »Religiöse Maifeier« gehalten. Diese gottesdienstlichen Feierstunden – bei denen beispielsweise der Kölner Domorganist Professor Hans Bachem, der Kölner Volkschor unter der Leitung des Chordirektors Julio Goslar[127], Kölner Solisten und Orchester mitwirken – sind »Marksteine« im Jahresprogramm der Kölner Religiösen Sozialisten. Die Lutherkirche oder auch die Trinitatiskirche können die Menschen nicht fassen, die dabeisein wollen, »um den Worten eines Mannes zu lauschen, dessen Christentum nicht das landläufige, sondern dem dieses Bekenntnis innerste Herzenssache ist, der dieses Bekennertum hinaustragen muß in alle Welt«[128].

Lange schon sind diese »Roten Maiandachten«[129] den Gegnern der politischen Linken mitsamt den Gewerkschaften ein Dorn im Auge. Auch das Koblenzer Konsistorium forderte schon 1923 von Fritzes Kölner Dienstaufsicht eine Stellungnahme. Aber was der neue Kölner Superintendent Georg Klingenburg dann nach Koblenz meldete, ließ die Kirchenleitung verstummen. Klingenburg gab nämlich den Konsistorialen zu bedenken, daß gerade diese Arbeit des Amtsbruders Fritze »es vielleicht mitbewirkt hat, daß in Köln die Zahl der Kirchenaustritte aus sozialdemokratischen Krei-

---

124 Ebenda.
125 Mitteilungen, Nr. 1, 1921.
126 Protokollbuch, a.a.O., S. 499, bis 1933 ohne Schwierigkeiten.
127 Georg Fritze war bis zu seinem Tode mit dem Sozialdemokraten und späteren Nippeser Organisten und Bekenner befreundet.
128 Rheinische Zeitung vom 2. 5. 1922. Siehe Dokument 6, S. 210 f.
129 So titulierte der Kölner Volksmund Georg Fritzes Maifeiern.

sen gegenüber der aus Barmen und Düsseldorf weit zurückgeblieben ist«[130].

Nachdem jedoch die Kölner Maifeier am 1. Mai 1928 im Rundfunk übertragen worden ist, mögen die deutschen Unternehmer nicht länger stillhalten. Nach umfangreichen Recherchen des Kölner Arbeitgeberverbandes im Auftrage der Berliner Zentrale, wendet sich die »Vereinigung der Deutschen Arbeitgeber-Verbände e. V.« an den Berliner Arbeitgeber des Kölner Pfarrers Georg Fritze, an den Evangelischen Oberkirchenrat der preußischen Landeskirche:

»Wie dem Evangelischen Oberkirchenrat bekannt sein dürfte, hatte der Kölner Pfarrer *Fritze* auch in diesem Jahre zum 1. Mai zu einer Maifeier in seiner Kirche eingeladen. Die Form der Ankündigung der von Herrn Pfarrer Fritze veranstalteten Feier konnte den Anschein erwecken, als ob von Seiten der Evangelischen Kirche mit dem parteipolitischen Maifeierprogramm der Sozialdemokratie sympathisiert werde . . .

Wir wären dem Evangelischen Oberkirchenrat dankbar, wenn wir seine Auffassung zu dieser Frage kennenlernen könnten.

In ausgezeichneter Hochachtung

Vereinigung der Deutschen Arbeitgeber-Verbände.

Geschäftsführung: (gez. Unterschriften)«[131]

Der Evangelische Oberkirchenrat weist nun nicht etwa den Versuch der deutschen Unternehmer, in die Kirche hineinzuregieren, zurück, sondern gibt das Ansinnen mit der Bitte um Untersuchung und Stellungnahme auf den Dienstweg in die zuständige Rheinprovinz, wo der Fall Maifeier ja längst aktenkundig geworden ist. Das Kölner Ärgernis gerät erneut in den Geschäftsgang. Neue Gutachten, neue Stellungnahmen.

Der Düsseldorfer Sozialpfarrer Wilhelm Menn gibt zu bedenken: »Die V. d. A. V. hat natürlich an der kirchlichen Maifeier deshalb Anstoß genommen, weil sie in der Maifeier schlechterdings nur die Manifestation des Kampfwillens der Arbeiterschaft erblickt. Das ist sie gewiß *auch*. Aber selbst dann scheint mir eine kirchliche

130 Georg Klingenburg (1878), seit 1922 Superintendent des Kirchenkreises Köln. AEKR, Personalakte Fritze.

131 AEKR, Akte Menn. Wilhelm Gustav Menn (1888), von 1926 bis 1934 Sozialpfarrer der rheinischen Kirchenprovinz.

Mitfeier mindestens in demselben Maße gerechtfertigt zu sein wie die Fülle von Fahnenweihen und Feldgottesdiensten rechtsstehender Kampfverbände, die unter kirchlicher Mitwirkung stattzufinden pflegen.«[132]

Superintendent Klingenburg rapportiert: »Es scheint mir eine volksmissionarische Möglichkeit gegeben . . . Wenn ich von der Lage der hiesigen Gemeinde aus mein Urteil abgeben kann, so würde ich es für richtig halten, die Gemeinde Köln und Pfarrer Fritze auf diesem seit Jahren beschrittenen Weg nicht zu hindern, aber die Erwartung auszusprechen, daß die letzte Absicht solcher Gottesdienste die Verkündigung des Evangeliums sein müsse, und zwar in einer Vorbereitung und Gestaltung der Gottesdienste, die anders eingestellten Kreisen der Gemeinde nicht berechtigten Anstoß bietet.«[133]

Georg Fritze indes sieht in den Kölner Religiösen Sozialisten keinen volksmissionarischen Verein zur Bekehrung der Arbeiterschaft, er will im Gegenteil »in den Kreisen der *Kirchlichen* die gegenwärtige Bedeutung der sozialen Seite der evangelischen Botschaft stärker zum Bewußtsein bringen«[134]. Seit der Gründung des Bundes in Köln hat er immer wieder betont, »daß der Kölner Bund religiöser Sozialisten ganz und gar *nicht kirchlich* orientiert ist. Die den religiösen Sozialisten vielfach unterschobene Absicht, sie arbeiteten für die Kirche, weisen die Kölner von sich.«[135]

So bleibt dem Oberkirchenrat in Berlin am Ende nur der Rückzug aufs Formale. In seiner Antwort bestätigt er dem deutschen Arbeitgeber-Verband, daß »ein volkszerreißender Kampfcharakter von jeder kirchlichen Veranstaltung ferngehalten und jede Förderung derartiger Bestrebungen vermieden werden muß«, sodann werden die deutschen Unternehmer auf die Rechtslage verwiesen: »Bei der Selbständigkeit unserer Gemeinden kann von Seiten der Kirchenbehörden gegen Gottesdienste, für die das Presbyterium nach § 92,2 der Kirchenordnung ein Gotteshaus zur Verfügung stellt, nur vorgehen, wenn eine besondere Gefährdung allgemeiner

132 Gutachten Menn vom 16. 7. 1928 an das Konsistorium Koblenz.
133 Stellungnahme Klingenburg vom 21. 9. 1928.
134 Stellungnahme Fritze vom 12. 9. 1928.
135 Die Eiche, Nr. 2, 1921, S. 146.

kirchlicher Interessen droht oder erhebliche Verstöße gegen die kirchliche Ordnung nachgewiesen werden, was aber für Köln nicht der Fall ist. Die Kirche ist berufen, allen mit dem Worte Gottes zu dienen. Die Formen wechseln.«[136]

In *einer* Hinsicht scheinen sich die »Vereinigung der Deutschen Arbeitgeber-Verbände e. V.« und der Kölner Pfarrer und Sozialist Georg Fritze völlig einig zu sein, daß es nämlich gerade nicht auf die *Formen*, sondern auf die *Inhalte* der Verkündigung ankommt.

12 Der »rote Pfarrer« persönlich

Im »hilligen Köln« ist Georg Fritze seit seinem sensationellen Gürzenich-Vortrag im Januar 1919 stadtbekannt. Für die meisten Menschen dieser Stadt ist der sozialistische Pfarrer ein Exot unter der Geistlichkeit. Da geschieht es schon mal, daß eine im Pfarrhaus in der Kölner Große Witschgasse unbekannte Dame von Welt dortselbst höchst dringlich um ein seelsorgerliches Gespräch nachsucht, auch unverzüglich zum Pfarrer vorgelassen wird, drinnen im Studierzimmer dem Seelsorger Fritze aber dann freudig erregt abwinkt mit der herzlichen Bitte um Verständnis: »Ach, Herr Pfarrer, wissen Sie, ich wollte ja nur einmal den ›roten Pfarrer von Köln‹ persönlich kennenlernen!«[137]

Dabei ist Georg Fritze alles andere als ein parteipolitischer Fanatiker. Manchen Genossen hat er verblüfft mit seiner Feststellung: »Gott hat sein Volk in allen Parteien.« Und daß das nicht nur für das Zentrum oder die Deutschnationale Volkspartei (DNVP), sondern auch für die Kommunistische Partei Deutschlands gilt, das hat Georg Fritze in seiner politischen Praxis wiederholt erkennen lassen. Er will seine politischen Gegner nicht bezwingen, sondern gewinnen.

In der Sache hingegen ist er hart und unerbittlich. Die Sache Jesu, die für ihn immer auch höchst politische Konsequenzen hat, for-

---

136 Antwort des Oberkirchenrates an die »Vereinigung der Deutschen Arbeitgeber-Verbände« vom 9. 10. 1928.

137 Paula Haaser (1897), Kölner Pazifistin, Rel. Sozialistin und Gründungsmit-

dert eindeutige Entscheidungen. In Sachen Gerechtigkeit und Brüderlichkeit macht er keine Kompromisse. Sein Predigen und Handeln lernen begreifen, warum Jesus nicht an Altersschwäche im Bett, sondern als Gotteslästerer und Staatsfeind an den Obrigkeiten in Kirche und Staat gestorben ist.

Immer wieder führt Georg Fritze den Glauben der Väter und Zeitgenossen ad absurdum, als habe Theologie, als habe christlicher Glaube mit Politik nichts zu tun: »Die tatsächliche Lage, in der die Menschen und Völker heute miteinander, oder besser gesagt, *gegen*einander leben, steht im schroffsten Gegensatz zu der Art, wie die Menschen und Völker vom Evangelium her gesehen, miteinander leben sollen.«[138] Georg Fritze weiß zwischen politischer Verantwortung und *partei*politischem Engagement sehr wohl zu unterscheiden. Seine Predigt des Reiches Gottes ist vom Heute bestimmt: »Heute, so ihr meine Stimme hört!« Selbst in seinen überfüllten Kursen an der Kölner Volkshochschule gibt er den Hörern Lesehilfe für Bibel *und* Tageszeitung, um am aktuellen Tagesgeschehen in Politik, Wirtschaft und Kultur erkennen zu lernen, was vor Gott recht ist und was vor Gott nicht recht ist.

Aber nicht nur die Proletarier und die Arbeitslosen aus dem Kölner Severinsviertel, auch Kapitalisten aus der »besten Kölner Gesellschaft« vermag er für die Sache Jesu zu gewinnen, wie das Beispiel der Asta Brügelmann zeigt. Durch den Einfluß Georg Fritzes ist die Gesellschafterin des bekannten Kölner Großunternehmens F. W. Brügelmann Söhne – wie man in ebendiesen »besseren Kreisen« zu urteilen pflegt – »völlig aus der Art geschlagen«: seit Ende des Krieges ist die Kölner Fabrikanten-Frau aktives Mitglied der Gesellschaft der Freunde (Quäker), und seit 1925 wirkt die engagierte Kämpferin für Frieden und Versöhnung in der politisch linken »Deutschen Friedensgesellschaft«, wahrlich keine leichte christliche Existenz[139].

---

glied der Kölner Gesellschaft der Freunde (Quäker), deren politisches Engagement 1916 durch G. Fritze geweckt wurde, erinnerte sich im Gespräch mit dem Verf. am 25. 6. 1977, daß G. Fritze diese Episode wiederholt im Freundeskreis zum besten gegeben hat.

138 Georg Fritze in seinem Aufruf zu den Kirchenwahlen 1928, in: Rheinische Zeitung vom 16. 11. 1928.

139 Asta Brügelmann, geb. von Pustau (1893–1969). Im Gespräch mit Paula Haa-

Ja, Georg Fritze pflegt seine Umgebung zu aktivieren. Auffallend groß ist in den zwanziger Jahren die Zahl der Männer in Fritzes Gottesdiensten. Viel Jugend hängt ihm an. Arbeiterjugend und arbeitslose Jugendliche aus dem Hafenviertel. Hausbesuche, immer wieder Hausbesuche: »Er war ein ungewöhnlicher Pastor mit Herz und Verstand; er fuhr mit seinem Fahrrad in einem verschlissenen Mantel vornehmlich zu bedürftigen Arbeiterfamilien im Severinsviertel und war uns, die wir durch den voraufgegangenen Weltkrieg in einem ziemlich verwahrlosten Zustand lebten, ein wahrer, gütiger und nachsichtiger Vater.«[140]

Einmal in der Woche treibt er sich mitsamt seiner Familie aus der staubigen und stickigen Enge der Kölner Altstadt zu einem erholsamen Spaziergang im Königsforst. Erholung von der Enge und Stickigkeit seiner kirchendienstlichen Umgebung, mit ihrer weltfremden Sprache und bürgerlichen Hochnäsigkeit, sucht und findet Georg Fritze immer wieder spätabends bei seinen »Rhingrollern«, jenen betagten, zwielichtigen Außenseitern der Kölner Gesellschaft, die nach Sonnenuntergang die nahe Rheinpromenade bevölkern.

Aber auch der Erzieher und Pädagoge Fritze führt seinen politischen Kampf. Seit 1920 schon ficht er gegen die Konfessionsschule. Wie kann in der künstlichen Trennung von Freunden und Nachbarskindern Toleranz gedeihen, Achtung vor dem Andersdenkenden? So zieht er auch offen gegen den vom Kölner Presbyterium propagierten ›Evangelischen Schulverein für die Erhaltung der Evangelischen Volksschule in Köln‹ zu Felde. In seinem Pfarrbezirk verteilt er die Werbe-Flugblätter seiner Kirchengemeinde nicht. Die Pastorenkinder Ulrich und Berta besuchen die

---

ser hat der Verf. viel über das außergewöhnliche Engagement der Asta Brügelmann erfahren. Auch von ihren Kindern Angela Kulenkampff, geb. Brügelmann, und Jan Brügelmann sowie der Schwiegertochter Jennifer Brügelmann erhielt der Verf. Informationen, die das bewundernswerte Wirken und die von ihrem Engagement ausgehende Wirkung reichlich bestätigen.

140 Karl G. Schmidt, Aachen (Fritzes Konfirmandenjahrgang 1922), in seinem Brief vom 13. 6. 1980 an die Evangelische Kirchengemeinde Köln mit der Bitte, für G. Fritze »an repräsentativer Stelle der Evang. Gemeinde Köln« eine »Erinnerungswandtafel« anzubringen, für die er eine namhafte Spende in Aussicht stellt. Durchschrift des Briefes erhielt auch der Verf.

in Köln als »Gottlosen-Schule« verschriene »Freie Schule« in der Weberstraße[141].

Auch sein Konfirmandenunterricht ist für die Kinder keine qualvolle Paukerei weltfremder Katechismussprüche oder holpriger Liedstrophen. An drei Sätzen entfaltet Georg Fritze den Kindern die tagtäglich erkennbare Aktualität des Evangeliums zu einem Bekenntnis von der Liebe und Treue Gottes zu seinen Menschenkindern:

- »Ich vertraue auf Gott, den Allmächtigen, unseren Vater, der die Welt und uns alle erschaffen hat.
- Ich liebe Jesus Christus, unsern Herrn und Erlöser, der uns Weg, Wahrheit und Leben geworden ist.
- Ich bitte um den Heiligen Geist, der uns stark macht zum Guten, frei von Angst und froh in der Gewißheit der Ewigkeit.«[142]

Und die abschließende »Prüfung« der Konfirmanden ist kein schulmeisterliches Abfragen. Georg Fritze verliest stets eine kurze Geschichte – von Leo Tolstoi beispielsweise oder aus dem Neuwerk-Kalender – und läßt die Kinder als junge Christenmenschen darüber diskutieren. »Wir wurden zum Denken angeregt«, so erinnern sich die einstigen Konfirmanden noch gern an ihren »Herrn Pfarrer Fritze«. »Einen Spruch aber mußten alle auswendig lernen und auch begreifen! Selbst die weniger guten Schüler wurden eisern rangeholt, zumal wenn Unaufmerksame und Störenfriede unter uns waren. Sie sollten begreifen, worum es ging:

›Tapfer ist der Löwensieger,
Tapfer ist der Weltbezwinger,
Tapf*erer*, wer sich selbst bezwingt!‹«[143]

Zweifellos ein haltbarer Baustein der Friedenspädagogik Georg Fritzes.

Die Große Witschgasse bleibt auch dann noch Treffpunkt der jungen Leute, als Georg Fritze im Jahre 1928 erster Pfarrer an der mit

141 In einer »großen Elternversammlung« hielt G. Fritze ein aufsehenerregendes Referat für die »Freie Schule«, Rheinische Zeitung vom 16. 7. 1921; vgl. auch: Protokollbuch, a.a.O., A 1,10, S. 51 f.

142 Kartäuser Pfarrblätter, Nr. 4, 1930.

143 Elisabeth Harz in ihren Aufzeichnungen für den Verf. vom 20. 2. 1979.

maßgeblicher Unterstützung des Staates Preußen neu zugewiesenen und herrlich renovierten Kartäuser-Kirche im Kölner Severinsviertel wird. Eine alte Klosterkirche, mitten in seinem Pfarrbezirk von sechstausend Seelen gelegen. Natürlich bleibt Georg Fritzes Wirken auch nicht auf seine neue Predigtstätte begrenzt. Seit 1927 bereits gibt er in der Form seiner früheren »Mitteilungen« eine neue Zeitschrift heraus: die »Kartäuser Pfarrblätter« – Bindeglied nicht nur zu den Gemeindegliedern, sondern auch zu den Freunden in aller Welt.

13 »Faschistische Gefahr!«

Nach den Reichstagswahlen vom 14. September 1930 rückt Georg Fritze seiner Gemeinde und vor allem auch dem Kölner Bund religiöser Sozialisten eine politische Gefahr ins Blickfeld, die er schon seit langem als eine ernste Bedrohung für Staat und Kirche ausgemacht hat: den Nationalsozialismus. Jetzt, nachdem Hitlers Nazipartei 107 Sitze hat erobern können – 95 Sitze mehr als bisher –, ist Georg Fritze fest entschlossen, seine Freunde im religiös-sozialistischen Lager zu offenem Kampf gegen die »Faschistische Gefahr«[144] zu mobilisieren.
Es liegen ja nicht nur Hitlers »Mein Kampf«, sondern auch schreckliche Nazi-Dokumente neuesten Datums vor, welche die wahren Ziele und Absichten der deutschen Faschisten deutlich erkennen lassen. Soeben ist Alfred Rosenbergs »Mythus des 20. Jahrhunderts« im Buchhandel erschienen, in dem der Gründer des »Kampfbundes für deutsche Kultur« Strategie und Taktik des Kampfes der Völkischen gegen das Christentum offen darlegt, nämlich das Christentum »geistig zu überwinden, es organisatorisch verkümmern zu lassen und politisch ohnmächtig zu erhalten«[145]. Und nur wenige Tage nach dem sensationellen Wahl-

144 Kartäuser Pfarrblätter, Nr. 12, 1930.
145 Alfred Rosenberg, Der Mythus des 20. Jahrhunderts, 1930, S. 636.

erfolg der Nazis bringt die »Frankfurter Zeitung« Zitate aus Hitlers Zeugenaussagen vor dem Leipziger Reichsgericht, die Georg Fritze und seinen Freunden eine böse Zukunft eröffnen, sollte Hitler an die Macht gelangen. Unter Eid hatte der Nazi-Führer zu Protokoll des Reichsgerichts gegeben: »Wenn die nationalsozialistische Bewegung in ihrem Kampf siegt, dann wird ein *nationalsozialistischer* Gerichtshof kommen, und der November 1918 wird seine Sühne finden, und es werden auch Köpfe rollen.«[146]
Da setzt Georg Fritze im November und Dezember 1930 den Nationalsozialismus auf die Tagesordnung seines Kölner Bundes religiöser Sozialisten, und durch Veröffentlichung des Beratungsergebnisses in seinen »Kartäuser Pfarrblättern« zeigt er gleichzeitig auch der Kölner Gemeinde an, wie bedrohlich diese »Faschistische Gefahr« ist. Im Blick auf den offenen Terror der Nazis steht die Frage im Vordergrund, ob dem Faschismus nicht auch mit Gewalt begegnet werden muß. Und Georg Fritze faßt diese erste Diskussionsrunde über den Faschismus im Dezember 1930 folgendermaßen zusammen:
»Von der religiösen Grundhaltung aus läßt sich eine bestimmte, für alle gültige Marschroute in den möglicherweise kommenden Kämpfen nicht feststellen. Es stehen sich gegenüber 1) radikale Gewaltverweigerer, 2) solche, die *von vornherein* mit einer gewaltsamen Auseinandersetzung rechnen und diese vorbereiten, 3) solche, die es ablehnen, von vornherein Gewaltanwendung zu bejahen und vorzubereiten, sie aber nicht radikal verwerfen, sondern ihre Haltung in der jeweiligen Lage von ihrer religiösen Gebundenheit her bestimmt werden lassen[147].
Allen gemeinsam ist: wir stehen zum Proletariat. *Das faschistische Ideal wird als etwas dem gegenwärtigen Zustand* fraglos *weit Überlegenes* anerkannt. *Es wird dennoch verworfen, weil es das kapitalistische Wirtschaftssystem nicht bekämpft, weil es in uner-*

146 Frankfurter Zeitung vom 26. 9. 1930.
147 In seiner höchst interessanten Rezension des Buches von G. J. Heering (Prof. in Leiden), De Zondeval van het Christendom, Arnhem 1928, in: Die Christliche Welt, Nr. 4, 1929, Sp. 160–165, kommt Fritze immerhin zu der Frage: »Ist das Prinzip radikaler Gewaltlosigkeit das *allein* fromme . . .?«

träglicher Weise Denk- und Meinungsfreiheit knebelt, weil es die brutale Gewalt und den Rassenhaß sanktioniert.«[148]
Die evangelische Kirche sieht die »Faschistische Gefahr« nicht. Sie sieht statt dessen seit den Revolutionen von 1917 in Rußland und 1918 in Deutschland eine ganz andere Gefahr und hat – erstmalig seit der Reformation – zusammen mit der Katholischen Kirche einen in der europäischen Kirchengeschichte noch nicht dagewesenen Glaubenskrieg und politischen Propagandafeldzug ausgerufen: einen »Gebetsfeldzug gegen Rußland«. International, interkonfessionell, total und militant. Eine ideologische Mobilmachung gegen die sogenannte »Gottlosenbewegung«, die in Rußland ihren Ausgang genommen und in Deutschland inzwischen mehrere Niederlassungen hat. Schon im März 1930 hatte Georg Fritze seiner Kirche die Mitwirkung an *diesem* Kirchenkampf verweigert: »Wir machen den gegenwärtigen internationalen und interkonfessionellen *Gebetsfeldzug gegen Rußland* nicht mit, nicht, weil wir nicht aller, wegen ihres Glaubens Verfolgten, in herzlicher Fürbitte gedächten, sondern deswegen nicht: 1) weil die Unterlagen, um von einer *Christenverfolgung* in Rußland sprechen zu dürfen, uns z. Z. nicht klar und sicher genug sind (. . . Es scheint, daß viele sog. Religionsverfolgungen zurückzuführen sind auf Widerstand gegen das sowjetische Wirtschaftssystem). 2) weil der Verdacht nicht unbegründet ist, daß viele *sagen:* ›gegen Religionsverfolgung‹ und *meinen:* ›gegen Marxismus‹. Ich glaube nicht, daß *so* der Sache des Reiches Gottes gedient werden kann. Wir erinnern an den Aufsatz ›Quosque tandem‹.«[149]
Diesen aufsehenerregenden Aufsatz Karl Barths, der im Januar 1930 erschienen war, hatte Georg Fritze bereits im Februar 1930 in seinen ›Kartäuser Pfarrblättern‹ nachgedruckt, so daß Karl Barths Attacke gegen die unchristlichen Propagandareden der evangelischen Kirchenführer in der Gemeinde Köln bestens bekannt, und

---

148 Kartäuser Pfarrblätter, Nr. 12, 1930. Vgl. hierzu die Kampagne aus den Reihen der CSU bzw. JU gegen die SPD im Jahre 1979: »Nationalsozialisten waren eben auch und vor allem Sozialisten.« Dazu: Der Spiegel vom 29. 10. 1979, S. 24–34, Titelgeschichte »Nationalsozialismus = Sozialismus?«

149 Kartäuser Pfarrblätter, Nr. 3, 1930; vgl. dazu: Hans Prolingheuer, Kirchenkampf vor 1933, a.a.O., S. 19-25.

wo das Wort des Theologieprofessors aus Münster den Lesern des Fritze-Blattes nur zu gut noch im Ohr ist:
»Es ist ein zum Himmel schreiender Skandal, daß die deutsche Evangelische Kirche andauernd diese Sprache redet . . . Und so werde ich grob und sage: wo diese Sprache geredet wird, *da* . . . ist die eigentliche, gefährliche Verschwörung gegen die Kirche. Gefährlicher als das Gefährlichste, was Katholiken, Juden und Freidenker nach den Schauernachrichten, mit denen ihr je und je euer ›Kirchenvolk‹ außer Atem zu halten sucht, gegen sie im Schilde führen können. Gefährlicher als Alles, was etwa der Sowjet-Atheismus gegen das ›Christentum‹ unternehmen und vollbringen kann . . . Für dieses Opium werden sich auch die Kleinbürger . . . eines Tages bedanken.«[150]
Auch die Mehrheit des Kölner Presbyteriums und der Kölner Pfarrer hat ja seit 1918 doch nie die klerikal-kaiserlich-konservative Einstellung verleugnet. Die »regelmäßigen Besuche im Hause Doorn«, die der Kölner Superintendent Klingenburg organisiert und persönlich anführt, sind im Rheinland längst kein Geheimnis mehr[151]. Und der »höchste protestantische Geistliche« Groß-Kölns macht aus seiner Republikverachtung keinen Hehl. Der preußische Innenminister und Sozialdemokrat »Severing meint«, so poltert der Kölner Superintendent als Wahlredner der DNVP, »er hätte die Polizei hinter sich. Ich glaube es besser zu wissen. Seid nur ruhig . . . Wenn wir erst wieder Preußen haben und wieder Preußen sind, dann – wir haben unseren Eid nicht gebrochen – dann holen wir uns unseren Kaiser wieder!«[152]

---

150 Zwischen den Zeiten, Heft 1, 1930, S. 1–6.

151 Rheinische Zeitung vom 30. 4./1. 5. 1932. Die RZ nimmt Klingenburg übel, daß er »Schüler seines Konfirmandenunterrichts mitgenommen hat« ins holländische Exil des Ex-Kaisers.

152 Conti=Nachrichtenbüro vom 18. 4. 1932. Die Meldung führte wenige Tage vor der preuß. Landtagswahl (24. 4. 1932) in Köln zu heftigen Presse-Angriffen gegen Klingenburg. Das Presbyterium beriet diese Angelegenheit mehrfach und beschloß am 6. 5. 1932 gar einstimmig: »Presbyterium . . . bedauert um der Sache selbst und um der Folgen in der Gemeinde und Öffentlichkeit willen die politisch-agitatorische Tätigkeit des Superintendenten . . .« Zitat: Kartäuser Pfarrblätter, Nr. 4/5 und 9, 1932. Die Kölner Gemeinden und evang. Verbände kamen über diesen Beschluß nicht zur Ruhe.

Da ist es kein Wunder, daß Georg Fritze seit 1918 in vielen wichtigen Fragen im Kölner Presbyterium auf verlorenem Posten steht: in der Auseinandersetzung um die Gemeinschaftsschule (seit 1920), in der Diskussion um die Feuerbestattung (1924)[153] sowie im Kölner Flaggenstreit (1926)[154]. Allein steht er auch, als sich die Kirchen mitsamt den katholischen und evangelischen Verbänden zu ihrer ersten, gemeinsamen ökumenischen Groß-Offensive gegen Marxisten und Gottlosentum der Freidenker-Verbände rüsten[155]. Als die apologetischen Zentralen der Kirchen ihr Propagandamaterial, einschließlich eines Filmes über die »Greuel des Kulturbolschewismus«, auch in die Domstadt senden, für eine Kölner »G. G. A.« – so lautet das Kürzel für die kirchliche »Gottlosen-Gegen-Aktion« –, da wettert Georg Fritze öffentlich:

»Ich halte diese Art von Antwort auf die ›Gottlosenbewegung‹ für etwas ganz Schlimmes (um nicht zu sagen für etwas ganz Gottloses . . .). Wir wollen den Ernst der ›Religionskrise‹, in der unsere Zeit steht, ganz und gar nicht abschwächen, im Gegenteil. Aber das sollten wir wissen: es gibt hier nur eine Antwort, und die heißt Glaube, in Liebe und Gehorsam *tätiger* Glaube. Gott als Wirklichkeit ernstnehmen, ernster als alles in der Welt.

Die Bolschewisten lachen über einen Gottesglauben, den man gegen seine Gegner durch Massenversammlungen, Filme, wohl gar durch Anrufung der staatlichen Macht und Intervention der ›christlichen‹ Staaten, auf deren Schuldkonto u. a. die Ausbeutung

---

153 In Abwesenheit Fritzes, der zum Kölner Freidenker-Verband offen gute Verbindungen pflegte, beschloß das Presbyterium am 25. 7. 1924 eine öffentliche »Stellungnahme zur antikirchlichen Propaganda des Freidenkerverbandes für Feuerbestattung«.

154 Der Presbyteriumsbeschluß vom 5. 3. 1926, nicht mehr Schwarz-Weiß-Rot, sondern Schwarz-Rot-Gold zu flaggen (16 : 15 Stimmen), gelangte am 7. 3. 1926 in die Rheinische Tageszeitung und erregte die Kirchengemeinden Groß-Kölns dermaßen, daß das Presbyterium in einer Sondersitzung am 12. 3. 1926 mit 20 : 12 Stimmen seinen Beschluß vom 7. 3. revidierte. Ergebnis: überhaupt keine Beflaggung der Kirchen mehr, und die der Pfarrhäuser wird den Pfarrern überlassen.

155 Vgl.: Konrad Algermissen, Die Gottlosenbewegung der Gegenwart und ihre Überwindung, 1932; Adolf Ziegler, Die russische Gottlosenbewegung, 1932; Walter Birnbaum, Wider die Front des Gottlosentums – Abwehr oder Verkündigung?, 1931. Dazu: Hans Prolingheuer, Kirchenkampf vor 1933, a.a.O., S. 20 f. und Anm. 41.

und Vernichtung ganzer Kolonialvölker steht, zu verteidigen sucht. Die schlimmsten Feinde des Christentums sind noch immer seine falschen Freunde gewesen, die den Namen Gottes im Munde führen! ›Salz‹, ›Sauerteig‹, ›Feindesliebe‹ – das sind die Waffen, die Christus uns darreicht. Im Übrigen heißts im Blick auf alle Feinde Jehovas: ›Er lächelt ihrer‹.«[156]

Inmitten all dieser Massenhysterie und Volksverhetzung durch die Kirchen gegen alles, was politisch links steht, veröffentlicht »Die Christliche Welt« einen Vortrag von Georg Fritze, den dieser vor Jahresfrist vor der Marburger Sozialistischen Studentenschaft gehalten hat: »Von Lenin, dem Menschen und seinem Werk«[157]. In der kirchlichen Publizistik dieser Jahre eine literarische Einmaligkeit, ein Skandal für alle Gottlosen- und Marxistenjäger, für die Lenin doch längst der leibhaftige Satan ist: statt eines klaren Verdammungsurteils eine auf Verständnis der Christen zielende Würdigung des Revolutionärs und Staatsmannes Wladimir Iljitsch Lenin. »Ich betrachte es als meine Aufgabe«, stellt der Autor einleitend klar, »ein wenig zu helfen, daß wir merken: es ragt in Lenin und in dem, was er schuf, in unsre Wirklichkeit Etwas hinein, das uns nahe angeht, das uns fragt, prüft, warnt, vielleicht auch uns (etwas) gibt.«

Viele Christen und Kirchenmänner sehen in dem »roten Pfarrer von Köln« mehr und mehr das Trojanische Pferd des Marxismus-Leninismus in der evangelischen Kirche. Und Georg Fritze sabotiert ja auch den Kampf gegen das Gottlosentum, wo er nur kann. In der Kölner Volkshochschule hält er Vortragsreihen und Seminare zu diesem Thema: »Die Lage der Christen in der Sowjetunion«, »Sinn und Aufgabe des Christseins in den gegenwärtigen gesellschaftlichen Wirren« oder »Was ist Gottlosigkeit?« Als sich die Größere Gemeindevertretung der Evangelischen Kirchengemeinde Köln mit diesen Fragen befaßt, verteilt und erläutert Georg Fritze zum Thema »Gottlosenbewegung und Kirche« zehn »Leitsätze« mit historischen, politischen und theologischen Erläuterungen[158].

---

156 Kartäuser Pfarrblätter, Nr. 6, 1931: Gefahr im Verzug.

157 Die Christliche Welt, Nr. 5 und 6, 1930. Siehe Dokument 7, S. 212 ff. Auch in Neuwerk, Nr. 12, 1930/31, S. 129, erschien ein Fritze-Artikel: »Lenin«.

158 Kartäuser Pfarrblätter, Nr. 1/2, 1932. Siehe Dokument 8, S. 227 ff. Daß der

Und immer wieder lenkt er den Blick seiner Hörer in Kirchengemeinde und Volkshochschule auf eine Bewegung, die er für Staat und Kirche als die viel, viel gefährlichere ansieht: die »Faschistische Gefahr« des Nationalsozialismus. Aber der Gottlosenfeldzug der Kirchen erringt Sieg um Sieg in den Herzen und Hirnen der Christen. Niemand hört den beschwörenden Ruf Georg Fritzes: »Gefahr im Verzug!«

14 Blindwütiger Antikommunismus

Die Kirchen indes sind geradezu besessen von der Mission, im Kampf gegen das Gottlosentum Bolschewismus und Sozialismus auszurotten. Und je länger, desto mehr bietet sich dabei Hitlers Nazi-Partei als zuverlässiger Bundesgenosse an. Die einzige Partei, die sich nicht scheut, sich offen zum Christentum zu bekennen: »Wir fordern die Freiheit aller religiösen Bekenntnisse im Staat, soweit sie nicht dessen Bestand gefährden oder gegen das Sittlichkeits- oder Moralgefühl der germanischen Rasse verstoßen. Die Partei als solche vertritt den Standpunkt eines positiven Christentums.«[159] Und was den Bolschewismus und Sozialismus betrifft, so sind Antibolschewismus, Antikommunismus und Ausschaltung der »Novemberverbrecher« Lebenselement der NSDAP und all ihrer Gliederungen.

Georg Fritze sieht die Gefahren eines schwarz-braunen Bündnisses heraufziehen. Er warnt seine Brüder im Lande öffentlich und ohne Umschweife: »Die Aufgabe der Kirche ist *nicht* das *›dritte Reich‹*, sondern das *letzte Reich*, das Reich Gottes!«[160] Doch der Ruf aus Köln verhallt ungehört. Der Gefechtslärm des kirchlichen

Papst erst dann auf antikommunistischen Kurs schwenkte, als seine Bemühungen um Kooperation mit den Bolschewisten – zu Lasten der russisch-orthodoxen Kirche – gescheitert waren, belegt Hansjakob Stehle mit Geheimdokumenten in: Die Ostpolitik des Vatikans, 1975, S. 16–194 und 409–417. Dazu auch: Renate Riemeck, Moskau und der Vatikan, 2. Aufl. 1978 (Schweiz), Bd. 2, S. 124 ff.

159 Punkt 24 des Parteiprogramms der NSDAP. Daß das Ja zum Christentum auf Kosten der Juden geht, hat die Kirchen nicht angefochten.

160 Kartäuser Pfarrblätter, Nr. 6, 1931.

Feldzuges gegen die Gottlosigkeit hat Christen und Kirchen blind und taub gemacht gegenüber den inständigen Bitten, wachsam zu sein, den Nazis mit ihrer »christlichen« Partei nicht zu trauen. Und als Nazi-Trupps zum jüdischen Neujahrsfest 1931 in Berlin einen Judenpogrom inszenieren – und die Kirchen dazu schweigen –, läßt Georg Fritze in seinen »Kartäuser Pfarrblättern« die deutschen Quäker an die deutschen Kirchen appellieren:

»An die Kirchen aller christlichen Konfessionen in Deutschland. Der innerpolitische Kampf in Deutschland hat Formen angenommen, denen alle, die unter dem Evangelium Christi stehen, nicht länger untätig zusehen dürfen. Morde der Gegner untereinander sind an der Tagesordnung.

So haben am Tage des jüdischen Neujahrsfestes sich im Westen Berlins pogromartige Ausschreitungen gegen jüdische und jüdisch aussehende Menschen abgespielt, deren Umfang nur teilweise bekannt geworden ist. Die Betreffenden sind nicht nur beschimpft, sondern niedergeschlagen und zum Teil in schwerster Weise mißhandelt worden.

Wir wissen, wie schwer durch derartige Vorkommnisse dem Ansehen unseres Volkes gegenüber der Welt geschadet wird.

Wir haben uns darüber hinaus die Frage vorgelegt: wie muß eine solche Tat auf die innere Haltung unserer jüdischen Mitbürger wirken, die in ihrem religiösen Empfinden und in ihrem Menschtum auf das tiefste getroffen sind.

Wir haben uns ferner gefragt, welche zersetzenden Folgen ein solches Tun für die moralische Haltung der Täter selbst und der Menschen, die eine solche Tat geschehen lassen, haben muß.

Und wir fragen uns: wie weit sind wir alle mit schuld an der Verrohung unseres öffentlichen Lebens?

Wir fühlen uns mitschuldig an diesem Geschehen und richten öffentlich die Bitte an alle Menschen guten Willens, sich auch dieser Mitschuld bewußt zu sein. Wir bitten alle Kirchen, ihre verantwortlichen Führer und jedes einzelne Kirchenmitglied, eingedenk zu sein der Friedensbotschaft Christi, die sich auf alle Menschen ohne Ausnahme erstreckt, und dieser Botschaft durch ihr Wirken in Wort und Tat zum Siege zu verhelfen.

Und wir fragen uns: Leben wir überhaupt in einem Staat, in dem

christliche Kirchen, mit großen Mitteln arbeitend, den Anspruch erheben dürfen, die Lehre und den Geist Christi irgendwie in das Geschehen des öffentlichen Lebens umsetzen zu können?
Falls wir nicht alles tun, was in unserer Kraft steht, um eine Wiederholung solcher Pogrome zu verhindern, vergrößern wir unsere Mitschuld und versündigen uns an dem Christengeist. Lassen wir den Namen ›Christ‹ nicht noch mehr zum Gespött werden!«[161]
Aber die Kirchen schweigen. Sie halten weiter lauthals Gericht über die Gottlosigkeit der Bolschewisten und ihrer Helfershelfer. Der Evangelische Oberkirchenrat in Berlin spornt die Kämpfer an: »Wir halten es für eine unabweisbare Notwendigkeit, unverzüglich alle der Kirche zur Verfügung stehenden Kräfte planmäßig zur Abwehr und Überwindung dieser Bewegung einzusetzen. Keine Gemeinde darf tatenlos das Treiben jener Bewegung in ihrem Umkreis dulden.«[162]
Georg Fritze sieht seine Kirche auf einem gefährlichen Irrweg. *Politisch* hält er die »Gottlosengegenaktionen« der Kirchen für pure Heuchelei: »Wo waren sie, als die armenischen Christen zu Hunderttausenden niedergemetzelt wurden? Da läuteten keine Glokken! Der Sultan war unser politischer Freund!«[163] Wie er *theologisch* über den Feldzug der Kirchen gegen Gottlose urteilt, das redet Georg Fritze der Christenheit in einer Morgenfeier über den Westdeutschen Rundfunk ins Gewissen:
»Es könnte einmal möglich sein, daß Gott für seine Herrschaft ganz andere Dinge und Menschen gebraucht, als manche Christen meinen, es könnte sogar geschehen, daß Kirchen gar nicht wirklich

161 Kartäuser Pfarrblätter, Nr. 10, 1931. Erklärung der Jahresversammlung der deutschen Gesellschaft der Freunde, 1931.

162 In diesem Rundschreiben des EOK vom Januar 1931 heißt es zudem: »Die Führung und Verantwortung in diesem Kampf steht der verfaßten Kirche und ihren Organisationen zu.« Schon der Deutsche Evangelische Kirchentag zu Nürnberg warnte die Christenheit am 28. Juni 1930, »die Sturmzeichen der Zeit zu erkennen und gegenüber den Anläufen des Unglaubens unerschütterlich festzuhalten am Bekenntnis«.

163 Neuwerk, Nr. 12, 1930/31, S. 129. Vgl. dazu: Johannes Lepsius, Der Todesgang des armenischen Volkes, 1916; Neudruck: 1980! Es ist ein Skandal, daß diese Heuchelei bis in unsere Tage reicht; denn die westlichen Staaten, die stets ihren »Kampf um die Menschenrechte« im Munde führen, haben die Christenverfolgung ihres Nato-Partners Türkei bis heute nicht abstellen können. Vgl. FAZ vom 19. 3. 1980: »Gewalt gegen Christen in der Türkei«.

Gottes Herrschaft dienen, sondern anderen Mächten, oder daß sie von anderen Mächten für ganz widergöttliche Ziele benutzt werden; ja, es könnte der Fall eintreten, daß Gott Gottlose gebraucht, um in der Welt sein Reich zur Geltung zu bringen und die vermeintlichen Gottgläubigen auf den rechten Weg zu rufen, daß sie den Dienst, den Gottes Herrschaft will, erkennen und zu tun sich entschließen.«[164]

Doch Theologie ist in diesem Kirchenkampf nicht gefragt. Und als Reichspräsident von Hindenburg am 4. Mai 1932 per Notverordnung die Gottlosenverbände in Deutschland verbietet[165], zollen ihm selbst die Religiösen Sozialisten Beifall: »*Das Recht der freien Meinungsäußerung darf nicht zum Faustrecht werden, darf nicht zu einer brutalen Bedrückung der Volksgenossen führen, die auf dem Boden einer religiösen Weltanschauung stehen.* So werden die proletarischen Freidenker aller Schattierungen hinsichtlich ihrer Taktik umlernen müssen, werden sich daran gewöhnen müssen . . ., ihre eigene Weltanschauung positiv zum Ausdruck zu bringen, statt sich auf das Schlechtmachen des anderen, auf die Bedrückung der religiösen Volksgenossen zu beschränken.«[166]

Vom Propagandafeldzug der Kirchen in die Irre eines blindwütigen Antikommunismus getrieben, zeigt das Kirchenvolk immer weniger Verständnis für die weltfremden Warnrufe Georg Fritzes. Ja, viele wittern in der Mahnung des »roten Pfarrers von Köln«, »Die Aufgabe der Kirche ist *nicht* das *›dritte Reich‹*, sondern das *letzte Reich*, das Reich Gottes!«, eine arglistige Feindpropaganda, die darauf angelegt ist, den nationalen Abwehrkampf gegen die Feinde christlich-abendländischer Kultur zu schwächen.

---

164 Georg Fritze in der »Morgenfeier«, am 19. 7. 1931 im Westdeutschen Rundfunk, über die Bitte des Vater-Unser: »Dein Reich komme«. Diese Fritze-Predigt wurde veröffentlicht in: »Kartäuser Pfarrblätter«, Nr. 7, 1931, und im »Protestantenblatt – Wochenblatt für den deutschen Protestantismus«, Nr. 48, 1931.

165 Von dem Verbot wurden betroffen: Verband proletarischer Freidenker, samt Freidenkerjugend, Freidenkerpioniere, die Frauenkommission, die Kampfgemeinschaft proletarischer Freidenker und deren Einrichtungen, einschließlich deren Verlagsbetriebe – insgesamt 130 000 Personen.

166 Paul Piechowski, Gewalt gegen Gewalt – Zur Auflösung der kommunistischen Gottlosenverbände, in: Zeitschrift für Religion und Sozialismus, 1932, S. 221 f.

15 Wende zur dialektischen Theologie

Im Februar 1932 sieht sich Georg Fritze genötigt, ein offenes Wort über sein politisches Engagement zu sagen:
»Es ist hie und da das Gerücht aufgetaucht, an einer Stelle ist sogar öffentlich von mir so geredet worden, als rückte ich dem Sozialismus, auch dem Religiösen Sozialismus ferner. *Das ist nicht der Fall.* Ich habe allerdings den Vorsitz im Kölner Bund der religiösen Sozialisten niedergelegt. Das habe ich aber getan, nicht weil mir religiös sozialistisches Arbeiten überhaupt ferner gerückt wäre, sondern 1) ganz einfach darum, weil ich, nachdem ich 13 Jahre lang im Vordergrund dieses Arbeitens in Köln gestanden habe, das Empfinden habe, daß es gut sei, daß jüngere Schultern – mindestens vorläufig einmal – mit der Verantwortung für die Arbeit des Kölner Bundes betraut werden; 2) weil es meinen engeren Freunden *und mir* nötig erscheint, daß die Kölner Bewegung viel stärker als das bisher der Fall war, *von den Arbeitern selber* getragen werde. Dabei ist freilich kein Geheimnis, daß ich schon seit vielen Jahren von der Überzeugung durchdrungen bin, daß ›religiöser Sozialismus‹ so wie ich ihn verstehe, nämlich als Arbeit an der Vertiefung sowohl des Sozialismus als der überkommenen kirchlichen Frömmigkeit, eine Sache ist, die wohl bei besonderen Anlässen (Kirchenwahlen, besondere Ereignisse des kirchlichen Lebens z. B. Fürstenenteignungsfrage und Haltung der Kirchenbehörden dazu u. a.) werbend an die Öffentlichkeit treten darf und muß, die aber im Allgemeinen für Propaganda und Agitation ungeeignet ist. Es wird aufmerksamen Hörern meiner Predigten nicht entgangen sein, daß ich, im Unterschied zu der Zeit nach 1918, viel stärker darauf bedacht bin, die der Kirche aufgetragene Botschaft möglichst ungebunden an Zeitströmungen zu sagen. Das ändert nichts daran, 1) daß ich nach wie vor überzeugt bin, daß gewissenhaftes Arbeiten an einer Neugestaltung unseres Wirtschafts- und politischen Lebens in der Richtung sozialistischer Ziele (. . .[167]) *meine* Pflicht als Staatsbürger und Christ ist und 2) daß – mag auch das,

167 Hier zitierte Fritze seine Lieblingsstelle aus den Blumhardt-Predigten; siehe S. 38.

worum ich seit 14 Jahren an meinem bescheidenen Teile mitarbeite, im Wesentlichen erreicht sein, nämlich die grundsätzliche Anerkennung, daß die Kirche sich aus allen Parteigebundenheiten zu lösen hat – praktisch noch ganz außerordentlich viel Arbeit zu leisten bleibt, damit dieser Grundsatz auch wirklich durchgeführt werde.

Daß die ungeheure Zerrissenheit der sozialistischen Bewegung in drei und mehr einander bitter bekämpfende Parteien die Lage der religiösen Sozialisten heute außerordentlich erschwert, mag hier nur angedeutet sein. *Deswegen* den sozialistischen Erkenntnissen und Zielen den Rücken zu kehren liegt freilich ganz und gar keine Veranlassung vor. Im übrigen wird man wohl aus den oben mitgeteilten Leitsätzen zur Gottlosenbewegung[168] entnehmen können und müssen, wie ich stehe.«[169]

Damit signalisiert und erläutert Georg Fritze seinen Freunden und seiner Kölner evangelischen Gemeinde den gegenwärtigen Stand seiner persönlichen theologischen Entwicklung, die bereits 1919 im thüringischen Tambach ihren neuen Anfang genommen hatte; als dort Karl Barth seine verdutzten Hörer davor gewarnt hatte, nun womöglich auch noch als Sozialisten »Christus zum soundsovielten Male zu säkularisieren«[170].

Georg Fritze hatte in den zwanziger Jahren dann auch tatsächlich erkennen müssen, »daß seine Theologie, die vom Liberalismus herkam, nicht ausreichte. Mit mir«, so erinnert sich Georg Fritzes Vikarin, die Barth-Schülerin Elisabeth von Aschoff[171], »hat er damals stundenlang diskutiert und sich nach und nach der dialektischen Theologie zugewendet. Seine Freunde merkten, daß er anders predigte, was manchen gar nicht gefiel.«[172]

---

168 Siehe Dokument 8, S. 227 ff.

169 Kartäuser Pfarrblätter, Nr. 1/2, 1932.

170 Karl Barth, Der Christ in der Gesellschaft, Tambacher Vortrag, in: Jürgen Moltmann (Hg.), Anfänge der dialektischen Theologie, S. 6.

171 E. von Aschoff (von den Kölner Freunden »Eva« genannt) war seit 1929 bei Georg Fritze Vikarin.

172 Brief Elisabeth Bizer an den Verfasser vom 10. 1. 1979. Diese Darstellung wurde von Änne Traub, die seit 1932 bei Fritze Vikarin war, im Gespräch mit dem Verfasser am 3. 1. 1979 bestätigt.

Der theologische Wandel Georg Fritzes wird zu Beginn der dreißiger Jahre deutlich sichtbar. Während die Religiösen Sozialisten der Theologie nur »eine sekundäre Funktion«[173] beimessen, wird für Georg Fritze die Theologie vollends zum Dreh- und Angelpunkt auch seines politischen Redens und Handelns. So hat das den Kommunisten, Marxisten und Freidenkern eingebrannte politische Stigma »GOTTLOS« für Georg Fritze eine höchst theologische Qualität – im Sinne des Römerbriefes nämlich, wo der Apostel Paulus wiederholt den Blick lenkt auf *den* Christus, »der die Gottlosen gerecht macht«, ja, schärfer noch: »der für *uns Gottlose* gestorben« ist[174]. Und das predigt Georg Fritze nicht nur, das macht er auch durch abweichendes politisches Verhalten seinen Freunden und Feinden sichtbar. Als die Religiösen Sozialisten beispielsweise im Oktober 1931 ihren Bundesvorsitzenden Erwin Eckert wegen seines Eintritts in die KPD seiner Ämter entheben und die badische Landeskirche den Kommunisten ausstößt, steht er – bei allen Meinungsverschiedenheiten – in großer Treue zu seinem verstoßenen Freund und Amtsbruder Erwin Eckert. Und diese herzliche Bruderschaft zwischen dem Sozialdemokraten und dem Kommunisten vermag niemand und nichts zu zerstören[175].

Und seitdem Karl Barth Professor in Bonn ist, halten die Barth-Schülerinnen – bald sind allein vier Vikarinnen auf Betreiben von Georg Fritze in der Kölner Gemeinde tätig[176] – ihren väterlichen

173 Georg Wünsch: »Theologie ist in unserer Bewegung nur berechtigt, soweit sie als *Mittel* der Klärung im Dienst an der Sache durch die Ordnung des menschlichen Denkens *über* diese Sache auftritt, d. h. als eine sekundäre Funktion.« In: Zeitschrift für Religion und Sozialismus, 1932, Heft 4, S. 226 ff.

174 Röm. 4,5 und 5,6. Die Brisanz dieses *theologischen* Einspruchs wird noch am 23. 1. 1958 am Protest der CDU/CSU-Bundestagsfraktion deutlich, als Gustav Heinemann (SPD) daran erinnerte, »daß Christus nicht gegen Karl Marx, sondern für uns alle gestorben ist«! Vgl. Hans Prolingheuer, Christus stand zur Debatte, in: Das Reißbrett, 2/1958; dazu: G. W. Heinemann Bibliographie, S. 57, Nr. 554 (Hg. Archiv der Friedrich-Ebert-Stiftung).

175 Hedwig und Heinrich Abt, die im Frühjahr 1933 Fritzes Akten im Kölner Königsforst vergraben haben, erinnern sich, daß Fritze sich vor allem von der Korrespondenz mit Eckert nur sehr, sehr schwer trennen konnte. Fritze schrieb Eckert auch ins Düsseldorfer Gefängnis. Das war auch der Grund zur ersten Hausdurchsuchung. Dank der Warnung eines SA-Mannes an Hedwig Abt waren die Akten nachts zuvor beiseite geschafft.

176 Elisabeth von Aschoff, Ina Gschlössel, Annemarie Rübens und Änne Schümer

Freund Georg Fritze über alle Gedanken und Aktionen »Karls des Großen«[177] auf dem Laufenden, und die Treffen der jungen Theologen im Pfarrhaus Fritze gestalten sich gelegentlich zu Außenstellen des Bonner Barth-Kollegs. Dabei spielt jedoch Ernst Bizers jahrelange Kontroverse über »die Theologie der Religiösen Sozialisten« nur eine untergeordnete Rolle[178]. In diesem Streit hält es Georg Fritze mit Eduard Thurneysen: »Wort Gottes gibt es nur da, wo der Anspruch, der aus der Not des Lebens aufsteigt, gehört wird. Ich sehe darin das bleibend Wertvolle am religiösen Sozialismus, daß er unserer Zeit dieses Anliegen auf die Seele gelegt hat. Wir werden ihn daher nie verleugnen können oder auch nur verleugnen wollen.«[179]

Wie soll das heraufziehende Unheil des deutschen Faschismus auch anders abgewendet werden, wenn nicht durch die Solidarität der politischen Linken, für die die Satzung des Kölner Bundes religiöser Sozialisten jedenfalls eine praktikable Basis bietet?[180] Darum sieht Georg Fritze auch keinen Grund, mit seinen alten Freunden, ja, nicht einmal mit der Organisation der Religiösen Sozialisten zu brechen. Während der rheinischen Landestagung des Bundes reli-

---

(Elisabeth von Aschoff heiratete später den Kirchengeschichtler Ernst Bizer, Änne Schümer den langjährigen Barthassistenten Hellmut Traub, den Sohn des einstigen Jatho-Verteidigers Gottfried Traub, der auch im Pfarrhaus Fritze verkehrte). Schon 1929 hatten sich die rheinischen Religiösen Sozialisten auf Grund einer Kölner Initiative – vergeblich! – mit einer Eingabe an die rheinische Provinzialsynode gewandt, das Vikarinnengesetz dahingehend zu ändern, daß Vikarinnen die Rechte eines Pfarrers zuerkannt werden. Daraufhin ließ Fritze in Köln den Einsatz von Vikarinnen verstärken und ausweiten. Dieses Kölner Modell scheiterte 1933: die DC entließen alle Kölner Vikarinnen aus dem Dienst.

177 So nannten viele Schüler ihren Lehrer Karl Barth.

178 Ernst Bizer, Zur Theologie des religiösen Sozialismus, in: Die Christliche Welt, Nr. 14, 1927; dazu: Emil Fuchs und Leonhard Ragaz, Sozialismus und Reich Gottes – Die Religiösen Sozialisten wehren sich, ebenda, Nr. 17, und Walter Müller-Lörrach, Zur Theologie des religiösen Sozialismus, ebenda, Nr. 23. Bizer/Wünsch, die religiösen Sozialisten und die dialektische Theologie, in: Zeitschrift für Religion und Sozialismus, Heft 3, S. 129 ff., und Heft 4, S. 266 ff., 1932. 50 Jahre später Ulrich Dannemann: »Karl Barths Beziehungen zum ›religiösen Sozialismus‹ waren insgesamt weit positiver«, in: Günter Ewald, Religiöser Sozialismus, S. 91–113.

179 E. Thurneysen in: Zwischen den Zeiten, Heft 6, 1927, S. 513–522.

180 Siehe Dokument 4, S. 202, unter Punkt 4.

giöser Sozialisten am 28. und 29. Mai 1932 in Köln hält Georg Fritze nicht nur die Predigt zur Eröffnung der Tagung – »über: ›Der Mensch lebt nicht von Brot allein‹, in sehr kritischer Beleuchtung«[181] –, er läßt sich auch wieder in den Landesvorstand des rheinischen Bundes wählen[182]. Und da die integrierende Kraft Georg Fritzes im politischen Flügelstreit der Delegierten unbestritten ist, wählen ihn die Freunde auch sogleich in die wichtige Fünfer-Kommission, die die bevorstehenden Kirchenwahlen in Preußen vorzubereiten hat[183]. Die Zielrichtung des bevorstehenden Kirchenwahlkampfes, welche die Landesversammlung festgelegt hat, ist eindeutig und wird von Georg Fritze akzeptiert:

»Engstes Zusammenarbeiten mit den proletarischen Organisationen in gegenseitiger Wechselverbindung. Die religiösen Sozialisten Rheinlands stehen Schulter an Schulter mit dem Proletariat im Kampf gegen das Hakenkreuz im Politischen und Wirtschaftlichen. Sie verlangen aber auch von jedem Gewerkschaftler, Sportler und Sozialisten, der noch der Kirche angehört, endlich, daß diese begreifen, daß es in der Kirche auch um ihre Interessen geht.«[184]

16 Die Kirche macht Faschismus wählbar

Eine Woche später schon sieht Georg Fritze nicht mehr nur »das Hakenkreuz im Politischen und Wirtschaftlichen«. Am 6. Juni 1932 hat das Hakenkreuz seinen Einzug auch in die Kirche gehalten. Rechtzeitig zu den preußischen Kirchenwahlen – inzwischen

181 Rheinische Zeitung vom 4./5. Juni 1932.

182 Landesvorstandsmitglieder: August Roos, Köln, 1. geschäftsführender Vorsitzender; Hermann Krüger-Velthusen, Biebernheim/St. Goar, 2. Vorsitzender; Erna Demrath, Köln, Kassierer; August Jacob, Köln, Schriftführer; und die Beisitzer: Werner Sack, Düsseldorf; Paul Flade, M.-Gladbach-Rheydt; Georg Fritze, Köln.

183 Kommissionsmitglieder: Paul Flade, Georg Fritze, August Jacob, Hermann Krüger-Velthusen und der Kölner Karl Wülfrath. Damit die rheinischen Religiösen Sozialisten nicht als Kirchenpartei im Wahlkampf auftreten, gründen sie einen rheinischen »Volkskirchenbund Evangelischer Sozialisten«.

184 Rheinische Zeitung vom 4./5. Juni 1932.

auf Mitte November 1932 festgelegt – hat sich in Berlin die faschistische Kirchenpartei »Deutsche Christen« (DC) gegründet. Ihr Vorsitzender, der Berliner Pfarrer Joachim Hossenfelder, macht an diesem Tage während einer Großkundgebung in Berlin die Christenheit in Preußen mit dem Programm der kirchlichen Faschisten bekannt: Deutsche Einheitskirche statt Landeskirchen, Führerprinzip, Ausschluß aller Juden und Reinhaltung der germanischen Rasse, Schutz des Volkes vor Untüchtigen und Minderwertigen, Vernichtung des volksfeindlichen Marxismus . . .
Georg Fritze hofft auf seine Kirchenleitung. Er glaubt, daß der Evangelische Oberkirchenrat in Berlin derart Gotteslästerliches in der preußischen Landeskirche nicht zulassen wird. Doch Monate vergehen, und die Kirche schweigt. Statt dessen stachelt die Kirchenleitung die Gemeinden an zu immer brutaleren Propaganda-Aktionen gegen die gottlosen Marxisten und Kommunisten im Lande. So schweigt sie auch zu den Nazi-Greueln der Nacht vom 9. auf den 10. August im oberschlesischen Potempa, wo uniformierte SA-Männer in die Wohnung eines kommunistischen Arbeiters eindringen, ihn aus dem Bett zerren und vor den Augen der Mutter zu Tode trampeln. Ja, der Evangelische Oberkirchenrat schweigt aber auch dann noch, als Adolf Hitler den zum Tode verurteilten Kommunistenmördern am 23. August 1932 in die Beuthener Gefängniszelle telegraphiert: »Angesichts dieses ungeheuerlichen Bluturteils fühle ich mich mit Euch in unbegrenzter Treue verbunden. Eure Freiheit ist von diesem Augenblick an eine Frage unserer Ehre . . .!«[185]
Als erste decken die rheinischen religiösen Sozialisten, die sich mit der Liste »Volkskirchenbund Evangelischer Sozialisten« an den Kirchenwahlen beteiligen, mit ihrem Aufruf vom 7. September 1932 den Einbruch der DC-Faschisten in die Evangelische Kirche auf und sagen den »Deutschen Christen« schonungslosen Kampf an: ». . . *Was wollen die Faschisten in der Kirche?* Sie werden zwar versuchen, im Wahlkampf ihr Interesse an der Kirche religiös zu begründen, in Wahrheit aber wollen sie ganz etwas anderes. Sie

185 Paul Kluke, Der Fall Potempa, in: Vierteljahreshefte für Zeitgeschichte, Nr. 5, 1957, S. 279–297. Das Hitler-Telegramm fand in der Presse weiteste Verbreitung.

werden vom Evangelium reden, aber sie meinen damit *ihr eigenes Evangelium des Rassehochmutes, der brutalen Vergewaltigung* jeder anderen Meinung, *der Verherrlichung des Kriegsgeistes* und der militärischen Aufrüstung. Sie haben das Kreuz Christi verzerrt zum Hakenkreuz . . . *Sie glauben an einen leichten Sieg.* Sie rechnen damit, daß die große Mehrheit der Kirchenmitglieder, die zur Arbeiterschaft gehören, den Kirchenwahlen fernbleiben und ihnen allein das Feld überlassen wird. Von den evangelischen Pfarrern, von denen sehr viele mehr oder weniger offen mit dem Faschismus sympathisieren, brauchen sie keinen Widerstand zu befürchten, ebensowenig von den bisherigen kirchlichen Parteien, die sich ähnlich wie die politischen Parteien des Bürgertums mehr und mehr auflösen. So streckt Hitler seine Hände nach der evangelischen Kirche wie nach einer sicheren Beute aus und fühlt sich schon jetzt als der zukünftige Herr der Kirche. *Sollen diese Hoffnungen der Faschisten Wirklichkeit werden?* Wir sagen: *Nein! Sie sollen sich verrechnet haben!* Wie überall, *wo wir sie treffen, werden wir sie* auch in der Kirche *mit dem Stimmzettel schlagen!* Wir werden noch geschlossener an der Wahlurne erscheinen als sie und werden ihnen zeigen, daß sich das *Proletariat nicht einfach beiseite schieben läßt. Damit bejahen wir natürlich nicht etwa die Kirche in ihrer heutigen Gestalt,* wir werden ernstlich für eine tiefgreifende Umstellung der Kirche im Geiste ihres Begründers kämpfen. Zunächst aber gilt es, unbedingt und unter Hintansetzung aller Bedenken zu verhindern, daß sie völlig in die Hand unserer erbittertsten Gegner kommt! . . . Freiheit!«[186]

Aber diese öffentliche Warnung der rheinischen Religiösen Sozialisten findet in Berlin taube Ohren. Am 9. September, zwei Tage nach diesem Zeitungsaufruf aus Köln gegen die faschistischen »Deutschen Christen«, erkennt der Vizepräsident des Evangelischen Oberkirchenrates, Georg Burghart, die faschistischen »Deutschen Christen«, mitsamt ihren programmatischen »Richtlinien«, als Kirchenpartei für die Kirchenwahlen vom 12. bis 14.

186 Rheinische Zeitung vom 7. 9. 1932. Der Aufruf ist überschrieben: Evangelische Genossen! Diesmal geht Ihr zur Kirchenwahl – Ihr durchkreuzt die Pläne der Faschisten!

November 1932 an[187]. Damit sind Rassenwahn, Ausschaltung der Juden, Terror und Gewaltanwendung höchst kirchenamtlich für wählbar erklärt. Damit hat aber auch der Evangelische Oberkirchenrat einen militanten und zuverlässigen Bundesgenossen gefunden im »entschiedenen Kampf gegen den gottfeindlichen Marxismus«[188].

Und gleichsam als antikommunistisches und antimarxistisches Waffenarsenal für den Wahlkampf der Faschisten versendet der Präsident des Evangelischen Oberkirchenrates einen vertraulichen Erlaß an alle Pfarrer in Preußen, in welchem D. Hermann Kapler nach zweijährigem »Kampf zur Überwindung der Gottlosenbewegung« Bilanz zieht[189]. Demnach hat das staatliche Verbot die Feinde *nicht* beseitigen können: »Die Tätigkeit der Gegner geht nach unverkennbaren Anzeichen auf verborgenen und immer neuen Wegen weiter und ist darum um so schwerer zu erfassen und desto gefährlicher. Wir geben in der Anlage eine kurze Aufzählung der in den Berichten uns mitgeteilten Arbeiten, die in Provinzen und Gemeinden hier und da eingeleitet sind und von anderen Gemeinden als wertvolle und beachtliche Anregungen anzusehen sein werden.« Außerdem führt der Präsident anderthalb Seiten an Materialien auf. Schriften, Flugblätter, Bücher, Stoffsammlungen und Filme. Und da die anempfohlene Materialschlacht nicht am Gelde scheitern soll, schreibt er abschließend für den Bußtag die Kollekte aus unter der Losung des Kampfes: »Für Christus wider die Gottlosigkeit«.

In seinem Wahlaufruf rückt Hossenfelder dann auch *diesen Kampf* an die erste Stelle: »*Evangelische Männer und Frauen!* Im Herbst dieses Jahres finden die gesetzlich vorgeschriebenen Kirchenwahlen statt. Ihr habt in den letzten Notjahren gelernt, daß Wahlrecht Wahlpflicht ist.

---

187 Vgl. dazu Klaus Scholder, Die Kirchen und das Dritte Reich, 1977, S. 264 ff., und Kurt Meier, Der evangelische Kirchenkampf, Halle, 1976, Bd. I, S. 56–76.

188 Punkt 5 der »Richtlinien« der »Deutschen Christen«.

189 Erlaß EO. I 8618/32, »Vertraulich!«, vom 24. 10. 1932. In diesem Erlaß nimmt Kapler Bezug auf seinen letzten Erlaß in Sachen Gottlosengegenaktionen EO. I 7128/31, vom 30. 6. 1931, in dem er u. a. von den Gemeinden Berichte anforderte über die diesbezüglichen Aktivitäten.

Die Kirche steht in einer unerhörten Krise. Organisierte Gottlosigkeit darf frech ihr Haupt erheben . . .«[190]

17 Das Dritte Reich beginnt in einer Kölner Villa

Unmittelbar vor den Kirchenwahlen am 13. November 1932 mahnt Georg Fritze die Kölner Gemeinde: »Es muß unser Ziel sein, daß wir uns im Gotteshause zusammenfinden, auch wenn wir untereinander politisch, kirchlich und wie sonst bei recht verschiedenen ›Sachen‹ stehen. Jeder sucht aus ehrlichem Gewissen heraus den Weg Gottes zu gehen. Jeder suche aber auch immer den Weg, den Gott und sein Wort ihn gehen heißt und verwechsle nicht den Weg, den ihn vielleicht ganz andere Mächte, vielleicht mehr oder weniger bewußte egoistische Interessen zu gehen treiben, mit Gottes Weg.«[191]

Die Kirchenwahlen verlaufen dann auch in der Kölner Gemeinde »ohne wesentliche Unstimmigkeiten«[192]. Und der entschiedene Kämpfer gegen den Faschismus kann sogar einen ersten, sichtbaren Erfolg aufweisen. Während in Gesamtpreußen die faschistischen »Deutschen Christen« ein Drittel aller Sitze in den Gemeindekörperschaften erringen, gewinnen sie in Köln nicht mehr als ein Sechstel – nur zehn der sechzig Mitglieder der Größeren Gemeindevertretung[193].

Für Georg Fritze ist das allerdings kein Grund zur Freude. Für den Antifaschisten sind das immer noch zehn Faschisten zuviel im

---

190 Flugblatt im Privatbesitz des Verfassers.

191 Kartäuser Pfarrblätter, Nr. 64, 1932. In Anspielung auf das Bekenntnis der Nazis zum »Positiven Christentum« schreibt Fritze auch: »Es ist unevangelisch, für irgend eine Partei das Prädikat ›christlich‹ in Anspruch zu nehmen. Zum Christsein genügt nicht, daß man ›sich zum Christentum bekennt‹. Es gilt, für die *Sache Christi* einzutreten.« Ebenda.

192 Kartäuser Pfarrblätter, Nr. 65, 1932.

193 Die fünf Kölner Kirchenparteien erhielten in der Größeren Gemeindevertretung folgende Sitze: Liste »Für den kirchlichen Aufbau und Frieden«: 27; Liste der »Gemeinschaften«: 13; Liste »Deutsche Christen«: 10; Liste »Volkskirchenbund evangelischer Sozialisten«: 5; Liste »Evangelium und Volkstum«: 5.

Kölner Kirchenparlament. Was sind da schon die fünf Vertreter der Liste »Volkskirchenbund evangelischer Sozialisten«! Er übersieht vor allem nicht die große Anzahl von Faschisten in den anderen drei Fraktionen: bei »Aufbau und Frieden«, »Evangelium und Volkstum« und bei den »Gemeinschaften«. Der 13. November 1932 ist für Georg Fritze kein gutes Datum.
Der rheinische Generalsuperintendent Ernst Stoltenhoff hat nicht die große Zahl der DC-Faschisten und die vielen Mitglieder der Nazi-Organisationen in den neugewählten kirchlichen Körperschaften im Blick, als auch er zum Jahreswechsel in seinem ersten vertraulichen Rundbrief an die rheinischen Pfarrer ein düsteres Bild zeichnet. Der rheinische Kirchenmann klagt und fragt: »Das Jahr 1932, das zu Ende eilt, hinterläßt uns ein wenig erfreuliches Erbe. Die Politiker sind wieder und wieder zusammengekommen, haben beraten und beraten, aber die Früchte ihres Bemühens sind nicht lieblich anzuschauen. Es ist schwer, an die Aufrichtigkeit der Friede, Friede rufenden, wider uns stehenden Staatslenker zu glauben. Wir rennen beständig gegen eine schier undurchdringliche Wand der Lüge und der Heuchelei an. Wer wird sie durchstoßen und endlich der Wahrheit den Weg frei machen?«[194]
Wenige Tage nach der Lektüre dieses Hirtenbriefes erfährt Georg Fritze aus seiner »Rheinischen Zeitung«, daß am 4. Januar 1933 auch in Köln Politiker zusammengekommen sind. Ein Bericht, der den Antifaschisten Fritze stärker beunruhigt, als jenes Klagelied seines Generalsuperintendenten. Da hat der Bankier und Präsident der Kölner Industrie- und Handelskammer, Kurt Freiherr von Schröder, seine Kölner Villa am Stadtwald-Gürtel Nr. 35 für Geheimverhandlungen zwischen dem Reichskanzler a. D. Franz von Papen und dem Nazi-Führer Adolf Hitler zur Verfügung gestellt. Und nachdem dieser höchst politische Kölner Treff vom 4. Januar 1933 publik geworden ist, bestätigen die beiden Politiker auch unverhohlen, was sie dort in der Bankiers-Villa zu Köln zusammengeführt hat: der gemeinsame Wille zu einer »großen nationalen, politischen Einheitsfront«[195]. Was sie der Öffentlichkeit ver-

194 Umdruck in Privatbesitz des Verfassers.
195 Rheinische Zeitung vom 6. und 7./8. 1. 1933.

schweigen, ist der Abschluß eines »prinzipiellen Abkommens« zur Bildung einer gemeinsamen Koalition und die gemeinsame Absicht einer sofortigen »Entfernung aller Sozialdemokraten, Kommunisten und Juden aus führenden Stellungen«[196].
So bestätigt sich ausgerechnet in Köln, ausgerechnet vor seiner Kirchentür, was Georg Fritze vor Jahren schon in seiner Faschismus-Analyse der evangelischen Gemeinde in Köln und seinen Freunden in aller Welt klarzumachen versuchte: daß der Sozialismus der Nazis gar kein Sozialismus ist, weil er »das kapitalistische Wirtschaftssystem nicht bekämpft . . ., in unerträglicher Weise Denk- und Meinungsfreiheit knebelt . . . und die brutale Gewalt und den Rassenhaß sanktioniert«.
Und während immer mehr Christen ihre Rettung von einem starken politischen Führer erhoffen und in der Nazi-Partei des »Positiven Christentums« den starken Arm erkennen, der die Kirchen und Christen vor dem Unheil des Atheismus bewahren kann, versucht Georg Fritze in seiner ersten Predigt des Jahres 1933, am 8. Januar, in der Kölner Trinitatiskirche, seiner Kirche und seiner Kölner Gemeinde zu verdeutlichen, was allein die Aufgabe der Kirchen und Christen und wo allein deren Heil und Rettung zu suchen und zu finden ist[197]:
»Was ist die Kirche, was soll sie? Man wird sehr verschiedene Antworten auf diese Frage bekommen. Die Kirche ist sich nicht einmal immer selbst klar darüber, worin ihr tiefster Sinn liegt. Wie oft hat man sie mißbraucht und läßt sie sich mißbrauchen für politische oder wirtschaftliche oder andere Zwecke. Das Pauluswort gibt uns für die richtige Beantwortung der Frage eine gute Hilfe. ›Wir predigen nicht uns selbst, sondern Christum.‹ Das ist es, was die Kirche ist und soll: Verkündigung sein! Sie soll Christus verkündigen, daß ›die Erkenntnis von der Klarheit Gottes herausleuchtet‹. Dafür stehen die Kirchengebäude in ihrer erhabenen Schönheit da, darum erklingen die herrlichen Lieder, darum läuten die Glocken so tief und feierlich. ›Christus ist gekommen‹ – das ist das Wort, das die

196 Nürnberger Dokumente Bd. XVI, S. 384, Dok. PS-3337. Siehe auch: Heinrich Böll; Mein Lesebuch, S. 42 ff.
197 Predigttext: 2. Kor. 4,5–6. Nachschrift von Erna Demrath. Diese Nachschrift veröffentlicht Fritze am 14. 4. 1933 (!) in Nr. 68 seiner Kartäuser Pfarrblätter.

Kirche zu sagen hat in unser Einzelleben und in alle unsere Gemeinschaften hinein.

In der Predigt kommt es nicht darauf an, daß der Pfarrer geistreiche Worte aus seinem Bildungsschatze und schöne Vergleiche findet, er darf sich auch nicht dadurch bestimmen lassen, ob viele oder weniger Menschen zu ihm kommen – entscheidend ist, daß er das Wort von Gott sagt. Er soll sein wie der sichtbar ausgestreckte Zeigefinger des Johannes (auf dem Grünewaldschen Bild von der Kreuzigung), der auf Jesus weist: dort ist Licht, dort ist Leben! Siehe, das ist Gottes Lamm, das der Welt Sünde trägt! Wo Gott so verkündigt wird und wo die Herzen so das Wort aufnehmen, da geschieht etwas, da wird Friede, Freude, Freiheit, Gehorsam gegen den Willen Gottes . . .«

Als Reichspräsident Paul von Hindenburg dann am 30. Januar 1933 in Berlin das verwirklicht, was am 4. Januar 1933 in der Kölner Bankiers-Villa am Stadtwald-Gürtel Nr. 35 ausgedacht und ausgehandelt worden ist, nämlich die Machtübergabe an den Nazi-Führer Adolf Hitler, atmen die deutschen Kirchenführer und Millionen von Christen in Deutschland auf. Und nachdem ihnen Adolf Hitler gar in seiner Regierungserklärung am 1. Februar 1933 unter Anrufung des »Allmächtigen« verspricht, dem »Christentum als Basis unserer gesamten Moral« in Deutschland wieder Geltung zu verschaffen, da hat für die Kirchen die Schmach seit 1918 ein Ende, da übertragen die Kirchenführer in tiefer Dankbarkeit und grenzenlosem Vertrauen von nun an auch »die Führung in der weltlichen und kulturellen Abwehr des Bolschewismus auf den nationalsozialistischen Staat und die Partei«[198]. Für den »roten Pfarrer von Köln« jedoch kündigen sich bereits nach den ersten Tagen des »Dritten Reiches« böse Zeiten an. Der Landesleiter der faschistischen »Deutschen Christen« im Rheinland, der Gummersbacher Landrat Gottfried Krummacher, hetzt seine Gesinnungsgenossen während einer öffentlichen Kundgebung am 11. Februar 1933 in Köln auf, »die sofortige fristlose und pensionslose Amtsentlassung des Pfarrers Fritze zu verlangen«[199].

---

198 Mitteilungsblatt der DEK, Nr. 4, vom 11. 11. 1936 und Junge Kirche 1936, S. 1039 f. Siehe S. 124 ff. Vgl. Anmerkung 162.

199 Westdeutscher Beobachter vom 12. 2. 1933.

18 Die ersten Wunden

Noch höhnt an diesem 11. Februar 1933 Georg Fritzes Freund Erwin Eckert unter dem Beifall und Gelächter der Kommunisten des Wuppertals in der Wuppertaler Stadthalle: »Ich habe gehört und gelesen, daß Adolf Hitler behauptet, daß Gott der Herr ihn zu diesem Werk der Befreiung Deutschlands – (Gelächter). Liebe Zuhörer, denken Sie nicht, das sei übertrieben. Der zweite Satz seiner Rede, die auch auf Schallplatte verbreitet wurde, damit sie möglichst in ihrer Unzulänglichkeit bekannt werde, sagt: ›seit diesen Tagen des Verrats (dem 9. November 1918, d. Vf.) hat der allmächtige Gott unserm Volk seinen Segen entzogen . . .‹. Jetzt haben wir den Segen wieder! Aber was für einen!! (Gelächter) . . .«[200]

Aber schon am 28. Februar 1933 vergeht den Kommunisten, Sozialdemokraten und Gewerkschaftern das Lachen. Fünf Tage vor den Reichstagswahlen fordert und erhält Adolf Hitler die Unterschrift des Reichspräsidenten Paul von Hindenburg unter seine »Verordnung zum Schutz von Volk und Staat«. Damit ist die Ausschaltung und Vernichtung des »gottfeindlichen Marxismus« legalisiert. Und die Mehrheit der deutschen Wähler weiß das am 5. März 1933 in der Wahlkabine zu würdigen.

Georg Fritze hat sich im Unterschied zu seinem Freund Eckert nie so recht auf derart aggressive politische Agitation verstehen können. Er hält es mit jener »Revolutionsmethode«, die sein theologischer Lehrer Karl Barth noch gegen Ende des Kaiserreiches entwickelt hatte: »Der Staat aber mag sich mit seinen Sklaven und Verehrern dabei beruhigen, daß wir ihm vorläufig *›nur‹* die Seelen entfremden. Sollte er einst die Gefährlichkeit *dieser* Revolutions-

---

200 Nach Absprache mit Oberkonsistorialrat Euler läßt der Superintendent des Kirchenkreises Barmen, Berkenkamp, die Rede Eckerts von einem Stenographen mitschreiben. Am 15. Februar sendet er die Aufzeichnung an das rheinische Konsistorium: »Lieber Bruder Euler! In der Anlage schicke ich Ihnen, wie versprochen, eine Aufzeichnung über das, was Eckert hier in der kommunistischen Versammlung gesagt hat . . . Eckert ist in sehr eleganter Kleidung erschienen und hat keinen tieferen Eindruck hinterlassen . . . Mit herzlichem Gruß! (gez.) Ihr Berkenkamp.« Zitat aus dieser kirchenamtlichen Aufzeichnung der Eckert-Rede. AEKR.

methode erkennen, dann wird's immer noch Zeit sein, uns als Märtyrer zu bewähren.«[201]

So stellt Georg Fritze auch nach dem Wahlsieg der Koalition Hitler – von Papen – wie in den vergangenen dreizehn Jahren – einen Antrag an das Kölner Presbyterium auf Bereitstellung einer Kölner Kirche für seine Maifeier am Abend des 30. April 1933. Als sich aber der Bautenausschuß mit Georg Fritzes Antrag am 10. März befaßt, wird sichtbar, daß die Kölner Hetztiraden des DC-Landesleiters Gottfried Krummacher gegen den Antragsteller und die darauf folgende Berichterstattung in der Presse unter den Kölner Presbytern Wirkung zeigen. Der Ausschuß spricht zwar »mit 2/3 seiner Stimmen seine Bereitschaft« aus, die Kartäuserkirche auch am 30. April 1933 für eine weitere kirchliche Maifeier zu öffnen, bittet jedoch den anwesenden Pfarrer Fritze, »mit Rücksicht auf die ungeheure Gespanntheit unserer politischen Verhältnisse . . ., in diesem Jahre von der Feierstunde abzusehen«[202].

Zwei Tage später schon droht der Kölner DC-Gaugeschäftsführer und DC-Leiter des Gaues Köln-Süd, Heinz Lauterbach, im neuen Sonntagsblatt der Kölner »Deutschen Christen«: »Wie wir erfahren, steht der Antrag des Herrn Pfarrer Fritze (relig. Sozialist), ihm eine Kirche für die Maifeier zu überlassen, vor der Entscheidung. Es ist uns unverständlich, daß Herr Pfarrer Fritze es heute überhaupt noch wagt, ein Gotteshaus für eine derartige Veranstaltung, wie die ›Feier des 1. Mai‹ zu verlangen.

Es ist offenbar Herrn Pfarrer Fritze noch nicht so richtig zu Bewußtsein gekommen, daß seit dem 30. Januar eine andere Luft in Deutschland weht. Die Zeiten des gottlosen und volksverderbenden Marxismus sind *endgültig* vorüber. Wir Deutsche Christen und mit uns wohl das gesamte Kirchenvolk werden uns ganz energisch und mit allen zur Verfügung stehenden Mitteln gegen einen derartigen Mißbrauch der Kirche zur Wehr setzen.«[203]

---

201 Karl Barth, Der Römerbrief, 1. Auflage 1919, S. 390 f. Da Barths Kommentar zu Römer 13 zu Beginn der Weimarer Republik nach Deutschland gelangt war, sahen sich klerikale Antidemokraten durch Barth zum Kampf gegen Weimar ermutigt. Vgl. Hans Prolingheuer, Der Fall Karl Barth, a.a.O., S. 8 f.

202 Protokoll-Buch, Presbyterium, A1, 12, S. 9.

203 Sonntagsbote der Deutschen Christen für den Kirchenkreis Köln, Beilage zu

Georg Fritze erkennt sehr schnell, daß er diesmal nicht so glimpflich davonkommen wird, wie bei der politischen Attacke der Vereinigung der Deutschen Arbeitgeber-Verbände gegen seine kirchlichen Maifeiern im Jahre 1928. Aber immerhin erhält Georg Fritze nun in eigener Sache und vor aller Augen den Beweis für seine seit Jahren vertretene These geliefert, nach der der Nationalsozialismus gar kein Sozialismus ist, sondern das Werk der Kapitalisten und Unternehmer betreibt.

Der Bautenausschuß hatte am 10. März so geschickt taktiert, daß am 17. März 1933 nicht das Presbyterium, sondern Georg Fritze, der Antragsteller selber, über seinen Antrag entscheiden muß. Und weil Georg Fritze erkannt hat, daß von dem Kölner Presbyterium keinerlei Widerstand gegen den Einbruch der Faschisten in Kirche und Theologie zu erwarten ist, zieht er seinen Antrag zurück, indem er eine vorbereitete Erklärung zu Protokoll gibt: ». . . Es *scheint* nun einmal unvermeidlich, daß, zumal unter den gegenwärtigen Verhältnissen, die geplante Feierstunde von weiten Kreisen als eine politische Demonstration *empfunden* wird. Meinen Freunden und mir ist aber außerordentlich viel *daran gelegen, daß unsere Kirche in diesen erregten Zeiten ganz besonders sich auf ihren Beruf besinne, als die Stelle in der Welt da zu sein, wo jeder fühlt, hier werden die Menschen über alle Parteien hinweg vor Gott hingestellt.* Es darf auch nicht der Schein entstehen, als werde die Kirche für politische Parteizwecke benutzt. Ich ziehe daher meinen Antrag zurück.«[204]

Die im Text seiner schriftlichen Erklärung unterstrichenen Sätze über die Aufgabe der Kirche »in diesen erregten Zeiten« gehen in der Siegesfreude der Faschisten und ihrer Komplizen im Kölner Presbyterium unter. Und nach demselben Muster ist ja auch schon die zweite Niederlage Georg Fritzes vorausgeplant: am 1. April 1933 nämlich fällt turnusmäßig – nach 1919 und 1927 das dritte Mal – an Georg Fritze der Vorsitz des Kölner Presbyteriums. So

---

»Evangelium im Dritten Reich«, Jahrg. 1, Nr. 2, vom 12. 3. 1933. Herausgeber: Druckereibesitzer und Presbyter Alex Thiemann, Köln, der noch 1921 Fritzes »Religiös sozialistische Blätter aus dem Rheinland« gedruckt hatte.

204 Protokollbuch, Presbyterium A1, 12, S. 9 f.

will es die Rheinisch-Westfälische Kirchenordnung. Die Faschisten im Kölner Presbyterium wollen es nicht.

Diesmal brauchen sich allerdings die DC-Faschisten im Kölner Presbyterium überhaupt nicht besonders zu engagieren. Ihr Wille ist selbst den Presbytern der »Liste für den kirchlichen Aufbau und Frieden« Befehl. Zum Tagesordnungspunkt »Wahl des Vorsitzenden« fassen diese sogenannten »Neutralen« die Entschließung: »Obwohl wir grundsätzlich daran festhalten, daß Herr Pfarrer Fritze berechtigt und verpflicht ist, das Präsesamt am 1. April dieses Jahres zu übernehmen, so bitten wir ihn doch, im Hinblick auf die augenblickliche Hochspannung der politischen Lage und mit Rücksicht auf den Frieden in unserer Gemeinde, daß er sein Amtsjahr mit dem nächstfolgenden Präses tauscht – in der Hoffnung, daß sich im Laufe des Jahres die Verhältnisse friedlicher gestalten werden.«[205]

Georg Fritze bittet das Konsistorium der Rheinprovinz um Rechtshilfe. Die erhält Georg Fritze in der schriftlichen, kirchenamtlichen Empfehlung aus Koblenz, doch bitte zu erwägen, »ob nicht durch Verzicht auf ein Recht die große Sache, der wir alle dienen, mehr gefördert werde, als durch seine Ausübung«[206]. Georg Fritze bleibt keine Wahl. Abermals gibt er Verzicht zu Protokoll: »Ich habe nun erfahren, daß ein großer Teil der Mitglieder des Presbyteriums, in völliger Anerkennung meines Rechts, den Vorsitz zu übernehmen, besorgt ist, es möchte durch die Ausübung des mir zustehenden Rechts zu unliebsamen Störungen der Arbeiten des Presbyteriums kommen. Darum, sowie auch nach Rücksprache mit einer Reihe von Freunden aus dem Presbyterium, habe ich mich entschlossen, die Übernahme des Amts des Vorsitzenden des Presbyteriums um ein Jahr hinauszuschieben. Ich bitte das Presbyterium davon Kenntnis zu nehmen. Daß es sich für mich mit dieser Entscheidung um ein nicht geringes Opfer handelt, das ich in bestgemeintem Interesse der Gemeinde bringe, wird Allen, die mich kennen, ohne Weiteres klar sein.«[207]

---

205 Personalakte Fritze, Archiv der Gemeinde Köln.

206 Protokollbuch, Presbyterium A1, 12, S. 13 f.

207 Ebenda. Natürlich wurde G. Fritze niemals wieder Vorsitzender des Kölner Presbyteriums.

Wie schwer Georg Fritze dieser Verzicht gefallen ist, das wird verständlich, weil er ja weiß, welcher Pfarrer denn jetzt statt seiner mit dem Vorsitz des Kölner Presbyteriums an der Reihe ist – Karl Köhler nämlich, Wegbereiter und Wortführer des DC-Faschismus in der evangelischen Kirchengemeinde Köln[208].
Der faschistische Kölner »Sonntagsbote« kann nach diesem ersten Siegeszug nur noch Gottes Barmherzigkeit preisen: »Die Flut der Gottlosigkeit war nahe daran, mit ihrer systematischen Hetze und ihren geheimen und offenen Wegen Volkstum und Kirche, Gemeinschaft und Glauben zu zerstören; wir waren dem Abgrund sehr nahe. Nun sind die alten Götzen in ihrem haltlosen Materialismus zusammengebrochen und haben das Feld geräumt. Wo sie stürzten, ward viel Glaube frei, geboren in dem mystischen Geburtsakt unseres Volkes, gestaltet und hoch vorangetragen von unserem begnadeten Führer.«[209]

19 Linkenjagd und Kirchenjubel

Die widerwärtigen Nachrichten aus Staat und Kirche und die schrecklichen politischen und rassischen Verfolgungen in seiner nächsten Umgebung übertreffen Georg Fritzes schlimmste Befürchtungen noch bei weitem. Wie Fausthiebe treffen ihn die Brutalitäten des neuen totalen Staates ebenso wie die atheistischen Blasphemien lobhudelnder Kirchenführer.
Da hat die faschistische »Kölner Koalition« Hitler – von Papen am 5. März sage und schreibe zweiundfünfzig Prozent der Stimmen erringen können, dabei hat Adolf Hitler schon seit Jahren dem Wähler nichts verheimlicht von dem, was in diesen ersten Wochen und Monaten des »Dritten Reiches« geschieht. Ja, mit dieser Reichstagswahl ist der politische Terror in Deutschland mehrheits-

---

208 Karl Köhler (1888), seit 1930 Pfarrer in Köln; vorher Bielefeld.
209 Sonntagsbote der Deutschen Christen im Kirchenkreis Köln, Nr. 9, vom 30. 4. 1933, Die Barmherzigkeit Gottes, deutsch-christliche Sonntagsbetrachtung über Psalm 33,5, von Pfarrer Wilhelm Schloßmacher, Köln-Lindenthal.

fähig geworden – zu amtlichem Staatshandeln erhöht. Die Jagd auf Linke ist zum Volkssport geworden. Am 10. März nimmt der Kanzler der »Nationalen Regierung« alle Mitglieder seiner zahlreichen Nazi-Organisationen noch mit einem besonderen »Tagesbefehl« in die politische Pflicht: »Vernichtung des Marxismus!«[210]
Am 21. März 1933 erfahren die Menschen auch, wie die Kirche über das politische »Großreinemachen« des Nazi-Staates denkt. Der kurmärkische Generalsuperintendent Otto Dibelius predigt an diesem »Tag von Postdam« aus Anlaß der Eröffnung des neuen deutschen Reichstages über alle deutschen Sender: »Ein neuer Anfang staatlicher Geschichte steht immer irgendwie im Zeichen staatlicher Gewalt. Denn der Staat ist Macht. Neue Entscheidungen, neue Orientierungen, Wandlungen und Umwälzungen bedeuten immer den Sieg des einen über den anderen. Und wenn es um Leben oder Sterben der Nation geht, dann muß die staatliche Macht durchgreifend und kraftvoll eingesetzt werden es sei nach innen oder nach außen. Wir haben von Dr. Martin Luther gelernt, daß die Kirche der rechtmäßigen staatlichen Gewalt nicht in den Arm fallen darf, wenn sie tut, wozu sie berufen ist. Auch dann nicht, wenn sie hart und rücksichtslos schaltet. Wir kennen die furchtbaren Worte, mit denen Luther im Bauernkrieg die Obrigkeit aufgerufen hat schonungslos vorzugehen, damit wieder Ordnung im Lande werde . . . Wenn der Staat seines Amtes waltet gegen die, die die Grundlagen der staatlichen Ordnung untergraben, gegen die vor allem, die mit ätzendem und gemeinem Wort die Ehe zerstören, den Glauben verächtlich machen, den Tod für das Vaterland begeifern – dann walte er seines Amtes in Gottes Namen!«[211]
Angesichts dieser politischen Übereinstimmung wissen Adolf Hitler und sein Reichskabinett, was sie den seit vierzehn Jahren nach einem starken, christlichen Staat rufenden Kirchenführern schul-

210 Vgl. Walter Hofer, Der Nationalsozialismus – Dokumente 1933–1945, 1957, S. 55. Der Tagesbefehl schließt mit dem Satz: »Im übrigen laßt euch in keiner Sekunde von unserer Parole abbringen. Sie heißt: Vernichtung des Marxismus.«

211 Zitat aus: Günther van Norden, Der deutsche Protestantismus im Jahr der nationalsozialistischen Machtergreifung, 1979, S. 54.

dig sind: »Die nationale Regierung sieht in den beiden christlichen Konfessionen wichtige Faktoren der Erhaltung unseres Volkstums. Sie wird die zwischen ihnen und den Ländern abgeschlossenen Verträge respektieren; ihre Rechte sollen nicht angetastet werden. Sie erwartet aber und hofft, daß die Arbeit an der nationalen und sittlichen Erhebung unseres Volkes, die sich die Regierung zur Aufgabe gestellt hat, umgekehrt die gleiche Würdigung erfährt.«[212] Was wunder, daß Hitler zwei Tage später im Reichstag mehr Stimmen für sein »Gesetz zur Behebung der Not von Volk und Staat (Ermächtigungsgesetz)« bekommt, als er zur Verfassungsänderung überhaupt nötig hat. Selbst das katholische Zentrum, das in Köln eine seiner Hochburgen und das im Jahre 1919 mit den Sozialdemokraten die erste deutsche demokratische Reichsverfassung gemeinsam vorbereitet und beschlossen hat, stimmt an diesem 23. März 1933 für die Außerkraftsetzung der wichtigsten demokratischen Rechte dieser Weimarer Verfassung. Und fünf Tage nach diesem Schwarzen Tag der jungen deutschen Demokratie – als die neuen Machthaber über Flugblätter, Zeitungsanzeigen, Rundfunk und Plakate das deutsche Volk zu einem reichsweiten »Juden-Boykott« für den 1. April 1933 aufrufen: »Deutsche wehrt euch! Kauft nicht beim Juden!« –, glaubt auch die katholische Kirche, in einer Kundgebung der Fuldaer Bischofskonferenz gegenüber dem Nationalsozialismus nunmehr »das Vertrauen hegen zu können, daß die vorbezeichneten allgemeinen Verbote und Warnungen nicht mehr als notwendig betrachtet zu werden brauchen«[213].

Das alles hat Georg Fritze so getroffen und niedergeschlagen, daß er sich gegen Ende des derart verhängnisvollen Monats März 1933 in das Erholungsheim des Rheinisch-Westfälischen Diakonievereins nach Bad Honnef am Rhein zurückzieht. Er muß für ein paar Tage allein sein, von all den katastrophalen politischen und kirchlichen Ereignissen, von all diesen unheilvollen Entscheidungen und

212 Völkischer Beobachter vom 23. 3. 1933. Regierungserklärung vom 21. 3.

213 Entwurf und Endfassung der Kundgebung der Fuldaer Bischofskonferenz vom 28. 3. 1933, in: Hans Müller, Katholische Kirche und Nationalsozialismus – Dokumente 1930–1935, 1963, S. 76 ff. Diese Kundgebung erschien am 29./30. 3. 1933 in der Presse.

Erklärungen Abstand gewinnen. Er muß ausspannen, einen klaren Kopf und Ruhe finden.
Aber die schlimmen Nachrichten über die faschistische Barbarei verschonen Georg Fritze auch in der rheinischen Idylle nicht. Dort in der Abgeschiedenheit des Schwesternheimes und der Höhenwege des Siebengebirges erreichen ihn am Wochende des 1. April nicht nur die bösen Meldungen über den planmäßigen Terror der Faschisten gegen die jüdischen Geschäftsleute, Ärzte und Rechtsanwälte daheim in Köln wie im ganzen deutschen Reich. Als ihn am Sonntag Sohn Klaus besucht, muß er erfahren, daß die Nazis nun auch ihr erstes Opfer in seiner Familie suchen.
Klaus Fritze, der in Köln im achten Semester Philologie studiert und Vorsitzender der Kölner »Vereinigung sozialistischer Studenten« ist, berichtet seinem Vater während einer Wanderung zum Drachenfels, daß ihm die Kölner Nazis am Freitag für immer den Zugang zur Kölner Universität versperrt haben: »Für *Sie* ist die Universität geschlossen!« Und dann stellten sich ihm die naziuniformierten Eingangswächter in den Weg.
Lange überlegen die beiden Wanderer, welcher Weg für den Verstoßenen noch gangbar ist. Da Klaus Fritze aber noch seinen Paß besitzt, kommen beide zu dem schmerzlichen Ergebnis: da bleibt nur noch die Reise zu den Verwandten und Freunden in den Niederlanden. Anderntags schon verläßt Klaus Fritze das für Linke so lebensgefährlich gewordene Deutschland.
Das Kölner Presbyterium stellt Georg Fritze wegen der Flucht seines Sohnes zur Rede, und der Vater antwortet den frommen Peinigern: »Was sollte mein Junge tun? Was sollte ich ihm raten? Versetzen Sie sich doch bitte in meine Lage und bedenken Sie dabei, daß wir nicht zu denen gehören, die auf Grund der Änderung der Machtverhältnisse von heute auf morgen ihre Überzeugung zu ändern vermögen.«[214]

---

214 Archiv der Gemeinde Köln. Informationen aus dem Gespräch des Verf. vom 4. 8. 1979 mit Berta, Klaus und Ulrich Fritze. Klaus Fritze und To van Rossem verlobten sich am Abend vor der Flucht. Die Flucht verlief dann anderntags ohne Schwierigkeiten. Klaus nahm in den Niederlanden sein Studium auf und verdiente sich seinen Lebensunterhalt zu einem Teil als Hauslehrer. Nach dem deutschen Überfall kämpfte Klaus im Untergrund an der Seite holländischer Widerstandskämpfer.

Der Evangelische Oberkirchenrat der preußischen Landeskirche braucht indessen seine Meinung nicht zu ändern. Im Unterschied zu den wenigen Theologen vom Schlage Georg Fritzes, hat die preußische Kirchenleitung schon immer gegen Republik, Linke und Marxismus gekämpft[215]. Wes Geistes Kind er geblieben ist, das erklärt dieser Oberkirchenrat NS-Staat und Christenheit in seiner Kanzelabkündigung zum ersten Ostertag, am 16. April 1933:
»Schon im Jahre 1927 hat die Evangelische Kirche in ihrer Königsberger Botschaft feierlich erklärt: ›Wir sind Deutsche und wollen Deutsche sein. Unser Volkstum ist uns von Gott gegeben. Christentum und Deutschland sind mehr als ein Jahrtausend eng miteinander verwachsen.‹ Die Kirche hat schon damals zum Kampf und zum Einsatz aller Kräfte für die Durchdringung des Volkslebens mit den Kräften des Evangeliums aufgerufen. In der Überzeugung, daß die Erneuerung von Volk und Reich nur von diesen Kräften getragen und gesichert werden kann, weiß die Kirche sich mit der Führung des neuen Deutschland dankbar verbunden. Sie ist freudig bereit zur Mitarbeit an der nationalen und sittlichen Erneuerung unseres Volkes.«[216]
Eine merkwürdige Osterbotschaft, welche die Kirchenleitung 1933 auch in Köln von den Kanzeln verkünden läßt. Da hat der »rote Pfarrer von Köln« seine Gemeinde des Kartäuser-Bezirks und seine Freunde in Deutschland schon theologisch sach- und fachgerechter auf Ostern 1933 vorbereitet – mit zwölf »Leitsätzen« nämlich »über die biblische Verkündigung von der Auferstehung«. Es sind »Leitsätze«, die Georg Fritzes theologisch-politischen Grundsatz verstehen machen: »Die Aufgabe der Kirche ist *nicht* das *›dritte Reich‹*, sondern das *letzte Reich*, das Reich Gottes!« Und die Sätze 8 bis 10 lassen obendrein die Gefährlichkeit der von ihm praktizierten Barthschen »Revolutionsmethode« im Hitler-Staat erkennen:
»8. Die Bibel verkündigt das Kommen Gottes in Christus in unsere dem Tode verfallene Welt; der Sinn *dieses Kommens* ist die völlige Verwandlung der Weltverhältnisse, Neuschöpfung,

215 Vgl. H. Prolingheuer, Kirchenkampf vor 1933, a.a.O.
216 Zitat aus: Günther van Norden, Der deutsche Protestantismus, a.a.O., S. 60.

Auferstehung. Nicht ein Teil des Menschen, seine Seele, sein Geist, sondern der ganze Mensch einschließlich seines Leibes wird wiedererstehen.

9. Gott will nicht eine spiritualistische Erlösungsgemeinschaft durch den Tod hindurchgegangener seliger Geister, sondern Lebenswirklichkeit befreiter Leiber und Geister.
10. Auferstehung, Besiegung des Todes ist eigentlichster und machtvollster Ausdruck des Reiches Gottes.«[217]

Den immer tiefer werdenden Verbeugungen der Kirchen vor dem faschistischen »Dritten Reich« und seinem Führer und Diktator Adolf Hitler bleibt Georg Fritze allerdings auch zum Osterfest 1933 seine direkte theologisch-politische Antwort nicht schuldig: »Die Gottlosigkeit draußen wird am wirksamsten bekämpft durch die Überwindung der Gottlosigkeit drinnen! Die gottlosen ›Frommen‹ sind die viel gefährlicheren Feinde, waren einst die eigentlichen Feinde Jesu, die ihn ans Kreuz brachten.«[218]

20 Das »mannhafte Wort«

Bei all dem frommen Jubel der Kirchen über die »Wende der Geschichte«[219] und dem millionenfachen »Dank für die Rettung aus schwerer Gefahr«[220] mag auch Generalsuperintendent Ernst Stoltenhoff »in dieser entscheidungsvollen Stunde«[221] nicht abseits stehen. »Am Tag der nationalen Arbeit« – so datiert der rheinische Kirchenführer den 1. Mai 1933 – schreibt Georg Fritzes Dienst-

---

217 Kartäuser Pfarrblätter, Nr. 66/1933. Siehe Dokument 9, S. 232.

218 Kartäuser Pfarrblätter, Nr. 68/1933.

219 Kundgebung des »Drei-Männer-Kollegiums« (Präsident Kapler, Landesbischof Marahrens und Moderator A. H. Hesse) vom 25. 4. 1933; Zitat aus: Günther van Norden, Der deutsche Protestantismus, a.a.O., S. 77 f.

220 Erklärung des Kirchenpräsidenten Wurm vor dem Württembergischen Pfarrerverein vom 26. 4. 1933; Zitat aus: Wilhelm Niemöller, Die Evangelische Kirche im Dritten Reich, S. 81.

221 Kundgebung des preußischen Kirchensenats vom 21. 4. 1933; Zitat aus: Günther van Norden, Der deutsche Protestantismus, a.a.O., S. 61.

vorgesetzter seinen zweiten vertraulichen Hirtenbrief an die rheinischen Pfarrer, in welchem er den Amtsbrüdern nicht nur die Zusammenarbeit mit den faschistischen »Deutschen Christen« ans Herz legt. Er ermuntert die rheinischen Pfarrer vor allem, sich dem »vaterländischen Erleben« dieser Tage ganz zu öffnen:

»Wir haben viel Grund, zu dem nationalen Umbruch, in dem wir stehen, mit Dank gegen Gott ein freudiges Ja, nicht ein Ja sich berechnend umstellender Unmännlichkeit, sondern ein von Herzen kommendes Ja zu sagen. Ich glaube, die Wenigsten ahnen, wie groß die bolschewistische Gefahr war, in der wir schwebten. Nicht, als wenn Gottlosigkeit und Christusfeindschaft jetzt verschwunden wären. Wir sind nicht so harmlos und töricht, das zu wähnen, aber der schamlosen öffentlichen Propaganda ist ein Ende gemacht worden. Schon das ist ein Großes. Es ist uns fast wie ein Traum, daß wir uns 14 Jahre lang das Regiment von Männern gefallen lassen mußten, die zum Teil als Dissidenten bekundeten, daß sie mit Christentum und Kirche persönlich nichts zu tun haben wollten; daß im deutschen Lande Gottlosenumzüge unter polizeilicher Bedeckung möglich waren . . . Wie bedenklich sank, um nur noch eins anzuführen, unaufhörlich die Ehemoral! Wir können Gott nicht genug dafür danken, daß wir heute wieder Führer über uns wissen, denen die Furcht Gottes der Weisheit Anfang ist.«[222]

Als Georg Fritze diesen Hirtenbrief am 7. Mai in Händen hat, ist ihm sofort klar, daß er dem Kirchenmann in Koblenz antworten muß. Und schon am 13. Mai sendet er eine Zehn-Seiten-Philippika ab. Sein Brief läßt weder in theologischer noch in politischer Hinsicht zu wünschen übrig:

»*Vom Evangelium und von der Kirche her ist auch zu dem gegenwärtigen Staat eine völlig eindeutige und uneingeschränkte Bejahung nicht möglich* . . . vom Evangelium her ist *jeder* Staat und *jede* Staatsform sündig und der Vergänglichkeit verhaftet! Ja sogar *vom Deutschtum* her darf doch mindestens gefragt werden, ob der gegenwärtige Staat mit seinen Methoden wirklich deutschem We-

222 Originalumdruck in Privatbesitz des Verfassers. Siehe Dokument 10a, S. 233 ff.

sen zur Erfüllung gereicht. Denken Sie nur daran, wie Bitteres man gerade als echter guter Deutscher empfinden kann, wenn man von Herzen mitsingen möchte: ›Deutschland, Deutschland über alles – Einigkeit und Recht und Freiheit sind des Glückes Unterpfand‹, und wenn man dann weiß, in welchem Grade diese Einigkeit heute (z. B. am 1. Mai, aber auch sonst) durch Zwang und Druckmittel aller Art herbeigeführt wird, wie heute deutsche Menschen um ihr Brot fürchten müssen, wenn sie für heute in unserem Volk Entrechtete eintreten, wie statt Freiheit weithin Angst und Sorge herrscht, zu sagen, was man denkt, weil Spitzeltum, Angeberei, heuchlerisches Wesen sich breitmachen . . .
Es geht doch . . . um lautere und reine Verkündigung des Wortes, und *zwar jetzt in einem Staat, der sich mit Betonung im Gegensatz zum früheren zum Christentum bekennt!* Wie ist es da möglich, in einem solchen vertraulichen Brief an Evangeliumsverkündiger nicht ein *deutliches* Wort zur Judenfrage zu sagen? Es müßte doch schlimm stehen um unsern Pfarrerstand, wenn das, was wir in Deutschland hinsichtlich der Behandlung unserer jüdischen Mitbürger erlebt haben und noch erleben, nicht für ihn eine ganz schwere innere Not bedeutete! Mir ist es unmöglich gewesen . . ., nicht das vom Evangelium her Gebotene zu sagen . . . Wie steht es hier eigentlich? Darf der Prediger, der gewissenhaft Evangelium verkündigt . . . auch in dem gegenwärtigen Staat auf den Schutz der Kirchenbehörde rechnen . . .? Ich fürchte, daß das Schweigen der Kirche zur gegenwärtigen deutschen Judenfrage unerwünschte Folgen haben wird . . .«[223]

Obwohl auch Georg Fritzes Brief an Ernst Stoltenhoff als »vertraulich« gekennzeichnet ist, fertigt Erna Demrath, die langjährige Mitarbeiterin und Vorstandskollegin Georg Fritzes im rheinischen Bund religiöser Sozialisten, für einige Freunde im Rheinland Abschriften dieses Briefes an. Und einer seiner Getreuen, der ehemalige Bonner SPD-Stadtverordnete und Neutestamentler Professor Karl Ludwig Schmidt, hat Georg Fritzes Brief unter seinen Freunden im Kollegenkreis der Bonner evangelisch-theologischen Fakultät zirkulieren lassen.

223 Nachlaß Martin Rade und Sammlung Dora Golay. Siehe Dokument 10b, S. 237 ff.

Kollege Karl Barth ist von dem Fritze-Brief hellauf begeistert. Sofort muß Karl Ludwig Schmidt für Karl Barth ein eigenes Exemplar beschaffen und den Schreiber des »mannhaften Wortes« bitten, unverzüglich zu einem Gespräch nach Bonn zu kommen.
Als Karl Ludwig Schmidt seinem Kölner Freund Fritze die Wünsche Barths übermittelt, ist die Freude in der Kölner Große Witschgasse natürlich groß. Sofort geht eine Abschrift des Briefes mit einem kurzen Begleitbrief nach Bonn:
»Lieber Herr Prof. Barth, K. L. Schmidt sagt mir, daß Sie meinen Brief an Sto gerne hätten. Es wäre mir gar nicht unwichtig, wenn Sie mir – sei's auch in Kürze – Ihre Meinung dazu schreiben. Besten Gruß Fritze, der Sie 1919 in Tambach zum ersten Mal persönlich sprach.«[224]
Ein Brief von Karl Barth an Georg Fritze ist aber schon seit dem Vortage unterwegs nach Köln:
»Sehr geehrter Herr Pfarrer! Herr Kollege K. L. Schmidt hat mir Ihren Brief an den Generalsuperintendenten Stoltenhoff zu lesen gegeben. Ich möchte Ihnen heute nur sagen, daß ich Ihnen für dieses mannhafte Wort, mit dem ich restlos einverstanden bin, herzlich danke.
Wie merkwürdig, daß wir uns, soweit ich mich erinnere, noch nie persönlich kennen gelernt haben. Das sollte bald anders werden. Hat Ihnen K. L. Schmidt etwas davon gesagt, daß wir uns am Samstag Abend in kleinem Kollegenkreis öfters hier in meinem Hause zu treffen pflegen? Er sprach mir jedenfalls von der Möglichkeit, daß wir auch Sie einmal hier unter uns sehen dürften. Sollten Sie dies wohl am nächsten Samstag, also morgen in acht Tagen verwirklichen können? In aufrichtiger Hochachtung Ihr«[225]
Als Barths Brief anderntags ankommt, antwortet Georg Fritze postwendend:
»Lieber Professor Barth, unsere Briefe haben sich gekreuzt. Ich freue mich, daß Sie mit meinem Brief an St einverstanden sind. Ich

224 Handschreiben Fritze an Karl Barth vom 20. 5. 1933; Karl-Barth-Archiv Basel.
225 Brief Karl Barth an Georg Fritze vom 19. 5. 1933; Durchschlag im Karl-Barth-Archiv Basel.

habe heute eine ziemlich lahme Antwort erhalten![226] Ich bringe sie am Samstag 27. d. M. mit! Ich freue mich auf das Zusammensein u. danke Ihnen für die Einladung. K. L. Schmidt hatte mir schon davon gesprochen.
Ich kenne Sie natürlich seit langem. Zum ersten Mal hörte ich Sie in Tambach 1919! Gelesen habe ich von Ihnen selbstverständlich auch ziemlich viel – wie Sie hoffentlich aus meinem Briefe empfinden: nicht ganz ohne Erfolg! Also auf Samstag herzlich Ihr G. Fritze.«[227]
So zählt dann auch »der rote Pfarrer von Köln« im Mai 1933 zu jenen theologischen Freunden Karl Barths, die ihren Lehrer in diesen Wochen des zunehmenden Terrors der Faschisten in Staat und Kirche drängen, »endlich sein Schweigen zu den politischen . . . und kirchenpolitischen Vorgängen zu brechen«[228]. Und wie sehr Barth mit Georg Fritzes »mannhaftem Wort« tatsächlich übereinstimmt, ist aus dem Schlußabsatz der Barthschen Kampfschrift »Theologische Existenz heute!« selbst in der »abgemilderten (Barth: gleichgeschalteten!) Fassung«[229] noch zu erkennen:
»Wo ist alles das hingekommen, was noch vor einem Jahr und vorher hundert Jahre lang Freiheit, Recht und Geist hieß? . . . Darum kann die Kirche, kann die Theologie auch im Totalen Staat keinen Winterschlaf antreten, kein Moratorium und auch keine Gleich-

---

226 Stoltenhoff antwortete lt. Posttagebuch am 19. 5. 1933 (AEKR); der Wortlaut der Antwort des Generalsuperintendenten Stoltenhoff ist jedoch noch unbekannt.

227 Postkarte Fritze an Karl Barth vom 21. 5. 1933.

228 Helmut Gollwitzer, Reich Gottes und Sozialismus bei Karl Barth, 1972, S. 59; vgl. auch: Eberhard Busch, Karl Barth's Lebenslauf, 1975, S. 238 ff., und Hans Prolingheuer, Der Fall Karl Barth, a.a.O., S. 5 f. und Anm. 14.

229 Hellmut Traub, Karl Barth, in: Hans Jürgen Schultz (Hg.), Tendenzen der Theologie im 20. Jahrhundert – Eine Geschichte in Porträts, 1966, S. 267. Diese schriftliche Darstellung Traubs wurde noch zwei Jahre vor Barths Tod veröffentlicht und von Karl Barth niemals bestritten oder auch nur korrigiert. Die Versuche Scholders und auch Hinrich Stoevesandts, Gollwitzers Darstellung (s. Anm. 228), nach der ebendiese Erstfassung »ein ganz politisches, unerhört scharfes Manifest« war, in Zweifel zu ziehen, müssen wohl mangels Fakten als gescheitert angesehen werden. Vgl. Scholder, Die Kirchen und das Dritte Reich, Bd. 1, S. 552 f., und H. Stoevesandt, Von der Kirchenpolitik zur Kirche, in: Zeitschrift für Theologie und Kirche, 1/1979, S. 118–138.

schaltung sich gefallen lassen. Sie ist die naturgemäße Grenze jedes, auch des totalen Staates.«[230]

21 Der Kölner Sieg der Deutschen Christen

Seit dem 30. Januar 1933 steht Georg Fritze unter einer schier unerträglichen psychischen und physischen Belastung. Dabei ist es für den Sozialdemokraten Fritze nicht einmal so sehr die Tatsache, daß sich die politisch-wirtschaftlichen Prognosen seines seit dem 28. Februar 1933 in Düsseldorf eingekerkerten Freundes Erwin Eckert während seiner Wuppertaler Rede vom 11. Februar in Köln so rasch verwirklichen: »Die Kurse der Börse gehen hoch. Der Bankier Schröder, der mit Papen und Hitler zusammen gemacht hat, ist Vorsitzender der Kölner Effektenbörse geworden . . .«[231]
In der Kapitalismus-Faschismus-Analyse geht Georg Fritze mit seinem kommunistischen Freund Eckert seit langem einig: »Die Kapitalisten wissen wohl, was sie an Herrn Hitler haben. Sie haben ihn lange genug bezahlt, das muß sich jetzt rentieren.«[232]
Nein, was an Georg Fritzes Gesundheit zehrt, das ist der Irrsinn der Kirchen, die dem Faschismus und seinem totalen Staat längst nicht mehr nur zujubeln, sondern auch Einlaß gewähren in Lehre und Ordnung, die offensichtlich fest entschlossen sind, sich mit einer neuen Verfassung dem faschistischen Führer-Staat gleichzuschalten: Ein Volk – ein Reich – eine Kirche!
Was Georg Fritze das Herz beschwert, das ist die eigene Ohnmacht, mit ansehen zu müssen, wie sich auch in Köln hochwürdige Presbyterien Schritt um Schritt degenerieren zu einer Terrorbande des faschistischen Systems. Georg Fritze hat seit der Revolution im Jahre 1918 immer wieder einmal mit seinen Brüdern und Kollegen im Presbyterium oder in der Größeren Gemeindevertretung in Streit gelegen, zuweilen heftig, wenn es um den Weg der Kirche in

---

230 Karl Barth, Theologische Existenz heute!, 25. 6. 1933, S. 40.
231 Zitat aus: Eckert-Rede vom 11. 2. 1933, siehe Anm. 200.
232 Ebenda.

einem demokratischen Staat, um das Versagen der Kirche in der Arbeiterfrage ging. Nach jener öffentlichen Anstiftung des DC-Landesleiters Krummacher vom 11. Februar, »die sofortige fristlose und pensionslose Amtsentlassung des Pfarrers Fritze zu verlangen«, geht es seinen alten und neuen Widersachern nicht mehr nur um einen Streit über den richtigen Weg der Kirche, als vielmehr um die systematische Vernichtung des »roten Pfarrers von Köln«. Und der sauberste und tödlichste Mord ist für Ästheten unter den Gewaltmenschen noch allemal der Rufmord. So kommt es, daß der bisher so robuste Pfarrer und Sozialdemokrat Georg Fritze schon nach vier Monaten Nazi-Herrschaft am Ende seiner Kraft ist:

»Die Ereignisse der letzten Monate, vor allem die z. T. überaus bewegten Aussprachen, Spannungen aller Art, recht wichtige zu treffende Entscheidungen und manches andere, was sie für meine Person brachten, haben für meine Arbeitskraft eine außerordentliche Belastungsprobe bedeutet. Noch bin ich durchaus nicht zusammengebrochen. Aber ich fürchte, daß es nicht mehr allzu viel bedarf, damit die Belastung das, was ich tragen kann, übersteige. Ich bedarf des verlängerten Urlaubs, um meine Nerven zu kräftigen und auch um Abstand zu den Geschehnissen zu gewinnen. Ich erbitte Urlaub für die Zeit vom 6. Juni bis 18. Juli. G. Fritze.«[233]

Superintendent Klingenburg reicht Georg Fritzes Urlaubsgesuch befürwortend weiter an den rheinischen Generalsuperintendenten Stoltenhoff: »Pfarrer Fritze muß eine gewisse Zeit haben, um von Ereignissen und Menschen Abstand zu gewinnen, um (zur) Ruhe zu kommen und dann in einer durch politische Oppositionsgefühle nicht gehemmten, ihm durchaus geschenkten Tiefe das Evangelium zu verkündigen.«[234]

Nachdem Stoltenhoffs Genehmigung in Köln vorliegt, liefert ein Kölner Christ und Nationalsozialist bei der Kölner Gestapo ein Dossier ab, dem die politische Polizei folgende Informationen entnehmen kann: Georg Fritze sei durch die Kirchenleitung zwangsbeurlaubt, Georg Fritze sei SPD-Funktionär, Georg Fritze halte

233 Personalakte, AEKR.
234 Ebenda.

geheime SPD-Versammlungen ab, Georg Fritze werde seinen geflohenen Sohn Klaus in Holland besuchen und mit Sicherheit werde Georg Fritze dann im Ausland gegen Deutschland hetzen[235]. Noch vor Beginn seines Urlaubs wird Georg Fritze von der Gestapo verhört.
Der Kölner Vernehmungsbeamte zeigt sich allerdings menschlicher, als sein christlicher Bruder Denunziant aus der Kölner Gemeinde: da sich die erste Information mit der Zwangsbeurlaubung als nachweislich falsch herausstellt, schenkt der Kommissar auch den vier weiteren Beschuldigungen und Verdächtigungen keinen Glauben. Ohne jegliche Zwangsmaßnahme ist Georg Fritze nach einigen Stunden wieder ein freier Mann.
Bevor Georg Fritze jedoch seinen verlängerten Erholungsurlaub antritt, verabschiedet er sich noch in der Juni-Ausgabe seiner »Kartäuser Pfarrblätter« mit den neuesten Informationen aus der Gemeinde und der evangelischen Kirche Deutschlands. Und weil nicht nur in Köln die »Deutschen Christen« gerade mit sehr viel Propagandaaufwand erkennen lassen, wie sehr sie in diesen Tagen einem »Deutschen Pfingstfest« entgegenfiebern, rückt Georg Fritze an das Ende seiner Juni-Ausgabe ein Zitat aus dem »Brevier« des 1917 verstorbenen Hermann Bezzel, eines Theologen, der ihm von nun an neben Karl Barth und Christoph Blumhardt zur dritten Kraftquelle wird im theologischen und politischen Kampf gegen Faschismus und Lauheit in der Kirche:
»Ein *deutsches* Pfingsten erbitten wir nicht: ein *deutsches* Pfingsten mag die Welt feiern, aber wir, die wir uns an Vaterlandsliebe von niemand übertreffen lassen wollen, obwohl oder vielmehr weil wir Christen sind, wir, die wir nicht mit großen Phrasen von Vaterland reden, sondern für unser Volk beten und hoffen, wir bitten um ein stilles Pfingstfest, daß der Heilige Geist komme und Jesu Wort und Jesu Werk und Jesu Kreuz und Sieg in uns verkläre.«[236]

235 Archiv der Gemeinde Köln, 02–12,6. Vgl. auch Ausstellungskatalog »Widerstand und Verfolgung in Köln 1933–1945«, S. 295 f.
236 Kartäuser Pfarrblätter, Nr. 69, vom 4. 6. 1933. Zitat aus: J. Rupprecht, Bezzel-Brevier, 1933, Bd. 1, S. 85. Hermann Bezzel (18. 5. 1861 bis 8. 6. 1917), Theologe und Pädagoge, 1905 Präsident des Prot. Oberkonsistoriums München, 1912 Präsident der evangelischen Kirchenkonferenz. Fritze sprach seither von den »drei großen B«: Barth, Blumhardt und Bezzel.

Als Georg Fritze am 18. Juli 1933 gut erholt seinen Dienst wieder aufnimmt, steht auch seine Kölner Altstadt-Gemeinde mitten im Kirchenwahlkampf. Inzwischen hat nämlich nicht nur der kirchliche Alltag seiner Gemeinde, sondern auch die Deutsche Evangelische Kirche insgesamt klar erkennbare faschistische Formen angenommen.

Reichskanzler Adolf Hitler und Reichsinnenminister Wilhelm Frick haben mit Gesetz vom 14. Juli 1933 eine »Verfassung der Deutschen Evangelischen Kirche« in Kraft gesetzt, die von den Repräsentanten aller deutschen Landeskirchen durch Unterschrift seit dem 11. Juli anerkannt ist – auch von dem rheinischen Generalsuperintendenten Ernst Stoltenhoff. Eine kirchliche Verfassung, die eingeleitet wird mit der klerikal-faschistischen Zeitansage: »In der Stunde, da Gott unser deutsches Volk eine große geschichtliche Wende erleben läßt, verbinden sich die deutschen evangelischen Kirchen . . .« Und was soeben noch die »Freien Presbyterianer des Westens« verworfen haben, »daß man den aus der Politik entlehnten Führergedanken auf die Kirche überträgt«[237], genau das ist mit dieser Verfassung geschehen. Artikel 5 der Verfassung konstatiert: »An der Spitze der Kirche steht der lutherische Reichsbischof.« Damit hat auch die evangelische Kirche ihren Führer: ein Volk – eine Kirche – ein Kirchenführer! Und nach dieser neuen Verfassung sind schon für den 23. Juli 1933 Kirchenwahlen angeordnet.

Wegen des monatelangen Nazi-Terrors gegen die Vertreter der Kölner Liste »Volkskirchenbund evangelischer Sozialisten« – schon im März 1933 hatten die Gemeindeverordneten Franz Feldmann und Adolf Zimmermann ihre Mandate in der Größeren Gemeindevertretung niedergelegt, wegen der Drohung der faschistischen Kollegen, sie würden andernfalls ihre berufliche Stellung verlieren[238] – beteiligten sich die Kölner Religiösen Sozialisten an diesen Kirchenwahlen nicht mehr. Das wäre inzwischen ja auch

237 Aufruf der »Freien Presbyterianer des Westens«, vom 24. 5. 1933; verantwortlich und Kontaktadresse: Dr. Dr. Gustav W. Heinemann, Essen.

238 So August Roos in seinem Brief vom 1. 4. 1933 an Verwaltungsdirektor Karl Eck. Archiv der Gemeinde Köln.

höchst lebensgefährlich, seit die Linksparteien als staatsfeindliche Organisationen längst verboten sind, und die Jagd auf Kommunisten, Sozialdemokraten und Gewerkschafter blutiger ist denn je – ohne daß die Christenheit darüber beunruhigt wäre. Da heult selbst der Theologe Karl Heim mit den braunen Wölfen, wenn er seine neueste Schrift mit den Worten einleitet: ». . . der Terror ist beseitigt, der es unter der Herrschaft der sozialdemokratischen Führer vielen Arbeitern beinahe unmöglich gemacht hatte, eine Kirche zu betreten. Das Bekenntnis der neuen Führer zu Gott hat in dieser Beziehung wie ein reinigendes Gewitter gewirkt.«[239]

Wofür oder wogegen die Kölner DC-Faschisten in diesen Wahlkampf ziehen, das erfährt Georg Fritze am ersten Arbeitstag nach seinem Erholungsurlaub aus dem Kölner »Stadt-Anzeiger« vom 18. Juli 1933: »Wir wollen eine *klare Wortverkündigung* auf allen Kanzeln der Kirche. Wir bejahen die Heilige Schrift als Gottes Wort ohne Vorbehalt! Wir wollen, daß alle . . . das Evangelium wieder vernehmen und verstehen, dessen Verkündigung darum *in der Sprache des Volkes*, nicht in der Dialektik der modernen Theologie, erfolgen muß . . . Wir wollen eine *innere Verbundenheit* der Führung unserer Kirche mit dem *neugewordenen* Staat und seinem weltanschaulichen Gehalt ohne Vorbehalt . . .«

An diesem 18. Juli 1933 treffen in Köln auch hektographierte »Richtlinien für die Kirchenwahlen« ein, in denen die »Jungreformatorische Bewegung«, die doch gerade erst kirchliche Urwahlen »als überwundenen *demokratischen* Irrtum« verworfen hatte[240], allen Gegnern der »Deutschen Christen« rät, gegen die Irrlehren der »Deutschen Christen« mit einer oppositionellen Liste und einer zündenden Parole im Wahlkampf anzutreten: »Es geht heute um die *Selbstbehauptung der Kirche* gegenüber Irrlehren und Irrlehrern . . . Darum muß in diesem Kampf eine Parole ausgegeben werden, die deutlich macht, wo die *Kirche* steht und wofür sie heute kämpft, eine Parole, die es auch den gläubigen ›Deutschen

239 Karl Heim, Deutsche Staatsreligion oder Evangelische Volkskirche, 1933, S. 3; vgl. dazu: Karl Heim, Ich gedenke der vorigen Zeiten, 1957, S. 267.

240 Aufruf der Jungreformatorischen Bewegung zum Neubau der evangelischen Kirche, vom 9. 5. 1933; verantwortlich und Kontaktadresse: Lic. Dr. Walter Künneth, Berlin.

Christen‹ möglich macht, sich *für* die Kirche und *gegen* die Ketzereien der eigenen Führer zu entscheiden . . .«[241]

Diese Parole ist in Köln bald gefunden. Während Georg Fritze in seinem Brief an Ernst Stoltenhoff sein innerkirchliches Kampfziel in die Formel faßte: »daß unsere Kirche Kirche werde«, führen die »Jungreformatoren« eine positivere Parole ins Feld: »Kirche muß Kirche bleiben!«

Und zehn Minuten vor Ablauf der Meldefrist – am 20. Juli 1933, um 14.50 Uhr – reicht der Kölner Superintendent Georg Klingenburg – als Kölner Sprecher der »Jungreformatoren« – den Wahlvorschlag der Kölner »Jungreformatorischen Bewegung« ein. Damit liegen dem Kölner Wahlausschuß zwei Listen vor:

1. »Wahlvorschlag ›Deutsche Christen‹, Liste Gauleiter H. Lauterbach«,
2. »Wahlvorschlag ›Evangelische Kirche‹ (Kirche muß Kirche bleiben), Liste Wilhelm von Recklinghausen«.

Aber schon am Tage darauf schlägt der Sprecher der Kölner »Jungreformatoren«, Superintendent Klingenburg persönlich, den Kölner DC-Faschisten »Einigungsverhandlungen« vor, was sich natürlich Pfarrer Karl Köhler, Vorsitzender des Presbyteriums, des Wahlausschusses und Sprecher der DC-Faschisten, nicht zweimal sagen läßt. Nach vierstündiger Verhandlung der unverzüglich einberufenen »Einigungskommission«[242] haben sich dann auch beide Seiten »geeinigt«: Es gibt in der Kölner Altstadt-Gemeinde nur noch *einen* Wahlvorschlag – und der heißt: »›Deutsche Christen‹ (Einheitsliste), Liste Gauleiter H. Lauterbach«. Die Kölner Partei der DC-Faschisten hat ihren bisher größten Sieg errungen.

Da aber bei nur *einem* Wahlvorschlag die kirchliche Wahlordnung eine allgemeine Wahl für unnötig hält, erklärt der Kölner Wahlaus-

---

241 Archiv der Gemeinde Köln.

242 Anwesend waren: Köhler, U.-Gauleiter Karl, Herder, Thiemann und Eck von den »Deutschen Christen«; Pfarrer Karl Becker, von Recklinghausen, H. Volk und Superintendent Klingenburg (zeitweise) von der »Jungreformatorischen Bewegung«; Obersekretär Kruse als Protokollant der siebenseitigen Niederschrift. Alle im Zusammenhang mit der Kölner Kirchenwahl zitierten Dokumente befinden sich in verschiedenen Akten des Archivs der evangelischen Gemeinde Köln, die zitierte Anzeige in allen Kölner Tageszeitungen des 22. 7. 1933.

schuß noch am Abend des 21. Juli den »Wahlvorschlag ›Deutsche Christen‹ (Einheitsliste), Gauleiter H. Lauterbach« für gewählt. Georg Fritze, der an diesem kirchlichen »Kölner Klüngel« in keiner Phase des Geschehens beteiligt worden war, erfährt am 22. Juli 1933 aus den Samstag-Ausgaben der Kölner Tageszeitungen, was die Stunde geschlagen hat: daß da für die Kölner Kirchengemeinde der totale Faschismus besiegelt wurde.
In großen Anzeigen verkündet der Sieger Karl Köhler dem Kölner Kirchenvolk: »Bekanntmachung! An die Mitglieder der Evangelischen Gemeinde Köln: Hierdurch wird bekanntgegeben, daß in letzter Stunde eine *Einigung* zustande gekommen ist. Gewählt ist hiernach der Wahlvorschlag: ›Deutsche Christen‹, Liste Gauleiter H. Lauterbach (Einheitsliste). Die für Sonntag, den 23. Juli anberaumte Wahlhandlung findet infolgedessen nicht statt. Der Wahlausschuß der evangelischen Gemeinde Köln: N. d. Köhler, Vorsitzender.«
Damit haben die Kölner »Jungreformatoren« zwar Wort gehalten, was ihre am 9. Mai 1933 von Berlin aus erklärte Ablehnung von *demokratischen* Wahlen betrifft; die in ihren »Richtlinien für die Kirchenwahlen« gesteckten Ziele wurden jedoch in allen Punkten kampflos aufgegeben. Was Georg Fritze noch nicht weiß, das schreibt der Kölner Wahlausschußvorsitzende, Pfarrer Karl Köhler, an diesem 22. Juli 1933 in gleichlautenden Briefen dem Kölner Superintendenten und dem Wahlleiter des Koblenzer Konsistoriums:
»Die damit gewählte Liste setzt sich zu 90 Prozent aus Mitgliedern der Glaubensbewegung ›Deutsche Christen‹, zu 10 Prozent aus Angehörigen anderer kirchlicher Richtungen zusammen.«

22 Der Weg in die Einsamkeit

Von nun an tröstet Georg Fritze seine Gemeinde und wohl auch sich selbst mit der Erinnerung daran, daß Christen, die diesem Namen Ehre machen und ihrem Herrn und Heiland Jesus Christus nachfolgen wollen, nirgendwo in der Bibel Herrschaft und Wohlergehen, sondern allein Verfolgung und Kreuz verheißen sind. Gerade die Kölner evangelische Gemeinde weiß aus ihrer leidvollen Vergangenheit nur zu gut, was eine Existenz »unter dem Kreuz« bedeutet; denn seit der öffentlichen Verbrennung der rheinischen Zeugen der Reformation, Adolf Clarenbach und Peter von Fliesteden, am 28. September 1529 zu Köln-Melaten, hatte die kleine evangelische Gemeinde Köln für nahezu drei Jahrhunderte im Untergrund leben müssen – ausgezeichnet durch den Ehrentitel: »Gemeinde unter dem Kreuz«[243].

So zitiert Georg Fritze in der neuesten Ausgabe seiner »Kartäuser Pfarrblätter« ein Wort des Apostels Paulus als Wegweiser in die Zukunft: »Wir werden getötet den ganzen Tag und sind geachtet wie Schlachtschafe; aber wir siegen durch den, der uns geliebt hat!«

Offen berichtet Georg Fritze dort von den Schwierigkeiten, die ihm sein antifaschistisches Engagement in der Kirche einbringt: »Ein Pfarrer . . . hat vor einigen Wochen beanstandet, daß im Gebet ausgesprochen werde, daß wir vor Christus *alle Staub* sind, daß Fürbitte getan werde, daß Gott der Obrigkeit Demut verleihe, daß die Gefangenen in den Konzentrationslagern mit eingeschlossen werden in das Fürbittegebet des Gemeindegottesdienstes usw. Ihr versteht, daß, wer in den Augen vieler von früher als belastet gilt, hier doppelt vorsichtig sein muß, nicht aus feiger Angst, sondern damit der Gottesdienst nicht Schaden leide . . .« Aber Georg Fritze läßt vor aller Öffentlichkeit auch keinen Zweifel daran, »daß es für den Verkünder Situationen geben kann, in denen es unvermeidlich ist, bei denjenigen Anstoß zu erregen, denen es im Gottesdienst eben selber um etwas anderes zu tun ist, als um Gott und seine Sache, die schon dann geärgert sind, wenn sie von der Kanzel her nicht *ihre* politischen Ansichten bestätigt oder gar gerühmt hö-

243 Auf Anregung des Verf. (vgl. Kölner Stadt-Anzeiger vom 31. 10. 1978) veranlaßte der Kölner Oberbürgermeister John van Nes Ziegler das erste offizielle Gedenken der Stadt Köln an dieses »Kölner Martyrium« am 27. und 28. 9. 1979. Vgl. Goeters/Stein/Venderbosch (Hg.), Bekenner und Zeugen. Gedenkschrift, Düsseldorf 1979, und: Hans Prolingheuer, Achtung vor dem Recht des anderen. Kolumne zur Erinnerung an dieses Kölner Martyrium, in: Kölnische Rundschau vom 28. 9. 1979.

ren! Das ›Du allein sollst es sein, unser Gott und Herre, Dir gebührt die Ehre‹ ist nicht jedes Kirchenbesuchers Sache . . .«[244]
Es bedrückt Georg Fritze, daß schon die leiseste Kritik an den »Deutschen Christen« stets mit einem Lobeshymnus auf Adolf Hitler und seinen totalen Staat umwölkt wird. Das ist so bei den Pfarrbruderschaften, den kümmerlichen Jungreformatoren wie auch bei dem von Martin Niemöller in Berlin gegründeten Pfarrernotbund, der erst am 15. Oktober 1933 in einem Huldigungstelegramm an Hitler im Namen »von mehr als 2500 evangelischen Pfarrern, die der Glaubensbewegung Deutsche Christen nicht angehören«, Deutschlands Austritt aus dem Völkerbund gepriesen hatte. Im Namen von Georg Fritze geschah diese politische Aktion jedenfalls nicht!
Auch der einstige Wahlredner der Deutschnationalen Volkspartei, der Kölner Superintendent Georg Klingenburg, kann es nicht lassen, dem Führer Adolf Hitler Loyalität zu schwören, wie dies wieder am Buß- und Bettag 1933 geschehen ist:
»Denn ich bin gewillt, *unserem geliebten Führer, Reichskanzler Adolf Hitler,* für sein *großes völkisches Aufbauwerk* die *Kräfte einer wesensechten evangelischen Kirche zur Verfügung zu stellen.*
Lic. Klingenburg Superintendent Köln, am Landesbuß- und Bettag 1933.«[245]
Georg Fritze bleibt inmitten einer von frommen Faschisten geleiteten Kirche voll und ganz bei seiner Sache. Die Predigten und Bibelarbeiten, deren Nachschriften in der Kölner Gemeinde kursieren, kennen diese Verbeugungen vor dem Faschistenführer Adolf Hitler und seinem Terror-Staat nicht. Darin hat ihn ja gerade erst wieder während eines Besuches in Bonn Karl Barth gestärkt, daß gegen alle faschistischen Totalitätsansprüche in Staat und Kirche der Anspruch Gottes steht: »*Ich* bin der Herr dein Gott. Du sollst nicht andere Götter neben mir haben!«[246]

---

244 Kartäuser Pfarrblätter, Nr. 70.
245 Flugblatt »Ernst-Moritz Arndt als Führer zu deutsch-evangelischer Christlichkeit«, Sammlung Eichmeyer.
246 Georg Fritze war am Samstag, dem 21. 10. 1933, wieder zu einem Gespräch bei Karl Barth eingeladen.

Die intensive biblisch-theologische Arbeit Georg Fritzes ist es, die im Kölner Pfarrbezirk der Kartause Bekennende Gemeinde so früh auf den Plan ruft. Die Bekennende Gemeinde der Kartause erwächst aus der wöchentlichen Bibelstunde. Und so kommt es, daß die kleine, neue »Gemeinde unter dem Kreuz« davor bewahrt bleibt, den heraufziehenden Kirchenkampf als »Theologengezänk« zu deuten, den Angriffen der DC-Faschisten mit klugen, aber doch nur hinhaltenden Juristereien zu begegnen oder sich von dem rassistischen Zauberwort »Volkskirche« in den Bann der völkischen Nazi-Religion ziehen zu lassen.

Georg Fritzes »Kartäuser Pfarrblätter« bringen Nachrichten unters Volk, die sonst kaum zu erhaschen sind, die Leser erfahren selbst das, was Karl Barth in seinem Berliner Vortrag vom 30. Oktober 1933 über den »heute gebotenen Widerstand« gesagt hat[247]. Und schließlich sein unwiderstehlicher Ruf in seine Gemeinde: »Geht an die Arbeit und schließt Euch zusammen. Männer an die Front!«[248]

Die Bekennende Gemeinde der Kölner Altstadt nimmt Verbindung zu Gleichgesinnten in den Stadtteilen Köln-Kalk, Köln-Nippes und Köln-Riehl auf. Schon zum 15. März 1934 laden die Kölner »Bekenner« zu einer öffentlichen Kundgebung in den Kölner Gürzenich ein. Aber der Name Fritze ist für die Staatsschützer ein Alarmsignal. Hat nicht der »rote Fritze« vor 15 Jahren schon einmal vom Gürzenich aus Köln unsicher gemacht?

Der Kölner Polizeipräsident verbietet die kirchliche Veranstaltung unmittelbar vor ihrem Beginn. »Wie Mauern«, so notiert Georg Fritze über diese Staatsaktion, »standen die Menschen vor dem Gürzenich an dem Donnerstagabend. Sie wollten nicht glauben, daß die Versammlung nicht stattfinden dürfe. Es war nicht leicht, die Enttäuschten zu beruhigen.«[249]

Dafür ist die Kölner Bekennende Gemeinde aber in Wuppertal-Barmen dabei, als am 31. Mai 1934 in der Gemarker Kirche die von Karl Barth stammende Barmer Theologische Erklärung erstmalig

---

247 Kartäuser Pfarrblätter, Nr. 71. Barths Vortrag in der Berliner Singakademie: Reformation als Entscheidung.

248 Kartäuser Pfarrblätter, Nr. 74.

249 Ebenda.

öffentlich verlesen wird. Daheim in Köln streicht indessen das faschistische Presbyterium Georg Fritze die Kinderzulage für den nach Holland geflohenen Sohn Klaus: »Eine Zahlung der Kinderzulage darf nur erfolgen, wenn das Studium und die Berufsausbildung in Deutschland erfolgt. Dies trifft für Ihren Sohn Klaus nicht zu. Daß wegen der besonderen Lagerung des Falles die Möglichkeit zur Erfüllung dieser Voraussetzung fehlt, ist eine Tatsache, an der wir nichts zu ändern vermögen.«[250]

Doch Georg Fritze läßt sich nicht unter das Hakenkreuz nötigen. Wie er nach der Befreiung Kölns von der britischen Besatzung im Frühjahr 1926 im Presbyterium dafür kämpfte, nun endlich die nach der Weimarer Reichsverfassung vorgeschriebenen Farben der Republik zu hissen – ohne jedoch Erfolg zu haben, lehnt er es jetzt strikt ab, sein Haus mit der Hakenkreuzfahne zu beflaggen, obwohl die Nationalsynode am 9. 8. 1934 mit den Stimmen der Bekenner »einstimmig« die Kirchenfahne zu Gunsten der faschistischen Hakenkreuzfahne abgeschafft hatte. Seit langem schon wird seine Position in der innerkirchlichen Auseinandersetzung sichtbar: *theologisch* kämpft er an der Seite der Bekenner wider die Irrlehren und den klerikal-faschistischen Terror der »Deutschen Christen«, da sich jedoch die Theologie der Bekennenden Kirche nicht auch in antifaschistische Politik gegen Hitler und seinen SS-Staat fortsetzt, diese im Gegenteil mit NS-staatstreuem Reden und Handeln massiv unterstützt, ist er seit langem schon gezwungen, *politisch* seinen eigenen, einsamen antifaschistischen Weg zu gehen.

Schon am 1. Advent 1934 funktioniert er eine gut besuchte Gemeindeversammlung in der Kartause um zu einer Kundgebung der Kölner Gemeinde gegen die theologischen und politischen Pöbeleien der Kölner »Deutschen Christen«. Die Amtsbrüder Encke aus Köln-Riehl und Weber aus Köln-Kalk unterstützen ihn dabei von außen her, indem sie die Gemeindeversammlung wissen las-

---

250 Brief des Vorsitzenden Pfarrer Goering an Georg Fritze vom 5. 6. 1934. Zuvor hatte Universitätsrektor Erwin Geldmacher der evangelischen Gemeinde auf Anfrage amtlich bestätigt, daß Klaus Fritze Vorstandsmitglied der »Vereinigung Sozialistischer Studenten« gewesen ist. Archiv der Gemeinde Köln.

sen, daß sich auch in den Nachbargemeinden Widerstand gegen die Irrlehren der »Deutschen Christen« rege.
Und im Anschluß an diese Versammlung beruft Georg Fritze für die Kölner Altstadt-Gemeinde einen Gemeindebruderrat auf der Grundlage des von der Dahlemer Bekenntnissynode der Deutschen Evangelischen Kirche am 20. Oktober 1934 ausgerufenen »Kirchlichen Notrechtes«, obwohl die lutherischen Kirchenführer Marahrens, Meiser und Wurm in Absprache mit Hitler und Frick die wichtigen Dahlemer Beschlüsse aus politischen Rücksichten haben rückgängig machen lassen[251]. Sieben der zwölf Mitglieder des Kölner Gemeindebruderrates kommen aus dem Kölner Bund religiöser Sozialisten, sieben der zwölf Mitglieder sind Frauen[252]. Zwei Mitglieder sind nach den rassistischen Kategorien der Nazis »Nichtarier«.
Die Aktivierung der Gemeindeglieder ist schwer. Neben Predigt und Bibelarbeit gewinnen die Hausbesuche wieder besondere Bedeutung. Die Schar der Denunzianten indessen vergrößert sich zusehends. So nehmen die Polizeiverhöre ständig zu. Der Kölner Oberstaatsanwalt Franz Hagemann ist Mitglied des Kölner Presbyteriums. Georg Fritze beeindruckt das wenig. Er bleibt seiner »Sache« treu. Vorträge, Predigten, Gemeindetage, Rüsttage und immer wieder Bibelarbeit – bald sogar eine Reihe von Bibelstunden unter dem schockierenden Thema: »Undeutsche Jesusworte«.
Der erfahrene Streiter aus den zwanziger Jahren läßt seine Bruderratsmitglieder alle nur erreichbaren Zeitungen und Rundfunksendungen systematisch auswerten, die Veranstaltungen seiner Widersacher besuchen, und heißen sie Wilhelm Hauer[253] oder Julius Streicher[254]. *Alle* Entscheidungen trifft der Gemeindebruderrat.

---

251 Vgl. Hans Prolingheuer, Der Fall Karl Barth, a.a.O., Kap. 2, S. 27–46: »Das Signal«.

252 Mitglieder des Kölner Gemeindebruderrates: Grete Eichmeyer, Erna Demrath, Georg Fritze (Vorsitzender), Hilde Hancke, Paula Haaser, Sofie Klever-Garthe, Ehepaar Locher, Paul Queisser, August Roos, Otto Veit, Agnes von Wilczek. Frau Locher konnte sich noch vor dem Holocaust mit ihrem Mann in die Schweiz retten – sie war Jüdin. Zu O. Veit siehe Anmerkung 308.

253 Vorsitzender der »Deutschen Glaubensbewegung« (DG). Hauer sprach am 1. Februar 1935 im Gürzenich; G. Eichmeyer schrieb mit.

254 Herausgeber des »Stürmer«. Streicher sprach am 12. 11. 1937 in der Kölner Rheinlandhalle; G. Eichmeyer schrieb mit.

Der Rat der Brüder ist für Georg Fritze immer auch Schutz vor Einseitigkeit. Und die zwölf Verschworenen wissen: Fehler und vor allem Geschwätzigkeit können tödlich sein.
Der Kölner Gemeindebruderrat stellt im Spektrum der sich bildenden Bekennenden Kirche auch im Kampf gegen die »Deutschen Christen« einen Sonderfall dar: er sucht in allem Kampf immer wieder das Gespräch mit seinen Todfeinden in Kirche und Staat, weil Georg Fritzes Bibelarbeiten immer wieder anleiten zur Nachfolge dessen, der auch seinen Todfeinden bis ans Kreuz das Zeugnis von der Liebe und Barmherzigkeit Gottes nicht schuldig geblieben ist.
Darum hält Georg Fritze auch gar nichts von der bekenntniskirchlichen Hysterie gegen die sogenannte »neue Gottlosenbewegung«, wie die »Deutsche Glaubensbewegung« (DG) inzwischen von der katholischen und der Bekennenden Kirche landauf, landab durch eine wahre Flut von Schriften und Kundgebungen genannt wird. Als ob Alfred Rosenberg seinen »Mythus des 20. Jahrhunderts« nicht schon 1930 veröffentlicht hätte, als ob der »neuheidnische Glaube« des Wilhelm Hauer nicht eine alte, urdeutsche Angelegenheit sei:
»Eine Gegenüberstellung von Gläubigen und Ungläubigen, wie sie Kardinal Faulhaber angeblich gemacht hat, verurteilen wir als evangelische Christen. Wir haben nicht das Recht, zu trennen zwischen Gläubigen und Ungläubigen. Die Trennung geht mitten durch das eigene Herz. *Glaube muß täglich neu erbeten und geschenkt werden.*«[255]

---

255 Fritze während seiner Bibelarbeit nach der Hauer-Veranstaltung am 7. 2. 1935. Sammlung Eichmeyer. Besonders auch die rheinische Bekenntnissynode spricht im Blick auf »Deutsch-Glauben« und »Neuheidentum« von der »neuen Gottlosenbewegung«, vgl. Joachim Beckmann (Hg.), Die Briefe zur Lage der evangelischen Bekenntnissynode im Rheinland, 1977, S. 326, 357 f., 406, 491, 619 f.; dazu: Beckmann/Prolingheuer, Zur Geschichte der Bekennenden Kirche im Rheinland, unter: »Gottlosenbewegung, die neue« und »Hauer, Wilhelm«. Die Jahre 1934/35 bringen in der katholischen und Bekennenden Kirche eine beachtliche Mythus-Literatur hervor, der eines gemein ist: sie enthält auch nicht den leisesten Anflug eines politischen Widerstandswillens gegen das faschistische System des SS-Staates. Sie gewährt allerdings einen erschreckenden Einblick in eine systemkonforme Einstellung einiger Autoren in der Judenfrage.

Darum auch sucht Georg Fritze immer wieder das Gespräch mit den »Deutschen Christen« im Kölner Presbyterium. Das »Nein!« der Barmer Theologischen Erklärung zu deren Irrlehren entbindet ihn nicht von der Pflicht, den Irrenden immer wieder zur Wahrheit des unverfälschten Evangeliums zu locken. Fast regelmäßig geht er deshalb zu den Sitzungen des Kölner Presbyteriums. Er ist den Irrenden das Zeugnis von Jesus Christus schuldig: »Helft uns mit Gründen der Vernunft oder der Heiligen Schrift, unsere Erklärungen (von Barmen und Berlin-Dahlem, d. Verf.) als irrig zu erkennen!«[256] Und ein anderes Mal gibt er zu Protokoll:

»Ich kann vor allem in unseren Tagen nicht einem Kirchenregiment mich unterstellen, von dem ich nirgends und niemals auch nur eine leise Andeutung vernommen habe, daß es für die Pfarrer, die jetzt im Konzentrationslager sind, eingetreten sei und für ihre Befreiung arbeite. Ich halte es für eine selbstverständliche und elementare Pflicht, daß ich mich für diese Brüder einsetze, solange es mir nicht unwiderlegbar klar und sicher gezeigt wird, daß sie Schuld im Sinne der Heiligen Schrift auf sich geladen haben, etwa, daß sie gegen Wortlaut oder Geist der evangelischen Verkündigung verstoßen haben. Ich kann nicht anders . . .

Ich weiß, wie sehr ich im Laufe der 35 Jahre meiner Amtsführung theologisch und auch in meinem politischen Handeln Wandlungen erfahren habe. Ich rechne damit, daß man mir Unlauterkeit, großes Anpassungsvermögen, getarnte Politik oder Ähnliches vorwerfen wird. Ich kann das nicht ändern. Ich muß das alles mit meinem Gott abmachen und tragen, was getragen werden muß.«[257]

Ein Presbyterium mit derart faschistischer Prägung kann es sich leisten, über diese und andere Einwände des »roten Pfarrers von Köln« geräuschlos hinwegzugehen.

Georg Fritzes alte und neue Kampfgenossen indes wissen, was die Kölner Gemeinde auch im Jahre 1936 an ihrem Pfarrer hat. Aus Anlaß seines Dienstbeginns in Köln vor zwanzig Jahren widmen sie ihrem Freund und Pfarrer Georg Fritze »In Dankbarkeit« ein Gedicht, das die Verfasserin Erna Demrath während einer kleinen

256 Erklärung Fritzes an das Kölner Presbyterium vom 6. 6. 1935.
257 Ebenda.

Feierstunde des Kölner Gemeindebruderrates am 24. April 1936 im Kreise alter und neuer Weggefährten vorträgt:

Du stehst nun schon seit zwei Jahrzehnten
auf hoher Warte hier am Rhein,
jedoch kein sichtbar irdisch Glänzen
umgibt dich als ein Glorienschein.

Wo hätte auch dem stillen Zeugen,
der nur der ewgen Wahrheit dient,
im wechselvollen Lauf der Zeiten
des Ruhmes Lorbeer je gegrünt?

Wer unerbittlich immer mahnet
und rufet zur Gerechtigkeit –
dem folgen nicht die großen Massen,
so war es stets, so ist es heut.

Du trägst dies Schicksal mit den Wenigen,
die nur und nur nach Gott gefragt,
und wenn dich Viele auch verließen –
es machte dich doch nicht verzagt.

Du gingst noch immer unverdrossen
auf deinem Wege stracks gradaus
und kämpftest um der Wahrheit willen
mit dir und andern manchen Strauß.

Du beugtest dich vor keinem Menschen,
vor Gott jedoch bliebst du ein Knecht
und trautest nur auf Jesu Gnade,
die all die Seinen macht gerecht.

»Die Lehrer aber werden leuchten
so herrlich wie des Himmels Licht,
wenn durch ihr Lehren und ihr Leben
die Fülle heilgen Geistes bricht.«[258]

258 Anspielung auf Daniel 12,3. Der Prophet Daniel spielte in seinen Bibelstunden eine besondere Rolle. Von hier aus entfaltete Fritze seine politisch subversive Theologie.

So loben wir in deinem Wirken
nicht dein vergänglich-menschlich Ich –
wir rühmen Gottes Kraft und Liebe,
wie sie sich ausgewirkt durch dich.

Wir Freunde wollen dich befehlen
von Herzen ganz in Gottes Hut,
denn wen der Vater hält und leitet,
der geht auf jedem Wege gut[259].

Doch längst nicht alle Mitglieder und Leiter der Bekennenden Gemeinden Großkölns zählen zu den Freunden des Kölner Dienstjubilars Georg Fritze. Im Blick auf seine sozialistischen Aktivitäten vor 1933 hatten viele Gäste von dem »roten Pfarrer von Köln« während »seiner Ansprache erwartet, er hätte bei den 20 Jahren auch erwähnt, er wäre einen ›Irrweg‹ gegangen«. Aber diesen Gefallen konnte und kann Georg Fritze den Brüdern in der Bekennenden Kirche nicht tun[260].

23 Kirchlicher Frevel an der Jugend

Georg Fritze sieht seit Beginn seines Wirkens in Köln eine seiner wichtigsten Aufgaben in der evangelischen Jugendarbeit. Vor allem die regelmäßigen Hausbesuche in den Elendsquartieren der Domstadt waren es, die ihn auf die leibliche und seelische Not der Kinder und Jugendlichen in seinem neuen Wirkungsbereich aufmerksam gemacht haben. Schon bald nach dem Kriege hatte er im Pfarrbezirk der Trinitatiskirche immer wieder Treffpunkte für all jene Kinder und Jugendlichen eingerichtet, die bisher von der Kirche und den evangelischen Vereinen und Jugendbünden nicht erreicht wurden. Für sie organisierte und leitete Georg Fritze Fahr-

259 Sammlung Eichmeyer.
260 Aus: Aufzeichnung über ein Gespräch Demrath/Eichmeyer während Fritzes 62. Geburtstag am 1. 8. 1936 mit Georg Fritze. Sammlung Eichmeyer. Die körperbehinderte E. Demrath (1895–1942) und G. Eichmeyer (1901) zählten zu den treuesten Mitarbeitern Fritzes.

ten und Freizeiten, viele erlangten durch den »Proletarier-Pfarrer« Ausbildung und Beruf. Viele von ihnen zählen auch im Kampf gegen den Faschismus zu seinen offenen oder heimlichen Freunden, manche zu seinen verläßlichsten Mitarbeitern.

Die Freude unter den Kindern und Jugendlichen des Kartäuser-Pfarrbezirks ist groß, als Georg Fritze im Februar 1933 endlich verkünden kann: »*Wir haben ein Jugendheim!* In dem auf dem schön hergerichteten Gelände der Kartause südöstlich von der Kirche gelegenen Hause ist uns ein schöner Versammlungsraum und ein Raum für die Pfarrbezirksbücherei zugewiesen worden . . . nun hat unser Jugendkreis sein ›zu Hause‹ und kann ganz anders und intensiver arbeiten als bisher. Die Räume sind soweit fertig, daß sie bezogen werden können . . .«[261]

Aber in diesen Tagen haben bereits die Faschisten ihre Netze nach der Jugend ausgeworfen. Und das Kölner Presbyterium läßt schon am 5. Mai 1933 die Nazipartei wissen, daß es fest entschlossen ist, den faschistischen Jugendorganisationen wie HJ und BDM nicht nur seine kirchlichen Jugendheime, sondern auch die evangelische Jugend selbst zuzuführen[262]. Am 9. Februar 1934, wenige Wochen nachdem Reichsjugendführer Baldur von Schirach und Reichsbischof Ludwig Müller ihr »Abkommen über die Eingliederung der evangelischen Jugend in die Hitlerjugend«[263] geschlossen haben, beschließt das Kölner Presbyterium die »Eingliederung der evangelischen Jugend in die nationalen Verbände« und beauftragt den Vorsitzenden, »das Formular des Reichsbischofs auszufüllen und zu unterzeichnen«[264]. Mit dieser Unterschrift unter das »Eingliederungsformular«[265], welches Reichsjugendführer und Reichsbischof erst am ersten Jahrestag der Machtübergabe an Adolf Hitler, am 30. Januar 1934, genehmigt haben, besiegelt die Kölner evangelische Kirchengemeinde als eine der ersten Kirchengemeinden Deutschlands dieses beispiellose »Abkommen«:

261 Kartäuser Pfarrblätter, Nr. 66, Februar 1933.
262 Sitzung vom 5. 5. 1933. Protokollbuch A1, 12, S. 33.
263 Manfred Priepke, Die Evangelische Jugend im Dritten Reich 1933–1936, 1960. Wortlaut des »Abkommens« auf S. 186 f.
264 Sitzung vom 9. 2. 1934. Protokollbuch A1, 12, S. 119.
265 »Eingliederungsformular«, Privatbesitz des Verfassers.

»Die 10- bis 18jährigen Mitglieder der Jugendvereine der Evangelischen Gemeinde Köln . . . werden mit dem 9. Februar 1934 der HJ (Hitler-Jugend) bzw. dem B.D.M. (Bund Deutscher Mädel) . . . auf Grund des zwischen dem Reichsbischof und dem Reichsjugendführer des Deutschen Reiches vereinbarten Abkommens eingegliedert . . .« Das Skandalöse an diesem klerikal-faschistischen Handel mit Kindern und Jugendlichen ist für Georg Fritze, daß sich die evangelische Kirchengemeinde Köln durch rechtsverbindliche Unterschrift zu Satz 1. des »Abkommens« verpflichtet, nämlich »die einheitliche staatspolitische Erziehung der deutschen Jugend durch den nationalsozialistischen Staat und die HJ als Träger der Staatsidee« anzuerkennen.

Doch für den Bekenner und Antifaschisten Georg Fritze kommt es noch schlimmer, als die evangelische Kirchengemeinde Köln sich dazu noch eigene »Richtlinien für die Neuorganisation des Jugendwerkes der evangelischen Gemeinde Altköln« gibt, die nun auch noch die *kirchliche* Jugendarbeit und ihre Mitarbeiter in Köln fest an den Faschismus binden; denn Satz 1) der »Richtlinien« lautet: »Die Kirchengemeinde als Trägerin des Jugendwerks läßt es sich angelegen sein, daß die gesamte kirchliche Jugendarbeit im Geist der nationalsozialistischen Volksgemeinschaft geschieht. Die im Jugendwerk tätigen Geistlichen und Mitarbeiter[266] müssen ein positives Verhältnis zur Reichskirche und zur neuen Staatsidee haben.«[267]

Georg Fritze hofft wenigstens auf eine klare Entscheidung der Bekennenden Kirche gegen diesen faschistischen Frevel an der evangelischen Jugend. Aber die Dritte Bekenntnissynode der Deutschen Evangelischen Kirche gibt mit ihrem Augsburger Beschluß vom 5. Juni 1935 dem faschistischen Kölner Presbyterium sogar noch recht: »Die gesamte Jugendarbeit der Bekennenden Kirche geschieht nach der Ordnung des Abkommens mit dem Jugendführer des Deutschen Reiches vom 19. Dezember 1933.«[268]

266 Für die Jugendarbeit der Gemeinde Köln im Sinne dieser faschistischen »Richtlinien« zeichneten damals Pfarrer Karl Werner und Jugendleiter Alfred Fild verantwortlich.

267 Archiv der Gemeinde Köln, A3, 4, S. 331.

268 Karl Immer, Augsburg 1935, 1935, S. 77. Auf Grund schärfsten Protestes von

Georg Fritze und der CVJM Köln e. V. wollen jedoch keine durch Kirchenvertrag verpflichtete Diener des Faschismus sein. Als das Kölner Presbyterium in seiner Sitzung am 13. September 1935 erfährt, daß sich der CVJM Köln e. V. weigert, die »Richtlinien« der Gemeinde für seine Jugendarbeit anzuerkennen, untersagt es ihm ab sofort jede weitere Tätigkeit in der Gemeinde Köln und kündigt ihm den Nutzungsvertrag für das Vereinshaus in der Antoniterstraße 21–25 zum 1. November 1935[269]. Daraufhin will Georg Fritze die Änderung dieser faschistischen »Richtlinien« der Kölner Kirchengemeinde herbeiführen. Zur Sitzung des Presbyteriums am 6. März 1936 hat er ein Memorandum vorbereitet, in welchem er bekennt: »Ich bin nicht in der Lage, die von der Gemeinde Köln beschlossene Jugendordnung anzuerkennen. Ich kann sie überhaupt nicht als eine evangelisch kirchliche Jugendordnung gelten lassen . . . Die Forderung, daß die gesamte kirchliche Jugendarbeit im Geist der nationalsozialistischen Volksgemeinschaft zu geschehen habe, ist mit der Heiligen Schrift und mit den Bekenntnissen unserer Kirche unvereinbar . . .«[270] Darüber hinaus gibt Georg Fritze noch folgende Leitsätze zu Protokoll:

»1) Es geht um unsere *Kirche* und um *das kirchliche Handeln der Gemeinde.*

2) Alles kirchliche Handeln, also auch die kirchliche Jugendarbeit, hat im Sinn und Geist der von der Heiligen Schrift bezeugten Wahrheit zu geschehen . . .

3) Wer zu etwas anderem als zum Gehorsam des Glaubens in der konkreten Bindung an Schrift und Bekenntnis aufruft, handelt nicht im Sinn und Auftrag der Kirche.

4) a) Politische Zielsetzungen und Bindungen dürfen mit dem der Kirche gegebenen göttlichen Auftrag, das Evangelium von Jesus Christus zu verkündigen, nicht vermischt oder verwechselt werden.

Karl Barth (vgl. Hans Prolingheuer, Der Fall Karl Barth, a.a.O., S. 193 und 348) versieht Karl Immer dieses Dokument mit der Fußnote, daß die BK »ihre Jugendarbeit zur Zeit notgedrungen auf Grund des Abkommens treibt«.

269 Archiv der Gemeinde Köln, Protokollbuch A1, 12, S. 255–258.

270 Archiv der Gemeinde Köln, Protokollbuch A1, 12, S. 299.

b) Wird von der Kirche gefordert, daß sie sich an eine aus dieser Welt stammende Weltanschauung oder Staatsidee binde, so bedeutet das Zerstörung der Kirche.
c) Schrift und Bekenntnis fordern Gehorsam gegen *den* Staat schlechthin, der seine Hoheit und Gewalt von Gott hat, aber sie fordern nirgends das Eintreten für eine *bestimmte Staatsidee oder -form* im Gegensatz zu anderen Staatsideen und Staatsformen . . .«[271]

Als sich Pfarrer Georg Fritze während der Sitzung auch noch erdreistet, einen Änderungsantrag zu stellen, bricht in der hochwürdigen, faschistischen Versammlung abermals ein Tumult los, wie ihn Georg Fritze bisher nur in den Monaten vor dem 23. Juli 1933, dem Tage der totalen Machtergreifung klerikal-faschistischer Terroristen im Kölner Presbyterium, erlebt hatte. Gegenerklärungen und persönliche Erklärungen münden endlich in den Geschäftsordnungsantrag des Kölner Landgerichtsrates Alfred Hellbach, »über die Sache ohne Aussprache zur Tagesordnung überzugehen«. Seine Begründung:

»Wir halten es weder für zweckmäßig noch für gerechtfertigt, die vorliegenden Leitsätze des Herrn Pfarrer Fritze zum Gegenstand einer Erörterung zu machen und zwar für unzweckmäßig, weil wir befürchten müssen, daß dadurch der der Kirche und unserer Gemeinde so nötige Friede von neuem gefährdet wird, aber auch nicht für gerechtfertigt, weil ein ausdrücklicher Beschluß sowohl des Presbyteriums, als auch der größeren Gemeindevertretung bereits die Ordnung der Gemeindejugendpflege eingeführt hat, dem ohne jeden Vorbehalt sich zu fügen gerade auch für jeden Gemeindepfarrer eine selbstverständliche Pflicht ist.«[272]

Der Antrag wird angenommen, und in der Sitzung am 3. April 1936 beauftragt das Presbyterium den Vorsitzenden, Pfarrer Karl Becker, »von Pfarrer Fritze die Liste der Konfirmanden einzufordern[273], um die Kinder den Indoktrinationen des Antifaschisten Fritze zu entziehen. Georg Fritze glaubt noch, seinen

271 Ebenda, S. 301.
272 Ebenda, S. 297.
273 Ebenda, S. 308.

Amtsbruder Karl Becker, der ihm und seinem Religiösem Sozialismus in den zwanziger Jahren gar nicht so ferngestanden hatte, »zur Sache« rufen zu können: »*Ich denke gar nicht daran,* mich persönlich für besser oder gläubiger oder bekenntnistreuer zu halten als irgend ein Mitglied des Jugendausschusses oder des Presbyteriums. Es geht nicht um Personen, sondern um Sachen. Es geht *darum,* daß Gedanken und Lehren gegenüber, die heute im geistigen und im religiösen und kirchlichen Leben unseres Volkes eine in hohem Grade verwirrende Bedeutung bekommen haben, von der Kirche her klar, ungetrübt und laut die Wahrheit des Evangeliums gesagt und deren Trübungen und Verkehrungen um der Kirche und um unseres Volkes willen zurückgewiesen werden müssen. Gewissen, *immer wiederkehrenden* Redewendungen gegenüber wie, um ein Beispiel aus vielen anzuführen, einige Sätze aus dem Aufruf Dr. Ley's zum 1. Mai[274], und gewissen Ideen gegenüber, die heute für die Jugenderziehung ausgesprochen und propagiert werden, muß die Kirche laut und klar bekennen: Das ist mit unserem Christusglauben unvereinbar! Wir dürfen hier nicht schweigen oder so tun, als ›sei das alles gar nicht so schlimm!‹ . . . Die Art, in der meinem ernsten Bemühen, dem Presbyterium gegenüber meine Haltung darzulegen, in der Sitzung vom 6. März begegnet wurde, . . . bedeutet sachlich die *Unmöglichmachung meiner Mitarbeit* in ernstesten Anliegen der Kirche. Sie werden verstehen, daß es mir schwer, wenn nicht unmöglich ist, an den Sitzungen teilzunehmen, solange ich die Wiederholung einer ähnlichen Art des Handelns seitens des Presbyteriums mir gegenüber fürchten muß.«[275]
Nachdem Vorsitzender Karl Becker diesen Brief Georg Fritzes in der Sitzung am 8. Mai 1936 dem Kölner Presbyterium vorgelesen hat, beantragt Landgerichtsrat Alfred Hellbach, »Herrn Pfarrer

274 Robert Ley, Chef der DAF, in seinem Mai-Aufruf: ». . . Die weite unendliche Schöpfung Gottes klingt und singt und sprießt und lacht von der überquellenden Lebensfreude. Da spricht der törichte Mensch vom Jammertal dieser Erde; von ewiger Sünde und Schuld, von zerknirschender Buße und knechtseliger Gnade. *Freut euch des Lebens!* Wir sollen leben und wir wollen leben. Wir freuen uns unbändig des Lebens . . .« Kölnische Zeitung, 1. 5. 1936.

275 Brief Fritze an Karl Becker vom 7. 5. 1936. Sammlung Eichmeyer.

Fritze nahezulegen, seine Versetzung in den Ruhestand zu beantragen oder sich um eine andere Stelle zu bemühen«[276].
»Nach eingehender, sehr ernster und erschöpfender Aussprache«, so hält der Protokollant die dann folgende Szene fest, verabschiedet das Kölner Presbyterium einstimmig den Wortlaut dieses Briefes an Georg Fritze:
»Das Presbyterium hat aus Ihrem Schreiben vom 7. Mai 1936 entnommen, daß Sie es ablehnen, vorbehaltlos sich der Gemeindejugendordnung zu unterstellen. Abgesehen davon, daß diese Frage in keinerlei Zusammenhang mit kirchenpolitischen oder theologischen Streitigkeiten steht, erblicken wir in Ihrem Verhalten eine bewußte Störung der Ordnung der Gemeinde. Die von der Gemeinde eingeleitete Arbeit an der Jugend wird durch Ihre Stellungnahme praktisch unmöglich gemacht.
Da wir aus Ihren bisherigen Äußerungen entnehmen müssen, daß Sie Ihren Standpunkt nicht ändern werden, so sehen wir uns genötigt, Ihnen nahezulegen, im Interesse der Aufrichtigkeit und Wahrhaftigkeit die nötigen Folgerungen zu ziehen und sich für Ihre Tätigkeit einen anderen Wirkungskreis zu suchen.«[277]
In seiner kirchlichen Vereinsamung hatte sich Georg Fritze schon nach der bedrückenden März-Sitzung seinem gleichfalls vom Faschismus bedrohten Frankfurter Freund Martin Rade anvertraut:
»Nun stehe ich im Presbyterium ganz allein. Wohl sind einige, die mir innerlich nicht ferne stehen, aber kann man sich offen einsetzen für den ›Marxistenpastor‹? Dazu gebrichts an – vielem! Tut nichts. Ich gehe meinen geraden Weg. Und wenn auch meine Frau meine Entwicklung zum Bekenntnis nicht mitgemacht hat, sie steht zu meinem Verhalten im Kirchenkampf! Was Wunder? Auch hier gilt: Deus providebit. Aber ich glaube, wir sind in der Kirche noch immer nicht tief genug in die Not gekommen, als daß er uns jetzt schon heraushelfen könnte . . .«
Abschließend zitiert Georg Fritze vielsagend Dostojewskis Dimi-

276 Archiv der Gemeinde Köln, Protokollbuch A1, 12, S. 317.
277 Ebenda, S. 315.

tri Karamasoff – »auf dem Weg nach Sibirien«: »Hurrah! Das Leben!«[278]

24 Ein Redeverbot von der Bekennenden Kirche

Obwohl sich die Bekennende Kirche in ihrem Antikommunismus und Antisozialismus von den »Deutschen Christen« und den Führern der faschistischen »Reichskirche« nicht übertreffen läßt, und selbst führende Bekenner überzeugte und praktizierende Nationalsozialisten, etliche sogar Träger des Goldenen Parteiabzeichens oder anderer Auszeichnungen des Faschismus sind[279], versuchen die »Deutschen Christen« immer wieder, die Bekennende Kirche bei den Führern in Staat und Partei als kommunistisch oder marxistisch zu denunzieren[280]. Nicht ohne Erfolg, wie die »Briefe zur Lage« der evangelischen Bekenntnissynode im Rheinland in einer Fülle von Beispielen – »die«, wie Herausgeber Heinrich Held empört anmerkt, »in mehrfacher Hinsicht erschütternd sind« – ihren rheinischen Lesern mitteilen.

Da behauptet beispielsweise der Stellvertreter des Führers, Rudolf Heß, vor der Deutsch-Schwedischen Gesellschaft in Stockholm: »Wir haben festgestellt, daß sich gerade *atheistische Kommunisten, gottesleugnerische Marxisten, die früher aus der Kirche ausgetreten waren, nunmehr in irgendeiner konfessionellen Organisation* kämpferisch betätigen und den Kirchenstreit zu schüren bemühen. Sie haben nur ein Interesse: Wenn schon einst alle Gegensätze geschwunden sind, wenigstens die Gegensätze der Konfession zu verschärfen und einen Gegensatz zwischen dem Staat und den verschiedenen Kirchen zu schaffen.«[281]

---

278 Brief Fritze an Martin Rade vom 11. 3. 1936. Nachlaß Rade. Georg Fritzes Frau Cato – wie ihr Mann Antifaschist – hatte seine zeitweise umstrittene Entwicklung von der liberalen zur dialektischen Theologie, zur Theologie Karl Barths, nicht mitmachen können. Cato Fritze starb am 21. 11. 1964; vgl. auch Titelseite RZ vom 28. 2. 1950: »Cato Fritze«.

279 Hans Prolingheuer, Der Fall Karl Barth, a.a.O., S. 24 f.

280 Ebenda, S. 200 f.

281 Joachim Beckmann (Hg.), Briefe zur Lage, a.a.O., S. 326; dazu: J. Beck-

Wiederholt haben Sprecher der Reichs-, Landes- und Provinzialsynoden der Bekennenden Kirche derartige Anwürfe entschieden und mit Beweisen des Gegenteils zurückgewiesen[282]. Und auch die Reichsleitung der NSDAP sieht sich um des »kulturellen Friedens« willen veranlaßt, die faschistischen Aktivitäten innerhalb der Bekennenden Kirche mit der Erklärung anzuerkennen: »Auch Amtswalter der NSDAP dürfen der ›Bekennenden Kirche‹ angehören . . . Die NSDAP hat ihren Standpunkt nicht geändert.«[283]
Als die völkische »Deutsche Glaubensbewegung« (DG) in ihrem Kampf gegen das Christentum damit beginnt, Christentum und Bolschewismus gleichzusetzen, verbünden sich gar für einen Augenblick Bekennende Kirche und Reichskirche in der gemeinsamen Abwehr dieser infamen Verleumdung: das Blatt der Bekennenden Kirche, Junge Kirche, hält die reichskirchliche »Zusammenstellung der Maßnahmen der evangelischen Kirche in ihrem Kampf gegen den Bolschewismus, welche sich im ›Mitteilungsblatt der Deutschen Evangelischen Kirche‹, Nr. 4 (11. 11. 1936) findet, besonderer Beachtung wert«, indem es die deutschchristliche Abwehr dieser politischen Verleumdung wortwörtlich nachdruckt unter der Überschrift »Kirche und Bolschewismus«:
»Der Kampf der Kirche gegen den Bolschewismus war in den Jahren 1918 bis 1929 vorwiegend ein Kampf gegen den Kulturbolschewismus. Die Kirche verhinderte mittelbar und unmittelbar in zähem Kampf den Angriff der marxistischen Machthaber, die auf dem Wege der Entchristlichung die Bolschewisierung des deutschen Volkes fördern wollten, auf die deutsche Schule. Der ununterbrochene Kampf der Kirche wandte sich gegen die Verfallserscheinungen auf dem Gebiete des Schrifttums, des Theaters und des Films. Wo es mit der Abwehr nicht getan war, baute die Kirche neu auf. Mit den amtlichen Kundgebungen der Kirche gegen die Gefahren der Christenverfolgung in Rußland verband sich die

mann / H. Prolingheuer, Zur Geschichte der Bekennenden Kirche, a.a.O., unter: »Kommunismus« und »Verfolgung – Verleumdung«.

282 Ebenda, S. 269, 319, 321, 344; auch: Junge Kirche 1935, S. 704 f.; vgl. dazu Kanzelabkündigung der 1. VL zum 3. Advent 1934, in: Hans Prolingheuer, Der Fall Karl Barth, a.a.O., S. 86.

283 Joachim Beckmann (Hg.), Briefe zur Lage, a.a.O., S. 396 f.

erste und andauernde, von allen Gliederungen der Deutschen Evangelischen Kirche getragene tätige Hilfe für die schwer bedrängten russischen und rußlanddeutschen Glaubensgenossen.
Im Jahre 1930 setzte der Kampf der Deutschen Evangelischen Kirche gegen die Gottlosenbewegung auf breitester Front ein. Als Ende 1930, während sich die Freidenkerorganisationen spalteten, die kommunistische Internationale der Gottlosen in Berlin gegründet, damit ein Signal zur akuten Bolschewisierung Deutschlands gegeben wurde, und die politische und literarische Beeinflussung des deutschen Volkes ihre Auswirkung in der Zunahme der Kirchenaustritte fand, bildete sich zu Angriff und Abwehr ein Ring aller führenden evangelischen Organisationen. Sämtliche Leiter der Landeskirchen, Tausende von Pfarrern und Laien standen in offenem Kampf mit den marxistischen Verbänden. Seit dieser Zeit hat die Deutsche Evangelische Kirche keine Gelegenheit versäumt, die verantwortlichen ökumenischen Stellen und andere Kirchen der Welt auf die drohenden Gefahren aufmerksam zu machen und immer erneut zum einmütigen Kampf gegen die Zerstörer der christlichen abendländischen Welt aufzurufen.
Der Deutsche Evangelische Kirchentag ermahnte in seiner Kundgebung vom 28. Juni 1930 von Nürnberg aus die deutsche evangelische Christenheit, ›die Sturmzeichen der Zeit zu erkennen und gegenüber den Anläufen des Unglaubens unerschütterlich festzuhalten am Bekenntnis unseres allerheiligsten Glaubens‹.
Der Evangelische Oberkirchenrat in Berlin erließ im Januar 1931 ein Rundschreiben, in dem es hieß: ›Wir halten es für eine unabweisbare Notwendigkeit, unverzüglich alle der Kirche zur Verfügung stehenden Kräfte planmäßig zur Abwehr und Überwindung dieser Bewegung einzusetzen. Keine Gemeinde darf tatenlos das Treiben jener Bewegung in ihrem Umkreis dulden. Jede Gemeinde . . . muß für den kommenden Angriff gerüstet sein . . . Die Führung und Verantwortung in diesem Kampf steht der verfaßten Kirche und ihren Organisationen zu.‹ Pfarrer wurden geschult. Informationskurse und Tausende von Aufklärungsvorträgen abgehalten.
Nach der Machtübernahme im Jahre 1933 war es selbstverständlich, daß die Führung in der weltlichen und kulturellen Abwehr

des Bolschewismus auf den nationalsozialistischen Staat und die Partei überging. Die Kirche aber stand und steht unverändert vor der Aufgabe, die bolschewistische Glaubenslosigkeit von innen her zu überwinden. Sie sieht ihre Aufgabe in der Verlebendigung und Stärkung des Glaubens an den lebendigen Gott.«[284]

In ihrer heftig umstrittenen »Denkschrift« vom Mai 1936 an Adolf Hitler weiß dann auch die Vorläufige Leitung der Bekennenden Kirche bei allen Klagen und Protesten sehr wohl »zu würdigen, was es im Jahre 1933 und späterhin bedeutet hat, daß die Träger der nationalsozialistischen Revolution nachdrücklich erklären konnten: ›Wir haben mit unserem Sieg über den Bolschewismus zugleich den Feind überwunden, der auch das Christentum und die christlichen Kirchen bekämpfte und zu zerstören drohte.‹«[285]

Kein Wunder, daß es da der »rote Pfarrer von Köln« sehr schwer hat, im Streit der Bekenner Tritt zu fassen. Der »Vertrauensmann« der Kölner Bekenntnissynode, der Riehler Pfarrer Hans Encke, den Georg Fritze »einfach famos« findet, hält den »Marxistenpastor« ängstlich in Deckung, obwohl einst Hans Encke selber – zu den Kirchenwahlen 1928 – als sozialistischer Klassenkämpfer hervorgetreten ist[286]. Georg Fritze trägts mit Fassung: »Da ich von früher her arg belastet bin, ist es nötig, daß ich im Kirchenkampf mich sehr zurückhalte. Man hat im Rheinland mehrfach versucht, die Sache des Pfarrernotbundes durch meinen Namen zu kompromittieren!«[287]

Die panische Angst der Bekenner, ihr Kampf gegen die »Deutschen Christen« könnte politisch verstanden werden, macht Georg Fritze mehr und mehr zum »Einzelkämpfer«. Er fürchtet von seinem theologischen Verständnis her den politischen Kampf gegen

---

284 Junge Kirche 1936, S. 1039 f. Vgl. dazu: Hans Prolingheuer, Kirchenkampf vor 1933, a.a.O., S. 19 ff.

285 Denkschrift der 2. VL vom 28. 5. 1936. Diese Denkschrift ließ G. Fritze am 19. 8. 1936 zur Verbreitung in Köln abschreiben.

286 »Wenn dieses Proletariat um Besserung der Löhne, um Hebung seines Standes ringt, d. h. den Klassenkampf bejaht, geschieht es in berechtigter Abwehr und Verteidigung.« So Hans Encke in: Die Tribüne 12/1928, Was schuldet die Kirche dem Proletariat? Siehe auch: Sonntagsblatt des arbeitenden Volkes, 11. 11. 1928: »Kirchenwahlen in Köln«.

287 Brief Fritze an Martin Rade vom 11. 3. 1936.

Faschismus und Nazistaat nicht. Darum steht Georg Fritze auch unter ganz besonderer Bewachung der Politischen Polizei: »Bei der Gestapo bin ich gut bekannt; ich habe viel Verbindung mit ihr.«[288] Und als es Georg Fritze wagt, in der November-Ausgabe seiner »Kartäuser-Pfarrblätter« Julius Streicher zu kritisieren, droht die Kölner Gestapo während der Vernehmung am 9. Dezember 1936 dem Herausgeber Fritze die sofortige Beschlagnahme des Blattes an. Fritze »dürfe nichts schreiben, was außerhalb der Kirche geschehe. ›Wir lesen zwischen den Zeilen. Sie schreiben, als ob die Kirche verfolgt werde.‹« Darauf Fritze: »Ja, zweifeln Sie denn daran?« Aber wiederum beläßt es die Gestapo bei einer Verwarnung[289].
Und immer neue Bekenntnisse zum Führer Adolf Hitler und immer glühendere Schwüre gegen Bolschewismus und Marxismus streuen die Kirchenführer über die deutsche Christenheit. Die sich zur Bekennenden Kirche zählenden Landesbischöfe Marahrens, Meiser und Wurm haben keinerlei Hemmungen zu erklären: »Wir stehen mit dem Reichskirchenausschuß hinter dem Führer im Lebenskampf des deutschen Volkes gegen den Bolschewismus. Die Kirche setzt in diesem Kampf die Kräfte des christlichen Glaubens ein gegen den Unglauben, der christlichen Sitte gegen die Entsittlichung, der gehorsamen Unterordnung unter Gottes Schöpferwillen gegen die Auflösung aller organischen Bindungen. Wir werden unsere Gemeinden unermüdlich aufrufen zum vollen Einsatz der christlichen Kräfte in diesem Kampf in der Gewißheit, daß damit dem deutschen Volk der wertvollste Dienst geleistet wird.«[290] Und in seinem »Wort an die Gemeinden zum 30. Januar 1937« stärkt dieser Reichskirchenausschuß die kirchlichen Faschisten: »Als evangelische Christen, die es von ihrem Reformator Martin Luther gelernt haben, in der Obrigkeit eine gute Ordnung Gottes zu ehren, schließen wir alle Gedanken, die uns an diesem Tage bewegen, in die Fürbitte für den Führer und seine Mitarbeiter zusammen. Wir haben es im letzten Jahre besonders eindringlich erlebt, wie

288 Ebenda.
289 Handschriftlicher Vermerk Fritzes auf S. 4 der ›Kartäuser Pfarrblätter‹, Nr. 86, vom 15. 11. 1936. Sammlung Berta Fritze.
290 Kundgebung des Reichskirchenausschusses vom 20. 11. 1936.

der Kampf des Führers ein Kampf gegen den Bolschewismus ist. Die Deutsche Evangelische Kirche steht in diesem Kampf von ihrem Auftrag her mit in vorderster Linie.«[291]
Durch derart gewichtige Erklärungen werden auch die Bekenner immer fanatischer auf den Nazi-Staat eingeschworen. Daß das Kölner Presbyterium mit dem »Marxistenpastor« lieber heute als morgen kurzen Prozeß machen möchte, daran zweifelt seit jener Auseinandersetzung um die faschistischen »Richtlinien für die Jugendarbeit« in Köln niemand mehr; aber daß jetzt auch die Kölner Bekennende Kirche aus politischen Gründen von dem »roten Pfarrer von Köln« demonstrativ abrückt, »weil er früher Sozialdemokrat war«[292], das muß der einsame Kölner Bekenner Georg Fritze schmerzhaft erfahren, als während der Kölner Bekenntnisversammlung am 12. Mai 1937 in der Mülheimer Friedenskirche über den Versammlungsleiter und Vorsitzenden des Kölner Gemeindebruderrates Georg Fritze ein bekenntniskirchliches »Redeverbot« verhängt wird[293]. »Daß dieses Verbot«, so klagt anderntags der Kölner Gemeindebruderrat, »nicht etwa von der Staatspolizei oder von den Deutschen Christen, sondern aus den *eigenen Reihen* kam, ist besonders schmerzlich und befremdend.«[294]

291 »Wort an die Gemeinden zum 30. Januar 1937« des RKA vom 23. 1. 1937. in: Wilhelm Niemöller, Kirchenkampf, a.a.O., S. 175.

292 Brief Grete Eichmeyer an Pfarrer Wilhelm Heynen vom 13. 5. 1937.

293 Im Blick auf die von Hitler am 15. 2. 1937 verfügte Kirchenwahl (die dann nie stattfand), hatte das Kölner Presbyterium am 28. 4. 1937 in der Trinitatiskirche einen »Wahlgottesdienst« gehalten, an dem acht der neun Kölner Pfarrer mitwirkten bzw. teilnahmen (Becker, Radecke, Nack, Köhler, Schmeling, Goering, Werner, Schmidt). Fritze wollte seine Kölner Bekennende Gemeinde am 29. 4. 1937 mit einer eigenen Bekenntnisversammlung in der Kartäuserkirche auf diese Kirchenwahl vorbereiten. Das aber hatte das Kölner Presbyterium verboten. Daraufhin stellte die Bekennende Gemeinde Köln-Mülheim der obdachlosen Kölner Brudergemeinde ihre Friedenskirche zur Verfügung. Der Synodalbruderrat solidarisierte sich mit einer gemeinsamen Einladung zur Kölner Bekenntnisversammlung in Mülheim mit den Kölner Bekennern. Unterschriften der Einladung: neben Fritze die Amtsbrüder Encke und Heynen für den Synodalbruderrat. Pfarrer Heynen konnte seinen Vortrag »Nationalkirche und was dann?« programmgemäß halten. Der Versammlungsleiter Georg Fritze durfte dann in Mülheim plötzlich nicht mehr sprechen. Das Mülheimer BK-Presbyterium hatte über ihn ein »Redeverbot« verhängt. Sammlung Eichmeyer.

294 Brief Grete Eichmeyer an Wilhelm Heynen vom 13. 5. 1937.

25 Psychoterror und Spitzeltum

Der Kölner Gemeindebruderrat ist zwar von der politischen Blindheit der Bekenner und von dem Mangel an Solidarität mit ihrem Vorsitzenden Georg Fritze zutiefst erschüttert, er verliert aber trotzdem nicht den Blick für die Not der Brüder jenseits der Kölner Stadtgrenzen. Wie sie selber der Solidarität der Bekennenden Kirche ermangeln, so wissen sie nur zu gut, welche Stärkung von einem Zeichen der Verbundenheit ausgeht.

Als der Bochumer Pfarrer Hans Ehrenberg, den Georg Fritze seit jenen Tambacher Tagen im September 1919 kennt, am 1. Juli 1937 aus rassischen Gründen von seiner Westfälischen Kirche in den Ruhestand versetzt wird, und der »Stürmer« in einem dreispaltigen Schmähartikel triumphiert: »Jud Ehrenberg in Bochum wird zur Ruhe gesetzt«, tröstet der Kölner Gemeindebruderrat die Bochumer Brüder:

»Die Äußerungen des Blattes dazu stellen eine so völlige Verständnislosigkeit der Lage dar, daß man versuchen sollte, ohne Groll und Bitterkeit zu bleiben. Dies wird uns heute von unserem Pfarrer der Bekennenden Gemeinde Köln immer und immer wieder ans Herz gelegt!

Wir leben in keiner leichten Zeit, und wer wäre wohl ganz frei von gelegentlichen Mutlosigkeiten und Anfechtungen. Aber es ist uns doch auch viel geschenkt worden, was uns froh und dankbar macht . . . Wir wollen weiter zusammenhalten, und Sie können versichert sein, daß wir Gemeindeglieder unserer Pfarrer der Bekennenden Kirche in treuer Fürbitte gedenken.«

Noch wissen die Kölner nicht, daß sich da zwischen der Bekennenden Kirche und dem jüdischen Amtsbruder Hans Ehrenberg eines der finstersten Kapitel unter der Überschrift »Das politische Versagen der Bekennenden Kirche« abgespielt hat[295].

---

295 Der Stürmer, vom 7. 7. 1937. Brief Grete Eichmeyer an den Bochumer Pfarrer Rudolf Hardt vom 9. 7. 1937. Sammlung Eichmeyer. Vgl. dazu: Günter Brakelmann, Hans Ehrenberg – ein judenchristliches Schicksal im »Dritten Reich«, 1979, in: Jahrbuch für Westfälische Kirchengeschichte, 1979, S. 125–150.

Doch während dort in Bochum das Drama der bekenntniskirchlichen Distanzierung von einem der ersten Bekenner – weil dieser Jude ist – seinem Schluß zutreibt, zeigt sich in Köln bereits ein neues Problem: die Kölner Bekennende Gemeinde sorgt sich um die Gesundheit ihres Pfarrers. Der zunehmende, tagtägliche Psychoterror der Faschisten in Staat und Kirche greift ihm mehr und mehr ans Herz; und daß sich nun auch die gegen ihn wenden, die doch beredt mit der Barmer Theologischen Erklärung bekennen: »Wir verwerfen die falsche Lehre, als gebe es Bereiche unseres Lebens, in denen wir nicht Jesus Christus, sondern anderen Herren zu eigen wären«, das hat Georg Fritze nicht nur politisch, sondern eben auch gesundheitlich stark geschwächt. Wenn Georg Fritze auch glaubt, in einem mehrtägigen Gespräch mit seinen getreuen Freunden Martin Rade und Hermann Krüger-Velthusen im ruhigen Pfarrhaus zu Biebernheim über St. Goar schnelle Genesung gefunden zu haben, so klingt doch für alle daheim in Köln, die den politischen Kirchenkämpfer kennen, sein jüngstes Lebenszeichen nicht gerade ermutigend: »Je toller es wird, je ruhiger und getroster werde ich!«[296]

Und in der Tat, die systematische Hetze der christlichen Faschisten und die schneidende Distanzierung der faschistischen Christen haben seiner Gesundheit stärker zugesetzt, als er zunächst wahrhaben will: den für den Sommer 1937 geplanten Erholungsurlaub bei seiner Tochter Dorothee in der Schweiz muß Georg Fritze kurzfristig absagen[297]. Der Gesundheitszustand läßt eine lange Reise nicht zu. Sein Freund Hermann Krüger-Velthusen lädt den wundgehetzten Amtsbruder aus Köln für einen Monat in sein Biebernheimer Pfarrhaus. Den Freundesdienst nimmt Georg Fritze gern und dankbar an. »Ich habe es hier sehr schön«, beruhigt er die Besorgten daheim in Köln. »Stille, schöne Landschaft, gute Verpflegung und liebe Menschen. Ich glaube, ich werde mich hier ordentlich kräftigen. Ich bin fast froh, daß ich mal in der Nähe geblieben bin.«[298]

---

296 Die drei Freunde weilten vom 13. bis 15. 6. 1937 in Biebernheim

297 Tochter Dorothee (Dora) hat im Frühjahr 1937 den Lausanner Dozenten für Wirtschaftskunde, Jean Golay, geheiratet und wohnt seither in Lausanne.

298 Brief Fritze an Grete Eichmeyer vom 5. 8. 1937. Sammlung Eichmeyer.

Aber diese Zeit reißt immer neue Wunden. Die Verhaftung des Pfarrernotbund-Vorsitzenden, des Pfarrers Martin Niemöller, erregt Georg Fritze sehr. Werden die Brüder jetzt endlich begreifen, daß nun auch Widerstand gegen Adolf Hitler und seinen totalen Staat geboten ist, jetzt, wo immer mehr Bekenner nach jener Hitler/Hindenburg-»Verordnung zum Schutz von Volk und Staat«, vom 28. Februar 1933, wie Kommunisten und Sozialdemokraten behandelt werden, obwohl diese weder Kommunisten noch Sozialdemokraten waren, sondern bis heute zu deren entschiedenen Gegnern zählen? Georg Fritze zitiert den noch immer NS-staatstreuen Bekennern aus Karl Barths Römerbrief des Jahres 1919 – Martin Luther: »Die Liebe Gottes gegen uns macht, daß wir können aushalten alle Püffe. Aber das geht in der Hoffnung zu. Es steht im Werden. Hier gilt es stechen, fechten und schlagen, nicht zurücklaufen oder fliehen vor den Feinden. Feldflüchtige werden erwürgt.«[299]

In dieser Zeit muß Georg Fritze auch in Köln die Verzagten aufrichten; denn während den Bekennern Großkölns über die mehrtägige Verhaftung Hans Enckes der Schrecken in die Glieder gefahren ist, bricht Georg Fritze den Bann der Bekenner. Kurzentschlossen lädt er sie zu einem Bittgottesdienst in die Riehler Kreuzkapelle – die Predigtstätte des Verhafteten – ein, um dem faschistischen Terror nicht allein das Feld zu überlassen. Sein Mut steckt an. Viele sind gekommen und hören dem »roten Pfarrer von Köln« gespannt zu:

»Liebe Brüder und Schwestern! Ein kurzes Wort über den Sinn unseres heutigen Gottesdienstes: Bittgottesdienst. Ihr wißt den besonderen Anlaß, aus dem der Gottesdienst ohne viele Vorbereitungen angesetzt worden ist. – Wir haben alle unseren Bruder Encke so lieb, wir haben alle so sehr den tiefen, ernsten Wunsch, daß er doch bald seiner Gemeinde und den Seinigen zurückgegeben sein möchte. Es darf aber nun nicht so sein, daß wir etwa den heutigen Abend füllen mit vielen Worten über den Gefangenen, daß wir uns ganz bewegen lassen von irgendwelchen unfreundlichen Stimmungen und Gedanken gegenüber den Mächten, die nun einmal die

299 Kartäuser Pfarrblätter, Nr. 91; Lutherzitat in: Karl Barth, Der Römerbrief, 1919, S. 110.

Macht über uns haben. Sondern – *Gott* ist gegenwärtig. ›Laß uns dir, für und für, liebster Gott, in allem trachten zu gefallen.‹ Nur das eine muß noch persönlich gesagt werden. Es sind ganz unglaubliche Gerüchte in der Gemeinde verbreitet, als ob unser lieber Pfarrer Encke verhaftet worden wäre, weil – so ist das eine Gerücht – er in einer Predigt schlimme Worte des Angriffs gegen den Führer gebraucht hätte. Das ist falsch. Für alle, die es nicht wissen: Unserem Freund Encke ging die Aufforderung zu, zur Geheimen Staatspolizei zu kommen. Er tat es, und dort sollte er einen Revers unterschreiben, der sich auf die Kollekten bezieht und der von ihm forderte, daß er in Zukunft nicht mehr nach dem (Kollekten – d. Verf.) Plan der Bekennenden Kirche Kollekten abkündige[300]. Er hat gesagt: Das kann ich nicht. Daraufhin ist er dann in Haft genommen worden. Jedem anderen Gerücht müssen wir damit entgegentreten.

Aber nun laßt uns das tun, wofür wir hier sind. Wir stellen uns unter Gottes Wort. Jesaja 64 drückt aus, daß wir in den Tagen schmerzlichen Harrens keinen anderen Trost haben als die Verheißung, daß wir *Gottes* Volk sind. Und wir hören noch Daniel 3, 16–18 und 1. Petrus 5, 6–11 (Lesung).

Der, der Gottes Ruf gehört hat und ihm zu folgen gewillt ist, der muß das Schwerste auf sich nehmen. Aber er darf auch denken: Ich bin nicht allein. Christus ist da. Er hat uns vorgelebt, was das heißt: Tapfer tragen, gläubig leiden. Aber er ist mehr als Vorbild, er zeigt nicht nur den Weg, er macht uns auch stark, den Weg zu gehen, er befreit uns durch sein Sterben von aller Sünde und Ungerechtigkeit.

Nun hören wir noch Worte aus der Bergpredigt, die Pfarrer Encke am letzten Sonntag vor seiner Verhaftung von diesem Platz aus den jungen Predigern bei der Ordination zugerufen hat, um sie in ihren Dienst zu weisen[301]. Die, die es gehört haben, werden mit

---

300 Nach dem Erlaß von Reichskirchenminister Kerrl vom 9. 6. 1937 durfte nur noch nach Kollektenplänen gesammelt werden, die »von den ordentlichen vorgeordneten Kirchenbehörden« und nicht von der Bekennenden Kirche aufgestellt worden waren. Hans Encke war vom 6.–18. 11. 1937 inhaftiert.

301 Die Bekennende Kirche bildete auch in Riehl und Nippes ihren Theologen-Nachwuchs illegal aus, nachdem alle Prediger-Seminare verboten waren (Wohnungen Encke und Studienrat Quast, Nippes).

bewegtem Herzen an das denken, was Pfarrer Encke dazu gesagt hat: ›Selig sind, die um der Gerechtigkeit willen verfolgt werden . . .‹«[302] Nach dieser Einleitung und nach dem gemeinsam gesungenen Choral, »Wer kann dich, Herr, verstehen«[303], faßt Georg Fritze Ausgangspunkt und Ziel seines Widerstandes gegen den Faschismus in Staat und Kirche anhand des Predigttextes über die Geschichte vom Aufstand Amaleks wider Israel[304] in die Sätze:
»Das heißt heute: *Bekennen!* Und zwar hörbar bekennen und sichtbar bekennen: Ich glaube, daß Jesus Christus sei mein Herr, und daß er *allein* der Herr ist, der Herr aller Herren. Und es heißt kämpfen, indem wir uns rüsten immer wieder mit dem Wort Gottes. Daß wir uns immer wieder unter das Wort stellen und uns aus dem Wort heraus Weisung geben lassen für den Kampf.«[305]
Und weil Georg Fritze der Aktualität und dem Anspruch des Wortes Gottes immer mehr zutraut, als den taktischen Künsten der Feinde wie der Freunde, predigt er, wann immer nur möglich und seine Gesundheit dies zuläßt. Er hält sich trotz aller Todesgefahr an die Worte, die er im Mai 1933 seinem Generalsuperintendenten Ernst Stoltenhoff ins konsistoriale Stammbuch geschrieben hat: »Ich weiß, man kann viele Predigten halten, die so das Zentrale sagen, daß jede Besorgnis *fast* unberechtigt ist. Aber *dürfen* wir dauernd das vom Evangelium her zu verurteilende Zeitgeschehen in der Predigt unangerührt lassen? Müssen wir nicht – *vom Evangelium her* – ›es ist nicht recht‹ sagen, nicht bloß zur gesunkenen Ehemoral, schamlosen Gottlosenpropaganda[306], sondern auch zu Mißhandlungen, unberechtigten Einkerkerungen, Entrechtungen?«[307]
Die Verfolgung der Juden und die Teilnahmslosigkeit der Kirchen erscheinen Georg Fritze als die gotteslästerlichsten Merkmale der Zeit. Zahlreiche Juden zählen zum Bekannten- und Freundeskreis seiner Familie. Immer wieder bekundet er den Ausgestoßenen

302 Mitschrift Grete Eichmeyer vom 9. 11. 1937. Sammlung Eichmeyer.
303 Evang. Gesangbuch für Rheinland und Westfalen, Lied Nr. 473.
304 2. Mose 17,8–15.
305 Mitschrift Grete Eichmeyer vom 9. 11. 1937. Sammlung Eichmeyer.
306 Siehe Anm. 255 zu S. 113 f.
307 Siehe S. 239 f.

seine Solidarität und Bruderschaft. Am 3. März 1938 schreibt er wegen des vom Berufsverbot der faschistischen Rassegesetze betroffenen Kölner Gemeindebruderratsmitgliedes Otto Veit an den 1935 nach Basel vertriebenen Karl Barth:

». . . heute muß ich Sie um einen besonderen Dienst bitten. Einer der treuesten und opferfreudigsten Freunde der Bekennenden Kirche ist der Direktor der Anatomie, Universitätsprofessor Dr. Otto Veit. Ihm ist am 1. Oktober 1937 auf Grund des Arierparagraphen die Weiterarbeit an der Universität (Köln) untersagt. Er ist nämlich – man drückt das ja hier jetzt so aus – 25 Prozent Nichtarier. Sein Vater und Großvater waren ›Nichtarier‹, seine Mutter und Großmutter waren ›Arierinnen‹ . . . Ich kann hierüber *brieflich nicht mehr* schreiben. Jedenfalls drängt es Veit, der 53 Jahre alt ist, einen neuen Wirkungskreis zu suchen. Er würde wahrscheinlich in den Vereinigten Staaten eine Professur bekommen können. Aber er möchte dort aus verschiedenen Gründen nicht *erste* Zuflucht suchen. Meine Bitte ist nun die, daß Sie zunächst einmal zu sondieren versuchen, ob für Veit in Basel eine Möglichkeit wäre, als Anatom beschäftigt zu werden . . .

Ich weiß nicht, wie die Lage in der Schweiz und besonders in Basel jetzt ist, ob überhaupt eine Berufung, wie sie mir vorschwebt, in Frage kommt. Aber ich muß meinerseits *alles* versuchen, um Otto Veit, von dem ich viel, sehr Feines, erzählen könnte und der mir ein persönlicher Freund geworden ist, zu helfen[308].

Ich bin sehr froh, Ihre Dogmatik I/2 zu haben. Die Stunden, in denen ich mich in aller Ungestörtheit in sie vertiefen kann, sind freilich gezählt, aber – sie lohnen sich!«[309]

Und immer wieder sind es die Predigten des »roten Pfarrers von Köln«, welche die Kartäuserkirche in der Kölner Südstadt zum Treffpunkt von Kölner Antifaschisten und Polizeispitzeln zugleich machen. Antifaschisten aus anderen Kölner Kirchengemeinden schicken sogar ihre Kinder in Georg Fritzes Konfirmandenunter-

---

308 Barths und Fritzes Bemühungen scheiterten schon bald an Veits Verbundenheit mit Köln. Er wollte Deutschland auf keinen Fall verlassen. Gespräch des Verf. mit Tochter Marie Veit, Marburg. Otto Veit starb an seinem 88. Geburtstag, am 17. 10. 1972, in Köln-Braunsfeld.

309 Karl-Barth-Archiv, Basel.

richt, um sie den klerikal-faschistischen Einflüssen ihres Gemeindepfarrers zu entziehen[310].

Was die Polizeispitzel betrifft, so hat es die Kölner Gestapo schon gar nicht mehr nötig, selber regelmäßig unter Georg Fritzes Kanzel zu sitzen, um aufzuschreiben, was dem »Marxistenpastor« endlich einmal das Genick brechen könnte. Der Kölner Gestapo dient seit langem bereitwillig eine stattliche Anzahl christlicher Amateurpolizisten aus Kölner Gemeinden und Presbyterien – »ehrbare« Christenmenschen, die auf ihre böse Weise das Wort ihres Herrn in die faschistische Tat umsetzen: »Gebt dem Kaiser, was des Kaisers ist.« Und diese Hilfspolizisten sind immer dabei, wenn Georg Fritze seine politischen Predigten hält, die er gelegentlich noch durch den prophetischen Zwischenruf zu verschärfen pflegt: »Wer Ohren hat zu hören, der höre!«

Die dann stets fälligen Predigt-Nachgespräche bei der Gestapo gestalten sich durch Georg Fritzes geschickte Einlassungen meistens wie biblisch-theologische Seminare. Schließlich ist er auch seinen Verfolgern das Zeugnis von seinem Erlöser, von seinem Führer Jesus Christus schuldig.

Am Ende gelangen die gestreßten Vernehmungsbeamten schlimmstenfalls zu der polizeilichen Erkenntnis, »daß es sich um einen stark pathologisch veranlagten Fanatiker handele«[311].

Krank ist Georg Fritze in der Tat – krank *gemacht* vom Psychoterror der Nazis ebenso, wie von der Tortur seiner faschistischen Amtsbrüder. »Mein Körper«, so erklärt sich Georg Fritze seine zunehmenden Herzbeschwerden, »reagiert zu rasch und gründlich auf alles, vor allem auf jede seelische Erregung.«[312]

---

310 Der Kölner Kaufmann und FDP-Politiker Jan Brügelmann erinnerte sich im Brief vom 28. 6. 1977 an den Verf.: »Es trifft zu, daß meine Mutter (Asta Brügelmann, s. S. 62, d. Verf.) Pfarrer Fritze in jeder Weise . . . unterstützte. So z. B. bestand sie auch darauf, daß ich nicht in meiner Gemeinde Köln-Bayenthal, sondern in der Kartäuserkirche von Pfarrer Fritze 1935 konfirmiert wurde.«

311 Zitat in: Vermerk des Düsseldorfer Konsistorialpräsidenten Koch vom 10. 10. 1938. AEKR. Siehe S. 246.

312 Brief Fritze an Martin Rade vom 16. 11. 1938.

26 »Wer Ohren hat zu hören, der höre!«

Den einstigen Gründer des deutschen Zweiges der internationalen »Liga antiimperialistischer Pfarrer« erregt seit dem Eingreifen Deutschlands in den spanischen Bürgerkrieg zunehmend Hitlers imperialistische Außenpolitik. Daß Hitler Krieg bedeutet, weiß er seit der Lektüre von »Mein Kampf«. Die Nachricht jedoch, daß deutsche Truppen bereits am Samstagmorgen, dem 12. März 1938, die Grenzen überschritten haben, um Österreich »heim ins Reich« zu holen, schockiert den Pazifisten, der nun schon seit 25 Jahren seine Stimme gegen den Krieg erhebt. Er sieht mit Entsetzen, daß sich abermals eine These des Jahres 1913 furchtbar bestätigt, nach der Aufrüstung nicht dem Frieden, sondern unausweichlich dem Kriege dient[313]. Österreich ist der Anfang.

Darum hindern Georg Fritze weder der Siegesrausch in Deutschland, noch der österreichische Freudentaumel über die »Wiedervereinigung Österreichs mit dem Reich«[314] daran, die politische Lage am Beispiel des Propheten Amos zu erhellen: »Siehe es kommt die Zeit, spricht der Herr, daß ich einen Hunger ins Land schicken werde, nicht einen Hunger nach Brot oder Durst nach Wasser, sondern nach dem Wort des Herrn . . ., daß sie hin und her laufen und des Herrn Wort suchen und doch nicht finden werden!«[315] Nur wenige Tage nach Hitlers triumphalem Empfang in Wien veröffentlicht der Prediger Fritze in den »Kartäuser Pfarrblättern« seine Auslegung des prophetischen Drohwortes. Als die Gestapo daraufhin die Blätter verbietet, kann sie jedoch nicht verhindern, daß diese letzte Ausgabe im Untergrund weite Verbreitung findet:

»Welches ist die Lage, aus der heraus und in die hinein der Prophet seinen Drohspruch ruft?

Es ist eine Zeit staatlichen Aufstiegs. Volk und König haben große politische Erfolge. Siegesfeste werden gefeiert. Lebenssteigerung

---

313 Siehe S. 26 f.

314 Aus der Anordnung des Hannoverschen Landesbischofs Marahrens vom 17. 3. 1938, aus Anlaß der »Wiedervereinigung« in den Gemeinden das Kirchengebet zu erweitern. Junge Kirche 1938, S. 299.

315 Amos 8,11–12. Letzte Nr. (93) Kartäuser Pfarrblätter, 17. 3. 1938.

auf allen Gebieten ist spürbar. Prunkbauten wachsen hervor im Lande. Kurz: äußerlich gesehen ist alles herrlich!
Und *da hinein* ruft der Prophet sein Drohwort!
Wie ist das nur möglich? Muß da nicht ›etwas nicht in Ordnung‹ sein? Die Politiker und Machthaber von damals meinten das. Sie erklären den Propheten für einen mißmutigen Nörgler und für einen Staatsfeind. Der Gesunde, echte Vaterlandsfreund muß sich doch bei solchen Erfolgen mitfreuen!
Und die Kirche damals? Sie geht mit den Mächtigen! Sie stimmt ein in die Verurteilung des Propheten! Sie hat sich zum Werkzeug des Staates gemacht. Sie hat sich in den Dienst der Politik gestellt. ›Pack dich‹, so fährt der Priester Amazia den Propheten an. Für Leute deines Schlages ist bei uns kein Platz. Du mußt unschädlich gemacht werden. Geh in ein anderes Land!
Nörgler, Staatsfeind wäre Amos? Wie blind bist du, Amazia! Amos hätte es wahrhaftig besser haben können. Er konnte bei seinen Viehherden und bei seinen Maulbeerbaumpflanzungen bleiben, wenn er an sich gedacht hätte! Aber er denkt eben nicht an sich, sondern *an Gott und sein Volk. Darum* schleudert er seine Drohworte ins Volk! Gott hat ihn vom Felde weggerufen, daß er dem Volke seinen Willen ansage. Es geht ihm *nicht um Opposition* gegen Staat und Volk, sondern um Gehorsam gegen Gott. Zu *ihm* ruft er Volk und König und Kirche zurück. Denn sie haben allemal Gott verlassen. Sie sind berauscht vom Erfolg. Sie beten fremde Götter an. Lug und Betrug, Schlemmerei und Luxus machen sich breit im Volksleben. *Das muß zum Unheil führen.* Die Kirche, die die erstberufene ist, um zu *warnen,* und *zu Gott* hinzuführen, ist mit fortgerissen in den allgemeinen Taumel. *Daher* stammt der Notschrei des Propheten. Aus Liebe zu seinem Volk nimmt er es auf sich, um seines Gehorsams willen gegen Gott zum Staatsfeind erklärt zu werden!
›Pack dich!‹ ›Staatsfeind!‹ ›Bist du denn blind für den Aufstieg deines Volkes?‹ So stoßen sie den Gottesmann, der sein Volk mehr liebte als Amazia und der König und all die andern Machthaber, aus dem Land!
Wenige Jahrzehnte danach ist das Nordreich, dem Amos sein Drohwort zugerufen hatte, ein Trümmerhaufen!

Wer Ohren hat zu hören, der höre!
Irret euch nicht! Gott läßt sich nicht spotten!
Suchet Gott, so lange er zu finden ist!
Es ist in keinem anderen Heil!
Viele, die heute Gottes Wort verachten und die es andere verachten lehren, werden noch einmal einsehen, daß sie Unheil heraufbeschworen haben! Daß es dann nicht zu spät sei! Die Verbindung mit Gott verlieren bedeutet schließlich Heimat und staatliches Dasein verlieren (Lukas 19, 42).
Wehe der *Kirche*, die ihrem Ruf untreu ist, hinzuzeigen auf Christus, auf Christus allein und unermüdlich zu rufen: ›du sollst anbeten Gott deinen Herrn und *ihm allein* dienen!‹
Wer Ohren hat zu hören, der höre!
Die Kirche wird nicht zu Grunde gehen am *Geschrei* ihrer Gegner, aber sie könnte verhängnisvollen Schaden erleiden durch das *Schweigen* ihrer Freunde!«[316]

Und einige Tage danach schon muß Georg Fritze mit ansehen, wie die Kirchen beredt in den faschistischen Siegestaumel über Hitlers Einmarsch in Österreich einstimmen, wie sie Gott und dem Führer Adolf Hitler für dieses »Wunder« danken: Die evangelische Kirche Österreichs läßt am Sonntag, dem 20. März 1938, von allen Kanzeln jubilieren: »Wir danken dem Führer für seine große Tat. Wir geloben ihm Treue. Wir sind bereit, als deutsche Evangelische Kirche, mit Leid und Freud unserem Volke unlösbar verbunden, an seinem Aufbau tätig mitzuwirken aus der Kraft des Evangeliums.«[317] Die katholischen Bischöfe Österreichs widmen dem faschistischen Diktator Adolf Hitler unter dem 18. März 1938 eine öffentliche »Feierliche Erklärung«:

»Aus innerster Überzeugung und mit freiem Willen erklären wir unterzeichneten Bischöfe der österreichischen Kirchenprovinz anläßlich der großen geschichtlichen Geschehnisse in Deutsch-Österreich: Wir erkennen freudig an, daß die nationalsozialistische Bewegung auf dem Gebiet des völkischen und wirtschaftlichen Auf-

316 Ebenda.
317 Junge Kirche 1938, S. 298. Die deutschen Pfarrervereine melden, »daß von 126 österreichischen Pfarrern schon vor der Heimkehr ins Reich 73 der NSDAP angehörten«. Ebenda.

baues sowie der Sozialpolitik für das Deutsche Reich und Volk und namentlich für die ärmsten Schichten des Volkes Hervorragendes geleistet hat und leistet. Wir sind auch der Überzeugung, daß durch das Wirken der nationalsozialistischen Bewegung die Gefahr des alles zerstörenden gottlosen Bolschewismus abgewehrt wurde.
Die Bischöfe begleiten dieses Wirken für die Zukunft mit ihren besten Segenswünschen und werden auch die Gläubigen in diesem Sinne ermahnen.«[318]
Als Hitler nach diesem derart gefeierten Siegeszug auf dem Wege zu einem »Großdeutschland« für den 10. April 1938 einen Volksentscheid ansetzt, will selbst die Bekennende Kirche nicht abseits stehen. Die Leitung der Bekennenden Kirche verordnet ihren Pfarrern in Deutschland ein Gebet für die Gottesdienste der Bekennenden Gemeinden am 3. und an diesem 10. April 1938 mit der Maßgabe, diesem Kirchengebet die folgende Einleitung voranzustellen:
»Das Geschehen der letzten Wochen, das Werden des Großdeutschen Reiches, der Entscheid des Volkes und die Wahl des ersten Großdeutschen Reichstages bewegen die gesamte evangelische Kirche und auch unsere Gemeinden aufs tiefste. Was wir an Dank und Bitte auf dem Herzen tragen, bringen wir im Gebet vor den allmächtigen Gott. Wir schließen uns mit allen Bekennenden Gemeinden Deutschlands zusammen in dem Gebet, das die Vorläufige Leitung der Deutschen Evangelischen Kirche uns für den heutigen Tag dargereicht hat. Lasset uns beten:
Herr, unser Gott, du führst unser Volk durch entscheidende Tage seiner Geschichte.
Du läßt unsere deutschen Brüder in Österreich in das Deutsche Reich zurückkehren.
Du schenkst unserer Kirche die Vereinigung mit den evangelischen Gemeinden der deutschen Ostmark, die ihren Glauben in jahrhundertelangem Ringen verteidigen mußte.

---

318 Völkischer Beobachter vom 28. 3. 1938. Unterzeichner: Kardinal Innitzer, der Fürst-Erzbischof Waitz, die Fürst-Bischöfe Hefter und Pawlikowski sowie die Bischöfe Gföllner und Memelauer. Vgl. dazu die Studie von Maximilian Liebmann, Die Märzerklärung der österreichischen Bischöfe, in: Theologisch-Praktische Quartalsschrift, 128/1980, Heft 1 (Linz/Österreich), S. 3–26.

Herr, wir loben Deinen Namen und bitten:
Leite Führer und Volk nach Deinem heiligen Willen, laß Deine Gnade groß werden über unserer ganzen deutschen evangelischen Kirche.«[319] Und damit auch jeder Zweifel an der politischen Zuverlässigkeit der Bekennenden Kirche ausgeschlossen ist, erscheint in ihrer Halbmonatsschrift »Junge Kirche« am 2. April 1938 gleich zweimal der Aufruf an die Leser:
»Nach der Schaffung eines einigen Großdeutschland hat uns der Führer zur Wahl und Abstimmung am 10. April aufgerufen. Die Frage an uns lautet: ›Bist du mit der am 13. März 1938 vollzogenen *Wiedervereinigung Österreichs* mit dem Deutschen Reich einverstanden und stimmst du für die Liste unseres Führers Adolf Hitler?‹
Jeder einzelne Deutsche, gleichviel welchen Berufes oder Standes, gleichviel welchen religiösen Glaubens, hat hier Gelegenheit zu zeigen, daß er sich in seiner deutschen Gesinnung von Niemandem übertreffen läßt.«[320]
Da ist es am 20. April 1938 auch für die Bekennende Kirche wieder eine Selbstverständlichkeit, des Ruhm- und nun auch Siegreichen zu seinem 49. Geburtstag in Kanzelabkündigungen zu würdigen[321]. Ein Geburtstagsgeschenk besonderer Art erhält der Nazi-Führer und Diktator Adolf Hitler vom Präsidenten des Evangelischen Oberkirchenrates in Berlin: eine Verordnung, die alle evangelischen Pfarrer der preußischen Landeskirche verpflichtet, »seine Treuepflicht gegenüber Führer, Volk und Reich durch folgenden Eid zu bekräftigen:
›Ich schwöre: Ich werde dem Führer des Deutschen Reiches und Volkes, *Adolf Hitler,* treu und gehorsam sein, die Gesetze beachten und meine Amtspflicht gewissenhaft erfüllen, so wahr mir Gott helfe.‹«[322]

319 Junge Kirche 1938, S. 340 f.
320 Junge Kirche 1938, S. 287 und 326.
321 Landesbischof Hans Meiser schließt die Anordnung seiner Fürbitte zum Führergeburtstag mit dem Segenswunsch für all die treuen Söhne des deutschen Volkes, »die Waffen tragen«.
322 Gesetzblatt der Deutschen Evangelischen Kirche, Nr. 10, vom 23. 4. 1938.

Während sich Georg Fritze bisher auch dem kirchlich verordneten Jubel um den »Führer eines neuen Großdeutschland« enthalten konnte, weiß er beim ersten Lesen dieser kirchlichen Verordnung, daß für ihn in dieser zentralen Frage wieder einmal die Stunde des theologischen und politischen Bekennens geschlagen hat – eines Bekennens, das nach § 4 der Verordnung Konsequenzen haben wird: »Wer sich weigert, den in § 1 vorgeschriebenen Treueid zu leisten, ist zu entlassen.«
Georg Fritze weiß sofort, daß er weder Adolf Hitler grenzenlosen Gehorsam schwören wird, noch bereit und in der Lage ist zu beeiden, die barbarischen faschistischen Gesetze zu beachten, wie beispielsweise jene verbrecherischen Nürnberger Rassegesetze aus dem Jahre 1935 mit all ihren unmenschlichen Zusatzverfügungen und Ausführungsbestimmungen[323].

27 Der Sonderfall von Eidesverweigerung

Was die nun folgenden monatelangen Verhandlungen, die oft sich widersprechenden Erklärungen und Gutachten, die vielen Briefe und Rundschreiben der Bekennenden Kirche über diese kirchliche Anordnung der Eidesleistung für Georg Fritze so deprimierend und qualvoll machen, ist die Tatsache, daß die Bekennende Kirche, auch Fritzes rheinische und Kölner Brüder, keinen Zweifel darüber aufkommen lassen, daß sie dem Faschistenführer und Diktator Adolf Hitler den Treueid leisten wollen. In ihrer politischen Zuverlässigkeit wollen sie sich auch in der Eidesfrage durch nie-

323 Erst am 7. 4. 1938 hatte Fritzes Kölner Amtsbruder Karl Köhler vor der »Kölner Evangelischen Bürgervereinigung« im Deutschen Haus einen Vortrag über »Kirche und Ariergesetzgebung« gehalten. Der »Kirchliche Anzeiger« (April 1938) berichtete darüber: »Nach einem Überblick über den Inhalt und die Bedeutung der Nürnberger Rassegesetze sagte der Vortragende, daß derjenige, der die Werte Blut und Ehre nicht achte, weder Christ noch Deutscher sein könne.« Vgl. dazu auch: Hans Globke / Wilhelm Stuckart, Kommentar zum Gesetz zum Schutz des deutschen Blutes und der deutschen Ehre vom 15. 9. 1935, 1936. Es ist bemerkenswert, daß dieser Hans Globke auch nach 1945 im Staatsdienst bleiben konnte; von 1953 bis 1963 berief Konrad Adenauer diesen Hans Globke sogar zum Chef des Bundeskanzleramtes.

manden übertreffen lassen. Es sind vielmehr innerkirchlich-taktische Gründe, welche die Eidesleistung der Bekenner so hinauszögern[324].

So dreht sich das monatelange Feilschen der Bekennenden Kirche mit dem deutschchristlichen Verfasser der Verordnung vom 20. April vor allem um die Klärung von drei Fragen, die sicherstellen soll, daß Präsident Friedrich Werner mit seiner Verordnung die Bekennende Kirche nicht etwa zur Anerkennung des deutschchristlichen Kirchenregimentes zwingen will:

1. Ist der Treueid der Pfarrer auch wirklich von der staatlichen Obrigkeit gefordert, oder ist es eine Forderung des deutschchristlichen Kirchenregimentes?
2. Wenn die staatliche Obrigkeit den Eid fordert, muß dann nicht auch ein Repräsentant der staatlichen Obrigkeit den Eid der Pfarrer abnehmen und nicht ein Repräsentant des deutschchristlichen Kirchenregimentes?
3. Ist gewährleistet, daß mit dem Wort »Amtspflichten« in der Eidesformel nicht mehr und nicht weniger gemeint ist als das, was im Ordinationsgelübde als Amtspflicht anerkannt ist?

Für Georg Fritze sind derartige Auseinandersetzungen lediglich überflüssige Marginalien gegenüber der mit dem Treueid an einen Bekenner gestellten Zentralfrage: Gott oder Hitler? Und es bekümmert Georg Fritze, daß die Bekennende Kirche diese Zentralfrage nicht stellt, daß die Bekennende Kirche in den verbrecherischen Organen dieses faschistischen, totalen Staates immer noch Obrigkeit im Sinne von Römer 13 erblickt und nicht längst erkannt hat, daß dieses sich christlich gebende faschistische System mit all seinem Terror und Mord theologisch nur noch mit der Bestie im Sinne von Apokalypse 13 zu deuten ist.

Georg Fritze beobachtet erschrocken, wie wenig die Bekennende Kirche aus ihrem Skandal im Zusammenhang mit ebendieser Eidesfrage gelernt hat, wie sie Karl Barth schon in den Jahren 1934

---

324 So hatte die Leitung der Bekennenden Kirche unter Punkt 1. der Kanzelabkündigung vom 22. 5. 1938 Staat und Gemeinden wissen lassen: ». . . die Pfarrer der Bekennenden Kirche sind bereit, dem Führer den Treueid zu leisten.« Diese Versicherung zieht sich durch alle Erklärungen der Bekennenden Kirche. Vgl. dazu: Angelika Gerlach, Die Kirche vor der Eidesfrage, 1967.

bis 1935 aufgeworfen hatte[325]. Für Georg Fritze stellt sich mit dieser Eidesforderung vom 20. April 1938 allein diese Frage: Anerkennung des Totalitätsanspruches Gottes oder Anerkennung des Totalitätsanspruches des Führers Adolf Hitler? Und Georg Fritze sieht nur eine Möglichkeit: er muß sich gegen Hitler entscheiden. Das monatelange Taktieren der Bekennenden Kirche macht ihn krank, weil er weiß, daß alles versucht wird, *damit endlich der Eid geleistet werden kann.* Seine Herzbeschwerden nehmen wieder zu. Die Ärzte raten ihm dringend, auszuspannen – weitab vom Kirchenkampfgetümmel Ruhe zu suchen. Kölner Freunde empfehlen ihm, was ihm schon das faschistische Presbyterium nahegelegt hatte, sich vorzeitig pensionieren zu lassen[326]. Aber Georg Fritze will und kann sich nicht aus dem Staube machen, wenn es gilt, seinen Mann zu *stehen, zu bekennen.* Freundlich weist er den Ratschlag zurück:

». . . Ich fürchte nur 1. daß zunächst das aus dem Amt herausgehen *auch gesundheitlich* mich sehr schädigen würde. Ich kann schwer ohne meine notwendige tägliche Arbeit sein. 2. Es wird immerhin nicht so leicht sein, mir eine dauernd zu pflegende und aufbauende Arbeit zuzuweisen.

Jedenfalls glaube ich den Ruf von oben her: ›scheide aus Deiner gegenwärtigen Stellung aus‹, noch nicht vernommen zu haben. Ich habe sogar bei dem Gedanken, jetzt auszuscheiden, etwas wie das Gefühl der *Flucht.* Also, da muß ich noch auf größere Klarheit warten. Möglicherweise kommt sie mal rasch . . .«[327]

---

325 Vgl. Hans Prolingheuer, Der Fall Karl Barth, a.a.O., S. 65–74 und 103–108. Bemerkenswert in diesem Zusammenhang ist die sachlich verunglückte Besprechung des Prolingheuer-Buches im Magazin Der Spiegel, »Gott oder Führer«, 3/1978, S. 154–157, die H. Gollwitzer in seinem Leserbrief, »Nie unpolitisch«, Der Spiegel, 6/1978, zurechtgerückt hat.

326 Gemeindebruderratsmitglied Grete Eichmeyer in ihrem Brief vom 3. 6. 1938 an Georg Fritze: ». . . wäre es denn eigentlich so *schlimm*, wenn Sie sich pensionieren ließen? Pfarrer i. R. heißt doch nicht Pfarrer ohne Tätigkeit!« Siehe auch Antrag von Landgerichtsrat Hellbach, S. 121 f.

327 Fritz Fritze an Grete Eichmeyer vom 13. 6. 1938. In diesem Brief schreibt er auch: »gerade gestern abend . . . kam wieder dieser scheußliche Zustand, bei dem ich auf der Brust ziemlich starken Schmerz habe, nicht gehen, nicht sitzen, nicht liegen und nicht stehen kann und wo das Herz ganz unregelmäßig oder gar nicht klopft . . .«

Da zieht es Georg Fritze doch vor, dem Rat der Ärzte zu folgen und weitab vom unerfreulichen Kirchenkampf bei seiner Tochter Dora in der Schweiz, unter der ärztlichen Obhut seines Freundes Dr. med. Paul Rochat, und vor allem in der Nähe seines »starken und unerbittlichen« Lehrers Karl Barth[328] Genesung und Stärkung zu suchen. Am 6. Juli schon reicht er dem Vorsitzenden des Kölner Presbyteriums sein Urlaubsgesuch ein:

»Mein Gesundheitszustand bessert sich nicht so, wie es im Interesse meines Dienstes wünschenswert wäre. Sie wissen ja: ich bin dauernd in ärztlicher Behandlung wegen meines Herzens und wegen großer Mattigkeit. Ich möchte auch darum die Bitte an Sie richten, Sorge zu tragen, daß ich schon vom 20. Juli ab dienstfrei werde. Es handelt sich um etwaige Amtshandlungen. Für Predigten brauche ich nicht vertreten zu werden.«[329]

Aber noch am Tage vor seiner Abreise in die Schweiz erhält Georg Fritze die offizielle zweite Aufforderung, den Treueid auf Adolf Hitler zu leisten[330]. Da Georg Fritze sich nicht weiterhin den taktischen Positionskämpfen der bekenntniskirchlichen Leitungsorgane aussetzen will, begründet er – entgegen den Empfehlungen auch seiner rheinischen Bekenntnissynode – dem deutschchristlichen Düsseldorfer Konsistorial-Präsidenten Koch, warum er diesen Treueid nicht schwören kann:

»1. . . .

2. Der evangelische Verkündiger hat in der Kirche und gegenüber Volk und Welt in ganz besonderer Weise die Verpflichtung, jedes von ihm, auch das vom Staate her von ihm verlangte Handeln, z. B. hinsichtlich der in unserem Volk zu fördernden nat. soz. Weltanschauung, zu prüfen an der Wahrheit des Evangeliums. Es ist mir nicht bekannt geworden, daß von

328 Am 12. 3. 1934 schreibt Fritze an Martin Rade: »Wie stark und klar – unerbittlich – ist jetzt Karl Barth!« Sein Urteil über den Theologen Georg Wünsch fällt (an gleicher Stelle) indessen sehr negativ aus: »Wünsch war bei mir! Mir eine leider geahnte, aber doch noch furchtbarere Enttäuschung.« Vgl. dazu auch die von G. Wünsch herausgegebene »Zeitschrift für Religion und Sozialismus« *im Jahre 1933!*

329 Seine Vertretung hatte er sich selber organisiert: mit Bekennern.

330 Den ersten Termin hatte die Bekennende Kirche verschieben können.

amtlicher Seite einwandfrei klar und öffentlich ausgesprochen wäre, daß diese Verpflichtung unangetastet sei. Im Gegenteil: viele Geschehnisse und öffentliche Erklärungen drängen zu der Befürchtung, daß der Eid eine Bindung dahin bedeute, daß um des Staates willen der Pfarrer die Substanz seiner Verkündigung mindestens mitbestimmt sein lassen solle von der nat. soz. Weltanschauung, daß jedenfalls die Verkündigung sich frei zu halten habe von allem, was als gegen die nat. soz. Weltanschauung gerichtet erscheinen könnte (z. B. sich frei zu halten habe von der Zurückweisung der Angriffe auf das Alte Testament, der uneingeschränkten Verherrlichung der Rasse u. ä.).

3. Unter diesen Umständen würde es für mich – so sehr ich Volksgemeinschaft ersehne und *stets erstrebt habe* – einen Mangel an innerer Sauberkeit bedeuten, wenn ich den Eid leistete.
4. Von dieser meiner Haltung her ist Treue und Gehorsam gegenüber dem Staat in allem, was dem Willen Gottes im Geiste Jesu Christi nicht widerspricht, eine Selbstverständlichkeit. Mein gesamtes kirchliches Handeln ist nicht *gegen* den Staat gerichtet, sondern es ist der durch Gottes Wort von mir geforderte Dienst, den ich für Staat und Volk zu leisten habe.
5. Einen Staatstreueid in dem unter 4. gekennzeichneten Sinne könnte ich leisten. Auf Grund mannigfacher maßgeblicher Stimmen muß ich jedoch annehmen, daß dem Staat, um dessen Willen der Eid von uns Pfarrern verlangt wird, an einem so begrenzten Eid nichts gelegen ist.«[331]

Als diese schriftliche Eidesverweigerung des »roten Pfarrers von Köln« dem faschistischen Konsistorial-Präsidenten Dr. Walter Koch am 22. Juli 1938 in Düsseldorf vorgelegt wird, weilt Georg Fritze schon im fernen Lausanne, wo den Kurenden zum 64. Geburtstag, am 1. August 1938, eine Flut wohltuender Grüße, Glückwünsche und Solidaritätsbekundungen erreicht.

331 AEKR.

28 Letzter Besuch bei Karl Barth

Schon in den ersten Tagen des August dringen Nachrichten in die Abgeschiedenheit des Schweizer Sanatoriums, die dem Genesenden erneut das Herz ins Stocken bringen. Demnach soll die Bekenntnissynode der Evangelischen Kirche der altpreußischen Union während ihrer Tagung am 31. Juli 1938 beschlossen haben, daß alle Pfarrer der Bekennenden Kirche in Preußen den Treueid auf Adolf Hitler leisten sollen. Und am 5. August hat Georg Fritze diesen Beschluß in der Hand:

»Die Frage des staatlichen Treueides hat in den letzten Monaten die Evangelische Kirche stark bewegt und ihre Pfarrer in große Not und Anfechtung geführt.

Die Bekennende Kirche hat von Anfang an erklärt, daß ihre Pfarrer bereit seien, einen Treueid zu leisten, wenn der Staat ihn fordert. Es konnte aber bisher nicht deutlich werden, daß der Staat den Treueid fordert. Es lag nur eine Verordnung zur Ableistung des Treueides vor, die der Präsident des Evangelischen Oberkirchenrates erlassen hatte. Außerdem war nicht eindeutig gesichert, daß die den Pfarrer allein bindende Verpflichtung seines Ordinationsgelübdes durch den Treueid weder erweitert noch beschränkt würde. Vielmehr hatte der Evangelische Oberkirchenrat eine Ansprache zum Treueid[332] erlassen, die dem Treueid eine Auslegung gab, die im Gegensatz zum Worte Gottes stand.

Nunmehr hat die Bekenntnissynode der Evangelischen Kirche der altpreußischen Union festgestellt, daß ein staatliches Verlangen zur Ableistung des Treueides tatsächlich vorliegt. Damit sind die Pfarrer frei, dem Führer den Treueid im Gehorsam gegen Gottes Gebot zu leisten . . .«[333]

Georg Fritze will nicht glauben, daß die Bekennende Kirche ihn mit seinen politischen und theologischen Einwänden gegen den Treueid auf den Diktator Hitler nun endgültig alleingelassen hat.

---

332 In dieser »Ansprache« deutet der Oberkirchenrat diesen Eid als Zeichen der »innersten Verbundenheit mit dem Dritten Reich, der neuen Gemeinschaft des deutschen Volkes«. Gesetzblatt der Deutschen Evangelischen Kirche, Nr. 12, Anlage b, vom 14. 5. 1938.

333 Wort an die Gemeinden, vom 31. 7. 1938. Sammlung Eichmeyer.

Er geht davon aus, daß die Preußen-Synode den NS-Staat zum Nachgeben bewogen hat. Darum fragt Georg Fritze postwendend in Köln nach:

». . . Demnach hätte der Staat allerhand *Konzessionen* gemacht, die darauf *hinauslaufen*, daß sein *Totalitätsanspruch* uns gegenüber preisgegeben sei! Versuche . . . von einem unserer Freunde zu erfahren, ob ich den Beschluß der Synode richtig verstanden habe. Und schreibe mir! *Das* wäre ein neuer Tatbestand.«[334]

Während Georg Fritze in Lausanne dies schreibt, erteilt der Rheinische Bruderrat an die Pfarrer der Bekennenden Kirche im Rheinland darüber hinaus die Weisung, eine vom Rheinischen Bruderrat angefertigte »Bereitschaftserklärung« bis zum festgesetzten Eidestermin am 10. August 1938 an das deutschchristliche Konsistorium zu senden, »zur Eidesleistung selbst aber erst dann zu erscheinen, wenn hierfür ein späterer Termin nach der rheinischen Urlaubszeit mit dem Konsistorialpräsidenten vereinbart ist«, das heißt: nachdem ein »Gespräch mit den jetzt noch in ihrem Gewissen gebundenen Brüdern stattgefunden hat«. Denn: »Diejenigen Amtsbrüder, die in ihrem Gewissen so gebunden sind, daß sie gegenwärtig die Bereitschaftserklärung nicht abzugeben vermögen, wollen dies umgehend mitteilen an Präses D. Humburg . . . Der Bruderrat wird zu einem Termin unmittelbar nach den rheinischen Ferien alle Brüder zu einem brüderlichen Gespräch zusammenrufen, die an Bruder Humburg obige Mitteilung haben gelangen lassen.«[335]

Diese Beschlüsse des Rheinischen Bruderrates, die einen konsequenten Eidesverweigerer wie Georg Fritze in eine fatale kirchliche und politische Situation bringen, kennt Georg Fritze natürlich noch nicht, als er an diesem 5. August 1938 in seinem Schweizer Sanatorium die dritte Aufforderung des Düsseldorfer Konsistoriums erhält, zum 10. August 1938 seinen Treueid auf Hitler zu leisten. Georg Fritze will jedoch zunächst die Nachrichten aus Köln abwarten. Darum ist seine Antwort an den Konsistorialpräsidenten Koch vom 6. August hinhaltend:

---

334 Brief Fritze an Grete Eichmeyer vom 5. 8. 1938. Sammlung Eichmeyer.

335 Rundschreiben des Rheinischen Bruderrates – dem auch Fritzes Kölner Amtsbruder Hans Encke seit 1934 angehört – vom 5. 8. 1938. Sammlung Eichmeyer. Bemerkenswert ist, daß die »Bereitschaftserklärung« an das Konsistorium, nicht an den Bruderrat geht.

»Der Beschluß der BK-Synode bedeutet für mich dem Stande der Dinge gegenüber, von dem her meine Erklärung vom 20. Juli dieses Jahres niedergeschrieben wurde, *eine neue Lage.* Jedoch gehöre ich, wie Sie aus meinem Ihnen unter dem 20. Juli als Einschreiben zugegangenen Briefe schließen werden, zu denjenigen Pfarrern, denen die Frage der geforderten Eidesleistung *auch nach* dem Beschluß der BK-Synode vom 31. Juli große innere Not bereitet.
Es ist von hier aus, in der Ferne, außerordentlich schwer, nähere Auskunft zu erhalten, ob und wie weit meine in meinem Briefe vom 20. Juli genannten Bedenken durch die Verhandlungen mit dem Herrn Präsidenten des Evangelischen Oberkirchenrates ausgeräumt sind . . . Zum Beispiel ist mir zur Zeit nicht klar, ob die ursprünglich erwartete ›innere Verbundenheit mit dem Dritten Reich‹ und die Bejahung der in ihm geltenden nationalsozialistischen Weltanschauung (also des Glaubens an Volk, Rasse, Blut, Boden als höchste Werte, nb. nicht bloß als *höchste irdische* Werte) als in dem von uns zu leistenden Eide nicht mit eingeschlossen gelten.
Um der Heiligkeit des Eides und um der Verpflichtung willen, die ich vom Glauben an das Evangelium her gegenüber Volk, Führer, Staat habe, kann ich, ehe ich über die gekennzeichneten Fragen Klarheit habe, eine *endgültige Entscheidung* gegenüber der Eidesforderung nicht treffen. Ich bitte daher dringendst, mir bis nach meiner Rückkehr aus dem Urlaub, die am 31. August erfolgen wird, Aufschub zu gewähren.«[336]
Am 8. August kommt endlich Post aus Köln. Aber was Grete Eichmeyer berichtet, ist für Georg Fritze zutiefst bedrückend. Von »Konzessionen« des Staates im Blick auf seinen Totalitätsanspruch ist nichts bekannt, und alle Amtsbrüder der Bekennenden Kirche Groß-Kölns, »die in Frage kommen[337]«, haben »die Sache mitgemacht« und ihre »Bereitschaftserklärung« an das faschistische Konsistorium nach Düsseldorf geschickt. Da bittet Georg Fritze die Kölner Gemeindebruderratsmitglieder Erna Demrath

336 Brief Fritze an Präsident Koch vom 6. 8. 1938. Sammlung Eichmeyer und Personalakte Fritze AEKR.
337 Den illegalen Hilfspredigern der Bekennenden Kirche wurde der Eid beispielsweise nicht abverlangt. Brief Eichmeyer an Fritze vom 7. 8. 1938.

und Grete Eichmeyer, von seinen beiden Briefen an den Konsistorialpräsidenten Abschriften anzufertigen und an die Mitglieder des Kölner Presbyteriums, an Präses Humburg und den engeren Freundeskreis zu schicken. Georg Fritze hat seine verhängnisvolle Lage sehr wohl erkannt, wenn er mit der Klage schließt: »Es ist recht schwer für mich, daß die neue Preußensynode (am) 31. Juli für den Eid eingetreten ist!«[338] Die Freunde und Sohn Klaus in den Niederlanden läßt er wissen: »Ihr begreift, daß diese Dinge nicht dazu angetan sind, Ferienstimmung zu steigern oder gar das etwas müde Herz gesund zu machen. Manchmal bin ich aber doch ganz ruhig und auch fröhlich.«[339]

Aus allen Nachrichten, die dem Kölner Patienten in Lausanne zugehen, wird erschreckend sichtbar, wie die jüngsten Entscheidungen der Bekennenden Kirche in Berlin und Essen den Bekenner Georg Fritze in die kirchliche und politische Isolation gezwängt haben. Ja, die Amtsbrüder bescheinigen auch noch urkundlich den faschistischen Organen durch Hunderte von »Bereitschaftserklärungen«, daß sie politisch – in der Eidesfrage auch theologisch – mit dem »roten Pfarrer von Köln« nichts gemein haben.

Was liegt in diesem Augenblick näher, als daß Georg Fritze sich des Schicksals seines Lehrers Karl Barth erinnert, der schon vor Jahren in der Eidesfrage an der Bekennenden Kirche böse gescheitert war und darum Deutschland verlassen mußte. Georg Fritze weiß nun sehr wohl, daß ihn daheim in Köln böse Zeiten erwarten. Wo aber könnte er sich für seinen politischen Kirchenkampf besser rüsten als bei Karl Barth, der seither als Systematiker in Basel lehrt und nach seinem Weggang aus Deutschland das Schweizerische Evangelische Hilfswerk für die Bekennende Kirche in Deutschland mitbegründet hat. Am 10. August 1938 schreibt er eine Postkarte nach Basel:

»Lieber Prof. B. Ich komme am Montag 15. oder Dienstag 16. August durch Basel, auf der Rückreise nach Deutschland. Ist's möglich, Sie ein Stündchen zu sprechen? Wenn es nicht in Basel geht, weil Sie vielleicht in den Bergen stecken, so vielleicht wo anders?

338 Karte Fritze an Grete Eichmeyer vom 8. 8. 1938. Sammlung Eichmeyer.
339 Brief Fritze an Rudolf Mees vom 9. 8. 1938. Sammlung Golay.

Besten Gruß Pf. G. Fritze aus Köln – bis 15. August morgens in La Sarraz bei Dr. Paul Rochat Fernruf Lausanne 8 61 64.«[340]
In Wuppertal-Barmen erteilt Präses Paul Humburg am 11. August 1938 Georg Fritze per Postkarte über den Gemeindebruderrat Köln[341] den »›dienstlichen Befehl‹, sich ganz und voll von der Sie beschäftigenden Frage loszumachen . . . und *nur* der Ausspannung zu leben«. Es gebe eine ganze Reihe von Amtsbrüdern, die immerhin »einige Ihrer Sorgen« teilen. Doch sei mit dem Beschluß der Bekenntnissynode »so klar umschrieben, auch was Ihre bes. Frage angeht, daß von daher alles klar ist, soweit es in Worten klar gesagt werden kann«. Schließlich rät der Präses der Rheinischen Bekenntnissynode dem Eidesverweigerer Georg Fritze: »Sie tun der Sache den besten Dienst, wenn Sie gut schlafen und diese Dinge ganz von sich tun! Ps. 138, 7+8. Mit herzlichem Gruß Ihr (gez.) Humburg.«[342]
Als Georg Fritze dann am 15. August 1938 Karl Barth auf dem »Bergli« in Oberrieden bei Zürich besucht, merkt er sehr bald, daß auch der 1935 aus Deutschland vertriebene »Vater der Bekennenden Kirche« und Verfasser der »Barmer Theologischen Erklärung«[343] – ganz im Gegensatz zu Präses Humburg – den Beschluß der Preußensynode vom 31. Juli 1938 nicht nur für unklar, sondern sowohl theologisch als auch politisch für skandalös und irrig hält.
Denn dort in der theologischen Sommerwerkstatt Karl Barths hört Georg Fritze, welche Weckrufe der »Lehrer der Kirche« schon inzwischen über die Grenze in die irrende Bekennende Kirche hinein ausgesendet hat:

340 Karl-Barth-Archiv Basel.

341 Humburg schickte seine Postkarte im Briefumschlag an Grete Eichmeyer in Köln mit der anliegenden Notiz: »Bitte schicken Sie einliegende Karte ab. Dann ist alles geschehen, was zur Zeit geschehen kann.« Abschriften Sammlung Eichmeyer.

342 Abschrift Sammlung Eichmeyer. Immerhin hatte Humburg 1933 in seinem »Hitler-Lied« noch gedichtet: »Der Tag bricht an, der Tag bricht an! / Jungdeutschland stillgestanden / Zum heilgen Schwur empor die treue Hand! . . .« Vgl. Hans Prolingheuer, Der Fall Karl Barth, a.a.O., S. 41f.

343 Vgl. Christoph Barth, Bekenntnis im Werden, 1979. Johannes Rau: »Für mich ist die theologische Position Karl Barths, der, menschlich geredet, wirklich der Vater der Bekennenden Kirche ist, Anstoß und Ermunterung zum politischen Handeln« (Der Spiegel, 13. 1. 1960, S. 9 f.).

»Der von den Pfarrern verlangte Eid ist identisch mit dem Eid, den der NS-Staat von seinen Beamten, seinen Offizieren, von den Führern und Mitgliedern der SA, der SS und der HJ, des Arbeitsdienstes usw. fordert. Er verlangt also die Einordnung der Pfarrerschaft in die Reihen dieser seiner des totalen Staates Kolonnen und er verlangt sie als bedingungslose Einordnung . . . Wer den so und nur so zu verstehenden Eid leistet, hat damit (objektiv) ›unter feierlicher Anrufung Gottes‹ dessen erstem Gebot wörtlich widersprochen und schon damit nicht nur seiner Taufe (und Ordination), sondern auch deren sämtliche im Alten Testament und Neuen Testament bezeugten Voraussetzungen ausdrücklich verleugnet. Er hat sich in aller Form in den Dienst eines fremden Gottes begeben.«[344] »Die Sache des Bekenntnisses«, so schilt Karl Barth jene Bekenntnissynode vom 31. Juli 1938, »wird jetzt nur von denen vertreten werden, die sich ihrer Anweisung *nicht* fügen werden . . . Die Kirche Jesu Christi wird nach meiner Einsicht dort sein, wo diese Einzelnen sind.«[345]
Daß in seinem Schüler Georg Fritze solch ein »Einzelner« zu ihm aufs »Bergli« gekommen ist, erfüllt den Theologen derart mit Staunen und Dankbarkeit, daß er den als »roten Pfarrer von Köln« gebrandmarkten Georg Fritze von allen Seiten fotografieren läßt, als gelte es, den 31. Juli 1938 – einen »der schwärzesten, vielleicht *den* schwärzesten Tag in der Geschichte der Bekennenden Kirche in Deutschland«[346] – mit Fotos von diesem unverhofften Lichtblick ein wenig lichter zu machen; als gelte es, diesen »Einzelnen«, diesen entschlossenen Eidesverweigerer und Antifaschisten Georg Fritze aus Köln, für die Nachgeborenen wenigstens mit ein paar erschütternden Momentaufnahmen durch all das bereits beginnende kirchliche Verschweigen und Verdrängen, durch das schon wuchernde Legendengestrüpp hindurchzuretten[347].

---

344 Karl Barth, Consilium zur Frage des Treueides der Geistlichen vom 18. 5. 1938. Abschrift Sammlung Eichmeyer.

345 Karl Barth, Offener Brief an die 6. Bekenntnissynode der evangelischen Kirche der altpreußischen Union vom 6. 8. 1938.

346 Karl Barth, So wahr mir Gott helfe, 1938, S. 13.

347 Eines dieser erschütternden Fotos siehe 4. Umschlagseite! In ihrem Brief vom 27. 1. 1979 an den Verfasser erinnerte sich Fritzes Tochter Dorothee Golay, »daß mein Vater im Sommer 1938 (August) . . ., nach seinem Aufenthalt bei

29 Ohne Gehalt und Reisepaß

In Köln und im Rheinland haben die von Erna Demrath und Grete Eichmeyer im Auftrage von Georg Fritze angefertigten und versandten Abschriften der beiden Briefe Fritzes an den Konsistorial-Präsidenten Dr. Walter Koch wieder einmal bewirkt, daß sich das Kölner Presbyterium – welches sich seit dem 23. Juli 1933 in seinem totalen Faschismus[348] nach außen hin so gern als »neutral« ausgibt[349] – als das beweisen muß, was es in Wahrheit ist: eine brutale, heimtückische Terrorbande des faschistischen Systems. Es beauftragt den inzwischen zum stellvertretenden Superintendenten aufgestiegenen Kölner Pfarrer und geistlichen Führer der »Deutschen Christen«, Karl Köhler, und den Kölner Kirchenverwaltungsdirektor und »Deutschen Christen«, Karl Eck, die sofortige Entfernung Fritzes aus Köln zu bewirken. Und die beiden faschistischen Kölner Kirchenmänner sammeln in Köln alles, was ihre Oberen in Düsseldorf und Berlin in ihrem Vorgehen gegen den Staatsfeind Georg Fritze beschleunigen könnte: daß die Gestapo nun endlich zugreifen will, daß »eine ganze Anzahl von Gemeindegliedern die Entrichtung der Kirchensteuern verweigerten unter Berufung auf die Eidesverweigerung« Georg Fritzes, daß aus demselben Grunde der Chefarzt des Kölner Evangelischen Krankenhauses, Professor Dr. Nieden[350], und seine Frau aus der Kirche

---

uns und unseren (weiteren) Verwandten Rochats, Professor K. Barth in Kirchberg (Zürich) getroffen hat zu einer Unterredung und daß die letzten Photos unseres Vaters von diesem Treffen stammen.« Auch Tochter Berta Fritze wußte im Gespräch mit dem Verfasser noch genau, daß ihre Mutter nach dem Tode des Vaters Karl Barth um Überlassung einiger Abzüge jener letzten Aufnahmen von Georg Fritze gebeten hatte und daß Karl Barth daraufhin der Familie Fritze die Negative zugeschickt habe, die Berta Fritze dann auch tatsächlich im Frühjahr 1979 wiederfand.

Der Termin für das Gespräch Barth/Fritze ist aber auch durch Barths Tagebuchnotiz unter dem 15. 8. 1938 bestätigt: »Pfr. Fritze aus Köln«. Ort war das Sommerhaus der Züricher Familie Pestalozzi auf dem »Bergli« in Oberrieden.

348 Siehe Kapitel 21, S. 104ff.

349 Vielfach heute noch wird in Köln diese Legende gepflegt. Vgl. »Festbuch« der Evang. Gemeinde Köln, a.a.O., S. 43: »Von Anfang an hat die Kölner Gemeinde den Standpunkt vertreten, so weit wie irgend möglich neutral zu bleiben, den Wünschen des Staates Rechnung zu tragen und irgendein Übergewicht der einen oder der anderen kirchlichen Richtung nicht zuzulassen.«

350 Der Chirurg Prof. Dr. Nieden diente dem Totalen Staat Adolf Hitlers in einem

ausgetreten sind und daß dieses Signal eine neue Kirchenaustrittsbewegung einleiten werde[351].
Über das wohlvorbereitete Gespräch der Herren Köhler und Eck im Düsseldorfer Konsistorium hält Konsistorialrat Spieß in seinem Vermerk vom 13. August 1938 unter anderem fest: »daß ein behördliches Einschreiten gegen Pfarrer Fritze erforderlich sei. Pfarrer Fritze habe eine Erklärung über den Treueid unter den Pfarrern und Presbytern in Umlauf gesetzt. Diese Erklärung sei in die weitesten Kreise, und zwar sofort auch in die Hand der Staatspolizei gelangt, welche Maßnahmen gegen Pfarrer Fritze erwäge. Fritze befindet sich zur Zeit in der Schweiz. Auch zwei Kinder sind schon im Ausland. Das Presbyterium hat die Staatspolizei gebeten, von einer Ausweisung abzusehen, weil dadurch nur der Gemeinde Kosten infolge der Beschaffung eines Vertreters entstehen würden. In welcher Weise die Staatspolizei vorgehen wird, war den beiden Herren nicht bekannt. Sie hielten aber ein Einschreiten des Konsistoriums für erforderlich, da man sämtlichen Pfarrern und der Kirchengemeinde selbst das Verhalten Fritzes zum Vorwurf mache und zu befürchten sei, daß die Kirchenaustrittsbewegung, die nachgelassen habe, wieder neuen Auftrieb erfahre.«[352]
Nur zwei Tage befindet sich dieser Vermerk im Geschäftsgang des Düsseldorfer Konsistoriums, als »Der Vorsitzende der Finanzabteilung beim Evangelischen Konsistorium der Rheinprovinz«, der selber aus der Kirche ausgetretene Reichsamtsleiter Hans Friedrich Sohns[353], am 15. August 1938 persönlich verfügt:
»Der Pfarrer Fritze in der Gemeinde Köln hat unter dem 20. 7. 1938 das in Abschrift beiliegende Schreiben an den Herrn Präsidenten des Evangelischen Konsistoriums gerichtet und das gleiche

---

rassistischen Spezialunternehmen des Jahres 1937: der Sterilisation der Kinder deutscher Frauen und fremdrassiger Besatzungssoldaten aus der Zeit der Besetzung des Rheinlandes. Vgl. Reiner Pommerin, Sterilisierung der Rheinlandbastarde. Das Schicksal einer farbigen deutschen Minderheit 1918–1937, 1979, S. 77–84; dazu: DER SPIEGEL Nr. 40/1979.

351 So Präsident Koch in seinem Aktenvermerk vom 10. 10. 1938.

352 AEKR.

353 Der SS-Sturmbannführer Hans Friedrich Sohns, Jahrg. 1907, wurde 1969 zu vier Jahren Zuchthaus verurteilt wegen Beihilfe zum Mord an russischen Zwangsarbeitern im Kriege sowie Beihilfe zur Vernichtung von Juden.

Schreiben unter den Pfarrern und Presbytern der Kirchengemeinde Köln in Umlauf gesetzt. Mit diesem Schreiben, insbesondere mit den unter Ziffer 2 angeführten Gründen[354], hat Pfarrer Fritze einen Standpunkt eingenommen, der mit seinen Pflichten als Pfarrer und als Bürger des nationalsozialistischen Staates völlig unvereinbar ist. In Erfüllung der durch § 3 der 15. Verordnung zur Durchführung des Gesetzes zur Sicherung der Deutschen Evangelischen Kirche vom 25. Juni 1937 der Finanzabteilung beim Evangelischen Konsistorium der Rheinprovinz auferlegten Pflichten und im Interesse der Aufrechterhaltung des Ansehens der Deutschen Evangelischen Kirche innerhalb der Volksgemeinschaft untersage ich der Gemeinde Köln mit sofortiger Wirkung die Auszahlung der Dienstbezüge an Pfarrer Fritze. (gez.) Sohns.«[355]

An diesem 15. August 1938 verläßt Georg Fritze nach seinem Gespräch mit Karl Barth die Schweiz zu einem vierzehntätigen Erholungsurlaub im Südschwarzwald, in der Höhenluft von Höchenschwand. »Ich bin sehr froh«, grüßt seine Frau besorgte Freunde, »daß alles jetzt gründlich geprüft wird, und man dies nicht in einer verkrampften Hetze tut, dafür ist es zu ernst und verantwortungsschwer. Mein Mann ist auch ruhiger jetzt, er erholt sich gut und soll die weiteren Wochen auch noch in Ruhe genießen.«[356]

Es ist für Georg Fritze dort im Höchenschwander Gasthof Krone zwar tröstlich, aus Köln zu erfahren, daß es im Rheinland mindestens noch einen Pfarrer gibt, den Essener Amtsbruder Friedrich Graeber nämlich, der den Eid erklärtermaßen – »so wie Sie, wenigstens augenblicklich«[357] – verweigert habe, doch in Höchen-

354 Die politischen Gründe in Punkt 2 seines Briefes vom 20. 7. 1938 (siehe S. 144 f.) kennzeichnen deutlich den Antifaschisten Fritze.

355 AEKR. In § 3 der 15. VO zur Durchführung der Sicherung der DEK vom 25. 6. 1937 heißt es: »Der Finanzabteilung liegt es ob . . ., daß die staatlichen und kirchlichen Bestimmungen von allen Beteiligten eingehalten werden.«

356 Brief Cato Fritze an Grete Eichmeyer vom 16. (?). 8. 1938.

357 Brief Grete Eichmeyer an Georg Fritze vom 17. 8. 1938. Der Essener Freund Graebers, Gustav W. Heinemann, zieht im August 1938 persönlich die Konsequenzen aus dem jüngsten politischen Versagen der BK und legt alle Ämter in den Leitungsorganen der preußischen und rhein. BK aus Protest nieder. Vgl. H. Lindemann, Gustav Heinemann, S. 54–60; die dort zitierte »Denkschrift« Heinemanns in: W. Koch, Heinemann im Dritten Reich, S. 204–211.

schwand und Köln ist in diesen Tagen noch unbekannt, daß die Leitungsorgane der Bekennenden Kirche in Berlin und Essen eine ganz andere Prüfung vorzunehmen haben: ob sie in der Eidesfrage nicht in verhängnisvollster Weise systemkonformes, statt schriftkonformes Handeln von den Pfarrern gefordert haben. Denn während noch der rheinische Präses der Bekenntnissynode in seinem Rundschreiben an die Pfarrer der Bekennenden Kirche erfreut berichtet: »Die meisten Brüder unserer Pfarrbruderschaft haben jetzt die Bereitschaft zur Eidesleistung dem Konsistorium erklärt«[358], schockiert bereits in Sachsen ein Rundschreiben des Münchner Kanzleichefs der NSDAP die Bekenner, in dem Martin Bormann allen Gauleitern mitteilt:

»In der letzten Zeit haben verschiedene evangelische Landeskirchen von ihren Pfarrern den Treueid auf den Führer verlangt. Die Kirchen haben diese Anordnung von sich aus erlassen, ohne vorher die Entscheidung des Führers herbeizuführen. Dem Eid auf den Führer kommt deshalb lediglich eine innerkirchliche Bedeutung zu. Partei und Staat nehmen zu dieser Vereidigung als einer rein kirchlichen Angelegenheit keine Stellung. Es darf in der Haltung der Partei den kirchlichen Stellen oder einzelnen Angehörigen des geistlichen Standes gegenüber kein Unterschied gemacht werden, ob ein Geistlicher den Eid auf den Führer geleistet hat oder nicht. Der Herr Reichskirchenminister hat ebenfalls veranlaßt, daß auf Grund einer etwaigen Verweigerung des Eides auf den Führer keine Disziplinarverfahren gegen Geistliche eingeleitet werden sollen . . . Ein Eid auf den Führer hat vielmehr für die Partei und den Staat nur dann Bedeutung, wenn er auf Anordnung des Führers von der Partei oder von dem Staat dem Einzelnen abgenommen wird.«[359]

Eine niederschmetternde Entwicklung für die Preußensynode samt ihren Leitungsorganen und den von diesen zum Treueid genötigten Pfarrern der Bekennenden Kirche; nicht minder entsetzlich aber auch für die etwa 180 rheinischen Bekenner, die zwar den Eid

358 Rundbrief Humburg vom 21. 8. 1938. Sammlung Eichmeyer.

359 Rundschreiben Nr. 87/38 Bormann an alle Gauleiter vom 13. 7. 1938, in: Führerblätter der Gauleitung Sachsen, vom 8. 8. 1938.

noch nicht geleistet, die aber auf Weisung des Rheinischen Bruderrates dem deutschchristlichen Konsistorialpräsidenten Koch immerhin schriftlich erklärt haben, daß auch sie bereit seien, Hitler den Treueid zu leisten.
Für den Eidesverweigerer Fritze allerdings keine Aussicht auf Entspannung. Als er am 28. August heimkehrt, beschlagnahmt die Gestapo seinen Reisepaß, und die am 15. August verfügte Gehaltssperre tritt am 1. September 1938 in Kraft.

30 Ausgerechnet Martin Bormann

Nicht einen Augenblick zögert Georg Fritze und beauftragt zwei Rechtsanwälte, gegen den Rechtsbruch seines Dienstherrn die nötigen Schritte einzuleiten. Am 2. September schon erhält der »Vorstand des Zweckverbandes der evangelischen Gemeinden von Groß-Köln«, dem die Pfarrbesoldung in Köln obliegt, die Androhung einer Klage für den Fall, daß Georg Fritze das Gehalt tatsächlich nicht ausgezahlt werden sollte: »Herr Pfarrer Fritze ist nach wie vor im Amte und hat Anspruch auf Gehaltszahlung, falls ihm nicht das Recht darauf durch eine Entscheidung eines Disziplinarverfahrens abgesprochen ist. Er ist auf das Gehalt angewiesen und ersucht um sofortige Zahlungsleistung. Andernfalls ist er genötigt, seine Ansprüche im Klagewege zu verfolgen.«[360] Eine Abschrift sendet der Kölner Anwalt Fuchs – ein enger Freund Georg Fritzes – an das Kölner Presbyterium mit dem ergänzenden Hinweis, »daß eine Klage auf Zahlung des Gehalts sich gegen die Evangelische Gemeinde Köln zu richten hätte«[361].
Noch an diesem 2. September 1938 tritt das Kölner Presbyterium zusammen, um die neue Lage im Fall Fritze zu beraten. Die Initiatoren der Strafmaßnahmen gegen Georg Fritze nehmen den Einspruch und die Androhung einer Klage gelassen zur Kenntnis. Das Presbyterium sieht sich »nicht in der Lage, in dieser Angelegenheit

360 Brief Dr. Fuchs z. Hd. Karl Grundschöttel vom 2. 9. 1938.
361 Brief Dr. Fuchs an Karl Köhler vom 2. 9. 1938.

etwas zu tun und billigt ausdrücklich den vorliegenden Entwurf einer Antwort des Vorsitzenden des Presbyteriums an R. A. Dr. Fuchs I, in dem anheimgegeben wird, sich wegen der erfolgten Gehaltssperre direkt mit dem Vorsitzenden der Finanzabteilung, Herrn Sohns, auseinanderzusetzen«[362]. In seinem Schreiben lehnt es der Anstifter zu diesem Komplott, Vorsitzender Karl Köhler, schlicht und einfach ab, »mich irgendwie mit den Gehaltsangelegenheiten Pfarrer Fritzes zu befassen«[363].

Von Pfarrer Karl Becker erfahren die Presbyter, daß es ihm in einer Unterredung mit Georg Fritze »nicht gelungen ist, ihn zu einer Änderung in der ablehnenden Haltung zur Eidesfrage zu bewegen«.

Und fünfeinhalb Jahre nach der öffentlichen Anstiftung des Gummersbacher Landesleiters der »Deutschen Christen«, »die sofortige fristlose und pensionslose Amtsentlassung des Pfarrers Fritze zu verlangen«[364], beendet das faschistische Kölner Presbyterium seine Aussprache mit dem Ergebnis: »Nach eingehender Besprechung hält das Presbyterium es bei der augenblicklichen Situation im Interesse der Gemeinde – zur Vermeidung von Zwischenfällen – nicht zuletzt aber auch in Pfarrer Fritze's persönlichem Interesse für geboten, daß sich Pfarrer Fritze einstweilen jedes öffentlichen Auftretens enthält. Pfarrer Becker wird gebeten, Pfarrer Fritze diese Stellungnahme des Presbyteriums mündlich zu übermitteln und ihn dringend zu bitten, sich einstweilen jeder Amtshandlung zu enthalten durch freiwillige Verlängerung seines Urlaubes. Der Vorsitzende des Presbyteriums wird aus den gleichen Gründen beauftragt, sich morgen, Samstagvormittag, fernmündlich und telegraphisch mit dem Konsistorium und dem Evangelischen Oberkirchenrat in Verbindung zu setzen mit der Bitte, durch eine entsprechende Anordnung, Pfarrer Fritze bis auf Weiteres die Ausübung seines Amtes zu untersagen.«[365]

Am nächsten Morgen scheitert jedoch der Versuch des Amtsbru-

362 Archiv der Gemeinde Köln. Protokollbuch A1, 12, S. 534 f.
363 Brief Karl Köhler an Dr. Fuchs vom 3. 9. 1938.
364 Siehe Seite 86.
365 Archiv der Gemeinde Köln, Protokollbuch A1, 12, S. 534 f.

ders Karl Becker, Georg Fritzes Einverständnis zu den Beschlüssen des Vortages zu erlangen. Auch der Vorsitzende Karl Köhler stößt auf eine zaudernde Kirchenbehörde, in Düsseldorf ebenso wie in Berlin. Die Mitteilung Martin Bormanns, »daß auf Grund einer etwaigen Verweigerung des Eides auf den Führer keine Disziplinarverfahren gegen Geistliche eingeleitet werden sollen«[366], hat ihnen allen einen Strich durch die Rechnung gemacht, und beim Düsseldorfer Konsistorium läßt eine von dem in Kirchenfragen versierten Düsseldorfer Rechtsanwalt Dr. Paul Schulze zur Wiesche[367] eingereichte Beschwerde[368] erkennen, daß Georg Fritze entschlossen ist, aufs Ganze zu gehen. Da geht das Konsistorium nur zu gern auf das Angebot der Beschwerdeführer ein, »Herrn Pfarrer Fritze zu empfangen und ihm in einem persönlichen Gespräch Gelegenheit zu geben, sein Schreiben (vom 20. Juli) zu erläutern«[369].

Die Einladung nach Düsseldorf erfolgt am 16. September: »Bevor wir zu der beantragten Aufhebung unserer vorstehenden Maßnahme Stellung nehmen, muß eine persönliche Erklärung dieser Angelegenheit herbeigeführt werden. Wir laden Sie daher zwecks Ihrer verantwortlichen Vernehmung hiermit auf Montag, den 19. ds. Mts. um 11 Uhr in unser Dienstgebäude. Sie wollen sich alsdann bei dem zuständigen juristischen Sachbearbeiter melden lassen.«[370]

Am 19. September 1938 gibt Georg Fritze dort nach Absprache und in Anwesenheit seines Düsseldorfer Anwalts Schulze zur Wiesche zu Protokoll:

»Nachdem durch Schreiben des Herrn Reichsleiter Bormann klar festgestellt ist, daß der Staat den Eid nicht fordert, ist es mir auf Grund von Schrift und Bekenntnis unmöglich, jetzt den Eid zu leisten . . . Staatsfeindliche Einstellung liegt mir gänzlich fern. Nur in dem Augenblick, wo weltanschaulich von mir etwas gefordert wird, was mit der Heiligen Schrift und mit den Bekenntnissen

---

366 Siehe Seite 155.
367 Schulze zur Wiesche war Jurist der Rheinischen Bekenntnissynode.
368 Die Beschwerde vom 3. 9. 1938 war auf neun Seiten gut begründet.
369 Brief Schulze zur Wiesche an Sohns vom 8. 9. 1938.
370 Schreiben der Finanzabteilung an Fritze und Schulze zur Wiesche vom 16. 9. 1938.

nicht vereint werden kann, gerate ich in die aus meinem Schreiben ersichtliche Notlage. Was den Begriff der inneren Sauberkeit betrifft, denke ich gar nicht daran, über irgendeinen meiner Amtsbrüder, der in diesen Dingen anders handelt und empfindet, ein Urteil zu fällen. Es ist nur bei meinem eigenen Gefühl für meine innere Sauberkeit unmöglich, in einer so wichtigen Sache, bei der der Name Gottes angerufen wird, zu handeln ohne völlige Klarheit darüber, welche weltanschauliche Betrachtungsweisen ich mir damit zu eigen machen muß. Das gilt zum Beispiel auch für die Rassenfrage, zu der ich in meinem Schreiben nur in diesem Sinne Stellung genommen habe. Ich fühle mich völlig mißverstanden, wenn mir aus dieser meiner Haltung Mangel an Volksverbundenheit vorgeworfen wird. Ich lege großen Wert darauf, als vollberechtigtes Glied der Deutschen Volksgemeinschaft, das zu gleicher Zeit alle ihm obliegenden Pflichten zu erfüllen bereit ist, betrachtet zu werden . . . Die Geheime Staatspolizei hat mir nach meiner Rückkehr aus dem Urlaub den Auslandspaß entzogen, ein Verfahren gegen mich nicht eingeleitet; ich bin aber zur Vernehmung für morgen bestellt.«[371] Nachdem die Herren Konsistorial-Assessor Kolrep, Urkundsbeamter Dahlmann und Georg Fritze diesen Schriftsatz unterzeichnet haben, reicht ein Mitarbeiter des Konsistoriums einen »Vermerk« der Sekretärin Warnecke herein. Darin hat die Mitarbeiterin des Konsistorial-Präsidenten Koch folgenden Vorfall festgehalten: »Unter dem 15. ds. Mts. war der Pfarrer *Goebel* – Boppard auf seine Anfrage hin aufgefordert worden, am Montag, den 19. ds. Mts. . . . zu erscheinen, um vom Herrn Konsistorialpräsidenten vereidigt zu werden. Etwa um 11½ Uhr wurde Pfr. Goebel gemeldet und wurde aufgefordert, einen Augenblick zu warten, da Herr Präsident gerade noch einen Besuch bei sich hatte. Als er nach etwa 5 Minuten frei war und Pfr. Goebel empfangen wollte, wurde mir von der Zentrale gemeldet, Pfr. Goebel habe das Haus schon wieder verlassen mit der Bemerkung: ›Melden Sie Herrn Präsidenten, daß ich meine Anmeldung zurückziehe.‹

Zu diesem Vorgang bemerke ich folgendes: Ich kam gerade aus meinem Zimmer, als Pfr. Goebel in eifrigem Gespräch mit zwei

371 Verhandlungsniederschrift 10069, 19. 9. 1938. AEKR.

Herren die Treppe heraufkam, und zwar waren diese Herren, wie sich nachher herausstellte, Pfr. *Fritze* – Köln, der gleichfalls herbestellt war mit seinem Anwalt. Ich hörte gerade noch, wie Pfr. Fritze zu Pfr. Goebel sagte: ›. . . trotz des Schreibens von Herrn Bormann?‹, und wie daraufhin Pfr. Goebel sich erkundigte, was das für ein Schreiben sei.
Es ist also anzunehmen, daß Pfr. Fritze Herrn Pfr. Goebel über das Rundschreiben der Parteileitung . . . informiert hat und daß letzterer daraufhin zu dem Entschluß gekommen ist, den Eid nicht zu leisten. Eine andere Erklärung für sein plötzliches Weggehen – etwa die, daß er zu lange hätte warten müssen – ist nicht gut denkbar, da er, wie gesagt, nur etwa 5–10 Minuten im Hause war. (gez.) Warnecke, Sekretärin.«[372]
Nach Verlesen des Vermerks setzt Assessor Kolrep die Vernehmung fort, und Georg Fritze äußert sich »auf Vorhalt noch folgendermaßen: Pfarrer Göbel aus Boppard war mir bisher persönlich nicht bekannt. Kurz vor meiner jetzigen Vernehmung bahnte sich zwischen Rechtsanwalt Dr. Schulze zur Wiesche und ihm ein Gespräch an, in dessen Verlauf deutlich wurde, daß Pfarrer Göbel zur Eidesleistung erschienen war. Darauf erklärte Schulze zur Wiesche: ›Wissen Sie denn gar nicht, daß der Staat den Eid gar nicht fordert?‹ Pfarrer Göbel war darüber höchst verwundert und fragte Dr. Schulze zur Wiesche, wie das zu verstehen sei. Daraufhin sagte Rechtsanwalt Schulze: ›Ja, haben Sie denn gar nichts von dem Brief des Reichsleiters Bormann gehört, in dem das ganz klar ausgesprochen wird?‹ Als Schulze zur Wiesche dann noch weiter davon sprach, sagte ich: ›Ja, ich habe das Schreiben bei meinen Akten.‹ Daraufhin wurde Pfarrer Göbel das Schreiben vorgelegt.«
Anderntags, in ihrem Verhör, will auch die Gestapo Köln Georg Fritzes Motive zur Eidesverweigerung erforschen. Seine Aussagen decken sich völlig mit denen, die er schon in Düsseldorf zu Protokoll gegeben hatte. Martin Bormann hat auch der politischen Polizei mit seinem Rundschreiben keinen guten Dienst erwiesen. Ausgerechnet der Kanzleichef der NSDAP macht es unmöglich, Fritze wegen seiner Eidesverweigerung endlich zu Fall zu bringen.

---

372 Vermerk z. d. Personalakten Fritze vom 19. 9. 1938. AEKR.

31 Hochwürdige Denunzianten

Nach seinen Vernehmungen im Konsistorium zu Düsseldorf und bei der Gestapo in Köln schreibt Georg Fritze seinem Presbyterium und seinen Amtsbrüdern: »Sehr geehrte Herren und Brüder, gestern war ich in Düsseldorf, geladen von dem Herrn Präsidenten des Konsistoriums. Rechtsanwalt Dr. Schulze zur Wiesche war zur gleichen Zeit dort. Er war auch in meiner Sache in Berlin gewesen. Ich habe Kenntnis von vielem erhalten!
Ich bitte, solange das Presbyterium und die Pfarrerkonferenz sich in meiner Angelegenheit derart *passiv* verhält, zu verstehen, daß ich vorläufig den Sitzungen fern bleibe.
Herrn Pfarrer Becker danke ich sehr herzlich für die persönliche Anteilnahme, die er mir in meiner sehr schwierigen Lage bewiesen hat. Ich bitte herzlich, daß Dr. Schulze zur Wiesches Schreiben, das er in meiner Sache an die zuständige Behörde gerichtet hat, in der Presbyteriumssitzung verlesen werde.
Mit herzlichem Gruß Pf. Fritze.«[373]
Georg Fritze irrt sich. Von Passivität des Kölner Presbyteriums kann in Sachen Georg Fritze nun wirklich nicht die Rede sein. Ja, gerade während er diese Zeilen schreibt, hat das Kölner Presbyterium hohen Besuch. Im Hause des Vorsitzenden Karl Köhler weilt Konsistorial-Präsident Dr. Walter Koch. Die Vernehmung Georg Fritzes vom Vortage hat das Dilemma offenbart: Seit dem Brief Martin Bormanns läuft in der Eidesfrage nichts mehr. Soll Fritze der Garaus gemacht werden, so müssen andere Fakten auf den Tisch. Und Vorsitzender Köhler geht zusammen mit dem Kölner Pfarrer Karl Werner dem Mann nur zu willig zur Hand, der den Fall Fritze nun zur Chefsache gemacht und persönlich in die Hand genommen hat. Über dieses Geheimgespräch in Köln fertigt der Herr Präsident höchstpersönlich einen Aktenvermerk an, der Georg Fritze als unverbesserlichen Staatsfeind ausweist. Die beiden Kölner Denunzianten, die Pastoren Köhler und Werner, liefern

373 Brief Fritze vom 20. 9. 1938. Sammlung Eichmeyer.

den Düsseldorfer Inquisitoren einen reichhaltigen politischen Lasterkatalog über den »roten Pfarrer von Köln«[374]:
Seine skandalöse Karfreitagspredigt des Jahres 1933, in der Fritze die Maßnahmen der Partei gegen die Juden verurteilt und die Juden in Schutz genommen habe; seine fortwährend Anstoß erregenden Vorträge; seine unzähligen Vernehmungen durch die Polizei; seine Parteinahme für die Staatsfeinde in den Konzentrationslagern; seine ausländische und staatsfeindlich gesonnene Frau; sein nach Holland geflohener Sohn Klaus, dessen staatsfeindliches Treiben in Köln hinlänglich bekannt sei; seine in der Schweiz lebende Tochter Dorothee, und daß beide im Ausland lebenden Kinder gar mit Ausländern verheiratet seien; seine hinlänglich rote Vergangenheit als Religiöser Sozialist und Antifaschist; seine politischen Motive im Zusammenhang mit der Verweigerung des Treueides auf den Führer Adolf Hitler . . .
Die beiden Kölner Denunzianten Köhler und Werner geben ferner zu Protokoll: »Ein großer Teil der Kirchenaustritte in Köln sei auf sein Konto zurückzuführen. Sein *Verhalten jetzt in der Vereidigungsfrage* sei der Tropfen, der das Faß zum Überlaufen bringe, und es sei ausgeschlossen, daß das Presbyterium diesmal wieder, wie im vorigen Jahre, sich damit zufrieden gebe, daß nichts geschehe. Das Presbyterium sei nicht gewillt, noch länger die Verantwortung dafür zu übernehmen, daß ein Mann wie Fritze weiterhin auf einer Kölner Kanzel stehe, daß er die Jugend erziehen und daß er amtlich Menschen leiten dürfe . . . Ganz besonders habe zu der jetzigen Erregung gegen Pf. Fritze noch beigetragen *der Kirchenaustritt des Chefarztes des ev. Krankenhauses der Gemeinde Köln, Professor Nieden*[375], der mit seiner Frau kürzlich aus der Kirche ausgetreten ist und auf Befragen ausdrücklich als Grund angegeben hätte, er könne in einer Kirche, in der ein großer Teil der Pfarrer den Eid auf den Führer nicht leiste, nicht länger bleiben. Professor Nieden ist zwischen 50 und 60 Jahre alt, Chirurg und schon seit Jahrzehnten am ev. Krankenhaus tätig . . . Unter den

374 AEKR. Der Vermerk umfaßt 5 Seiten und ist von Präsident Dr. Koch handschriftlich unterzeichnet. Siehe Dokument 11, S. 242 ff.
375 Siehe Anm. 350.

Patienten genießt er großes Vertrauen und ist die Zugkraft des Krankenhauses . . . Pf. Fritze hat in diesem Krankenhaus auch turnusmäßig zu predigen.
Auf die Frage, ob der Fall von Pf. Fritze als ein Sonderfall angesehen werden könnte gegenüber anderen Pfarrern, die auch den Eid nicht geleistet haben, wurde erwidert, das wäre wegen seiner oben angeführten Stellung in Köln der Fall, aber auch deswegen, weil er nicht, wie fast alle BK-Pfarrer, seine Erklärung mit den Worten begonnen hätte: ›Ich bin bereit, dem Führer einen Treueid zu leisten‹, sondern nur zu einem sehr bedingten Eide sich bereiterklärt hätte . . .
Abschließend gaben die Herren nochmals ihrer Auffassung Ausdruck, daß das Presbyterium Köln als verantwortungsbewußte Vertretung einer absolut geschlossen staatsbejahenden Gemeinde nicht länger mit der Person Fritzes als mit einem Fremdkörper und Ärgernis belastet sein wolle und daß es von der Kirchenbehörde entsprechende Schritte erwarte. (gez.) Dr. Koch.«[376]
Nein, von Passivität des Presbyteriums gegenüber Georg Fritze kann in der Tat nicht die Rede sein. Keine Gelegenheit läßt es verstreichen, um den kirchlichen und politischen Inquisitoren auch nach der Verfügung Martin Bormanns in Sachen Fritze wieder Handlungsfreiheit zu verschaffen. Und seine Sprecher Köhler, Werner und Eck verstehen ihr Geschäft.

32 Der kirchenjuristische Dreh

Seit jener Bibelstunde am 1. September 1938, in der Hilfsprediger Udo Röhrig der versammelten Bekennenden Gemeinde Köln von

376 Der Verf. hält es an dieser Stelle für angebracht anzumerken, daß der Konsistorialpräsident Dr. Walter Koch 1945 aus dem Kirchendienst entlassen wurde. Die Kölner Herren Karl Köhler und Karl Werner indes blieben in Kölner Pfarrämtern bis zu ihrer regulären Pensionierung weit in den fünfziger Jahren: Karl Werner wechselte noch 1944 von der Kölner Altstadt-Gemeinde zur Evangelischen Kirchengemeinde Köln-Deutz, Karl Köhler diente seit 1947 den Kölnern noch für weitere sieben Jahre als Krankenhauspfarrer – am Evangeli-

den Zwangsmaßnahmen gegen ihren Pfarrer berichtet hatte, erlebt Georg Fritze zu seiner großen Überraschung und Freude, daß er über die bewegten Jahrzehnte seines Wirkens hinweg viel, viel mehr getreue Freunde gewonnen hat, als es unter dem Terror der Faschisten in den letzten Jahren noch den Anschein hatte. Eine Mauer offener und anonymer Solidarität schützt den Verfolgten vor Zweifel und Resignation. Eine Fülle von Zuschriften erreichen ihn und seine Angehörigen. »Die Menschen haben so viel Teilnahme«, staunt Gemeindebruderratsmitglied Grete Eichmeyer, »es ist beinahe ein zweiter Fall Jatho[377], nur daß nichts öffentlich sein kann.«[378]

Binnen weniger Tage sind auf einem Sonderkonto 450 Mark. Im Pfarrhaus in der Großen Witschgasse gehen laufend Briefe mit Geldscheinen ein. Nachts klickern Münzen in den Briefkasten. In der Bibelstunde läßt ein Jugendlicher heimlich seinen Hut durch die Reihen gehen: 85 Mark. Selbst politische Gegner von einst bezeugen dem Antifaschisten ihre Verbundenheit. Ein »sachlicher Gegner« schickt Georg Fritze 10 Mark mit einem herzlichen Gruß an den »Mann von Format und Charakter«. Immer wieder weist Georg Fritze von sich weg: »Macht nicht solche Geschichten!«[379] »Die Not ist dem, der glaubt, auch Gnade von Gott«; so ruft er die Brüder und sich selbst immer wieder »zur Sache«. Oft zitiert er in diesen bösen Zeiten den Vers:

»Der Du Gott brünstig gebeten hast,
Nimm von den Schultern mir diese Last,
Ich will dich ein stolzeres Sprüchlein lehren:
›Gib mir Mut zu allem Schweren‹,
Ich will Dir ein besseres Sprüchlein sagen:
›Laß mich *wachsen* unter meinen Plagen‹.«[380]

---

schen Krankenhaus, mit dem er seit den dreißiger Jahren so sehr verbunden war. Ohne Unterbrechung wirkte Köhler nach dem 8. 5. 1945 weiter auch als Leiter des evangelischen Waisenhauses »Küpperstift«.

377 Siehe S. 13–16. Hans Encke war ein Verehrer Jathos und hat bis zu seinem Tode im Jahre 1976 Material über Jatho gesammelt.

378 Brief Grete Eichmeyer an ihre Schwägerin Trude (ohne Datum).

379 Die Kurzzitate ebenda.

380 Brief Fritze an Grete Eichmeyer vom 25. 9. 1938.

Und dennoch. Diese offene oder auch versteckte politische Solidarität und die christliche Bruderschaft unzähliger Menschen weit über Köln hinaus spornt Georg Fritze auch an, in seinem Widerstand gegen Faschismus und Nazitum nicht nachzugeben und die Hoffnung nicht aufzugeben: »Ja, es wird alles, alles gut. Wie bereichernd im allertiefsten Sinne sind diese letzten Wochen für mich gewesen!«[381]

Am 8. Oktober 1938, als die Kirchenbehörde immer noch keine Entscheidung in Sachen Fritze getroffen hat, mahnt und droht Anwalt Schulze zur Wiesche: »Herr Pfarrer Fritze steht nun schon seit über 5–6 Wochen ohne Gehalt. Es kann daher erwartet werden, daß die Angelegenheit beschleunigt behandelt wird. Sollte ich nicht innerhalb einer Woche im Besitze einer Entscheidung über die Beschwerde sein, so bin ich leider gezwungen, die Gehaltsklage vor dem Landgericht in Köln zu erheben.«[382]

Dieses Ultimatum bringt die kirchliche Bürokratie in Bewegung. Eilvermerke und -verfügungen wechseln zwischen Düsseldorf und Berlin: »Dringend!« »Sofort!« »Eilt sehr!« Die Kölner Kirchenmänner Karl Werner und Karl Eck unternehmen am 11. Oktober in Düsseldorf einen letzten Versuch, Georg Fritze auch gegen den erklärten Willen Martin Bormanns aus dem Amt zu jagen. Und wieder vermerkt Präsident Dr. Koch persönlich: »Weiterhin teilten die Herren mit, daß zwischen dem Presbyterium und Pf. Fritze auch darüber erregte Auseinandersetzungen entstanden waren, daß Pf. Fritze sich weigerte, sein Pfarrhaus zu beflaggen . . ., daß in seinem Hause ein staatsfeindlicher und deutschfeindlicher Geist herrsche . . ., hinsichtlich der Vereidigungsfrage wurde noch mitgeteilt, daß eine ganze Anzahl von Gemeindegliedern die Entrichtung der Kirchensteuer verweigerten.

Die Herren erklärten nochmals, . . . daß sein weiteres Amtieren in der Gemeinde nicht tragbar sei; außerdem würde seine bekannte staatsfeindliche Einstellung und seine ganze Haltung als eine dau-

---

381 Ebenda.

382 Schreiben Schulze zur Wiesche an die Finanzabteilung beim Konsistorium der Rheinprovinz vom 8. 10. 1938. AEKR.

ernde Schädigung des Ansehens der evangelischen Gemeinde Köln und der evangelischen Kirche empfunden. gez. Dr. Koch.«[383]
Indessen spielt der juristische Oberkonsistorialrat Wollermann in Vertretung für den Vorsitzenden der Finanzabteilung, den gerade zu einer militärischen Übung abberufenen SS-Sturmbannführer Sohns, alle nur denkbaren Möglichkeiten einer Entfernung Fritzes aus seinem Kölner Pfarramt durch:

»1. Die *Einleitung eines Disziplinarverfahrens* . . . mit Rücksicht auf die Stellungnahme der Partei (Verlautbarung des Reichsleiters Bormann) nicht geeignet . . .
2. Eine *Versetzung im Interesse des Dienstes* . . . zur Zeit nicht durchführbar, da kein Organ vorhanden ist, das für die Entscheidung . . . zuständig wäre . . .[384]
3. Eine *Versetzung des Geistlichen in den Wartestand* ist mangels gesetzlicher Grundlage nicht möglich . . .
4. . . . *Versetzung in den Ruhestand* gegen seinen Willen . . . kommt mangels der geforderten Voraussetzungen nicht in Betracht.«[385]

Doch dann endlich hat der leitende Kirchenjurist einen juristischen Dreh für ein neues faschistisches Unrecht gegenüber Georg Fritze gefunden:
»Dagegen erscheint seine Versetzung in den Ruhestand möglich gemäß § 1 der Verordnung vom 15. 4. 1936 – GBL. d. DEK. S. 49 –, aber erst zum 1. 8. 1939, da Pfr. Fritze am 1. 8. 1874 geboren ist. Bis dahin würden wir seine Beurlaubung und Entbindung von den Amtsgeschäften für erforderlich halten. Nach allgemein vertretener Rechtsauffassung sind die kirchlichen Aufsichtsbehörden befugt, derartige Beurlaubungen als Ausfluß ihres allgemeinen Dienstaufsichtsrechts auszusprechen. Es müßte dann allerdings bis zum 1. 8. 1939 das volle Gehalt gezahlt werden.«[386]

383 Aktenvermerk Dr. Koch vom 11. 10. 1938. AEKR. Vgl. Anm. 154.
384 Zuständigkeit lag lt. VO vom 15. 4. 1936 bei den erweiterten Provinzialkirchenausschüssen; die aber hatten sich aufgelöst, ohne ihre Befugnisse anderen Organen übertragen zu haben.
385 Bericht Wollermann an EOK Berlin vom 11. 10. 1938. AEKR.
386 Ebenda.

Für den Präsidenten Dr. Werner ist das *die* Lösung. In seiner Verfügung vom 15. Oktober 1938 ist er »damit einverstanden, daß Pfarrer Fritze zu dem Termin, zu dem es frühestens ohne Zwangspensionierungsverfahren möglich ist, in den endgültigen Ruhestand versetzt und daß die entsprechende Verfügung schon jetzt erlassen wird. Gleichfalls sind wir mit Zustimmung unserer Finanzabteilung damit einverstanden, daß Pfarrer Fritze unter Belassung und Nachzahlung seines Gehaltes bis zu diesem Zeitpunkt beurlaubt und von seinen Amtsgeschäften entbunden wird.« Damit aber nun das Kölner Presbyterium gegen diese Lösung keine Einwände aus finanziellen Gründen erhebt, verfügt Präsident Dr. Friedrich Werner außerdem: »Um eine Belastung der Kirchengemeinde mit doppelter Gehaltszahlung zu vermeiden, ist unsere Finanzabteilung bereit, für die gesamte Dauer der Beurlaubung des Pfarrers Fritze die Kosten seiner Vertretung auf gesamtkirchliche Mittel zu übernehmen.«[387]
Und schon am 17. Oktober 1938 diktiert Konsistorial-Präsident Dr. Walter Koch in Düsseldorf die Konsistorialverfügung Nr. 11246: »Unter Bezugnahme auf Ihre Vernehmung hierselbst am 19. v. Mts.: Auf Grund Ihres Gesamtverhaltens während der letzten Jahre, mit Rücksicht auf Ihre angefochtene Stellung innerhalb der Kirchengemeinde Köln und auf Grund der von dem Presbyterium wiederholt, zuletzt anläßlich der Vereidigung der Pfarrer vorgetragenen schweren Bedenken gegen Ihre Amtstätigkeit sehen wir uns mit Zustimmung des EOK zu folgenden Maßnahmen genötigt:
Wir werden Sie gemäß § 1 der Verordnung vom 15. 4. 1936 – Gesetzblatt der DEK S. 49 – mit Wirkung vom 1. August 1939, d. h. nach Vollendung des 65. Lebensjahres, in den Ruhestand versetzen, vorbehaltlich etwaiger anderer Maßnahmen gemäß § 4 der Verordnung vom 20. 4. 1938[388].

---

387 Verfügung E.O.III.5199/38 an das Konsistorium Düsseldorf. AEKR.

388 Dieser Vorbehalt wurde ganz offensichtlich von Präsident Koch eingefügt als ständige Bedrohung des Beurlaubten. In der Verfügung Dr. Werners vom 15. 10. 1938 ist er nicht enthalten. Kochs Verweis auf § 4 der VO über den Treueid der Pfarrer droht Georg Fritze: »Wer sich weigert, den in § 1 vorgeschriebenen Treueid zu leisten, ist zu entlassen.« Nach dem Rundschreiben Martin Bormanns eine Infamie.

Bis dahin beurlauben wir Sie mit sofortiger Wirkung und entbinden wir Sie von Ihren sämtlichen Amtsgeschäften. Sie sind nicht mehr berechtigt, in Ihrer Eigenschaft als Pfarrer der Kirchengemeinde Köln Amtsverrichtungen vorzunehmen.
Ihre Gehaltsbezüge werden Ihnen bis zum Tage Ihres endgültigen Ausscheidens aus dem Amte gezahlt werden, ebenso werden Ihnen die bisher gesperrten Bezüge nachgezahlt. Gez. Dr. Koch (Siegel) Beglaubigt: Warnecke, Sekretärin.«[389]
Zur gleichen Zeit tritt in der Kirchengemeinde Köln der »Stellvertreter« Georg Fritzes im Kartäuser-Pfarrbezirk seinen Dienst an: Dr. Ulrich Bergfried[390].

---

389 AEKR.

390 Ulrich Bergfried (1910), bisher Hilfsprediger und Studien-Inspektor in Düsseldorf und Elberfeld/ref. Erst am 22. 4. 1938 hatten alle Organe der ev. Gemeinde Köln Kriterien für einen neuen Kölner Pfarrer erarbeitet und festgelegt: »1. vorbehaltlose, totale Bejahung der national-sozialistischen Staatsidee und glühende Liebe zum Führer. 2. der Pfarrer muß auf dem Boden des positiven Christentums stehen, d. h. eine Verkündigung des Evangeliums von Christus sein. 3. der Pfarrer muß Gemeinde bauen zur Ehre Gottes und zum Segen unseres Volkes (Jugendarbeit; kein Gruppenzwang).« Archiv der Gemeinde Köln, Protokollbuch A1, 12, S. 505 f.
Ulrich Bergfried erinnert sich 40 Jahre später leider nur sehr mangelhaft an diesen für die Kölner Gemeinde so dramatischen Pfarrerwechsel. In der zum 50. Jahrestag der Einweihung der Kölner Kartäuserkirche im Jahre 1978 von dem Kölner Pfarrer Dr. Rainer Sommer herausgegebenen Festschrift, »Die Kartause zu Köln«, schreibt der spätere rheinische Rundfunkbeauftragte und Kirchenrat i. R. Dr. Ulrich Bergfried: »am 15. Oktober 1938 wurde ich vom Evangelischen Konsistorium der Rheinprovinz in Düsseldorf beauftragt, die Kartäuserkirche und den Pfarrbezirk um sie herum zu pastorisieren . . . Der schon seit vielen Jahren dort amtierende Gemeindepfarrer Fritze erhielt von einem Tag auf den anderen ein offiziell verfügtes Predigt-, Unterrichts- und Kasualienverbot . . . Den genauen Grund für diese Maßnahme habe ich nie erfahren können.«

33 Das tödliche Berufsverbot

In die politische Hochstimmung der Menschen über den glücklichen Ausgang der »Tschechenkrise« hinein hatte Georg Fritze zwei Tage nach Abschluß des »Münchner Abkommens« in seiner Kartäuserkirche zum Erntedankfest gepredigt[391]:
»In diesen Tagen haben Millionen Menschen angesichts der Befreiung aus drohender Kriegsgefahr mit Inbrunst ›Gott sei Dank!‹ gesagt. Aber nun besteht doch in der Art, *wie* wir danken, ein Unterschied; wir Christen sprechen anders als die Deutschgläubigen: für uns gilt das Wort ›Ich will den *Herrn* loben allezeit‹, und mit diesem ›Herrn‹ meinen wir nicht irgendein Gedankengebilde oder eine gefühlsmäßige Erscheinung, sondern eine Wirklichkeit, wir meinen Gott, den allmächtigen Schöpfer, den Vater unseres Herrn Jesus Christus . . .
Nun heißt das im Psalm, daß wir den Herrn loben sollen *allezeit.* Ist das möglich angesichts der ungezählten Tränen, der unsagbaren Leiden, die wir täglich sehen? Wehe uns, wenn wir die Augen verschließen vor den rätselvollen Dunkelheiten des Lebens, wenn wir, da es uns selbst gut geht, nicht hören, wie gequälte Menschen mit geballten Fäusten schreien: ›Wo ist nun Gott‹! Wir müssen die Schrecken des Dunkels sehen und ringen und beten, daß Gott uns die Augen öffne für sein Licht, das in der tiefsten Finsternis, am Kreuz Christi erschien und in alle Zukunft hineinleuchtet. Da ist Hilfe, so wie es im Psalm heißt: ›Der Engel des Herrn lagert sich um die her, so ihn fürchten und hilft ihnen aus.‹ Die Kraft Christi ist wie eine Mauer, an der alle Pfeile des Schreckens zerschellen.«[392]
Als Georg Fritze an diesem 18. Oktober die Verfügung des Konsistorial-Präsidenten Dr. Walter Koch gelesen hat, weiß er, daß dies für die Bekennende Gemeinde Köln seine letzte Predigt war.
Der Schlag des kirchenamtlichen Berufsverbotes trifft ihn schwer. Die Freunde und Angehörigen sorgen sich um ihn. Und während Hans Encke die Kölner Bekennende Gemeinde am 20. Oktober

391 Predigt vom 2. 10. 1938 über Psalm 34, 2–11.
392 Nachschrift von Erna Demrath. Sammlung Prolingheuer.

abends in der Bibelstunde über den neuesten Anschlag des Kölner Presbyteriums auf ihren Pfarrer unterrichtet, weilen Georg Fritze und seine Tochter Berta bereits auf Einladung und in Begleitung der Kölnerin Lilly Grimm[393] im Kurort Partenkirchen. Es hatte nicht allzu großer Überredungskünste seiner Frau Katharina bedurft, um den Niedergeschlagenen zu diesem lebensnotwendigen Klimawechsel zu bewegen. Nur schnell, schnell weg aus dieser vergifteten Kölner Atmosphäre. Nur raus aus den Fallgruben der frommen, faschistischen Menschenjäger. Nur Abstand gewinnen.
So erfahren Georg Fritzes Freunde vom Partenkirchener »Gasthof zur Linde« aus, was dem Kölner Bekenner schon wieder angetan worden ist und was ihm das Herz schwer macht. Auch die Verwandten und Sohn Klaus in Holland hören von hier aus, was ihn so tief betroffen macht: »daß man diese Maßnahmen gegen mich ergriffen hat, ohne daß irgend ein geordnetes Verfahren stattgefunden hat, bei dem ich mich hätte rechtfertigen und gewiß manche schiefe Darstellung meiner Arbeit richtigstellen können! Äußerlich ist ja *vorläufig* alles ›gut geregelt‹. Es ist nur hart, binnen weniger Stunden aus einer schönen aufgeblühten Arbeit herausgerissen zu werden. Und dann: man weiß nicht, was noch kommt!«[394]
Aber Georg Fritze tröstet und beruhigt auch die Trauernden und Empörten seiner Bekennenden Gemeinde in Köln: »Wie wir gestern in der Drahtseilbahn durch dicksten Nebel plötzlich hindurchstießen zu herrlichstem Sonnenschein und strahlend blauem Himmel, so wird der, der ›Weg hat allerwegen‹, auch Wege finden für meinen Fuß und für uns alle.«[395]
Daheim in der Kartause waltet schon seit dem 18. Oktober 1938 der von den Düsseldorfer und Kölner Faschisten bestellte Vertreter, Dr. Ulrich Bergfried, seines Amtes. Damit ist die Kartause für die Bekennende Kirche endgültig verloren. Die Bekennende Gemeinde Köln wandert aus:

---

393 Lilly Grimm, Tochter des Wuppertaler Großunternehmers Vorwerk und Frau des Kölner Kinderarztes und Leiter des Kinderhospitals in der Kölner Buschgasse, Karl Grimm, förderte seit langem die Arbeit Georg Fritzes, die ja mehr und mehr auf Spenden angewiesen war.
394 Brief Fritze an Rudolf Mees in Holland vom 27. 10. 1938.
395 Postkarte Fritze an Grete Eichmeyer vom 26. 10. 1938.

»Wir gehen nun Donnerstags nach Riehl, wo Bibelstunden von BK-Pfarrern abgehalten werden. Wir hoffen auch stark, Pf. Fritze dort ab und zu zu hören, da Riehl ja ganz BK-Presbyterium hat. Aber das ist nun ganz ungewiß . . ., ganz abgesehen davon, daß man in dem Schreiben bei der Pensionierung von ›Vorbehalten‹ sprach, was sich wohl auf die Bezüge[396] beziehen soll.«[397] Auch der Riehler Pfarrer Hans Encke engagiert sich jetzt im Fall Fritze in ganz besonderer Weise. Zum 30. Oktober ordnet der »Vertrauensmann« der Bekennenden Kirche für Groß-Köln die folgende Kanzelabkündigung an:

»Durch eine Verfügung des Evangelischen Oberkirchenrates ist Pfarrer Fritze aus Köln mit sofortiger Wirkung beurlaubt worden bis zu seiner endgültigen Pensionierung am 1. August nächsten Jahres. Damit verliert unsere bekennende Gemeinde Köln ihren Pfarrer und zugleich die Möglichkeit, in der eigenen Gemeinde Gottesdienst und Bibelstunde zu halten. Wir gedenken fürbittend der hart betroffenen Gemeinde und ihres Pfarrers und befehlen sie der Gnade Gottes durch unseren Herrn Jesus Christus. Für den Rat der Bekenntniskreissynode Köln. gez. Encke, Pfarrer.«[398]

Die Heimreise von Partenkirchen unterbricht Georg Fritze noch für eine Woche zu Besuchen bei seinen Freunden Martin Rade in Frankfurt und Hermann Krüger-Velthusen in Biebernheim, oberhalb St. Goar. Der Abstand von der Psycho-Folter der kirchlichen Faschisten in Köln, Düsseldorf und Berlin hat ihm gut getan. Dort in den Bergen ist er wirklich zur Ruhe gekommen. Und der brüderliche Meinungs- und Erfahrungsaustausch mit seinen beiden getreuen Weggefährten in Frankfurt und St. Goar bedeuten für ihn noch eine zusätzliche Stärkung für seinen Zwangsurlaub.

Als Georg Fritze jedoch am Morgen des 10. November in die Domstadt zurückkehrt, zerreißt es ihm abermals das Herz: Die

---

396 Die Gehaltsnachzahlung und den Spendenrest übergab Fritze der BK-Synode als Zuschuß zur Finanzierung der 10 Kölner illegalen Hilfsprediger und Pastoren.

397 Brief Grete Eichmeyer an Dr. Scheidweiler vom 21. 10. 1938.

398 Nachdem Verwaltungsdirektor Eck diese Abkündigung gelesen hatte, schrieb er Pfarrer Köhler: »Was geht die Gemeinde Nippes ein Pfarrer Fritze-Köln an?«

Kölner Synagogen brennen. Geschäfte und Praxen von Juden sieht er am Wege vom Kölner Hauptbahnhof zur Großen Witschgasse zertrümmert und geplündert. Als er sich zu Hause nach seinen jüdischen Freunden und Bekannten erkundigt, sind auch sie alle von den Faschisten heimgesucht – auch sein jüdischer Hausarzt Dr. Falkenstein, den er doch gerade jetzt wieder so dringend benötigt; denn wieder greifen Entsetzen und Zorn nach seinem Herzen. Und als Georg Fritze von seiner Familie das ganze Ausmaß der rassistischen Nazi-Greuel erfahren hat, erleidet Georg Fritze den bisher schwersten Herzanfall. Am Buß- und Bettag meldet er Martin Rade: »Mir gehts gesundheitlich seit meiner Rückkehr nicht besser, sondern schlechter . . . Ich bin zur Zeit kampfunfähig. Ist es Gottes Wille, daß ich für längere Zeit außer Gefecht bleibe?«[399]
Derweil streiten seine Kölner Freunde für ihn. Die Gemeindeglieder August Koch und Hans Peuster verlangen vom Kölner Presbyterium, das Berufsverbot gegen Georg Fritze aufzuheben, damit sie wieder an Bibelstunden teilnehmen könnten. Die Veranstaltungen des Dr. Bergfried würden sie nicht besuchen. Vorsitzender Köhler reagiert auf den Boykott der Kölner Gemeindeglieder gegen Pfarrer Dr. Bergfried gereizt:
»Wir möchten Ihnen sagen, daß wir dankbar sind, in Herrn Pastor Dr. Bergfried einen Pfarrer gefunden zu haben, der in positiver theologischer Haltung, vom besten Willen beseelt, seinen nicht leichten Dienst tut, wenngleich er sich mancherlei Vorurteilen und Mißverständnissen ausgesetzt sieht. Wir möchten Sie und Ihre Freunde herzlich bitten, in diesem Falle *die* Haltung einzunehmen, die wohl für Christen die einzig mögliche ist, nämlich die, Herrn Pastor Dr. Bergfried Vertrauen entgegenzubringen.«[400]
Hans Encke richtet indessen eine schriftliche Eingabe an den Evangelischen Oberkirchenrat in Berlin mit der Bitte, »die gegen Pfarrer Fritze getroffenen Maßnahmen wieder rückgängig zu machen und uns damit unseren Seelsorger zurückzugeben«[401]. Der Kölner Gemeindebruderrat bittet nicht mehr. Er schreibt dem Präsidenten des Evangelischen Oberkirchenrates:

399 Brief Fritze an Martin Rade vom 16. 11. 1938.
400 Brief Köhler an August Koch vom 14. 11. 1938. Sammlung Eichmeyer.
401 Eingabe Encke an den EOK Berlin vom 14. 11. 1938. AEKR.

»Der Segen, den unser Pfarrer gestiftet hat in seiner langjährigen Tätigkeit, wird bleiben, ob auch Verfügungen gekommen sind, die schmerzlich treffen. Wir danken Gott dem Herrn, aus dessen Händen unser Pfarrer sein Amt nahm, von ganzem Herzen für die reichen Jahre, in denen er unter uns wirken durfte. – ›Nun suchet man nicht mehr an den Haushaltern, denn daß sie treu erfunden werden.‹«[402]
Mitte Dezember erreicht den Freund Martin Rade ein Lebenszeichen des Kölner Kampfgefährten, das hoffen läßt: »Was meine Gesundheit betrifft, so hat mir vor zwei Tagen der Arzt jede größere Aufregung als für mein Herz bedenklich erklärt; er hat aber zugleich gesagt: Herz*fehler* ist nicht vorhanden, sondern Überbelastung und wenn ich mich geraume Zeit in Ruhestellung begebe, wäre es möglich, vielleicht wahrscheinlich, daß ich danach mit neuer Kraft an die Arbeit gehe. Danach handele ich jetzt. D. h. ich arbeite sozusagen in Ruhe und habe damit bereits angefangen.«[403]
Doch seine faschistischen Feinde in Köln, Düsseldorf und Berlin lassen ihren wundgehetzten »roten Pfarrer von Köln« nicht zur Ruhe kommen. Tagtäglich spannen sie ihr todkrankes Opfer von neuem auf die Folter. Da erreicht Georg Fritze am 23. Dezember 1938 der amtliche Bescheid des Konsistorial-Präsidenten Dr. Walter Koch auf eine persönliche Eingabe des Gemaßregelten: »Zu unserem Bedauern sehen wir uns nicht in der Lage, Ihnen, Herr Pfarrer, während der Dauer Ihrer Beurlaubung selbst ausnahmsweise die Ausübung einer Amtsverrichtung zu genehmigen. gez. Dr. Koch.«[404]
Diese neuerliche Schikane der kirchlichen Faschisten ist für Georg Fritze wohl zuviel. Zu Weihnachten trifft ihn ein Herzschlag. Ein Gehirnschlag nimmt ihm in der Nacht des 2. Januar das Bewußtsein. Am Morgen des 3. Januar 1939 stirbt er.

402 Brief Grete Eichmeyer an Präsident Werner vom 26. 11. 1938.
403 Brief Fritze an Martin Rade. Mitte Dezember, 1938.
404 Antwort Koch, auf eine Eingabe Fritzes vom 29. 11. 1938, an Georg Fritze vom 21. 12. 1938. AEKR.

34 Begraben und totgeschwiegen

Seit seinem Schlaganfall lag Georg Fritze zwar geistig und geistlich ungebrochen, doch teilweise gelähmt und fast erblindet darnieder, und die Angehörigen und Freunde fragten sich besorgt, wie es denn nun weitergehen mag – aus dem Pfarramt gejagt, die Gesundheit verloren und demnächst die Wohnung im Pfarrhaus genommen. Als sich dann am Dienstagmorgen wie ein Lauffeuer die Nachricht vom Tode Georg Fritzes in Köln und im Rheinland verbreitet, sind die Freunde doch erschrocken und zutiefst betroffen. »Die Trauer hier ist unbeschreiblich«, so skizziert Gemeindebruderratsmitglied Grete Eichmeyer den Todestag ihres Freundes und Seelsorgers. Und dennoch: »Wir sind aber alle dankbar, daß es so gekommen ist, er wäre ja nicht wieder gesund geworden. Und ein Leben ohne seine Predigt- und Seelsorgearbeit wäre für ihn unendlich schwer gewesen.«[405]

Auch seine faschistischen Todfeinde aus dem Kölner Presbyterium sind von der Todesnachricht aus der Großen Witschgasse trotz ihres jahrelangen Psychoterrors gegen den »roten Pfarrer von Köln« überrascht. Und als wolle er sich an Ort und Stelle von der Wahrheit dieser Nachricht – dic ja letztlich alle Probleme des Presbyteriums mit einem Schlage lösen würde – persönlich überzeugen, eilt Pfarrer Karl Köhler noch am Dienstagvormittag zum Pfarrhaus in der Großen Witschgasse 17, um als einer der ersten der Familie das Beileid auszusprechen. Die in ihrem Leid und Zorn empörten Kinder handeln spontan: sie lassen den faschistischen Denunzianten nicht ins Sterbezimmer. Tochter Dora weist ihn schon an der Haustür ab[406].

Während Hans Encke und Udo Röhrig am nächsten Tage die Kölner Freunde und Bekenner mit Handzetteln auf »Samstag Abend um 20 Uhr in die Kreuzkapelle Riehl . . . zu einer Trauerfeier für unseren heimgegangenen Pfarrer Georg Fritze« einladen, erscheint in allen Kölner Tageszeitungen ein Dokument klerikal-faschisti-

405 Brief Grete Eichmeyer an ihre Angehörigen vom 4. 1. 1939.
406 Gespräch des Verf. mit Berta Fritze.

scher Heuchelei: eine Anzeige Karl Köhlers, in der das Kölner Presbyterium seiner Trauer über den Tod Georg Fritzes Ausdruck gibt. Und damit nur ja aller Welt deutlich werde, daß in diesen mörderischen Zeiten beim Tode des »roten Pfarrers von Köln« nicht etwa Menschen- sondern allein Gotteshand am Werke war, läßt er, der zusammen mit seinen Helfershelfern dem Verstorbenen bis an sein Ende so vernichtend zugesetzt hat, die Öffentlichkeit wissen: »Herr Pfarrer Fritze verstarb an den Folgen eines Schlaganfalles«! Schließlich läßt der Faschist Karl Köhler Sätze folgen, die einmal mehr zu erkennen geben, daß für ihn und seinesgleichen »nur ein toter Sozialist ein guter Sozialist« sein kann:
»In großer Hingebung und Aufopferung, mit nimmermüder Liebe und Güte hat der Verewigte seine Zeit und Kraft in den Dienst der Gemeinde gestellt.
Die Seelsorge im Augustinerkrankenhaus und im Kinderhospital in der Buschgasse war ihm ein besonderes Anliegen.
Seine Arbeit soll ihm in der Gemeinde unvergessen bleiben.«
Indessen nehmen Georg Fritzes Freunde aus nah und fern im Sterbezimmer des Pfarrhauses in der Großen Witschgasse 17 Abschied von ihrem Lehrer und unzerstörbarem Vorbild Georg Fritze. Seine Frau Cato hat ihn in seiner vollen Amtstracht aufbahren lassen. Allen kirchenamtlichen Verfügungen zum Trotz liegt er da in der Großen Witschgasse 17: Georg Fritze, Pfarrer in Köln – Pfarrer in Köln gegen den Willen der Faschisten! Georg Fritze 1874 bis 1939. Christ – Sozialist – Antifaschist!
Am 6. Januar, Freitag mittag dann die Trauerfeier in der Halle des Kölner Südfriedhofs. Auf Wunsch der Familie Fritze hält Hans Encke den Gottesdienst. Er predigt über das Schriftwort: »Ich habe dich je und je geliebt, darum habe ich dich zu mir gezogen aus lauter Güte«:
»Das war das Große an unserem Freunde, was wir bewundert haben, daß er sich nie gesträubt hat, sich von Gott ziehen zu lassen. Er war und blieb immer offen für Gottes Wort und Gottes Weg. Geborgen in dem Vertrauen zu unserem himmlischen Vater blieb er allezeit jung, das heißt: er war nie arm an Liebe, sondern weil er aus ewigen Brunnen schöpfte, konnte er so viele Mühselige und Beladene trösten und stützen.

Aber auch das dürfen wir nicht vergessen, daß die Liebe Gottes, die uns zu sich ziehet, für den Menschen kein geruhsames Leben bedeutet, sondern Opfer um Opfer. Das bedeutet für jeden Christen wie für unseren heimgegangenen Bruder Kampf und Not. Und daran hat es wahrlich in seinem Leben nicht gefehlt; denn er war immer bereit, sich, seine Gedanken, sein Wollen aufzugeben, wenn Gott ihn andere Wege wies, wenn seine Liebe ihn zog und drängte. Aber Gott gab auch die Kraft dazu . . .
So können wir auch den Heimgang unseres Bruders nicht anders sehen als eine Offenbarung der Liebe Gottes, der ihn zu sich gezogen hat aus lauter Güte, der ihn damit entnommen hat allem Kampf, aller menschlichen Not und Sorge, und ihn eingehen hieß in den Frieden der Kinder Gottes.«
Mitglieder der von Pfarrer Georg Fritze so sehr gehegten Kölner Musikantengilde und das berühmte Kunkel-Quartett verleihen dem Trauergottesdienst einen festlichen Rahmen. Musik von Franz Schubert und Johann Sebastian Bach, die Georg Fritze so liebte.
Als der Sarg aus der Halle getragen wird, hat sich bereits eine große Menschenmenge zum Trauerzug aufgestellt. Freunde und auch die bösen Feinde des Verstorbenen. Die faschistischen Denunzianten des Kölner Presbyteriums ebenso wie sozialistische Kampfgenossen von einst, die den Häschern des Nazi-Staates noch nicht in die Fänge geraten sind. An die dreißig Pfarrer – Bekenner und »Deutsche Christen« – im Talar. Alt und jung. Kaufleute und Arbeiter. Katholiken und Atheisten. Und draußen vor dem Gitter der Friedhofsumzäunung gibt ein Mitglied der Kölner Synagogengemeinde dem Freund Georg Fritze die letzte Ehre: der Arzt Dr. Falkenstein, den die barbarischen Rassegesetze von der Trauergemeinde ausschließen[407].
Ein freundlicher Wintertag, dieser 6. Januar 1939. Für das katholische Köln ein Feiertag, den die mächtigen Glocken des Kölner Doms in der Frühe so unüberhörbar eingeläutet haben. Das dünne Geläut vom Dachreiter der Kartäuserkirche, das gegen 14 Uhr die Beerdigung begleitet, dringt nicht bis hinauf zum Südfriedhof.

---

407 Siehe Anm. 323. So Berta Fritze im Gespräch mit dem Verfasser.

Glocken, denen Georg Fritze vor zehn Jahren – aus Anlaß der 400. Wiederkehr des Todestages der Kölner Märtyrer Adolf Clarenbach und Peter Fliesteden – die bronzene Widmung hatte eingießen lassen: »Frechen die Zuflucht« – »Mülheim die Freistatt« – »Hermann zur Wied« – »Adolf Clarenbach«[408]. Vier Glocken im Dachreiter der neuen evangelischen Kartäuserkirche, die nach dem Willen Georg Fritzes die evangelischen Christen Kölns daran erinnern sollen, daß gerade die Geschichte der evangelischen Gemeinde zu Köln durch nahezu drei Jahrhunderte eine Geschichte des Leidens und des Martyriums gewesen ist. Nur wenige Eingeweihte von den vielen, die an diesem 6. Januar 1939 dem Sarge folgen, wissen, daß sie da in Wahrheit den jüngsten Märtyrer der Kirche des Evangeliums zu Grabe tragen. Nicht lebendig verbrannt, wie Adolf Clarenbach und Peter Fliesteden, am 28. September 1529, zu Köln-Melaten. Nicht bestialisch ermordet, wie Friedrich Weißler, am 19. Februar 1937, im Konzentrationslager Sachsenhausen[409]. Georg Fritze ist ein Opfer – ganz sicher nicht das einzige in der Kirchengeschichte –, das durch den systematischen Psychoterror klerikaler Amtsstuben- und Kanzeltäter erbarmungslos vernichtet wurde. So einfach ex cathedra. Ganz ohne Blutvergießen. Und der erste, der am Grabe seinen Kranz niederlegt, ist Pfarrer Karl Köhler, Vorsitzender des Kölner Presbyteriums und stellvertretender Superintendent: »Im Namen des Presbyteriums der

---

408 Die Kölner Nachbarorte Frechen und Mülheim/Rhein gewährten den evangelischen Christen Kölns Schutz vor der Verfolgung durch die katholische Kirche über nahezu drei Jahrhunderte hinweg, von 1529 bis zum Frieden von Luneville im Jahre 1801. Der Kölner Erzbischof Hermann zur Wied, der 1529 Clarenbach und Fliesteden als Ketzer zum Tode verurteilt hatte, bekannte sich wenig später selber zum evangelischen Glauben. Siehe auch Anm. 243.

409 Friedrich Weißler (28. 4. 1891 bis 19. 2. 1937), als »Volljude« aus dem Staatsdienst eines Landgerichtsdirektors entfernt, war seit 1936 Geschäftsführer der 2. Vorläufigen Leitung der Bekennenden Kirche Deutschlands. Die aus politischer Rücksichtnahme von der 2. VL der BK als vertraulich gehandhabte Denkschrift an Hitler (siehe Anm. 285) geriet durch Weißlers Mittun in die Auslandspresse. Daraufhin bat die Leitung der BK (!) die Staatsorgane, die Schuldigen dieser staatsfeindlichen Aktion zu ermitteln. *So* wurde dieser BK-Angestellte Weißler, als Täter ermittelt, der erste Märtyrer der DEK in der NS-Zeit! Vgl. dazu: Eberhard Bethge, Dietrich Bonhoeffer Theologe Christ Zeitgenosse, S. 602–609; dort auch weitere Quellen.

Evangelischen Gemeinde Köln.« Aber an diesem Tage behalten die Bekenner das letzte Wort. Pfarrer und Mitglieder der Bruderräte. Ernst Krümpelmann[410], einer der Kölner illegalen Hilfsprediger der Bekennenden Kirche, »die für Fritze durchs Feuer gingen«, ruft am Ende über das Grab hinweg der großen Trauergemeinde das Wort des Nazareners ins Gewissen: »Wer mich bekennet vor den Menschen, den will auch ich bekennen vor meinem himmlischen Vater. Wer mich aber verleugnet vor den Menschen, den will auch ich verleugnen vor meinem himmlischen Vater!«[411]

Anderntags versammelt sich die Bekennende Kirche Groß-Kölns in der Riehler Kreuzkapelle, wo Georg Fritze während der kurzfristigen Verhaftung Hans Enckes den Kölner Bekennern einst Trost und Mut zugesprochen hatte, um in Anwesenheit des Präses der rheinischen Bekenntnissynode, D. Paul Humburg, des Verstorbenen zu gedenken. Und der langjährige Weggefährte des Toten, Pfarrer Hans Encke, weiß, was er in dieser Stunde dem Kölner Amtsbruder nachzurufen hat:

»Mitten im Kriege kam er zu uns. Zweiundzwanzig Jahre hat er unter uns gewirkt, schwere, aber doch von Gott reich gesegnete Jahre! Auch seine Entwicklung war gekennzeichnet und mitbestimmt durch das große politische Geschehen dieser Zeit: Krieg, Revolution, Inflation, Arbeitslosigkeit, vergebliche Versuche des Wiederaufbauens, bis zum Umbruch 1933 und unseren Tagen. Wenn ich seine innere Entwicklung in diesen Jahren andeuten will, so darf ich auf die Männer hinweisen, die wesentlich Einfluß auf ihn genommen haben. Eingehend hat er sich in diesen Jahren mit dem großen russischen Dichter Dostojewskij beschäftigt, neben den bald die beiden Blumhardt, Vater und Sohn, traten. Außerdem hat er viel gelernt durch die dialektische Theologie (Karl Barths, d. Verf.) . . . So trat er mit uns in die entscheidenden kirchlichen Kämpfe der Gegenwart, sich selbst nicht schonend, setzte er seine letzten Kräfte ein für die reine Verkündigung des Evangeliums. Und in diesem Kampf ist er geblieben.«[412]

---

410 Ernst Krümpelmann (1909), seit 1936 BK-Hilfsprediger in Köln.
411 Aufzeichnung über die Beerdigung in: Sammlung Eichmeyer.
412 Handzettel mit Programm und Ansprache Hans Enckes von der Gedenkstunde in Köln-Riehl in Privatbesitz des Verfassers.

Zwei deutsche Kirchenzeitungen scheuen sich nicht, den Tod des bekannten und geliebten Freundes in Nachrufen zu beklagen. Hans Vordemfelde schreibt im liberalen Protestantenblatt über den »Streiter ohne Furcht und Tadel« unter anderem: »Wenn auch in den letzten Jahren der äußere Weg, den er ging, von dem unsrigen abzweigte (Fritzes Wendung zur dialektischen Theologie, d. Verf.), so dürfen wir ihn doch zu den Unsern zählen, weil er allezeit ein Kämpfer für die evangelische Freiheit gewesen und geblieben ist.«[413]

Auch der Nachfolger des Freundes Martin Rade in der Herausgeberschaft der einst für Georg Fritze so wichtigen Zeitschrift »Die Christliche Welt«, Hermann Mulert, öffnet Franz Kramm die Spalten des traditionsreichen Blattes für einen Gedenk-Artikel auf den einstigen Mitarbeiter: »Der zähe und aufrechte Streiter für die Wahrheit, die Gott ihm schenkt, ist von uns gegangen und mit ihm der liebevollste und warmherzigste Freund. Wir werden sein liebevolles Auge nicht mehr sehen, seine alle Register durchlaufende, gleicherweise weich und voll tönende Stimme nicht mehr hören . . ., sein ›Ich kann nicht anders‹, das ihm je länger desto mehr zum Halt und zur Richtschnur wurde im Denken und Handeln, Fühlen und Wollen . . . Als ihm der letzte Ausweg für weiteres Wirken in der Richtung seiner innersten Überzeugungen abgeschnitten schien, mußte er sterben . . . Er ist nicht tot.«[414]

Die Freunde im Ausland können deutlicher schreiben. Der Rotterdamer Freunde Rudolf Mees nennt in seinem achtseitigen Nachruf in »Het Kouter« den tödlichen Konflikt beim Namen: »Er tat sein Bestes, um dem Kaiser zu geben, was des Kaisers ist. Aber er predigte weiterhin, daß es für jeden Menschen letztlich um Christus geht, darum mußte er zusammenprallen mit der Ideologie des Dritten Reiches.«[415]

Und weil auch in der Kölner Kirche alles seine Ordnung haben muß, findet auf Anordnung des faschistischen Kölner Presbyte-

413 Protestantenblatt 3/1939, Sp. 47.
414 Die Christliche Welt 3/1939, Sp. 107f.
415 Het Kouter, Jan. 1939. Übersetzung aus dem Holländischen von Kinie Dörr, Köln.

riums am 8. Januar 1939, in der Kartäuserkirche, ein feierlicher Gedenkgottesdienst statt, über den der Führer der Kölner DC-Faschisten, Pfarrer Karl Köhler, in den Kölner Gemeindenachrichten des nächsten Sonntags höchstpersönlich verkündet:

»Am Sonntag, 8. Januar, versammelte sich in der Kartäuserkirche, in der Pfarrer Fritze besonders wirkte, eine sehr zahlreiche Trauergemeinde zu einem Gedenkgottesdienst, in dem Herr Pfarrer Bekker als Senior der Altkölner Geistlichen die Predigt hielt. Herr Hulverscheidt spielte mit seinem feinen künstlerischen Können die Orgel und begleitete das Streichorchester und die Solistin, Fräulein Lore Paxmann, die mit ihren Gesängen, mit ihrer wohlgeschulten, wundervollen Altstimme und der seelenvollen, reifen Kunst die Gemeinde zur Andacht und Stille leitete. Auch an diesem Gottesdienst nahmen die dienstfreien Pfarrer und Presbyter in großer Zahl teil.

Der Verstorbene hinterläßt eine Witwe, zwei Söhne und zwei Töchter, die noch daheim bei der Mutter sind, soweit sie nicht in Rotterdam und in Lausanne verheiratet sind. Gottes Trost sei mit den Hinterbliebenen! – Die Gemeinde wird das Andenken des Entschlafenen in Ehren halten.«[416]

Und von nun an wird der »Entschlafene« auch noch systematisch tot*geschwiegen.*

---

416 Gottesdienst- und Gemeindenachrichten im Kirchlichen Anzeiger 1939, Nr. 3, S. 41.

Nachwort

Mit der Niederschrift des Vorwortes hatte ich am 27. Juli 1980 das Manuskript dieses Buches abgeschlossen. Da ganz offensichtlich die zuständigen kirchlichen Organe nach dem Untergang des »Dritten Reiches« vergessen hatten, die 1938 gegen Georg Fritze ergangenen Verfügungen für Unrecht zu erklären – *nach Aktenlage* gilt Georg Fritze noch im Jahre 1980 als unehrenhaft von sämtlichen Amtsgeschäften entbunden –, unterrichtete ich mit Schreiben vom 28. Juli 1980 den Kreissynodalvorstand des Kirchenkreises Köln-Mitte über das Ergebnis meiner diesbezüglichen Recherchen: ». . . Georg Fritze ist an diesem heute noch unfaßbaren Unrecht zerbrochen. Er starb wenige Tage nach dem Empfang jener zweiten Verfügung, die das kirchliche Berufsverbot für total und unabänderlich erklärte. Keine der damals verhängten Entscheidungen ist jemals für Unrecht erklärt worden. Und weil jene Kölner Pfarrer, die Fritzes politische Verfolgung von Köln aus so erfolgreich angeführt hatten, bis weit in die fünfziger Jahre unangefochten weiter ihres Kölner Pfarramtes walten konnten[417], ist vielfach der Eindruck entstanden, Fritze sei damals schon recht geschehen. Doch jetzt ist das ganze Ausmaß des faschistischen Terrors am Tage. Darum bitte ich Sie hiermit, Georg Fritze durch einen eindeutigen Beschluß voll zu rehabilitieren . . .«

Diese Bitte unterstützte seit dem 4. August 1980 auch die Presse[418]. Wie die zahlreichen Reaktionen (von Österreich bis hinauf zur Nordseeinsel Baltrum) zeigen, fand vor allem der Bericht des Evangelischen Pressedienstes in vielen Zeitungen eine weite Verbreitung: »Kirche soll Pfarrer Fritze öffentlich rehabilitieren«[419]. Auch der SPD-Parteivorstand schaltete sich von Bonn aus in die Diskussion ein – schließlich wurde der Kölner Pfarrer Fritze vor

---

417 Siehe Anmerkung 376, dazu: Dokument 11, S. 242–246.

418 Kölner Stadt-Anzeiger vom 4. 8. 1980; Bonner Rundschau, Kölnische Rundschau, Bergische Landeszeitung, epd-Region West vom 5. 8. 1980 und Neue Stimme 9/1980, S. 22.

419 epd-Zentralausgabe vom 7. 8. 1980. Das Evangelische Sonntagsblatt für das Rheinland, »Der Weg«, machte seine Ausgabe vom 17. 8. 1980 mit diesem Fritze-Artikel auf.

allem deshalb von den Faschisten verfolgt, weil er während der Zeit der Weimarer Republik ein in Deutschland bekannter Sozialdemokrat war und 1933 seine politische Meinung nicht wie ein Hemd gewechselt hatte. So regte Hans-Jürgen Wischnewski, stellvertretender Vorsitzender der SPD, in einem Brief an den Kölner Oberbürgermeister und nordrhein-westfälischen Landtagspräsidenten, John van Nes Ziegler, an, »sich für die Benennung einer zentraleren Kölner Straße . . . einzusetzen«, weil der derzeitige abgelegene, kleine »Georg-Fritze-Weg« im Kölner Norden der Bedeutung des Kirchenmannes und Sozialdemokraten Georg Fritze keinesfalls gerecht werde[420].

In der Kölner Kirche artikulierte sich indessen neben sehr viel Zustimmung auch Unwille, bisweilen schien es so, als habe jener Fritze-Nachfolger des Oktober 1938, der noch 1978 geschrieben hatte: »Den genauen Grund für diese Maßnahmen (gegen den aus dem Amt gejagten Amtsvorgänger Fritze, d. V.) habe ich nie erfahren können«, im Sommer 1980 seine Informationsmöglichkeiten doch noch erkannt[421]. Doch leider Fehlanzeige.

So blieb es dann bei grundsätzlichen Einwänden: Es zeuge nicht gerade von theologischer Substanz, wenn ein evangelischer Christ Rehabilitierung fordere, wo doch allen Gläubigen durch Jesu Kreuzestod und Auferstehung längst vor dem himmlischen Vater Rehabilitierung widerfahren sei; außerdem sei der evangelischen Kirche jedwede Heiligenverehrung fremd; und schließlich gebe es doch seit 1945 das Stuttgarter Schuldbekenntnis usw. usw.

Daß von der rheinischen Kirchenleitung in den Jahren 1945 und 1946 immerhin 15 rheinische Pfarrer, über die während der Nazizeit kirchliche Zwangsmaßnahmen verhängt waren, in einem kirchenamtlichen Verfahren »rehabilitiert« worden sind, ist anscheinend unbekannt[422]. Und was heißt denn schon im abstrakten Stutt-

---

420 Brief vom 10. 9. 1980. In der Antwort vom 15. 9. 1980 stimmt van Nes Ziegler Wischnewskis Anregung zu.

421 Siehe Anmerkung 390, dazu S. 170 ff.

422 Siehe dazu die gedruckte, 1948 erschienene Niederschrift der »Verhandlungen der 44. außerordentlichen Tagung der Rheinischen Provinzialsynode in Velbert – 1. Tagung 16.–20. September 1946 – 2. Tagung vom 22.–24. Oktober 1946 – Nebst 11 Anlagen«, S. 45 f., unter der Überschrift: »6. Rehabilitierung und Legalisierung von Pfarrern und Kandidaten«.

garter Schuldbekenntnis angesichts dieses ganz konkreten Unrechts, das ganz konkrete Christen und Theologen einem ganz konkreten Kölner Christen, Sozialisten und Antifaschisten angetan haben: ». . . daß wir nicht mutig*er* bekannt, nicht treu*er* gebetet, nicht fröhlich*er* geglaubt und nicht brennend*er* geliebt haben«? Das Darmstädter »Wort zum politischen Weg unseres Volkes«, das der Bruderrat der Evangelischen Kirche in Deutschland unter ganz besonderer Mitwirkung von Karl Barth, Martin Niemöller und Joachim Beckmann im Sommer 1948 beschlossen hat: »Wir sind in die Irre gegangen!«[423], klingt da ehrlicher.
Um so erfreuter war ich, als mir der Präses der Evangelischen Kirche im Rheinland, Lic. Karl Immer, am 15. August 1980 sagte, daß sich die rheinische Kirchenleitung in ihrer letzten Sitzung von sich aus mit meinem Brief befaßt habe. Er wolle als Präses »zur Wiederherstellung der Ehre Georg Fritzes« einen Beitrag leisten und während der Verabschiedung von Stadtsuperintendent Bachmann, am 29. September 1980 in Köln, sowie in seinem letzten Jahresbericht vor der rheinischen Landessynode, im Januar 1981 in Bad Neuenahr, an Georg Fritze erinnern. In Bad Neuenahr werde er auch den Namen des zweiten Vergessenen nennen: Helmut Hesse, des von der rheinischen Bekennenden Kirche verstoßenen Elberfelder Hilfspredigers, der am 24. November 1943 im KZ Dachau umgekommen ist[424].
Wie ernst es dem Präses mit der Aufarbeitung der kirchlichen jüngsten Vergangenheit ist, erfuhren die Repräsentanten aus Staat, Stadt und Gesellschaft, sowie die Vertreter der evangelischen Gemeinden und Institutionen Kölns und der Nachbarstädte am

423 Zum derzeitigen Kirchenstreit über R. Bäumers »Kleine deutsche Kirchengeschichte – Zum Besuch des Papstes«, Kap. III, gewinnt der Kölner Vortrag, »Kardinal Frings im Rückblick«, den K. Repgen am 16. 12. 1979 in Anwesenheit von Kardinal Höffner, den Kölner Weihbischöfen, vor Priestern und Diakonen gehalten und den das Presseamt des Erzbistums Köln in »Zeitfragen Nr. 3« im Frühjahr 1980 veröffentlicht hat, besondere Bedeutung, in dem nicht nur der BDKJ, sondern auch Karl Barth und Martin Niemöller als »Kollektivschuld-Theologen« abgekanzelt werden.

424 Siehe G. v. Norden, Helmut Hesse – ein Bekenntnispfarrer, den die Bekennende Kirche nicht ertrug, in: Monatshefte für Evangelische Kirchengeschichte des Rheinlandes, 1980, S. 241–268.

29. September 1980, als Karl Immer an die Initiative des scheidenden Kölner Stadtsuperintendenten vom 3. Januar 1979 erinnerte: ». . . In der richtigen Zeit das Notwendige tun. Das ist einige Male in Ihrem Leben geschehen. Ich erinnere an den 3. Januar 1979, als Sie am 40. Todestag von Pfarrer Georg Fritze zum Grabe gingen, dort einen Kranz niederlegten und damit all das versuchten zurechtzurücken, was Unrecht und Neid und auch Mißtrauen, ja, Haß, in dieses Leben gelegt hatten.

Es ist ja erschütternd zu sehen, aus den Akten zu lesen, wie immer wieder von Leuten des Presbyteriums – auch der Pfarrer – an das Konsistorium das Ansinnen gerichtet wurde, diesen lästigen Mahner in den bösen 12 Jahren los zu werden. Und dann hat das Konsistorium nachgegeben und hat dem Bruder Fritze den Rest gegeben.

Haben Sie Dank, daß Sie stellvertretend für uns alle damals die Ehrung für Pfarrer Fritze vollzogen haben . . .«[425]

Oberbürgermeister und Landtagspräsident John van Nes Ziegler griff in seinem Dank an Stadtsuperintendent Bachmann den Vorgang anschließend auf: ». . . Es hat mich nicht nur als Oberbürgermeister der Stadt Köln, sondern auch als Sozialdemokraten bewegt, daß Sie, Herr Präses Immer, hier und heute den weit über Köln hinaus bekannten Kölner Pfarrer und politisch verfolgten Sozialdemokraten Georg Fritze geehrt haben. Daß dies heute geschehen konnte, ist zweifellos auch Ihnen, Herr Stadtsuperintendent, zu danken. Ich freue mich sehr darüber, daß auch dieses heikle Problem durch Ihre Mitwirkung seine würdige Lösung gefunden hat . . .«[426]

Darüber mochten sich wiederum einige Presbyter der Gemeinde Köln überhaupt nicht freuen. Der stellvertretende Vorsitzende des Kölner Presbyteriums gab mit Schreiben vom 16. Oktober 1980 den Superintendenten der vier Kölner Kirchenkreise zu bedenken: »Herr Präses Immer erwähnte in seiner Ansprache, die Kirchenleitung habe damals ›auf Drängen des Presbyteriums‹ gehandelt. So-

---

425 Nach Tonbandaufzeichnung, Kopie im Kölner Stadtarchiv.

426 Siehe auch: Kölner Stadt-Anzeiger vom 30. 9. 1980: »Den Dank weitergegeben – Stadtsuperintendent nahm Abschied – Verfolgten Pfarrer geehrt«, und Kölnische Rundschau vom 30. 9. 1980: »Abschiedsstunde nach 16 Jahren«.

weit ich informiert bin, war das damalige Presbyterium in seinen Entscheidungen nicht frei – so wenig wie die Kirchenleitung. Ich bitte im Namen der Evangelischen Gemeinde Köln, dies zu berücksichtigen.«

Diesem Brief war ein anderthalbseitiger Protokollauszug über die Sitzung des Kölner Presbyteriums vom 29. August 1980 beigefügt, in dem »aus gegebener Veranlassung ausdrücklich« dargelegt ist, »daß Pfarrer Fritze, nicht wie behauptet, von der Evangelischen Gemeinde Köln totgeschwiegen wird«, und in dem alles Unbehagen an der jüngsten Diskussion um Georg Fritze in dem Satz gebündelt ist: »Als Evangelische Gemeinde Köln sollte man sich nicht von außen vorschreiben lassen, wie und wann man seiner eigenen Geschichte gedenkt und begegnet.«[427]

Trotz dieser zu Protokoll gegebenen Einwände des stellvertretenden Vorsitzenden hatten Kölner Pfarrerkonferenz und Gemeindeausschuß Pfarrerin Brügelmann und Pfarrer Dr. Sommer beauftragt, den in meinem Brief vom 28. Juli 1980 skizzierten neuen Sachverhalt im Zusammenhang mit der Verfolgung Georg Fritzes zu überprüfen. Johanna Brügelmann wurde im Düsseldorfer Archiv der Evangelischen Kirche im Rheinland ohne Mühe auf Anhieb fündig, denn jene Vermerke und Verfügungen des Jahres 1938 sind in der Düsseldorfer Personalakte Georg Fritzes nach der preußischen Ablageordnung fein säuberlich aufbewahrt. Die Dokumente bestätigen, daß diese Verfolgung des Antifaschisten Georg Fritze vom Kölner Presbyterium ausgegangen ist und: wer wollte, der *konnte* die Gründe dieses Martyriums erfahren.

So stand dann am 28. November 1980 – 35 Jahre nach dem Ende des »Dritten Reiches« – die offizielle Rehabilitierung des Nazi-Opfers Georg Fritze auf der Tagesordnung des Kölner Presbyteriums. Der Vorsitzende hatte auch mich gebeten, in dieser Sitzung

427 Brief der Evangelischen Gemeinde Köln samt Protokollauszug erhielt der Verf. als Anlage zum Schreiben des stellv. Kölner Stadtsuperintendenten Aubel »mit der Bitte um Kenntnisnahme«. Eine Behauptung, nach der Georg Fritze auch heute noch »totgeschwiegen *wird*«, ist dem Verf. unbekannt (dazu siehe Vorwort, Anmerkung 4, 5 und 8). Das wäre ja seit Februar 1974, der Eröffnung der Kölner Ausstellung (siehe S. 10 f.), auch wohl nicht mehr möglich gewesen.

das Ergebnis meiner Recherchen vorzutragen. Unter der Fülle der Fakten zerriß das Netz der Legenden. Nach ausführlicher Information und Diskussion faßte das Kölner Presbyterium bei 4 Enthaltungen den Beschluß:
»Auch nach 40 Jahren kann das Presbyterium der Gemeinde Köln nur mit Beschämung an die Seite der damaligen Gemeindeleitung treten, wenn in unserer Gemeinde das Gespräch auf das Schicksal von Herrn Pfarrer Fritze kommt.
Wir erklären, daß es nicht recht war, die Entfernung aus dem Amt anzustreben, als Herr Pfarrer Fritze den ›Eid auf den Führer‹ aus seiner religiösen und theologischen Überzeugung heraus verweigerte.
Zwar hat es seit 1945 immer wieder in unserer Gemeinde einzelne Stellungnahmen und Darstellungen[428] über Pfarrer Fritze gegeben, doch können wir nun die Veröffentlichung eines Buches mit einer ausführlichen Darstellung und Würdigung dieses Pfarrers unserer Gemeinde nur begrüßen.«
Nach dieser Georg Fritze rehabilitierenden »Erklärung« entschied das Kölner Presbyterium mit 22 gegen 5 Stimmen, bei 9 Enthaltungen, »eine Gedenkplatte oder -tafel mit einem geeigneten Text im Bereich des Kartäusergeländes zum Gedenken an Herrn Pfarrer Fritze und seine Haltung im Dritten Reich anzubringen«[429].

Köln, im Januar 1981 Hans Prolingheuer

428 Dem Verf. ist nur eine einzige »Darstellung« *vor* der *städtischen(!)* Ausstellung im Februar 1974 bekannt: jene »in Legenden versteckte Zeilen« (siehe S. 12) des Festbuches aus dem Jahre 1952, das zu einer Zeit vom Kölner Presbyterium herausgegeben wurde, als die Hauptverantwortlichen für den tödlich endenden Fall Fritze noch immer als »beliebte Pfarrer« in Köln wirkten. Vgl. auch Anmerkung 427.

429 Lt. Brief des Vors. Sommer vom 5. 12. 1980 an den Verf. Vgl. dazu Anm. 140, S. 63.

Dokumente

D/1 Die Aussichten des Evangeliums in Belgien

Vortrag, gehalten bei der XV. Generalversammlung des Evangelischen Bundes zu Hagen i. W. am 8. Oktober 1902 von Pastor Fritze in Ransart bei Charleroi.

Die gescheiterte Revolution in Belgien vom April dieses Jahres hatte für einige Tage die Augen ganz Europas auf das kleine, aber fieberhaft regsame belgische Volk gerichtet. Die damals in den Zeitungen erschienenen Berichte mögen wohl in manchem Leser ähnliche Empfindungen des Gruselns und Schauderns hervorgerufen haben, wie sie in Reuters köstlicher Reise nah Belligen de oll Swartsch un de oll Witsch an den Tag legen bei der Nachricht, daß ihre Ehehälften sich mit ihren Söhnen Fritz un Corl up de Salen maken wulln, um eine Reise ins Ausland Belligen anzutreten. »Un nu nah Belligen, nah dat verfluchte Lock«, so unterhalten sie sich beide. »Min leiwes Duking, weitst du denn nich, wo't oll Wesen liggen deiht?« »Je Vaddersch je, wer dat woll weit? Wid is't, is gor tau wid dorhen, und gruglich Volk ward dor woll wohnen, wenn ick dran denk, ward mi all gräsen.« »Dor warden woll Spitzbauben wesen un Wülw' und de oll Iserbahnen.« Viel klarere Vorstellungen als de oll Witsch und de oll Swartsch haben auch jetzt noch viele, die es nicht aus eigener Anschauung kennen, von dem Land und Volke Belgien nicht. Vor allem ist die evangelische Kirche Belgiens, vielleicht des katholischesten aller Länder, vielen treuen Protestanten, sogar vielen treuen Vorkämpfern der Los von Rom-Bewegung eine unbekannte Größe, wiewohl gerade in dem unbekannten Belgien ein Gewächs der Los von Rom- und Hin zum Evangelium-Bewegung seit etwa 60 Jahren in der Bildung und ständigen Entfaltung begriffen ist, das wir nicht anstehen, als eines der interessantesten Gewächse dieser Art zu bezeichnen, nämlich »die Belgische Missionskirche«. Für sie bitten wir um Gehör, für sie werben wir heute neue Freunde als für ein Werk rettender Liebe an einem todwunden Volke und als für ein Werk der Wiedereroberung eines einst zu drei Vierteln evangelischen Volkes für das ihm gewaltsam entrissene und systematisch vorenthaltene Evangelium von der freimachenden Liebe Gottes in Christo Jesu.

Diese Werbung führen wir mit um so größerem Ernst, als wir zu erkennen meinen, daß das belgische Volk im Begriff ist, sich vorzubereiten auf die große Hinkehr zu dem himmlischen Vater, den es verließ oder den es noch nicht kannte: das Evangelium hat eine Zukunft in Belgien.

Jesus gehört die Welt (Phil. 2, 10). Von dieser Überzeugung aus darf ein evangelischer Christ nie verzweifeln an dem Siege evangelischen Christentums selbst in den diesem entfremdetsten Völkern: »Und dräut der Winter noch so sehr . . . es muß doch Frühling werden«. Selbst das bis ins Mark hinein jesuitisierte Belgien, das Land der uneingeschränkten Priesterherrschaft, das Land, in dem es etwa achtzehnmal soviel Wirtshäuser als Volksschulen gibt, das Land, in dem fanatischer Atheismus mit systematischer Züchtung des Aberglaubens wetteifern an der Vernichtung des schlichten evangelischen Bildes vom Heiland Jesus, selbst es kann der Predigt des Evangeliums nicht dauernd verschlossen bleiben, wenn Gott es nicht will und wenn wir treu sind.

Gott will nicht, daß Belgien antievangelisch sei und bleibe, so fügen wir hinzu im Blick auf sein Wort und auf die Geschichte des belgischen Volkes. Gottes Wege sind wunderbar. Dem schönen evangelischen Frühling, den Belgien im 16. Jahrhundert gesehen hat, sollte nach furchtbaren Stürmen ein langer kalter Winter folgen. Vom Ende des 16. Jahrhunderts bis gegen 1830 blühten als bleiche, schüchterne, verborgene Blumen nur einige winzige Gemeindlein evangelischen Glaubens, die sich vom ersten Frühling her erhalten hatten; einige Hundert Menschen waren frei von römischem Wesen, gebunden an Gott allein durch Jesus Christus. Und jetzt zählen die von Rom Befreiten und dem evangelischen Glauben gewonnenen eingeborenen Belgier nach Zehntausenden, sie dürfen auf 20000 und mehr geschätzt werden. Alle oder fast alle, so lehrt ihre Lebensgeschichte, haben sich losgerungen vom römischen Irrtum und sind hindurchgedrungen zu evangelischer Wahrheit nach heißen individuellen Kämpfen und zwar Kämpfen der einzelnen Seelen mit dem in Jesu und seinem Worte ihnen aufleuchtenden Gotte des Geistes und der Wahrheit. Da, wo vor 60 Jahren nur in einigen wenigen, etwa zehn, Ortschaften evangelischer Gottesdienst gehalten wurde, versammeln sich jetzt in etwa 150 Gotteshäusern oder Betsälen regelmäßig zahlreiche andächtige Zuhörer, um evangelischer Predigt zu lauschen. Die belgische Missionskirche insbesondere, die in ihren Anfängen, im Jahr 1837, nur in der Gestalt von einigen Männern bestand, die entschlossen waren, den suchenden Seelen das Wort des Lebens durch Verbreitung von Bibeln und Neuen Testamenten zu bringen, ist senfkornartig und wie eine still wachsende Saat emporgewachsen und beruht fast ausschließlich auf einer von ihren Gliedern individuell vollzogenen »Los von Rom- und Hin zum Evangelium-Bewegung«. Ihr Stolz ist, daß der Geist der Mission und zwar der Mission an den Millionen der eigenen Volksgenossen, die das Evangelium nicht kennen, die Mehrzahl ihrer Glieder beseelt. Der Fortschritt des Evangeliums in Belgien in der zweiten Hälfte des verflossenen Jahrhunderts und das evangelische Leben, das es erzeugt hat, gewährleisten, daß der evangelische Glaube in Belgien eine Zukunft hat. Diese Zukunftshoffnung muß um so berechtigter erscheinen, wenn die unendlichen Schwierigkeiten betrachtet werden, unter denen die evangelische Entwicklung sich vollzogen hat. (Es handelt sich in diesem Zusammenhang immer nur um die Evangelischen mit römisch-katholischer Vergangenheit und nicht um die aus andern Ländern nach Belgien eingewanderten Evangelischen.) Der Boden, auf dem das Saatkorn keimen sollte, hart, steinig, mit Dornen dicht besetzt; das Volk durch jesuitische Arbeit von Jahrhunderten her religiös und sittlich geknechtet und irregeführt, sein Sinn für Wahrheit und Tugend fast erloschen, sozusagen ein entlaubter Stamm ohne auch nur einen grünen Zweig, nach dem die morschen Zweige hätten sehnend sich strecken können, eine öffentliche Meinung, die entweder römisch-bigott oder materialistisch-atheistisch gesinnt war und keine, der evangelischer Glaube, sein Leben, seine Art auch nur vom Hörensagen bekannt wäre, die schwarze Hand des Klerus das ganze Land umklammernd. Der Säemänner verschwindend wenig und ohne Mittel, die Früchte, die gezeitigt wurden, zu bergen, ohne Mittel, Gotteshäuser zu beschaffen, die Missionare ohne Mutterkirche hinter sich, die entstehende Gemeinde nur mühsam von Jahr zu Jahr durch erbetene freiwillige Gaben ihr Budget bestreitend, je größer die Ernte, je weniger Arbeiter. Das sind die Verhältnisse, unter denen das Evangelium vordrang und zum Teil noch vordringt, schrittweise zwar und langsam, dennoch aber stetig. Daß es vorwärts gegangen ist und weiter also vorwärts geht trotz der schier unüberwindlich scheinenden Hindernisse, ist ein Beweis von der ewigen, sieghaften Jugend des Evangeliums, ein Beweis aber auch, daß dieses in Belgien eine Zukunft hat. Doch diese Zukunft läge fern, menschlich gesprochen, sehr sehr fern, wenn nicht besondere Anzeichen vorhanden wären, die hoffen lassen, daß sie zur nicht gar so weit entfernten Gegenwart, vielleicht wohl gar zur baldigen Gegenwart werden kann.

Die öffentliche Meinung ist, so scheint es uns, in den religiösen Dingen in Belgien in einer Wandelung zu Gunsten des Evangeliums begriffen. Noch nicht ertönt von einflußreicher Stelle ein lautes »Hin zum Evangelium!« ins belgische Volk – ein de Laveleye rief es vor zwanzig Jahren und blieb ungehört. Das Volk war noch nicht reif dafür – aber das Interesse der Oeffentlichkeit an der religiösen Frage wächst und wird, wenn später ein anderer de Laveleye auftreten wird, bewirken, daß sein Ruf von Tausenden bestätigt werden wird. Waren noch vor nicht langer Zeit nur Bigotterie und krasser Atheismus es, die in der Presse zumal und in öffentlichen Versammlungen allein miteinander stritten, waren die einzigen Losungsworte Rom und Antirom, so beginnt jetzt eine ruhigere Prüfung der religiösen Frage, ja des Evangeliums Jesu Christi sich langsam Platz zu machen. Einzelne einflußreiche Männer der liberalen Partei und – wunderbar – ganze Kreise der Sozialdemokratie fangen an, sich mit dem Christentum in ernstem Suchen auseinanderzusetzen, und die Gleichung: römische Kirche = Christentum, hält nicht mehr Stand. Wo aber einmal in dieser Richtung ernst gesucht, wo jene Gleichung ernstlich bezweifelt wird, da sind neue Siege des evangelischen Glaubens zu erwarten. Die Bibliothek für sozialdemokratische Propaganda (Brüssel) hat vor einigen Jahren einen getreuen Auszug aus dem Evangelium St. Matthäus unter dem Titel »Leben Jesu« veröffentlicht, die von sozialistischen Männern kürzlich begründeten Volksbibliotheken im Hennegau enthalten fast alle mehrere Bibeln, ein vor einigen Monaten in Lüttich abgehaltener sozialdemokratischer Kongreß beschloß nach einer lehrreichen Debatte, die bisherige mehr feindliche Stellung der Partei zur Religion auf dem nächsten nationalen Kongreß zu Brüssel einer Prüfung zu unterziehen, mehrere größere Tageszeitungen, die bis vor wenigen Jahren mit eigentlich religiösen Fragen sich nie beschäftigten, bringen von Jahr zu Jahr zahlreichere Aufsätze über sie, evangelische Pfarrer beginnen in ihnen zu Worte zu kommen. Antiklerikale Parteiführer sind von der religiösen Frage innerlich gepackt. Daneben und im Zusammenhang damit steht die immer fühlbarer werdende Unbefriedigtheit des Volkes gegenüber dem, was römische Kirche und Freidenkertum einer Seele bieten. Es wäre zuviel gesagt, wenn man von einem Dürsten des Volkes nach dem Evangelium reden wollte, wenigstens handelt es sich nicht um ein solches bewußtes Dürsten. Viele sehnen sich nach innerer Befriedigung und Lebenskraft, weder Rom noch das Freidenkertum können sie ihnen bieten; daß Jesus ihnen Speise bringen will und bringen kann, das wissen sie, ahnen sie oft nicht, weil ihnen die elementarsten Kenntnisse von seinem Wort und Leben fehlen und weil die bestehenden evangelischen Gemeinden vielfach noch so schwach und wenig bekannt sind, daß sie von ihrer Arbeit unberührt bleiben. Der wachsende Aberglaube auf der einen, die sich steigernde Sinnenlust auf der andern Seite, denen die Unbefriedigten, die vergebens nach Heilung ausschauen, zum Opfer fallen, zeigen, daß das Volk dürstet. Es fühlt seine innere Leere und möchte sie ausfüllen. Nur weil das einzig Bleibende, »sein«, des Heilands, Wort ihm fremd ist, greift es in seiner Verzweiflung zum Vergänglichen. Daß aber dieses Dürsten im tiefsten Grunde, wenn auch den Dürstenden oft selber unbewußt, das Ewige zum Ziele hat, dafür sind unter anderem ein Beweis die zahlreichen Sekten, die in Belgien wie Pilze aus der Erde schießen, zum Teil ganz sonderbare Gewächse, die Popularität der evangelischen Gottesdienste und, daß die belgischen Pfarrer von so vielen bisher dem Evangelium fremd Gebliebenen so freudig aufgenommen werden, daß sie den an sie ergehenden Bitten um Besuche, Unterricht und Vorträge nur zu geringem Teile nachzukommen imstande sind. Ach, nur zu oft freilich begegnet man bei solchen Besuchen sittlich ganz entnervten Seelen, die da möchten, die da erklären: ach wohl fühle ich's, wohl erkenn' ich: Ihr Glaube ist der beste, ist der schönste, ist der wahre, aber ich kann mich zu ihm nicht aufschwingen, es fehlt mir an geistiger Kraft zu glauben, was ich nicht mit den Augen sehen, mit den Händen betasten kann. Man glaubt es nicht, wie unendlich schwer es für einen streng katholisch erzogenen Menschen ist, den Gottesdienst im Geist und in der Wahrheit wirklich zu erfassen! Und doch auch da ist fröhliche Hoffnung geboten: durch geduldige, treue, seelsorgerliche Arbeit werden auch solche der Verzweiflung an allem Geistigen nahe gebrachten Seelen schließlich noch aufgerichtet zu neuem Leben in Jesus Christus. Daß das Volk, daß viele seiner Glieder die Leere zu fühlen beginnen, die in ihrer Seele gähnt, ist ein Appell an alle Evangelischen zu ernster Samariterarbeit an dem belgischen Volk.

Die Hauptbedingungen, unter denen die Zukunft des Evangeliums in Belgien zu baldiger Gegenwart werden kann, sind nach dem Ausgeführten: verstärkte Unterstützung der bisherigen missionarischen Arbeit und gesteigerte Beeinflussung der öffentlichen Meinung durch die Presse und öffentliche Vorträge zur Aufklärung über das Wesen des evangelischen Glaubens in allen seinen Auswirkungen.

Der evangelische Glaube dringt siegreich vor in Ländern, in denen noch vor einigen Jahrzehnten nichts eine solche Entwicklung der Dinge ahnen ließ. Ein Geisterkampf ist entbrannt, der an die Zeiten der Reformation erinnert. Auf der ganzen Linie bewegt sich evangelisches Christentum voran. Aber die Feinde auch sind nicht müßig, sondern schärfen und schwingen ihre Waffen. Laßt uns nicht vergessen, daß die eine große, allgemeine evangelische Kirche die Gemeinschaft aller derer ist, die, welche Sprache sie auch sprechen mögen, Jesus Christus zu ihrem alleinigen Herrn und Meister gemacht haben, und daß in dieser Gemeinschaft die Starken den Schwachen freudig die Hände stärken müssen, soll das große Werk, die Befreiung der Menschheit zu selbständigem Leben in dem Gott, der sie geschaffen, nicht unvollkommen bleiben. Die belgischen Evangelischen sind mutig und tapfer, aber äußerlich schwach. Die Gefechtslage, in der sie sich befinden, ist im Begriff, zu ihren Gunsten sich zu ändern, fehlt es ihnen nicht an den nötigen Reservetruppen, nicht an Proviant, so muß das Land sich schließlich ihrer Fahne ergeben! Geistige Waffen bedarf es im Feld: Männer, immer mehr Männer, die predigen, reden, schreiben über das Wort vom Kreuz, die es lehren und persönlich in die zahlreichen Hütten tragen, in denen es erwartet wird, Gotteshäuser, Versammlungssäle, eine ausgiebige Presse. Die evangelische Kirche Belgiens, zumal die belgische Missionskirche, die es als die ihr von Gott gestellte Aufgabe erkannt hat, zu arbeiten, bis jeder Belgier das Evangelium Jesu Christi persönlich kennen gelernt hat, kann diesen Anforderungen mit ihren Mitteln nicht genügen, sie braucht dazu unbedingt die Hülfe der ausländischen Brüder, die Hülfe der Deutschen, die Hülfe des Evangelischen Bundes. Wir sind vom selben Heere, stärkt uns, die wir auf Vorposten stehen, nicht einmal, sondern regelmäßig, bildet ein Hülfskomitee für die evangelische Arbeit in Belgien und ruft uns durch die That entgegen ein aus der Tiefe des Herzens kommendes: »Verzage nicht, du Häuflein klein«, denn das Evangelium hat eine Zukunft in Belgien, werde sie durch euch zur Gegenwart!

D/2 An die Geistlichen und theologischen Hochschullehrer der evangelischen deutschen Landeskirchen

An die Geistlichen und theologischen Hochschullehrer der evangelischen deutschen Landeskirchen

Werte Herren und Amtsgenossen!

Das Jahr 1913, das uns Deutschen eine große Volkserhebung zurückruft, bringt uns zugleich neue und beispiellose Kriegsrüstungen. Um den Völkerfrieden zu erhalten, so sagt man uns, muß immer angespannter gerüstet werden. Aber die Tatsachen zeigen, daß, da alle Kulturstaaten das Gleiche tun, die Kriegsgefahr so nicht vermindert wird, weil gerade die immer drückendere Last des bewaffneten Friedens, verschärft durch Haß und Mißtrauen der Völker untereinander, zur blutigen Entscheidung drängen kann, die wiederum nicht das Ende, sondern den Anfang erneuten Wettrüstens bedeuten würde.

Als Christen, die wir sein wollen, fühlen wir uns vor Gott und unserem Gewissen verpflichtet, aus diesem Dilemma des Krieges ohne Ende den Ausweg zu suchen, der menschenmöglich und gottgewollt ist: Friede auf Erden! Verständigung der Völker über eine Rechtsgemeinschaft, die das Unrecht des Krieges durch den Rechtsspruch ersetzt und den Völkern die Ethik zumutet, die zwischen den Einzelmenschen selbstverständlich ist.

Nicht, daß wir materielle Opfer für hohe sittliche Güter scheuten, wie es das Bestehen eines selbständigen Volksganzen ist. Im Gegenteil, auch uns ist das Leben der Güter höchstes nicht. Aber wir sind überzeugt, daß der Krieg seine Opfer an Menschenblut keineswegs rechtfertigt, weil sein angeblicher Zweck, der Frieden und das Recht, durch seinen Ausgang nicht verbürgt wird. Wir fordern von den Völkern christlicher Kultur das sittliche Opfer, daß sie unter Zurückstellung kriegerischen Ehrgeizes und der Gelüste gewaltsamer Eroberung einen internationalen Rechtszustand herbeiführen, der das Gewaltmittel der Waffen ausschaltet.

Mit diesen Forderungen, die den Urgedanken des Evangeliums entsprechen, sollten diejenigen voranstehen, die auf Katheder und Kanzel die Religion des Gekreuzigten verkünden. Es ist schmerzlich zu bedauern, daß bisher nur ein verschwindender Teil der deutschen evangelischen Theologen den Völkerfrieden öffentlich vertritt, daß wir diese praktische Gefolgschaft Jesu Christi der kirchenfremden Sozialdemokratie überlassen.

Nicht allein das Ansehen unserer Kirchen, auch die Lebenskraft unseres Glaubens verlangt diesen Beweis des Geistes ohne Menschenfurcht und der Kraft der Menschenliebe.

Wir Unterzeichner richten an alle unsere Berufsgenossen die dringende Bitte, daß sie es als einen wichtigen Teil ihrer Mission ansehen, in Wort und Schrift die Bruderschaft aller Menschen und Völker zu verkündigen!

Dieser unser gemeinsamer Entschluß sei uns die schönste Jahrhundertfeier des letzten europäischen Völkerkrieges, dies eine deutsche Volkserhebung unter der Losung: „Gott mit uns"!

Deutsche Friedensgesellschaft Geschäftsstelle Stuttgart Neckarstr. 69 A Juni 1913

D/3 Kirche und Sozialdemokratie

Vortrag, gehalten im Gürzenich zu Köln, am 15. Januar 1919, von Georg Fritze, Pfarrer in Köln

Verehrte Anwesende! Es sind hauptsächlich zwei Gründe, die mich bewogen haben, der Aufforderung des Sozialdemokratischen Vereins, heute hier über das Thema Kirche und Sozialdemokratie zu reden, Folge zu leisten. Einmal hielt ich es für gut und nötig, daß ich als aktiver Pfarrer von dem weitgehenden Verständnis öffentliches Zeugnis ablege, das ich für das gute Recht und die Bedeutung der sozialdemokratischen Bewegung habe. Der zweite, wichtigere Grund aber ist, daß ich unter der Art, wie in diesen Wochen von mancher Seite im Namen von Religion und Kirche gegen die sozialdemokratische Partei mobil gemacht wird, leide, und zwar als religiöser Mensch. Ich bin der Überzeugung, daß allerdings gegenwärtig »Kirche und Religion in Gefahr sind«, aber mehr durch die Art, wie beide von nicht wenigen, die sich als ihre eigentlichen Freunde und Beschützer ansehen, verteidigt werden, als durch ihre sogenannten Feinde. Von da aus bitte ich meine Ausführungen zu verstehen, sie möchten ein Dienst sein, den ich der Religion und der Kirche erweise. Gerade weil mir meine Religion das Höchste ist, was ich besitze, und weil ich die Kirche als etwas schätze, was unserm Volke und weiterhin der Menschheit die allergrößten Dienste zu leisten berufen ist, gerade darum stehe ich vor Ihnen und aus keinem andern Grunde.

Ich rechne damit, daß mir von mancher Seite der Vorwurf gemacht werden wird, daß es der Kirche nicht einen guten Dienst erweisen heiße, wenn man ihr, wozu ich genötigt bin, schwerwiegende Fehler zur Last legt. Dieser Vorwurf, der mir voraussichtlich gemacht werden wird, kann mich in meinem Vorhaben und in der Art, wie ich es auszuführen gedenke, nicht irre machen. Ich halte vielmehr ein offenes Schuldbekenntnis der Kirche in den Zeitläuften, in denen wir stehen, für eine Sache, die ihr in Wahrheit nur Segen bringen kann, es ist sogar nach meiner Überzeugung unumgänglich nötig, wenn das verwirklicht werden soll, was ich und mit mir viele Kirchen- und Volksfreunde heiß ersehnen, eine Annäherung und wenn möglich Versöhnung zwischen der Kirche und den breiten ihr entfremdeten wirtschaftlich aufstrebenden Volksmassen. Daß ich dabei keinen Augenblick im Zweifel bin, daß die Kirche im Laufe der Jahrhunderte und bis in diese Stunde sich auch um unser Volk außerordentliche Verdienste erworben hat, sollte überflüssig sein zu betonen; ich wäre nicht Pfarrer, wenn ich davon nicht gänzlich durchdrungen wäre. Aber die Kirche kann und soll unserm Volke in diesen für es so bitter schweren und für seine Zukunft entscheidenden Zeiten eine in viel höherm Grade, als es zurzeit der Fall ist, wirksame Gehilfin zu wahrhafter Kraft und Freude sein. Daß sie das werde, daran möchte ich an meinem bescheidenen Teile mitarbeiten.

Freilich *an der Kirche allein liegts nicht,* daß sich meine Hoffnung erfülle. Ich habe *auch der Sozialdemokratie* einige ernste Fragen und Wünsche vorzutragen, von deren Beantwortung es abhängen wird, ob Kirche und Sozialdemokratie weiterhin einander ausschließend und fremd gegenüber, oder ob sie einander anerkennend zum Heile des Volksganzen nebeneinander stehen werden. Davon wird im zweiten Teil meiner Darlegung die Rede sein.

Und nun zur Sache. Was ich zu sagen habe, fasse ich zusammen in die beiden Sätze:

1. Die Kirche muß ein ganz andres Verständnis gewinnen für die tiefern Gründe der sozialdemokratischen Bewegung.

2. *Die Sozialdemokratie muß ein ganz andres Verständnis gewinnen für den Wert der geistig-seelischen Kräfte.*

Und nun zum ersten: *Die Kirche muß anders werden.* Darunter verstehe ich zuvörderst, daß die Kirche und die kirchlichen Kreise sich darauf besinnen müssen, daß sie mehr als irgend jemand sonst die heilige Verpflichtung haben, die *Gesinnung der Liebe* zu betätigen. Liebe, ernste, heilige, gewiß nicht weiche, aber sich stets im Tiefsten gleich bleibende Liebe, das ist und bleibt die *eigentliche und einzige Waffe,* mit der die Kirche ihren Gegnern gegenüber sich durchzusetzen hat. Sie ist und will durch alle Zeiten und Gegensätze hindurch sein die Predigerin der Liebe. Darum weg mit allem *oberflächlichen zu-Gericht-Sitzen* gegenüber der Sozialdemokratie, die doch tatsächlich *von sehr vielen* mit Temperament in Grund und Boden *verdammt worden ist, die sie sehr wenig kannten.* Selbst wenn es richtig wäre, daß die Sozialdemokratie Religion und Kirche als Partei bekämpft, ist *von der Kirche,* die sich als Trägerin der christlichen Religion weiß, hinsichtlich der Art, wie sie Anfeindungen erträgt, *ungleich Höheres zu fordern* als von denen, die es grundsätzlich ablehnen, auf dem Boden des Christentums zu stehen. »Denn niemals kommt auf Erden hier Feindschaft durch Feindschaft ganz zur Ruh. – Durch Nichtfeindschaft kommt sie zur Ruh – dies ist das ewige Gesetz.« Dieses aus einer alten buddhistischen Spruchsammlung stammende Wort bedeutet, ins Christliche übersetzt und erhöht: *»Die Liebe läßt sich nicht erbittern.«* Ich meine, gegen dieses Gesetz ist in sogenannten christlichen Kreisen ungemein oft und schwer gesündigt worden. Man hat außerhalb der Kirche viel zu wenig fühlen lassen, daß in ihr *höhere Kräfte und Mächte* das Zepter führen, als in der rauhen materiellen Welt. Völlig unmöglich gemacht aber wird das Gefühl hierfür, wenn nun gar im politischen Kampf der Parteien die einen als die christlichen und die sozialdemokratische als »die« unchristliche ausgegeben werden. *Für die Religion,* wenigstens für die christliche Religion, *kämpft man anders als mit politischen Machtmitteln.* Wo stünde Jesus, wenn er heute durch unsre Reihen ginge? Ich glaube, es ist kein Zweifel, daß er sich zu keiner Partei als zu der seinigen bekennen würde. *Er hat sein Volk in allen Parteien,* so wie er es während des Krieges in *allen Völkern* und einander bekämpfenden *Heeren* gehabt hat. Aber auch das scheint mir zweifellos: *Das größte Verzeihen hätte er für die Massen,* die aus den Niederungen wirtschaftlichen und seelischen Elends sich recken zum Licht und zum Leben. Wohlan denn! An uns Kirchenleuten ist es, voranzugehen und statt fortgesetzten, mindestens den Schein des Gehässigen nicht vermeidenden, Richtens denen, die uns fremd geworden, ein nimmer ermüdendes, vom *Glauben an Gott* und *an den* von Gott geschaffenen *Menschen* im Sozialdemokraten eingegebenes liebevolles Suchen der Seelen entgegenzubringen. Das führt uns zu dem nächsten: Die Kirche muß vermöge der nimmer aufhörenden, *alles glaubenden und hoffenden* Liebe viel ernster und entschlossener sich *Rechenschaft ablegen, woher* die Entfremdung der proletarischen Massen von Religion und Kirche kommt, und sie muß *hellseherisch werden für die Kräfte des Guten* und des Idealismus, die in der Sozialdemokratie am Werke sind.

Bei der Entfremdung der Massen von der Religion spielt natürlich *der allgemeine materialistische Zug* eine bedeutende Rolle, der während der letzten Jahrzehnte über uns alle dahingegangen ist. Und wahrlich, gegen diesen materialistischen Zug soll und muß die Kirche unerbittlich kämpfen. Aber wollte Gott, daß die Kirche immer mit derselben Schärfe und Rücksichtslosigkeit *den Materialismus oben* gegeißelt hätte, wie sie ihn nach unten hin zu brandmarken verstanden hat. In dieser Beziehung müssen wir leider bekennen, daß in der Kirche die größere Zurückhaltung im deutlichen Nennen der Sünden und Gebrechen gegenüber den obern und nicht gegenüber den untern Kreisen obgewaltet hat. Das war begreiflich, denn die Kirche ist nun einmal verbürgerlicht; aber zur Ausgleichung des Gegensatzes zwischen der Kirche und den aufstrebenden Massen konnte es nicht dienen. Und doch wäre aus pädagogischen und andern Gründen *die größere Milde nach unten das Richtigere* gewesen. Denn je tiefere Blicke man in das Proletarierelend, und vor allem in das Großstadtproletarierelend tut, je mehr verstummt einem alles Scheltwort und harte Richten über die Religions- und Kirchenentfremdung der Massen. Ja, es scheint einem manchmal fast wie eine Naturnotwendigkeit, daß die in gewissen sehr häufig wiederkehrenden Verhältnissen dahinvegetierenden Menschenseelen stumpfer und stumpfer und für die innerlichen Güter und Werte unempfänglicher und unempfänglicher werden. Man lese etwa die Schilderungen des Lebensganges moderner Proletarier, wie sie Sombart in dem Büchlein »Das Proletariat« gibt, oder noch besser: man suche einmal enge Fühlung mit dem täglichen Leben einer größern Anzahl Großstadtproletarier zu gewinnen, und man wird manches Mal erstaunt sein, daß die innere Abstumpfung und Verödung nicht noch viel mehr fortgeschritten sind. Ich nenne nur die beiden kolossalen Notquellen: *Mechanisierung der Arbeit* und *Wohnungselend,* und dem Kundigen verbindet sich mit dem bloßen Namen dieser Worte die Vorstellung eines ganzen Heeres von hemmenden Mächten, die der Gewinnung und Entfaltung von Herzensreinheit, innerlichem Sinn, frohem Vertrauen auf eine alles durchwaltende Güte schier unüberwindliche Widerstände entgegensetzen. Wie kann ich von Kindern erwarten, daß keuscher Sinn und Zartheit in ihnen Wohnung machen, wenn ich weiß, daß sie mit Eltern und mehrern teils ältern, teils jüngern Geschwistern beiderlei Geschlechts *in einem einzigen Raum* wohnen und schlafen müssen? Oder wie kann ich den Gott, »der uns mit aller Notdurft und Nahrung dieses Leibes und Lebens reichlich und täglich versorgt und uns wider alle Fährlichkeiten behütet und beschirmt«, Eltern ans Herz legen, deren Kinder ohne Aufhalten an der Wohnungs- oder Proletarierkrankheit, der Tuberkulose, dahinwelken? Ich fordere von der Kirche und allen ihren Freunden, daß sie bei ihrer Beurteilung des mangelnden Interesses an den religiösen Dingen bei den Arbeitermassen die sozialen und wirtschaftlichen Zustände im Auge behalten, unter denen sehr viele leben. Es ist unbillig, von denen, die die notwendigsten *äußern* Güter entbehren müssen, Empfänglichkeit für die *innern* zu fordern. Wir Anhänger des Idealismus müssen begreifen, daß eine ganze Reihe *materieller sozialer* Einrichtungen *geschaffen werden müssen,* damit dem einzelnen überhaupt *ermöglicht werde, ein Persönlichkeitsleben zu führen.* General Booth sagt einmal ganz mit Recht, daß es ein verkehrtes Beginnen sei, die Seelen von Menschen zu retten, die dauernd an kalten Füßen leiden!

Nun ist es freilich richtig, daß die Kirche im Laufe der Jahrhunderte *eine überaus wertvolle Arbeit* stillen Linderns von Not und Elend an Unzähligen geleistet hat. Das haben auch Sozialdemokraten immer wieder gern anerkannt. Aber es heißt doch die Wirklichkeit nicht oder nicht in ihrer ganzen Wucht sehen, wenn man meint, die christliche Liebesarbeit hätte genügen müssen, um die Massen bei der Kirche festzuhalten. Denn einmal wird von den Besten unter den Kirchenfreunden zugegeben, daß gerade *für das* mit dem Heraufsteigen der modernen Industriearbeiterschaft einsetzende *Massenelend* die kirchlichen Kreise lange, ach viel zu lange blind geblieben waren. Erst Johann Hinrich Wichern, der Vater der Innern Mission, hat die Kirche dafür sehend gemacht. Sodann aber ist ja gerade das für den modernen aufstrebenden Proletarier unerträglich, daß die Kirche, oder doch weite

Kreise innerhalb der Kirche, ihn gegenüber der sozialen Not immer wieder abspeisen wollen mit dem Hinweis auf die ungezählten Liebeserweise der Kirche, daß man noch immer so wenig Verständnis dafür aufbringt, daß die moderne Arbeiterbewegung *nicht Wohltätigkeit,* sondern *Rechte* und *Gerechtigkeit* fordert, daß man, was die Sozialdemokratie Klassenkampf nennt, schlechthin verurteilt und nicht einsieht, daß, wenn die unter der sozialen Not Leidenden warten wollten, bis ihre auch von weiten Kreisen der bürgerlichen Gesellschaft als berechtigt angesehenen Forderungen gütlich und freiwillig erfüllt werden, des Wartens wahrscheinlich kein Ende sein würde. Es ist ein Unding, von einer Aktiengesellschaft barmherzige Liebe zu fordern! So richtig es ist, daß der *religiös gewordene Mensch für sich* immer wieder betätigt jenes im Tiefsten innerlich über alles Unglück und über alle äußere Not Erhabensein in dem Gefühl der innern Verbundenheit mit Gott als dem Quell alles wahrhaften Lebens, so falsch ist es, wenn religiös skeptisch oder ablehnend gestimmte klassenbewußte Arbeiter von der Kirche her vornehmlich Klänge vernehmen, die alle *Not als Gottes Fügung* und das *Emporstreben* des sozial und wirtschaftlich Kämpfenden mehr oder weniger deutlich *als Unrecht* betrachten. Der einseitige *Passivitätscharakter* und die einseitige *Jenseitsorientiertheit,* die dem Sozialdemokraten vielfach von einem großen Teil der kirchlichen Verkündigung her entgegenklangen, ließen ihm von vornherein die Kirche als eine seinen Interessen fremd gegenüberstehende Einrichtung erscheinen. Aber etwas noch schwerer Wiegendes kommt hinzu. Dem modernen sozialdemokratischen Arbeiter erschien die Kirche nicht bloß fremd und ohne Verständnis für seine Bestrebungen, sondern sie erschien ihm *als Gegnerin,* ja Feindin. Ich kann mich für die Belegung dieser Tatsache, sowie dafür, daß die Kirche tatsächlich nicht schuldlos ist an dem Eindruck, den die Sozialdemokratie von ihr gewann, berufen auf das, was das angesehene Sammelwerk: »Religion in Geschichte und Gegenwart« zu dem Thema Sozialdemokratie und Religion schreibt. Es heißt da:

> Durchgängig ist die Ueberzeugung in der klassenbewußten Arbeiterschaft: Die Kirche ist doch nur eine Stütze, ein Instrument des Klassenstaates, eine Polizeistube neben andern Polizeistuben, immer auf seiten der Besitzenden und Ausbeutenden zu finden und Gegnerin des klassenbewußten Proletariats. Dieses Urteil spricht nicht nur die begreifliche Abneigung einer aufstrebenden Volksschicht aus gegen die Institution, die auf Autorität und Tradition besondern Nachdruck legt, es ist auch die Quittung für böse Versäumnisse und Verfehlungen, (von mir gesperrt) die sich die Kirche hat zuschulden kommen lassen.
>
> Die katholische Kirche hat ja nie aus ihrer Abneigung und gegensätzlichen Stellung zur eigentlich sozialistischen Bewegung ein Hehl gemacht. Die evangelische Kirche hat sich, wenigstens in Deutschland, als willige Verbündete der Reaktion seit 1848 gezeigt und ist noch heute vielfach mit dem Adel, mit den konservativen Parteien in Preußen eng verflochten . . .
>
> Bis in die neunziger Jahre des vorigen Jahrhunderts sind in Deutschland die Pastoren, bis auf geringste Ausnahmen, immer unter den Bestreitern der gottlosen Sozialdemokratie zu finden gewesen.

Ich frage, kann man sich unter diesen Umständen wundern, daß in der sozialdemokratischen Arbeiterschaft die Anschauung heimisch wurde, sie habe in der Kirche nichts zu suchen? War es psychologisch und pädagogisch richtig, daß von seiten der Kirche fast immer der Sozialdemokratie nur ihre Sünden, ihre Gottlosigkeit, ihr aufrührerischer Charakter vorgehalten und so selten, ach so bitter selten, innerhalb der Kirche einmal ein freimütiges Zeugnis für ihre Berechtigung abgelegt wurde? Freilich, vergessen darf dabei nicht werden, daß sich diese Haltung der Kirche in einem nicht geringen Grade erklärt aus ihrer engen Verbindung mit dem Staat. *Dieser* ist zumeist daran schuld, daß die Kirche ihren eigentlichen *Beruf, Frömmigkeit und Liebesgesinnung* zu pflegen, nicht rein zu erfüllen vermochte oder doch tatsächlich nicht rein erfüllte, sondern daß sie *dem Staat, und zwar einer bestimmten bestehenden Staatsform, dienstbar* wurde. Es war für sie schwer, wenn nicht unmöglich, ernst zu machen mit dem Grundsatz, der im Wesen ihrer Botschaft liegt, daß nämlich Frömmigkeit im Sinne des Evangeliums unter keinen Umständen an eine bestimmte Staatsauffassung gebunden ist. Die Kirchenbehörden, die politisch links und sozial radikal stehende Pfarrer maßregelten, handelten aus einer zwiespältigen, auf die Dauer unerträglichen Lage heraus, sie waren einerseits Träger des Evangeliums Jesu und zugleich Stützen einer bestimmten Staatsform. Was Wunder, daß der Staatsbeamte die Herrschaft gewann über den Träger des Evangeliums! Darum glaube ich bestimmt, daß die *Lösung des Verhältnisses von Kirche und Staat für die Kirche letztlich segensreich sein muß,* wenn ich auch mit vielen Gesinnungsfreunden fordere, daß die Neuregelung auf schiedlich friedlichem Wege und unter Zubilligung einer nicht zu kurz bemessenen Übergangszeit zu erfolgen hat. Ich bin ganz gewiß, daß, wenn wir erst einmal eine Kirche haben, die politisch neutral ist, d. h. die die Zugehörigkeit zu ihr und die Erlangung ihrer Ämter nicht abhängig sein läßt von der Zugehörigkeit oder Nichtzugehörigkeit zu einer politischen Partei, nicht sofort, aber *mit der Zeit nicht wenige klassenbewußte Arbeiter den Zugang zur Kirche finden werden.* Holland, die Schweiz und andre Länder bieten dafür bezeichnende Belege.

Endlich aber scheint mir noch eine letzte Forderung an die Kirche gerichtet werden zu müssen, deren Erfüllung nach meiner Überzeugung der Kirche nur zum Segen gereichen wird, nämlich, daß sie sehend wird und *Anerkennung hat für die idealen Mächte, die in der sozialdemokratischen Bewegung am Werke sind.* Eigentlich sollte die Kirche Jesu Christi die allererste sein, um *überall das Gute herauszufühlen* in der Welt, auch in der Sozialdemokratie. Statt dessen haben wir es erleben müssen, daß nicht wenige durch und durch idealistisch gerichtete Menschen der Kirche den Rücken kehrten und in der Sozialdemokratie heimisch wurden. Die ganze sozialdemokratische Bewegung hätte diesen Umfang, die Intensität und diese Lebensdauer gar nicht erlangen können, wenn es nicht zuletzt und zutiefst geistige und sittlich seelische Kräfte und Mächte gewesen wären, die hinter ihr standen. Die *soziale Frage ist zutiefst nicht eine Magen- und Wirtschafts-, sondern eine Menschtumsfrage.* Es handelt sich bei ihr im letzten Grunde um die Erarbeitung des idealen Menschen, oder wenigstens einer idealen menschlichen Gesellschaft. Gewiß *erscheint* dieses Ideal wesentlich materialistisch bestimmt. Aber ist denn materielles Wohl, *erstrebt für alle,* nicht ein wertvolles Ideal? Und liegt nicht dem Frommen, den an das Göttliche im Menschen – im biblischen Sinne! – Glaubenden hinter allem Streben nach Glück zutiefst, wenn auch unbewußt, ein viel höheres Streben, die Sehnsucht nach *»Leben und vollem Genüge«?* (Joh. Ev. 10, V. 11.) Einer meiner Freunde schrieb mir kürzlich: »Mag auch der Sozialismus, wie er sich jetzt verwirklichen will, in oft sonderbaren teils materialistischen, teils phantastischen Erscheinungsformen auftreten, wir wissen ja doch, daß *hinter dieser politisch wirtschaftlichen Macht,* die auf dem Marsche und nicht mehr aufzuhalten ist, *als treibende Kraft der Weltwille zum seelischen Neubau der Menschenwelt* vom tiefsten Innern her *arbeitet* und in allen den Menschen, die von der Idee des Sozialismus ergriffen sind, jenen unverwüstlichen *Glauben* und jene *Opferfreudigkeit* erzeugt hat, die sich nun und nimmer aus materiellen Interessenbestrebungen erklären lassen.« Ich stimme dem völlig zu. Wer Kenntnis hat von den Dingen, weiß, daß das Wort von den »gottlosen Heiligen« und den »unbewußten Christen«, die sich innerhalb der Sozialdemokratie zusammengefunden haben, sein volles Recht hat. Ja, ich wünschte wohl, daß recht viele Christen mit derselben Glut und tatkräftigen Inbrunst ihr ganzes Leben so auf den Glauben an Gott aufbauten, wie viele Sozialdemokraten das ihrige auf den Glauben an die kommende sozialistische Weltordnung. Es muß mit dem Frankfurter Konsistorialrat D. Foerster (»Die Gemeinde«, Frankfurt a. M. 28. 12. 1918) festgestellt werden, daß in drei Beziehungen innerhalb der Sozialdemokratie im Vergleich mit den allerbreitesten Kreisen der Kirchenchristen der größere Glaube lebendig gewesen ist: Bei den Sozialdemokraten war der Glaube, daß es gelingen könne, Kriege auf Erden zu beseitigen, den wirtschaftlichen Egoismus unschädlich zu machen und eine größere Gleichheit unter den Menschen herbeizuführen! Foerster fügt hinzu: *Es ist christlich, diesen Glauben zu bejahen, auch wenn er hundertmal* – und wie es scheint, auch diesmal wieder – in der Welt, wie sie ist, *Schiffbruch leidet.* Kann man, wenn man das alles zugibt – und ich sehe nicht, wie es ernstlich bestritten werden könnte –, noch fortfahren, die Sozialdemokratie als eine gottlose, kirchen- und religionsfeindliche Gesellschaft zu verdammen, oder muß man nicht, wenn man es sich klar gegenwärtig hält, muß nicht die Kirche, wenn sie völlig gerecht sein will, eine andre Haltung der Sozialdemokratie gegenüber einnehmen, als es gewöhnlich geschieht? Man kämpfe gegen Materialismus und Unglaube, wo immer man ihn finde – freilich stets im Geist suchender Liebe –, aber man höre endlich auf, es als Christenpflicht und als Pflicht der Kirchenfreunde auszugeben, die *Sozialdemokratie* politisch zu bekämpfen!

Nun aber habe ich lange genug verweilt bei dem, was ich an Wünschen und Forderungen an die Kirche habe. Möglich, daß es manchem des Anschuldigens und Vorwürfemachens zu viel geworden ist. Aber ich vertraue, daß recht viele unter Ihnen, auch unter denen, die der Kirche unsympathisch gegenüberstehen, herausgefühlt haben, daß ich letztlich *nur darum* so frei und offen heraus geredet habe, weil ich meine Kirche *liebe* und weil ich *ihr etwas zutraue.* Selbstkritik, und zwar offene, freimütige Selbstkritik ist für eine im Kern gesunde Gemeinschaft ein *Zeichen von Kraft.* Ich bin überzeugt, daß einer im Kern gesunden Kirche mein Zeugnis zum Guten dienen muß.

Aber es gilt nun, daß auch Sie, meine verehrten Freunde von der Sozialdemokratie, die Sie meinen Ausführungen über die Kirche mit Zustimmung und Beifall gefolgt sind, meiner Einladung zu einer offenherzigen Selbstkritik ihre Aufmerksamkeit leihen. Es wäre verkehrt, wenn das bisher Gesagte die Meinung aufkommen ließe, als ob an dem kühlen und unfreundlichen Verhältnis, das zwischen Kirche und Sozialdemokratie bestanden hat, die Kirche ganz allein alle Schuld trüge. Gewiß, ich werde das meinen Glaubensgenossen immer wieder vorhalten, daß wir an *uns* höhere Anforderungen zu stellen haben als an eine politische Partei, die es abgelehnt hat, mit der Religion ein positives Verhältnis einzugehen. Aber das müssen Sie nun auch zugeben – und hiermit wende ich mich vor allem an die Führer unter der Sozialdemokratie –, daß Ihre Haltung vielfach eine solche gewesen ist, daß der Vorwurf der Religionsfeindlichkeit nicht unverdient erschien. Gewiß, Ihre Haltung war psychologisch und zeitgeschichtlich begreiflich, sie war im hohen Grade bedingt durch die Haltung vieler öffentlicher Vertreter der Religion. Aber es läßt sich nach meiner Überzeugung deutlich zeigen, daß der Zeitpunkt gekommen ist, an dem auch von der Sozialdemokratie gefordert werden muß, daß sie ihre Stellung zu den religiösen und ethischen Mächten einer gründlichen Revision unterziehe. Ich möchte das durch die Beantwortung dreier Fragen zu erhärten versuchen.

Die erste dieser Fragen lautet: *Ist die Stellung*, die die bei weitem überwiegende Zahl der geistigen Führer in der Sozialdemokratie zur Religion *eingenommen hat, nicht faktisch so gewesen*, daß das landläufige Urteil: »Die Sozialdemokratie ist religionsfeindlich«, begreiflich erscheint? Ich glaube, die gestellte Frage muß ohne Umschweife bejaht werden. In dem bekannten Buch »zum innern Frieden« urteilt ein Sozialdemokrat: »Auch heute noch werden sich unter hundert sozialdemokratischen Wortführern kaum zehn finden, die imstande sind, über das Christentum aus jenem achtungsvollen Abstand herauszureden, der eben selbst schon ein Stück Religion ist«, und »gegen keinen Satz des Parteiprogramms ist so häufig verstoßen worden, wie gegen den von der Erklärung der Religion zur Privatsache, und alle feierlichen Berufungen auf das Programm machten begreiflicherweise angesichts der häufigen Verstöße keinen Eindruck mehr auf die Gegner.« Hat unter diesen Umständen die Sozialdemokratie es nicht zu einem guten Teil sich selber zuzuschreiben, wenn sie mit dem Prädikat religionslos oder religionsfeindlich von Leuten gebrandmarkt wird, die wohl wissen, daß ihnen damit eine in nicht unbeträchtlichen Kreisen des Volkes recht wirkungsvolle Waffe zur Bekämpfung der *politischen* Sozialdemokratie in die Hand gegeben wird? Es ist kaum zweifelhaft, daß die Adolf Hoffmansche Kirchen- und Religionspolitik, die freilich von dem größten Teil der Sozialdemokratie als Anachronismus und Atavismus empfunden wird, der Sozialdemokratie bei vielen sehr geschadet hat, die im Begriff waren, sich ihr zuzuwenden. Aus rein taktischen Gründen wäre es daher im Interesse der Sozialdemokratie gelegen, wenn mit der *Verpönung kirchen- und religionsgegnerischer Vorstöße* im gesamten Parteileben *in noch höherm Grade Ernst gemacht* würde, als das in den letzten Zeiten bereits der Fall gewesen ist. Hat die Kirche sich durch ihre Parteilichkeit gegenüber der Sozialdemokratie die Massen der klassenbewußten Arbeiter entfremdet, so hat die Sozialdemokratie lange Zeit hindurch mit einer nicht selten zur Schau getragenen Geringschätzung der Religion nicht wenige von sich zurückgestoßen, die ihren sonstigen Bestrebungen zustimmen müßten.

Freilich aus dem eben Gesagten ergibt sich eine weitere Frage, nämlich: ob und inwieweit die vielfach in der Sozialdemokratie beobachtbar gewesene, die Religion ablehnende oder sie als bedeutungslos einschätzende Haltung *im Wesen beider* begründet lag. Deutlicher: *Ist der historische Materialismus als unumstößliches Dogma ein integrierender Bestandteil der sozialdemokratischen Weltbetrachtung?* Daß der berühmte sozialdemokratische Programmsatz »Religion ist Privatsache«, abgesehen von taktischen Erwägungen, zur Wurzel eine Anschauung hat, die mit den Empfindungen und Gewißheiten lebendiger Religiosität im tiefsten Grunde unvereinbar ist, kann nicht bestritten werden. Wohl werden wir Anhänger der christlichen Religion immer wieder zugeben, daß die soziale und wirtschaftliche Umgebung des Menschen einen außerordentlich starken Einfluß auf das Werden oder Vergehen religiösen Lebens ausübt; wem aber Religion mehr ist als Theorie und blasser Gedanke, *der lehnt ihre restlose Erklärung aus der materiellen Umwelt mit aller Entschiedenheit ab.* Als wertvolles Forschungsprinzip mag der Geschichtsmaterialismus seine Geltung behalten, als letzter und ausreichender Erklärungsgrund alles geistigen, sittlichen und religiösen Lebens bedeutet er den Tod der Religion. Bei allem Verständnis für die zeitgeschichtlich bedingte, innerhalb der Sozialdemokratie geübte *einseitige Betonung der Alleinbedeutsamkeit des Materiellen für das*

Geistige müsssen es darum die lebendig Religiösen als schließlich verhängnisvoll und unerträglich empfinden, wenn der bei aller sozialdemokratischen Arbeit herrschende Unterton jene Weltbetrachtung bleibt, nach der Religion zuletzt und im tiefsten Grunde zu einer Art *Liebhaberei* oder zu einer *Krücke* erniedrigt ist, an der die Schwachen und geistig nicht genügend Aufgeklärten durchs Leben gehen. Wir meinen: Die Zeit ist gekommen, daß auch die Sozialdemokratie erkennen muß, die planmäßige *Pflege der geistig ethischen, ja auch der religiösen Werte und Kräfte ist eine in sich wertvolle Sache,* die ohne Schaden für das Ganze, ja ohne Schaden für die Erreichung des letzten Zieles der Sozialdemokratie gar nicht vernachlässigt und gering eingeschätzt werden kann. Wohl sind wir einig in der Losung: Kampf *der* Kirche und *der* Religion, die zu politischen Zwecken mißbraucht wird, aber sie verbinde sich mit der andern Losung: Achtung und Interesse gegenüber *der* Religion und Religionspflege, die in selbstloser Weise den Menschen *Hilfsdienste* leistet *zu wahrhaftem Menschtum und echter Lebensfreude.* Ja, ich glaube sogar, daß zuletzt das *ganze sozialistische Ringen* nur *an Schwung und Kraft* im höchsten Sinne, an der Kraft, die doch die stärkste ist und die sicherste Verheißung wirklichen Erfolges hat, an Kraft des Idealismus *gewinnen* wird, wenn das Bewußtsein bei den Menschen, die vom Sozialismus ergriffen sind, wächst: wir stehen letztlich nicht unter einem *materiellen,* sondern unter einem *geistigen Zwang, unter dem Zwang des höchsten Weltwillens.*
Das führt uns nun zu der letzten Frage, die ich an die Führer der Sozialdemokratie zu stellen habe. Ist hinter all ihrem, auf die nächste harte Wirklichkeit gerichteten Arbeiten und heißen Bemühen die Erkenntnis lebendig, oder doch im Werden, daß die *Verwirklichung aller* ihrer sozialpolitischen und wirtschaftspolitischen *Forderungen noch* bei weitem *nicht gewährleistet,* was die Besten unter allen Menschen- und Volksfreunden wollen: *Menschenglück und Menschenwohl?* So entschieden ich behaupte, daß es nicht eine einzige wirtschaftliche Forderung der Sozialdemokratie gibt, die mit dem Glauben an das Evangelium Jesu unvereinbar wäre, so entschieden muß ich betonen, daß auch, wenn einmal alle politischen Forderungen des Sozialismus verwirklicht sein sollten, das Glück und wahre Freude am Leben nach meiner Überzeugung noch lange nicht auf unsrer Erde heimisch zu sein brauchen. Denn man kann in den geordnetsten sozialen Verhältnissen leben und sich und andern dabei dennoch das Leben unerträglich machen. Man kann die höchsten Ideale von der Brüderlichkeit und von der Heiligkeit des Menschen preisen und laut verkündigen und dabei doch unbrüderlich und brutal selbstsüchtig sein, auch wenn das Geld abgeschafft und Sechsstundentag und Einheitsschule und beste Wohnmöglichkeiten eingeführt sind.

»Es liegt ein Würmlein drinnen, zutiefst in unsrer Brust,
Heißt Eigenlieb, heißt Lüge, heißt böse, wilde Lust!
Dies Würmlein lerne töten! Mit Gott, mein Sohn, sei stark!
Sonst wächst es her zum Wurme und frißt dein Lebensmark!«

Ja, Freunde, »das Würmlein«! Da liegt zuletzt *eine Quelle des Jammers in allem Menschsein, die durch keine Wirtschaftsreformen und -revolutionen verstopft werden kann.* Dafür, daß ich als Gatte meinem Weibe, als Vater meinen Kindern, als Freund meinem Freunde, als Mensch allen Menschen, mit denen mich das Leben zusammenführt, das bin, was ich vermöge meiner Anlagen und Kräfte, was ich vermöge der tiefsten Tendenz, die in uns schlummert: »liebe deinen Nächsten als dich selbst«, sein soll, dafür müssen gewisse äußere *Voraussetzungen* erfüllt sein, aber das *sittliche Wollen* und noch mehr das *sittliche Können selbst* vermag alles Materiel-

le nicht zu schaffen. *Hier liegt für mich das tiefste Geheimnis und die tiefste Wahrheit des Religiösen; Religion hebt nicht an, wo das Wissen aufhört,* sie ist nicht die Ausfüllung verstandesmäßig noch nicht gelöster oder nie zu lösender Rätsel, sondern sie ist die Kraft zum Guten. Dieses »Kraft zum Guten!«, Kraft zur Betätigung der sittlichen Ideale, Kraft zur sich selbst vergessenden Liebe, Kraft zur echten unerbittlichen Wahrhaftigkeit, *das ist der Urschrei des zum Selbstbewußtsein erwachten Menschengemütes!* »Unser Herz bei Gott und die Hände gegen die Hunde, gegen alles Schlechte in der Welt, das ist das Christentum!« Hier liegt für mich auch der letzte Grund, warum ich glaube, daß der Sozialismus nur dann hoffen darf, die Menschheit *wirklich auf eine höhere Stufe* zu bringen, wenn er diesen letzten und höchsten Fragen sich öffnet. Wohl liegen im Wesen der Dinge schwerwiegende Gründe, die es unmöglich machen, daß die politische Partei als solche einen Bund schließe mit der Religion; möglich aber und dringend wünschenswert ist, daß immer mehr Menschen in der Partei sich dem Geiste öffnen, der echte Religion *nicht als Bedürfnis des Kranken,* sondern als *Kraft des Gesunden* betrachten lernt.
Ich bin am Ende meiner Ausführungen. Wir stehen alle unter dem Eindruck der furchtbaren und wie ich trotz allem zuversichtlich vertraue, in eine schönere, bessere Zeit hineinzuführen bestimmten Ereignisse der letzten vier Jahre und Monate. An uns liegts, was aus der Zukunft herausgeboren wird. Meine Freunde! Es gibt keine Geburt ohne Wehen. Aber es gibt Wehen ohne Geburt! Lassen Sie uns diese Volks- und Weltschicksalsstunde, in der wir stehen, nützen, daß es nicht Wehen seien ohne Geburt. Dazu bedarf es nach meiner festen Überzeugung, daß im wirtschaftlichen und politischen Vorwärtsschreiten hell leuchten die großen, unsterblichen Ideen der christlichen Religion, und daß uns der Geist der größten unter ihren Trägern nicht verlasse; es bedarf aber auch, daß in den Kreisen und Gemeinschaften der christlichen Religion die auf Menschenwürde gerichteten Forderungen des Sozialismus und ihre Vorkämpfer volles Heimatrecht erhalten! Kirche und Sozialdemokratie sollen *nicht gegeneinander, sondern verständnisvoll nebeneinander* stehen zum Wohle des Ganzen! *Sie werden es* in dem Maße, wie sich beide durchdringen lassen von den tiefen Kräften, die in dem feinen, großen und schweren Worte verborgen sind, das von einem Heiden stammt, aber sehr wohl im Neuen Testamente stehen könnte:
Homo homini sanctus! Heilig sei dem Menschen der Mensch!

Bund religiöser Sozialisten Köln

Erläuterungen zu den Richtlinien.

Unsere im März d. J. veröffentlichten Leitsätze haben in weiten Kreisen Zustimmung gefunden. Aber sie sind kein hinreichender Ausdruck der uns bewegenden Kräfte, Gewißheiten und Hoffnungen. Darum fügen wir dem nötig gewordenen Neudruck einige Bemerkungen hinzu, wie sie sich uns aus der bisherigen Arbeit unseres Bundes ergeben. **Dabei soll gleich hier betont** werden, daß auch die folgenden mit Erläuterungen begleiteten Richtlinien **nicht als starres Gesetz** gedacht sind. Sie sollen nur den, wie wir meinen, für unsere Zeit neuen aber in Formeln nicht zu erschöpfenden **Geist andeuten**, der uns verbindet.

Was wir wollen?

1. Wir sind überzeugt, daß die gegenwärtige auf Mammonismus und schonungslosen Konkurrenzkampf aufgebaute inner- und zwischenstaatliche Gesellschaftsform in schroffstem Widerspruch zum Christusgeiste steht und darum durch eine neue ersetzt werden muß.

2. Wir glauben, daß Gott sein Reich **auch auf der Erde** verwirklichen will und zwar nicht blos verborgen in den Herzen der Einzelnen, sondern auch **sichtbar** in einer **vom Christusgeist durchdrungenen Ordnung aller Beziehungen** der Menschen und Völker untereinander.

3. Wir fordern, daß mit der üblichen Unterscheidung von Privatmoral und öffentlicher Moral völlig gebrochen, daß das christlichsittliche Ideal auch auf das öffentliche Leben angewendet und besonders daß das Wirtschaftsleben und das Zusammenleben der Völker im Sinne der Brüderlichkeit und Versöhnung umgestaltet werde.

4. Wir wollen Männer und Frauen sammeln, die die dargelegten Grundsätze und Ziele teilen und in dem angedeuteten Sinne Christentum **und** Sozialismus, Sozialismus **und** Christentum bejahen und für sie einzutreten entschlossen sind. Zugehörigkeit zu einer bestimmten Partei oder Religionsgesellschaft ist für die Aufnahme in unseren Kreis **nicht** Bedingung.

Zu 1. Es geht uns um die gesamte Gesellschaftsordnung, in der wir stehen. Sie ist durchtränkt vom Mammonsgeist. Wir sind alle *genötigt, Mammonisten* zu sein. Die Geldfrage beherrscht auch den, der das Geld aus tiefster Seele verachtet; niemand kann sich der Übermacht des Geldes entziehen. Unter diesem Zustand leidet bewußt oder unbewußt *unser gesamtes Leben*; er macht wahre Gemeinschaft zwischen den Menschen und Völkern unmöglich; er frißt an unsern *Seelen*. Darum müssen wir Profit- und Konkurrenzwirtschaft verneinen und die Bewegungen stützen, die den Privatprofit aus unserm Gesellschaftsleben ausschalten wollen.

Zu 2. Wenn wir *religiöse* Sozialisten sein wollen, so überlassen wir es jedem, mit welcher der bestehenden *Religionsformen* er sich am engsten verbunden fühlt. Willkommen ist uns, wer unter den Bejahern der sozialistischen Gesellschaftsordnung aufrichtig glaubt an den Geist, wem *Gewissen, sittliches Verantwortungsbewußtsein, das Ideal selbstlosen, von Wahrhaftigkeit und Bruderliebe erfüllten Lebens unumstößliche Größen* sind. Wir halten es dabei für selbstverständlich, daß das in den neutestamentlichen Schriften pulsierende persönliche Leben, das an den Namen Jesus geknüpft ist, unsere Gesinnungsgenossen mit heiliger Ehrfurcht erfüllt.

Zu 3. Unser gesamtes „Kulturleben" steht unter dem Zeichen des Vorhandenseins von herrschenden und von zur Dienstbarkeit verurteilten Klassen. Wir bejahen den Klassenkampf, nicht als etwas von Menschen künstlich Gemachtes, sondern als eine aus der Herrschaft selbstsüchtiger Gewalt mit Notwendigkeit hervorgegangene Tatsache. Der Sinn und das Ziel des von uns bejahten Klassenkampfes ist die Beseitigung der Zustände, aus denen er hervorgeht, d. h. Beseitigung des Klassenkampfes selbst, nicht Herrschaft einer Klasse über andere, sondern Aufhebung der Klassen in einer wahrhaften Volksgemeinschaft. Wir verwerfen Klassenhaß und Klassenhetze; der Klassenkampf, der von einer rückhaltlosen Liebe zum Bruder geführt wird, ist uns bei weitem verheißungsvoller als der mit Haß und blutiger Gewalt unternommene. Darum rufen wir auf zum Kampf aus Liebe um gerechte Zustände in der Welt.

Zu 4. Wir sind der Meinung, daß ein klares Sichbekennen zu den von uns vertretenen Überzeugungen, insbesondere zur Notwendigkeit der Beseitigung der kapitalistischen auf Profit und Konkurrenzkampf aufgebauten Wirtschaftsordnung, mit bewußter Zugehörigkeit zu einer der bestehenden bürgerlichen Parteien nicht vereinbar ist. Es soll aber niemand ausgeschlossen sein, der mit Klarheit und Entschiedenheit überall offen für unsere Richtlinien eintritt. Willkommen ist auch, wer, ohne einer politischen Partei angeschlossen zu sein, sich mit uns verbunden fühlt.

Zum Ganzen. Wir denken nicht daran, irgend einer der bestehenden sozialistischen Parteien Konkurrenz zu machen.

Wir halten die Pflege religiös-sozialistischen Geistes für unerläßlich zur Genesung unseres Volkes und der gesamten Menschheit von den Übeln, an denen sie leiden.

Strittig ist unter uns, in wie weit Organisation unserer Bewegung not tut; wenige, die mit ihrem gesamten Auftreten Träger und Förderer unserer Ideen sind, bedeuten uns mehr als viele, die ohne in der Tiefe davon erfaßt zu sein, nur äußerlich in unsere Reihen treten. Wir wollen Kämpfer, Menschen, die Sauerteig und Salz in unserer Gesellschaft sind.

Zustimmungserklärungen bitten wir an einen der Unterzeichneten zu richten. Der Mitgliedsbeitrag beträgt vierteljährlich 2 Mark.

Voraussichtlich erscheinen vom 1. Januar 1921 ab monatlich kurze Mitteilungen unseres Bundes. Preis pro Monat und Nummer zunächst 30 Pfg. Wer sie zu erhalten wünscht, wende sich an unsern 1. Schriftführer, Herrn Frembgen, dessen Anschrift hierunter angegeben ist.

Köln, den 27. Oktober 1920.

Der Vorstand:

Wilhelm Kuhlmann, Maschinenschlosser, 1. Vorsitzender,
Köln-Nippes, Liebigstraße 244.

Georg Fritze, Pfarrer, 2. Vorsitzender, Köln, Große Witschgasse 17,
Fernruf B 3568.

Friedrich Frembgen, Eisenbahnassistent, 1. Schriftführer,
Köln-Merheim, Neußerstraße 510.

Frau Elisabeth Mayer, 2. Schriftführerin,
Köln-Nippes, Schwerinstraße 11.

Georg Mayer, Dreher, 1. Kassierer, Köln-Nippes, Schwerinstraße 11.

Robert Liebmann, Elektromonteur, 2. Kassierer,
Köln-Braunsfeld, Christian-Gaustraße 16.

D/5 Religiöser Sozialismus und Katholizismus

Skizze eines bei dem Meersburger religiös-sozialistischen Kongreß gehaltenen Vortrages von G. Fritze.

Es darf gefragt werden, ob die Behandlung eines Gegenstandes wie des mit der Formulierung »Religiöser Sozialismus und Katholizismus« angedeuteten, nicht *verfrüht* ist. Denn der »religiöse Sozialismus« ist keine einmalige Größe, weder *grundsätzlich* noch in seinen *konkreten* Erscheinungsformen betrachtet. Die folgenden Ausführungen begnügen sich darum, was den religiösen Sozialismus betrifft, bewußt mit einigen wenigen Bestimmungen seines Wesens, so wie der Verfasser es in Anschein seines (des rel. Soz.) Verhältnisses zu den Religionsgemeinschaften sieht, um dann die Hauptaufmerksamkeit der Leser auf das zu richten, was *in der Richtung* nach dem religiösen Sozialismus hin im Bereiche des Katholizismus beobachtet werden kann.
Zum Wesen des religiösen Sozialismus gehört ein über alle konkreten Religions- und Konfessionsformen hinausgreifendes *Menschheitsbewußtsein.* Das soll nicht heißen, daß für den religiösen Sozialisten alle Religions- und Konfessionsbestimmtheiten überhaupt aufhörten. Aber diese Bestimmtheiten sind für ihn *keine Schranken* mehr, die ihn hinderten, sich mit religiös anders als er selbst Bestimmten zu vereinigen. Im Bereich des religiösen Sozialismus gibt es eine innerste Verbundenheit, die durch bestimmte Religions- oder Konfessionsformen *weder bedingt noch gestört* wird. Darin liegt, daß es unmöglich ist, *konkretes Kirchentum* in seiner gegenwärtigen Form und *Sozialismus,* auch *religiösen Sozialismus,* miteinander zu *verbünden,* ohne beider Wesen zu verändern. Dem religiösen Sozialisten besitzt die Kirchenfrage keine prinzipielle Bedeutung mehr; das Wesentliche liegt ihm *über* der »Kirche«. Alle konfessionellen Abgrenzungen innerhalb der sozialistischen Gesamtbewegung unterliegen Bedenken. *Evangelischer* Sozialismus, *katholischer* Sozialismus, etwa auch *jüdischer* Sozialismus, *freidenkerischer* Sozialismus bedeuten durch Betontheit des Konfessionellen nur zu leicht Hemmung und nicht Förderung der sozialistischen Bewegung.
Insoweit nun Katholizismus und katholische Kirche als dasselbe bedeutend angesehen werden müssen, kann der Sozialismus und zwar auch der religiöse Sozialismus im Katholizismus keine Wurzel schlagen. Eine die kirchliche Leitung ablehnende Gruppenbildung ist im katholischen Kirchentum untragbar. Katholisch-kirchliches Gemeinsamkeitsgefühl und sozialistisches Gemeinsamkeitsgefühl sind miteinander unvereinbar. Vergessen werden darf dabei nicht, daß der Katholizismus, *auch als Kirche,* so stabil er auf dogmatischem Gebiete ist, auf ökonomisch politischem Gebiete eine ungeheure Labilität besitzt. Es wird glaubwürdig versichert, daß gewisse Ordenskreise die Marschordnung schon fertig gestellt haben, die von der katholischen Kirche einzuschlagen wäre, wenn es sich für sie einmal darum handeln sollte, sich mit einem bolschewistischen Staatswesen abzufinden. Die Geschichte zeigt, daß die katholische Kirche auch sonst tiefgreifenden politischen Umwälzungen sich in geschicktester Weise anzupassen verstanden hat. Die Distanz, die sie gegenüber Zeiterscheinungen im allgemeinen stets gewahrt hat, erleichtert ihr eine solche Anpassung. So ist denn auch heute festzustellen, daß trotz aller grundsätzlich unübersteigbaren Schranken, die die katholische Kirche zwischen sich und dem Sozialismus aufgerichtet hat, im Bereich des kirchlichen Katholizismus und erst recht in dem des in einem tieferen Sinn religiösen Katholizismus praktisch eine im Vergleich

zum Protestantismus umfassendere und hier und da auch unvergleichlich elementare positive Geöffnetheit für den Sozialismus zu beobachten ist, eine nicht taktisch opportunistische, sondern aus innerem Verstehen hervorsteigende Geöffnetheit. Die prinzipielle Überordnung der katholisch-hierarchischen Einheit über alle etwa notwendig werdenden Bejahungen sich durchsetzender Gesellschaftsumwandlungen wird dabei freilich keinen Augenblick preisgegeben. Der Menschheitsgemeinschaftsgedanke z. B. wird von der katholischen Kirche nur bejaht von dem Gedanken der religiös hierarchischen Einheit aus, dem sich die einzelnen Völker unterwerfen sollen. Und auch für den im Innenpolitischen herrschenden »Solidarismus« liegt das einende Prinzip im Gesellschaftsbau der Kirche. Aber es ist nun eben doch sehr beachtenswert, welcher Wandel sich in der katholischen Theologie in der Richtung auf eine völlige Umstellung gegenüber dem Sozialismus vollzogen hat. Was für ein Weg von einem Victor Cathrein (1890) bis zu Steinbüchel (der Sozialismus als sittliche Idee 1922), Pieper »Kapitalismus und Sozialismus als seelisches Problem« u. a.! Dort radikaler Schnitt, generelle Verdammung und Verurteilung des Sozialismus, *hier* feines Verstehen und weitgehendes Bejahen. Zur Verdeutlichung mögen folgende wenige Zeugnisse dienen: »Der Sozialismus auch in seiner marxistischen Form ist nicht eine rein wirtschaftliche Ordnung; er gründet zutiefst in einer sittlichen Lebensauffassung, zu der kritisch Stellung zu nehmen für jeden geboten ist, der es als intellektuelle und sittliche Pflicht empfindet, sich mit einer Kulturanschauung auseinanderzusetzen, die aus den Nöten des Hochkapitalismus geboren und vom sittlichen Glauben an den Menschen getragen ist« (Steinbüchel S. 144). »Es ist das unbestreitbare Verdienst von Karl Marx, dieses seit dem Erscheinen seines »Kapital« in noch größerem Umfange sich vorbereitende, die Gesellschaft entsittlichende Übel der kapitalistischen Eigentumsform aufgezeigt zu haben. Wenn seine Werttheorie auch nur das Eine gezeigt haben würde, daß aller Gewinn gesellschaftlich erarbeitet werden muß, so läge schon darin ein für die Sozialethik eminent wichtiger Grundsatz, die Forderung nämlich, daß gesellschaftliche Arbeit auch Frucht bringen muß für die, die Arbeit leisten, nicht für den nur, der einen Rechtstitel auf Arbeitsmittel besitzt, der ohne tatsächliche Arbeit unfruchtbar bliebe« (St. S. 291). »Wer die Zurückgewinnung der, 45 % unseres deutschen Volkes zählenden, Anhänger des Sozialismus für den Gedanken und Willen der sozialen, staatsbürgerlichen und nationalen Volksgemeinschaft als deutsche Lebensnotwendigkeit anerkennt, wer zugleich weiß, daß der Sozialismus der Gegenstoß gegen den Geist des Kapitalismus, zugleich sein Geisteskind und berufen ist, den mächtigsten Antrieb zur Überwindung der Wirtschaftsgesinnung zu bieten, muß im Sozialismus den *Lebenswillen einer neuen Lebensgemeinschaft* des deutschen Volkes verstehen, finden und zur Einordnung in die Volksgemeinschaft führen. Er muß wissen, daß im Sozialismus hinter allem Hasse eine verletzte große Liebe lebt und strebt«. (Pieper S. 58).

Handelt es sich in diesen Zeugnissen mehr um eine theoretisch wissenschaftliche Betrachtung der Sache, so steigert sich das positive Verstehen in den Kreisen der sog. jung-katholischen Bewegung bis zu dem, was in diesen Blättern mit Recht das katholische Gegenstück zu dem sonst vorwiegend auf evangelischem Boden gewachsenen religiösen Sozialismus genannt worden ist. Es möge hier zu dem, was über die jung-katholische Bewegung in Neuwerk (Mai d. J.) ausgeführt worden ist, einiges Ergänzende hinzugefügt werden.

Es handelt sich auch hier ähnlich wie in dem vom Protestantismus her kommenden religiösen Sozialismus um recht verschiedene Typen von »religiösem Sozialismus«.

(Es muß in solchem Zusammenhang immer wieder betont werden, daß der Name »religiöser Sozialismus« jetzt in der Welt und nicht zum wenigsten in Deutschland von in sich sehr verschiedenartigen Erscheinungen in Anspruch genommen wird. Von Katholiken ist er meines Wissens nirgends aufgenommen worden; ich weiß aber aus privaten Gesprächen, daß von einer katholischen Seite her erwogen wird, ob das nicht doch geschehen soll. Man fragt sich nur, ob ein Wirken für die Sache nicht ohne Anwendung des Namens innerhalb der katholischen Kirche größeren Erfolg verspricht.) Allen den irgendwie für den sozialistischen Lebensgemeinschaftswillen geöffneten jung-katholischen Kreisen ist gemeinsam weitestgehende *Opposition* gegen den *bürgerlichen Geist*, kühne *Kritik am Kirchtum*, Ringen mit dem *Eigentumsproblem*, *innerste Verbundenheit mit dem Proletariat*, aber auch Kampf gegen den Sozialismus *als Ansichtenmauer und dogmatisches Lehrsystem*. Unmittelbar in den politischen Tageskampf ist eingetreten Vitus Heller mit der Begründung der Christlich sozialen Reichspartei, von der Kundige versichern, daß sie in Arbeiterkreisen – und nicht nur in ihnen – dem Zentrum nicht geringen Abbruch tut. Die an Vitus Heller anknüpfende Bewegung möchte ich, was Geist und Haltung betrifft, *am ehesten* die katholische Parallele zu der süddeutschen evangelisch-sozialistischen Bewegung nennen. Hier ein Stück aus einem Flugblatt: ». . . Kein Gott hat gesagt, daß nur einige diese Erdengüter haben sollten, daß der eine den Acker, die Fabrik, das Geld, der andere das Sklavenlos, die Arbeit, den Hunger, das Elend haben sollen. Bodenreform! Zerschlagt radikal den Großgrundbesitz. Er ist unsittlich geworden . . . Du Arbeiter darfst nicht Lohnsklave bleiben, Sklave der Maschine. Durch deiner Hände Arbeit entstehen diese Werte – du bist vor Gott und der Gerechtigkeit Mitteilhaber an den Werken . . . Mit Arbeitslosenversicherung, Invaliden- und Krankenversicherung erlösen wir kein Proletariat! Tiefer, radikaler, christlicher müssen wir vorgehen! . . .« Das Flugblatt schließt mit einem Gedicht von Ernst Thrasolt, überschrieben »Unsere Gemeinde«:

»Tritt ein! – Es seien unsere Gemeinde,
Die Armen, die Verächtlichen, die Diebe,
Die Ausgestoßnen aller Welt, die Feinde,
Die uns ins Antlitz schlagen und uns hassen:
Um sie, nicht um uns zu suchen, gehn wir auf die Gassen.
Wir wollen leis und gut sie an den Händen fassen
Und keiner sei, der noch verlassen bliebe,
Und es sei ein Gesetz nur: Christi Liebe!«

Der an Utopismus grenzende Charakter dieser Bewegung ist unverkennbar. Es wäre aber verkehrt, sie mit einer solchen Einschätzung auf sich beruhen zu lassen. Heller selbst erweist sich in seiner Arbeit durchaus als nüchterner Wirklichkeitsmensch. Es war doch etwas Großes, wie Heller im großen Gürzenichsaal in Köln am Abend vor der Entscheidung in der Fürstenenteignungsfrage mit ernstem, eindrucksvollem Bekenntnis zu seiner katholischen Kirche, der er sich sehr wohl zum Gehorsam verpflichtet wisse, verband stärkstes, sachliches und, für ihn und seine Freunde religiös begründetes Eintreten für die Enteignung, mit deutlichem Hervorheben, daß selbstverständlich kein Fürst der Not überantwortet werden solle, und wie stark und selbständig hier der fromme Katholik in dieser Sache *an der Seite der Kommunisten* kämpfte, mit denen zusammen die christliche Reichspartei diese Versammlung veranstaltet hatte! Hier steigt ein ganz anderer Katholizismus bergauf als der rein gegenreformatorisch kulturkämpferische und apologetische, der sich in der Öffentlichkeit vor jenem breit macht. Wir verstehen es, daß kürzlich auch ein her-

vorragender Vertreter des süddeutschen evangelischen Sozialismus zusammen mit Heller in einer Massenversammlung in einer bayrischen Industriestadt Seite an Seite gekämpft hat.
Wir wollen im Folgenden nicht länger verweilen bei der von Nikolaus Eblen geführten großdeutschen Bewegung, sowie bei allen den anderen verschiedenen Zweigen der katholischen Jugendbewegung, vor allen den hierher gehörigen Kreuzfahrern, Normansteinern, Scharfeneckern. W. Wibbeling hat dazu das Wichtigste hier im Neuwerk schon gesagt. Bezeichnend ist, daß vor kurzem auf der Freusburg bei einer Tagung der Kreuzfahrer *ausdrücklich u. a. verhandelt* wurde über: *»Die sozialistischen Strömungen in der katholischen* Jugendbewegung«. Mich drängt es viel mehr, hier besonders stark zum Klingen zu bringen die Stimme des verhältnismäßig kleinen aber *sehr lebendigen,* katholisch bestimmten Kreises um den »Ruf zur Wende«, mit dem ich in letzter Zeit persönlich in engere Fühlung getreten bin. Was ist das in diesen äußerlich anspruchslosen und wenig umfangreichen Blättern für ein packendes Stellungnehmen im Proletariat (Man verschaffe sich z. B. den erschütternden Artikel »Kinder der Gasse«)[1]. Was für Bußrufe an die Frommen, an die Kirche! *Da ist,* ohne daß das Wort da ist, die *Sache,* religiöse sozialistische *Seins*weise. Es wird die Starrheit sozialistischer Dogmatik durchbrochen. Es wird aber auch die sich selbst überschlagende Caritas zurückgewiesen und das »bürgerliche Evangelium« scharf gegängelt, das man den Arbeitern anzubieten wagt, um sich dann in dümmster Weise zu entrüsten, wenn die proletarischen Arbeiter sich dafür bedanken. »Der vierte Stand ist nicht ungläubig; er steht noch vor dem Glauben; er ist hungrig nach Glauben. Der vierte Stand ist der sozialistischen Lehre und Theorie verfallen, weil der Priester und Levit an ihm vorübergegangen sind.« Karl Marx wird als Wohltäter und gläubiger Mensch gewertet. »Der Klassenkampf ist von der besitzenden Schicht erfunden worden; bei ihnen ist er böse von Grund aus. Bei den Besitzlosen ist er Notwehr«. In einem Werbewort für den »Ruf zur Wende, Arbeitsblatt der Herrgottsknechte«, heißt es u. a.: »Wir haben kein Programm. Es geht nicht um die Behandlung von »Fragen«, sondern um die Weckung lebendiger Kräfte und deren Umwirkung in Tat . . . Besondere Aufgaben weisen uns die Verhältnisse . . . Proletariat, Sozialismus und Klassenkampf sind die Kennworte. – Es geht nicht mehr an, nur in immer neuen Darstellungen die Irrtümer des gottlosen Sozialismus nachzuweisen. *Wir müssen eine positive Haltung gewinnen zu der Bewegung des erwachten revolutionären Proletariats.* Um diese wollen wir uns ernstlich und ehrlich mühen«. Man beachte: so zeugen und kämpfen *fromme Katholiken!* Einer ihrer Führer, Wilhelm Hammelrath, ist z. Z. in Rußland. Es ist sehr bemerkenswert, in wie hohem Maße er bei aller Einsicht in die Wahrscheinlichkeit, ja Sicherheit, daß das gegenwärtige Rußland »zusammenbrechen wird«, aufs tiefste bewegt ist von dem unwiderstehlichen Eindruck: ». . . Hier wird der *Grund* gelegt. – Gerade jetzt. Das Erbe einer alten Welt wird von dieser weiter gereicht und übernommen von einer neuen, jungen, – *das geht nie ohne Stürme, ›Zusammenbrüche‹, – aber die Saat wächst.* Diktatur? Ja. Offene Herrschaft des Proletariats. – Aber die ist zehn- und hundertmal besser für das Volk und das Land, als Herrschaft des Geldsacks . . . Und noch dazu: wird bei uns das ›Volk‹ nicht viel mehr vergewaltigt und unterdrückt und verächtlich mit Füßen getreten – heimlich oder inoffiziell, aber darum um so gemeiner und verderblicher, tatsäch-

1 Zu beziehen durch Maria Richartz, Köln-Mülheim, Herlerstr. 81.

lich? – Bei uns Diktatur des *Geld*sacks und *brutalste* Diktatur, – und unehrliche. – Hier: Diktatur der Idee, des *Volkswohles*, größte Selbstopfer, Hebung von Wirtschaft und Bildung und Gesundheit!«[2]

Wie wollen wir alle diese Lebensregungen im Bereich des Katholizismus werten? Ist ihnen damit Gerechtigkeit widerfahren, wenn wir sie etwa so registrieren: »ein romantischer Katholizismus ist hier im Wachsen, der auch für viele Nichtkatholiken einen eigentümlichen Zauber hat und an zahlreichen Stellen in die allgemeine antibürgerliche Bewegung eindringt«?[3] Wohl ist es berechtigt, wenn Tillich[4] feststellt: »Wo sich Richtungen bemerkbar machen, die zu einer wirklichen Erschütterung des gegenreformatorischen Katholizismus führen könnten, da werden sie geduldet, so lange sie propagandistisch wertvoll sind. In dem Augenblick aber, wo sie dem Zentralismus und der Unbedingtheit der Kirche gefährlich werden können, werden sie zu Fall gebracht.« Es fragt sich auch, wie lange noch die jungen Katholiken des »Rufes zur Wende« oder der Kreuzfahrer usw. ungehemmt ihr Zeugnis offen werden aussprechen dürfen, so wie es in den mitgeteilten Äußerungen geschieht. Aber *zweierlei* steht fest. Das Erste ist das: die gezeichneten Strömungen innerhalb des Katholizismus sind gewichtige Symptome. Es handelt sich zuletzt darum, daß jene von *derselben Unruhe ergriffen sind,* die an der Wurzel des auf evangelischem Boden gewachsenen religiösen Sozialismus sich befindet. Aus ihrem Frommsein heraus sind sie in innerste Opposition getreten gegen die Wirtschafts- und sozialen Ordnungen, in denen wir stehen, und sie stehen eben daher in einer starken Spannung zu der Kirche, die sich solcher Opposition verschließt. Es ist tief bewegend, welche scharfen Urteile sie von daher sogar gegen die Sache finden, um die die Kirche kämpft wie auf Leben und Tod, *der konfessionellen Schule,* deren Firmenschild christlich sei, die aber ganz und gar nicht dem eigentlichen tiefen Dürsten der Seele nach dem Göttlichen Rechnung trage. Und in hohem Grade beachtenswert sind das *Verpflichtungsbewußtsein und die Schicksalsverbundenheit dem Proletariat gegenüber,* die in dem gezeichneten Kreise lebendig sind, ein Verpflichtungsbewußtsein, das besonders dadurch ausgezeichnet ist, daß jeder Rest von überlegenem Missionieren oder Evangelisieren *wollen* aufgesogen ist von dem Bewußtsein: wir sind schuldig und haben zunächst einmal weiter nichts zu tun als hinzugehen zu dem Proletariat und für es da zu sein. Das andere aber, was unsere Haltung mitzubestimmen hat, ist dies: es besteht in jenen Kreisen ein *starkes Verlangen nach innerer Fühlung mit uns.* Man fühlt dort, was bei uns zunächst nur in der Richtung auf die alten theologischen Gegensätze *»orthodox«* und *liberal* gefühlt wird, in Ansehung auch der Trennung »katholisch« und »evangelisch«: Das *sind* keine Scheidewände mehr und *dürfen* keine Scheidewände mehr sein. Die Stunde, in der wir stehen, schafft ganz neue Fronten: Die *Kirchen* werden nicht etwa verschwinden; aber sie geraten in *Bewegung,* sie mögen wollen oder nicht. Die konkreten Kirchen, wie sie heute sind, auch die konkrete katholische Kirche, gehen tiefgreifenden *Umbildungen* entgegen. Es ist mir in so manchem hierüber mit Jungkatholiken geführten Gespräch nicht völlig deutlich geworden, welcher Grad innerster Freiheit der konkreten Kirche gegenüber nun dort wirklich vorhanden und lebendig ist. Aber ich kann mich dem Eindruck nicht entziehen, daß auch dort ein

---

2 Das »Neue Volk«, 21. August 1926. Man lese auch Hammelraths Frohe Botschaft. Im Wende-Verlag, Köln–Wien.

3 Tillich »Die religiöse Lage der Gegenwart«, Verlag Ullstein.

4 Ebenda.

Neues Werden begonnen hat; und ich glaube, daß ein Erstarken solcher seelischen Haltung von höchster Bedeutung für die sozialistisch proletarische Bewegung werden *müßte.* Ich schließe mit einem Wort aus »Frohe Botschaft«: »In kleinen Kreisen setzt lebendige Kraft jetzt ein, und deren Stoßkraft kann weit über sich hinaus wirken. *Wir müssen uns aber gegenseitig helfen!«*

D/6 »Zur Sache«!

Karthäuser Pfarrblätter

Herausgegeben von Pfarrer Fritze

Nummer 2 | Köln | 1. Mai 1927

„Zur Sache"!

Ansprache, gehalten in der Feierstunde am 1. Mai 1927
in der Trinitatiskirche zu Köln
über Psalm 40 Vers 10:

„Ich will predigen die Gerechtigkeit in der großen Gemeinde: siehe, ich will mir meinen Mund nicht stopfen lassen, Herr, das weißt du."

Was hat das Ganze, was wir hier heute tun, für einen Sinn? Daß wir ein paar schöne Musikstücke und Gesänge hören, vielleicht auch ein paar gute Worte, die „von Herzen kommen und zu Herzen gehen" und dann hinterher sagen: „es war stimmungsvoll, es war interessant"? Es ist möglich, daß viele mit solchen Erwartungen hierher kommen. Der Sinn, den ich mit dieser Stunde verbinde, ist ein anderer. Er besteht auch nicht darin, daß wir hier etwa ein parteipolitisches Bekenntnis ablegen wollen. Ich glaube freilich, daß man sich als verantwortungsbewußter Staatsbürger der Teilnahme am parteipolitischen Leben kaum entziehen kann; aber hier, an diesen Ort und in diese Stunde hinein gehört die Parteipolitik nicht. Gar nicht zu reden davon, wie schmerzlich die Parteizerrissenheit ist, unter der gerade die Arbeiterbewegung, der wir die Anregung zu dieser Feier verdanken, leidet. Nein, wir wollen weder Stimmungsrausch, noch Propaganda für eine politische Partei, sondern wir wollen zur Sache rufen, nach allen Seiten hin, und uns selbst zur Sache rufen lassen, von allem Nebensächlichen oder Unsachlichem hinweg zum Entscheidenden, worum es letztlich geht. Und zwar wollen wir das tun trotzdem oder gerade weil wir wissen, daß es nicht sehr viele Menschen gibt, die für große, entscheidende Sachen, geschweige für die entscheidende Sache zu haben sind, weil sich das Leben der Meisten nur um ihr kleines persönliches Ich dreht, auch dann, wenn sie dieses nur um Sich-selber-drehen mit irgend einem sachlichen Mantel verhüllen.

Was heißt das nun heute, an diesem Tage, den die Arbeiter der Welt in besonderem Sinne zu ihrem Feiertag erkoren haben, was heißt das da: „zur Sache rufen"? Es gilt einmal denen, die nicht mitfeiern, all den vielen, in den Kirchen und außerhalb der Kirchen, denen der Emanzipations-, der Befreiungskampf der Arbeiterschaft unbequem, unangenehm, ja verhaßt ist, ja die in ihm weiter nichts als Materialismus und Gottlosigkeit sehen. Sie alle rufen wir: „zur Sache"! Ihnen gilt unser: Merket auf! Werdet sehend! Meßt nicht mit zweierlei Maß! Laßt auch den Euch Unbequemen, denen, die gegen unser Wirtschaftssystem ankämpfen, die in gar keiner oder meist nur recht loser Fühlung mit der Kirche stehen, Gerechtigkeit angedeihen. Es ist Blindheit, in ihnen nur eine große gottlose, von bloß materiellen Interessen erfüllte Masse zu sehen! Wohl sind materielle Interessen im Spiel! Wohl geht es auch um Brod, verkürzte Arbeitszeit, Luft und Licht und Raum in den Wohnungen und um noch vieles ähnliche. Aber: dürfen diejenigen, die, was jene nicht haben, besitzen, vielfach in Fülle besitzen, schelten und zu Gericht sitzen? Ist es nicht unsachlich, ganz unsachlich und im Tiefsten unfromm, daß Freie, Selbständige klagen, wenn Geknechtete, Abhängige sich nicht begnügen wollen mit dem Wohlwollen ihrer Werksherren — wenn immer es ihnen wirklich geschenkt wird — sondern kämpfen um die Anerkennung des Rechtsanspruchs auf eine gesicherte und menschenwürdige Existenz für alle. Und weiter: die materiellen Forderungen und Wünsche sind es ja gar nicht an und für sich, um die es geht. Sondern sie sind nur der Ausdruck einer im Tiefsten der Menschenseele ruhenden Sehnsucht nach der ewigen Gerechtigkeit. Das gilt es zu erkennen und sich mit dem vor kurzem so gefeierten Pestalozzi mit aller Schärfe dagegen zu wenden, daß noch immer im Urteilen über vielerlei Verderbnis in unserm Volksleben die Schuld so oft auf die Verdorbenen statt auf die Verderber geworfen wird. „Zur Sache"! Ihr Frommen! Suchet das Reich Gottes und seine Gerechtigkeit. Alles nun was ihr wollt, daß Euch die Leute tun sollen, das tut ihr ihnen. Einer trage des andern Last, so werdet ihr das Gesetz Christi erfüllen. „Ihr klaget gerne, daß mit Neid aufblickt zu euch der ärmre Mann; wenn zu dem Reichen ohne Neid Ihr selbst emporblickt, klaget an. Ihr wißt nicht, wie an warmen Herd ein Schreckgespenst sich setzt, die Not; ihr wißt nicht, wie zum Herzen klingt der eignen Kinder Schrei nach Brot." Wir wagen das Wort: auch von der Arbeiterbewegung trotz und mit allem Trüben, was ihr anhaftet, gilt, daß ihre Seele dürstet nach Gott, nach dem lebendigen Gott! Darum ist es auch weiter nichts, als ein Ruf zur Sache an alle, die am 1. Mai der Arbeiterschaft kühl oder feindlich gegenüberstehen, wenn wir das, was ein Wichern im Jahr 1848 aussprach, heute aufs neue lebendig werden lassen.

„*Es ist Schuld der Kirchen,* daß es zu *solcher Not in der Welt* gekommen ist. Es ist hier eine gehäufte Schuld, nicht nur der Einzelnen, sondern der *Gesamtheit*.... Das, was der Sozialismus und der Kommunismus im tiefsten Grunde seines Strebens verbirgt, sind die zwar entstellten, aber doch Wahrheit bergenden Züge des Angesichts einer Menschheit, die tiefgebeugt und schmerzerfüllt ist, einer Menschheit, die sich in sozialer Beziehung nach Erlösung und Wiedergeburt sehnt, einer Menschheit, die noch nicht weiß, es aber noch erfahren soll, daß ihre Hoffnung nur durch das Evangelium Erfüllung findet...."

Unser Ruf zur Sache gilt aber auch denen, die heute feiern! Mit Maifeier und Sozialismus und Arbeiterbewegung ist es, wie mit den christlichen Festen und den Verkündigungen des Christentums und den christlichen Volksbewegungen: sie können erstarren, sie können zu Götzen, sie können leer und hohl und unwahr werden. „Ich will predigen die Gerechtigkeit in der großen Gemeinde: siehe ich will mir meinen Mund nicht stopfen lassen" das wende ich auch gegen die Feiernden. Laßt Euch zur Sache rufen! Verfallt nicht in die Fehler derer, die Ihr bekämpft. Werdet nicht — oder da ich selber zu den Feiernden gehöre — laßt *uns nicht selbstgerechte* Pharisäer werden, die andere verdammen und selber verdammlich sind. Das, worum es uns Feiernden geht, muß uns wirklich die *Sache* sein, daß Gerechtigkeit werde, Gerechtigkeit in aller Welt! Dann aber müssen wir uns selber in strenges Gericht nehmen, dürfen nicht bei unserm sozialistischen Arbeiten uns dabei entdecken, daß wir vielleicht zutiefst doch nur für unsern *persönlichen* Vorteil oder unsere Ehre arbeiten und müssen unsere *Waffen rein* halten. Da gilt dann uns genau so wie allen anderen, daß wir nicht immer neu zu fragen haben, *ob Gott gerecht* ist, sondern ob *wir recht* sind und unsre Pflicht tun. Los von aller Lüge, los nicht nur vom kapitalistischen Wirtschaftssystem, sondern los auch von dem mammonistischen Geist und von aller persönlichen Bequemlichkeits- und Glückssucht!

Aber es gilt *noch ein letztes „zur Sache Rufen"*, ein noch entscheidenderes und schwerer Wiegendes! Ein Rufen zur Sache an alle, ohne Unterschied, an die, die heute feiern und an die Abseitsstehenden, an die Frommen und an die Gottlosen. Das ist der Ruf zu der Sache, die zutiefst all unserm Sein und Kämpfen *Sinn* und *Verheißung* gibt. Meine Freunde, wir mögen es Wort haben wollen oder nicht: die *Frage aller Fragen*, die hinter allem Ringen der Menschen und der Menschheit steht, ist doch die nach Gott. Und wenn wir vorhin die gesamte Arbeiterbewegung allen Gottesleugnern zum Trotz ein großes Dürsten nach Gott genannt haben, so müssen wir jetzt die Welt mit ihrem Gram und Glück als *einen großen Schrei* nach Gott kennzeichnen. Und das ist nun der entscheidendste Ruf, der uns heute treffen soll, daß es sich zuletzt und zutiefst nicht um die Gerechtigkeit handelt, die wir machen können, sondern um die *Treue Gottes*. Genauer übersetzt handelt unser Psalmwort nicht von menschlicher Gerechtigkeit, sondern von Gottes Huld und Treue und von seinem Heil. Und im Lichte des Neuen Testamentes schauen wir in dieser Verkündigung die Zusicherung: *Gott ist und will aller seiner Menschen Heil!*

Vernehmen wir den Ruf? Es ist nicht der Ruf zu einem *Begriff* oder zu einer *Kirchenlehre* von Gott, sondern zu dem *wirklichen lebendigen Gott*, dessen *Schöpfung nicht zu Ende* ist, sondern weiter geht, der *Bürge* ist, daß alles Menschenringen und Menschheitskämpfen nicht eitel Wind und flüchtiges Wesen ist, sondern daß unsere Erde der Ungerechtigkeit verschlungen wird von der Erde, da Gerechtigkeit und Liebe wohnt. Er spricht: „Ich bin — wandle vor mir"; nicht damit wir seine Gnade immer blos für uns haben, sondern daß wir seiner Gerechtigkeit im Leben der Menschen Raum schaffen. Amen.

D/7 Von Lenin, dem Menschen und seinem Werk

Vortrag, gehalten bei der Marburger Sozialistischen Studentenschaft, 1930.

Lebensgang – 2. Der Mensch – 3. Das Werk – 4. Schlußfolgerungen.
Ich habe absichtlich formuliert: »*Von* Lenin, dem Menschen und seinem Werk.« Damit ist angedeutet, daß der Gegenstand meines Vortrages zu umfassend, zu wenig erforscht, daß er uns zeitlich noch zu nahe ist, als daß ich beanspruchen dürfte, mehr als Fragmentarisches zu geben. Ich glaube allerdings, daß auch Fragmente hier etwas bedeuten.
Ich nehme weiter an, daß eine vielleicht nicht geringe Anzahl Hörer unter uns sind, die von dem Gegenstand, um den es hier geht, nur ein vages Bild haben. Man weiß ja vielfach von recht wichtigen Dingen und Ereignissen der Gegenwart und der näheren Vergangenheit nur das, was man so zufällig in den Zeitungen oder Zeitschriften liest. Dabei steht es, was Lenin betrifft, meistens so, daß er und sein Werk entweder in die Hölle verdammt oder in den Himmel emporgehoben wird.
Ich betrachte es als meine Aufgabe, ein wenig zu helfen, daß wir merken: es ragt in Lenin und in dem, was er schuf, in unsere Wirklichkeit Etwas herein, das uns nahe angeht, das uns fragt, prüft, warnt, vielleicht auch uns gibt.
Zum unmittelbar Fühlbarmachen dessen, daß Lenin irgendwie etwas ganz Gewaltiges in unserer Zeit bedeutet, seien gleich hier einige Wertungen seiner Persönlichkeit wiedergegeben, die keinen einigermaßen zum Hören Bereiten gleichgültig lassen können.
In einem *aus vielen* nach Lenins Tode geschriebenen *Arbeiterbriefen* heißt es:

> Die Sonne ist finster geworden, ein Stern ist gefallen.
> Soldaten der Kaiserlichen Armee, wer von euch in den Schützengräben war, – erinnert euch, was die Welt für euch damals war! Eure flehenden Blicke richteten sich verzweifelt zum Himmel – aber vom Himmel regnete es nur Geschosse zur Antwort. Umsonst waren eure Gebete!
> Da ging durch Wälder und Felder, zwischen den Leichnamen und Verwundeten der Ruf: *Lenin!* –
> – sein Ruf drang tief in jedes blutende Soldatenherz. Wir folgten ihm. Für seine Parolen gab man gerne sein Leben hin. Man starb mit Freuden, niemand dachte an sich . . .
> Das, was er versprochen, ist eingetreten, roter Mohn blühte auf. An Stelle der Verzweiflung trat Freude. Hunger und Verfall sind überwunden . . .
> Heute sieht es dunkel in jedem Herzen aus. Der Stern ist gefallen. Moskau, Rußland, der Bund der Republiken sind in Trauer gehüllt. Die Sonne hat sich verfinstert.
> Der große Lenin ist nicht mehr unter uns[1].

Romain Rolland nennt Lenin den »größten Mann der Tat in unserem Jahrhundert und zugleich den selbstlosesten«[2].
Maxim Gorki urteilt: »Lenins Leben war so, daß wenn wir in einer religiösen Zeit lebten, man ihn unter die Heiligen versetzt haben würde.« Und derselbe bei seiner

---

1 *G. Sinowjew,* Lenin. Verlag für Literatur und Politik, Wien 1924, S. 50.
2 Die Tat, vom September 1927, S. 464.

Rückkehr nach Rußland, Anfang 1928, vor dem im großen Kaiserlichen Theater in Moskau versammelten Proletariat:

> Augenblicklich sitzen hier 2½ Tausend Baumeister des neuen Lebens und der neuen Kultur . . . Das ist viel wert, dafür mußte man aber auch teuer bezahlen. Aber dennoch ist es noch viel mehr wert, als man dafür bezahlen mußte . . . Ich erkenne diese Stadt nicht mehr. Ich kenne alle ihre Häuser, aber ich sehe andere Menschen. Das sind junge, zuversichtliche und satte Menschen. Jener verfluchte Gegensatz zwischen einem sinnlosen und abscheulichen Luxus, wie ich ihn im Westen sehe, und jenen in Lumpen gekleideten Existenzen, wie man sie dort neben dem Luxus findet – das gibt es hier nicht . . .
> Ich war heute zu Besuch bei Wladimir Iljitsch[3]. Diesen Menschen habe ich geliebt wie niemanden anders und habe seine Achtung genossen . . . Der Besuch im Mausoleum Lenins hat mich tief erschüttert. Ich kann darüber nicht ruhig reden. Aber nachdem fuhr ich in das Marx-Engels-Institut. Und als ich dort eure gigantische Arbeit sah, merkte ich zu meiner Schande, daß jene tiefe Erschütterung, die ich vor einigen Minuten im Mausoleum erlebt hatte, zu weichen begann. Und warum? Darum, weil ihr eine tiefschöpferische, den Menschen sättigende Atmosphäre geschaffen habt[4] . . .

1. Lenins Lebensgang

Lenin ist geboren am 23. April 1870 in Simbirsk, jetzt Leninsk, einem kleinen Städtchen an der Wolga, südlich Kasan, und gestorben am 21. Januar 1924. Sein Vater gehörte dem unvermögenden Adel an und bekleidete das Amt eines »Provinzialschulrates«. Früh ist der junge Lenin innerlich geöffnet für die Tatsache, daß in unserer Welt die Schwachen unterdrückt werden. Schon den Schüler Wladimir Iljitsch führt sein älterer Bruder Alexander in die Schriften von Karl Marx ein. Das einschneidendste Erlebnis seiner Jugend ist die Verhaftung und Hinrichtung dieses Bruders auf Grund seines mißglückten Attentates auf den Zaren Alexander III. im Jahre 1887. Ekel vor dem Bürgertum packt ihn, als niemand die Mutter des verhafteten Alexander auf ihrer Fahrt zu dem todgeweihten Sohn nach Moskau zu begleiten den Mut findet. Der Vater war im vorangegangenen Jahre gestorben.
General Schebekoff, der die Untersuchung in Sachen des Attentates Alexander Iljitschs geführt hatte, berichtete an Alexander III.: »Die Terroristen haben nun keine Organisation mehr. Die Letzten zum Unheil Entschlossenen sind nunmehr mit Alexander Uljanow gescheitert. Binnen Kurzem wird Rußland das einzige Land sein in Europa, das keine Stätte hat für den Sozialismus, das ohne Platz ist für die Revolution.« In dem siebzehnjährigen Wladimir Iljitsch aber ist der Ruf zur Revolutionierung der Arbeiterschaft erwacht. Das Attentat von 1887 erscheint als Schlußstein der individual-terroristischen Versuche zur Befreiung Rußlands.
Kurz nach Beginn des Studiums der Rechte in Kasan wird Wladimir wegen politischer Umtriebe von der Universität ausgeschlossen. In provinzieller Zurückgezogenheit studiert er die Vernichtung von Bauernexistenzen, die Agrarfrage, liest Marxens »Kapital« und wird von dem allen sowie von der Hungersnot und Choleraepidemie im Jahre 1891 völlig gefangen genommen.
Mächtig erstarkt in ihm der Drang zur Befreiung der Unterdrückten. In und außer-

---

3 D. i. Lenin. Wer hat, wenn er in russischen Büchern las, noch nicht die Unbequemlichkeit empfunden, daß russische Personen mehr als einen Namen haben?
4 Sozialistische Republik, Köln, 9. Juni 1928.

halb Rußlands arbeitet er an der Weckung und Stärkung des revolutionären proletarischen Klassenbewußtseins. Außerhalb Rußlands ist es die sozialistische Bewegung in Deutschland, die einen tiefen Eindruck auf ihn macht. In Rußland ist er emsig bemüht, durch intensive Pflege persönlicher Berührung mit der Arbeiterschaft deren Lage in Fabriken und Werkstätten zu erforschen. An vielen Orten ruft er in der Stille tätige Vereinigungen zum Kampf für die Befreiung des Proletariats ins Leben. Denn es gilt nicht mehr die individual-terroristische Methode des Befreiungskampfes: eine Massenbewegung muß werden, eine revolutionäre Klassenpartei, die gegen Zarismus und Bourgeoisie gerichtet ist. Diesem Ziel dient auch die Herbeiführung größerer Streiks, u. a. die des Textilarbeiterstreiks von 1890, in den 40000 Arbeiter eintreten.

Mehrere Male wird Lenin in den neunziger Jahren nach Sibirien verbannt.

Schriftstellerisch beginnt er seine Arbeit mit kleineren Schriften, Flugblättern und Ähnlichem, die sich mit einfachsten Dingen beschäftigen, mit der Behandlung der Arbeiter und Arbeiterinnen durch die Ingenieure, Lieferung von Teewasser in die Fabriken, mit der Arbeitsdauer, Straf- und sonstigen Abzügen vom Lohn usw. Er selbst vervielfältigte diese Flugblätter auf dem Hektographen. Erst im Gefängnis in Sibirien kommt er dazu, größere Arbeiten zu schreiben. In der, erst vor einigen Jahren weiteren Kreisen bekannt gewordenen Schrift »Freunde des Volkes« prophezeit er im Jahre 1895 den fortschrittlichen Vertretern der russischen Arbeiterklasse, daß sie, nachdem sie sich die Ideen des wissenschaftlichen Sozialismus angeeignet haben und gefestigtere Organisationen entstanden sein würden, an der Spitze aller demokratischen Elemente den Absolutismus stürzen und das russische Proletariat (neben dem Proletariat aller Länder) auf geradem Wege eines offenen politischen Kampfes »zur sieghaften *kommunistischen* Revolution führen werden«[5]. 1894 hatte er »Die Entwicklung des Kapitalismus in Rußland« legal in Rußland veröffentlichen lassen, d. h. mit vielen Verschweigungen ihm wichtiger Tatsachen und Erkenntnisse. 1896 erscheint von ihm im Ausland, also in weit offener Sprache: »Die Aufgaben der russischen Sozialdemokratie«. 1899, nachdem er wiederum drei Jahre in der sibirischen Verbannung zugebracht hat, hält er mit im Ganzen zehn Mann eine erste illegale Parteikonferenz in Pskow, am Peipussee. Es wird die revolutionäre Arbeiterzeitung »Der Funke« (Iskra) gegründet. In einer der ersten Nummern heißt es:

> Es müssen Männer herangebildet werden, die der Revolution nicht allein ihre freien Abende widmen, sondern ihr ganzes Leben . . . Das politische Denken ist genügend entwickelt, um zu verstehen, daß ohne zehn *talentierte,* bewährte und beruflich ausgebildete und langjährig geschulte Führer, die glänzend aufeinander eingestellt sind, in der heutigen Gesellschaft kein energischer Kampf irgendeiner Klasse möglich ist. – Es braucht Berufsrevolutionäre, Techniker der Revolution, die in jedem Augenblick ihr Leben aufs Spiel setzen[6].

Der Grundstock der von Lenin gesammelten und herangebildeten Berufsrevolutionäre ist im Ausland, in dem sich Lenin zu wiederholten Malen längere Zeit aufhält: Berlin. Schweiz, Paris, London, Brüssel. Bei der im Jahre 1903 in Brüssel und London abgehaltenen Konferenz löst sich der Bolschewismus von der menschewistisch bestimmten Partei. 1905 ist der erste bolschewistische Kongreß in London, zu dem Bebel einen seine Vermittlung zwischen den beiden Richtungen der russischen So-

---

5 *Sinowjew,* S. 54 f.

6 *Valerin Marcu,* Lenin, Paul List Verlag, S. 77.

zialdemokratie anbietenden Brief geschrieben hat. Lenin gab, nachdem er den Brief gelesen, folgende kurze Erklärung ab:

> Wir behalten für Bebel die höchste Achtung; aber wenn es sich darum handelt zu erkennen, wie man in unserem Heimatlande den Parismus und die Bourgeoisie bekämpfen muß, dann soll man uns erlauben, darüber unsere eigene Meinung zu haben. Man muß uns erlauben, die Herren Menschewiki so zu behandeln, wie die Agenten der Bourgeoisie behandelt zu werden verdienen[7].

Lenins Gedanken von der revolutionären Diktatur der Arbeiter und Bauern beherrscht den Kongreß.

Wenige Monate nach ihm tritt in Petersburg der erste Sowjet (Rat) der Arbeiterdeputation in Tätigkeit. Es ist die Erste russische Revolution. Den Auftakt zu ihr bildete jener blutige Sonntag, 22. Januar 1905, an dem der Priester Gapon die Arbeiter mit einer von ihm verfaßten Bittschrift vor das Winterpalais geführt hat, mit dem Erfolg, daß Hunderte der Bittenden, von den Geschossen des aufgebotenen Militärs getroffen, sich in ihrem Blute wälzten. Fast einen ganzen Monat hat der erste Sowjet getagt, dann wurde auch sein Wirken und die ihm im November und Dezember folgenden Massenstreiks im Blute erstickt. Das Ergebnis: die Menschewisten lösen sich gänzlich vom Radikalismus und werden Reformer; sie wollen eine legale Sozialdemokratische Partei, geben das Mittel der gewaltsamen Revolution preis; die Intellektuellen, die früher mit den Arbeitern sympathisiert hatten, wenden sich der Kunst zu. Die Bolschewisten aber ziehen die Summa: Diese Revolution ist nicht vergeblich; sie war die erste bewaffnete Erhebung der russischen Arbeiter. Es gilt eine neue vorzubereiten.

Bei dieser ersten russischen Revolution, deren Ausbruch den im Ausland weilenden Lenin sofort nach Petersburg eilen heißt, bleibt Lenin im Hintergrund. Er schwieg mehr, als daß er redete, und hörte dem zum ersten Male im zaristischen Rußland öffentlich von seinen Qualen und Mühsalen redenden russischen Arbeiter zu. In die niedergeschlagene Arbeiterschaft hinein ruft er, daß die erlittene Niederlage viel Siege wert sei, weil sie den ersten entschlossenen offenen Kampf der unterdrückten Arbeiterklasse bezeichne. Anfang 1906 geht er nach Finnland, weil dort größere Freiheiten herrschen. Hunderte von Revolutionären wallfahrten zu ihm, um von ihm Ratschläge zu empfangen, was zu tun sei, um die neue Revolution zu rüsten. Als seine Lage in Finnland unsicher wird, wandert Lenin aufs Neue ins Exil. Dieses währt nun zehn Jahre lang, die er vornehmlich in Paris und in der Schweiz verbringt, unermüdlich arbeitend an der Heranbildung jener »Techniker der Revolution«, von denen oben die Rede war. Er ist jetzt verhältnismäßig einsam; ja in Paris wird er verhöhnt. Vielen der einst mit ihm Sympathisierenden ist seit der mißglückten Revolution von 1905 das revolutionäre Arbeiterlied zu Ende gesungen. Auf dem Internationalen Sozialistischen Kongreß in Stuttgart 1907 ist er beteiligt an der Formulierung der auf den Krieg bezüglichen Resolution. Mit Rosa Luxemburg bringt er den Absatz ein und zur Abstimmung, der erklärt, daß im Falle des Kriegsausbruches trotz dem Widerstande aller Arbeiter der Welt die Sozialisten die Pflicht hätten, mit allen Kräften die wirtschaftliche und politische Krise auszunutzen, um den Sturz der kapitalistischen Herrschaft zu beschleunigen.

Während er in all den Jahren durch emsige theoretische Arbeit – oft fünfzehn Stunden täglich in den öffentlichen Bibliotheken forschend und schreibend – die schon damals sich häufenden Angriffe gegen den Marxismus in verschiedenen heute vielen

7 *Guilbeaux,* Lenin, Verlag Die Schmiede Berlin, S. 25.

Proletariern bekannten Büchern zu widerlegen bemüht ist und praktisch soviel wie möglich Arbeiter sammelt, die ihm irgendeine Hoffnung geben, einmal Führer ihrer Klasse zu werden, regt sich in Rußland aufs Neue eine wachsende revolutionäre Stimmung, für deren Ausnutzung sich Lenin sofort einsetzt. Selbst die Duma wünscht er der Revolution dienstbar zu machen. Es gelingt, sechs Bolschewisten in die Duma wählen zu lassen. Von Jahr zu Jahr steigert sich die revolutionäre Stimmung.

Da bricht der Weltkrieg aus. Vom Anfang des Weltkrieges an ist Lenin von dem Wunsche erfüllt, Rußland möge nicht siegen. Die Zweite Internationale bricht zusammen. Vandervelde, ihr Präsident, hat an die russischen Sozialisten ein Telegramm gerichtet, sie möchten zeitweilig den Kampf gegen den Zarismus einstellen und sich mit Belgien gegen Deutschland vereinigen. Einzig das Zentralkomitee der bolschewistischen Partei beantwortet Vanderveldes Aufruf mit einem kategorischen Nein. Den bolschewistischen Vertretern in der Duma, die allein konsequente Internationalisten bleiben, wird der Prozeß gemacht. Der zaristische Staatsanwalt weist sie auf das edle Beispiel der sozialistischen Abgeordneten in Frankreich und Deutschland hin! Vergebens. Sie ziehen lebenslängliche Verbannung nach Sibirien der leisesten Konzession an Imperialismus und Krieg vor. Lenin arbeitet im Ausland, vor allem in der Schweiz, mit einer kleinen Gruppe von Gesinnungsgenossen gegen den Krieg und die Zweite Internationale. Er nimmt an den Konferenzen von Vertretern der den Frieden propagierenden sozialistischen Minderheiten in Zimmerwald und Kienthal teil.

Es bricht die russische Februarrevolution von 1917 aus, geführt zuerst von Lwow, dann von Kerensky, die beide Reformer sind. Kerensky schließt mit den Bürgerlichen einen Bund. Es kommt die Koalitionsregierung zustande. Die Macht der Bourgeoisie bleibt im Grunde unangetastet. Dazu werden die kämpfenden Truppen weiter in die Schlachten gehetzt. Lenin drängt nach Rußland.

Rußlands Verbündete verweigern dem Revolutionär die Durchreise. Er wendet sich an die feindliche deutsche Regierung. Ludendorff stellt ihm und seinen Gefolgsleuten in kühler Berechnung einen Eisenbahnwagen zur Verfügung, der quer durch Deutschland geschoben wird. Zagend, unsicher, welches sein Schicksal sein und ob er nicht kurzer Hand verhaftet und ihm der Prozeß als Vaterlandsverräter gemacht wird, nähert sich Lenin russischem Boden. Ganz wider alles Erwarten überwältigend ist der Empfang, der ihm in Petersburg zu Teil wird. »Gellende Schreie, triumphierende Rufe, die Hymne der Internationale verwandeln den Bahnhof in einen lebendigen Strom. Lenin sieht einen Augenblick verwundert zum Fenster hinaus. Schon ist er in der Masse eingekeilt und kann sich nicht mehr bewegen. Soldaten . . . bahnen ihm mit guten Worten und Stößen einen Weg, befreien den Führer aus der Zange, aus tausendfacher Umarmung. Scheinwerfer beleuchten wie ein brennender Wasserfall die Halle, Bajonette und die goldenen Lettern roter Fahnen blitzen wie Feuerwerk. Die Petersburger Garnison hat Vertreter aller Waffengattungen zur Begrüßung gesandt. Eine bunte Armee brüllt im Takt das eine Wort: *Lenin.*«[8]

Nicht lange währt die Begeisterung. Allzu offen und rücksichtslos redet Lenin dem sofortigen Abschluß des Friedens das Wort, auch wenn demütigendste Bedingungen gestellt würden, und proklamiert die proletarische Revolution, die der jetzigen bürgerlich und sozialreformerisch bestimmten folgen müsse. Man erklärt: Der ist unschädlich, redet wie ein Kind, ist nicht ernst zu nehmen. Bald jedoch wächst sein Einfluß. Lenin und seine Haltung erobern bedrohlich immer mehr Volk. Lenins

8 *Valerin Marcu,* S. 216 f.

Verhaftung wird angeordnet. Er muß sich verbergen. Es wird förmlich Jagd auf ihn gemacht. Die Zeit arbeitet für ihn. Die unglückliche berüchtigte Kerensky-Offensive, die mit einer vollständigen Niederlage für die Russen endet, verschafft ihm eine ungeheuere Anhängerschaft. Die Truppen fliehen von der Front. Die Stunde für Lenins proletarische Revolution ist gekommen. – Am 7. November ergreift der Bolschewismus die Macht. Lenin wird Vorsitzender des Rates der Volkskommissare und regiert Rußland. Er schließt den von der Mehrheit der Russen als Schmach empfundenen Frieden von Brest Litowsk. Dann geht er ans Werk und reißt die noch stehenden Eckpfeiler des russischen Baues nieder: *Die gesamten Produktionsmittel sollen in das Eigentum der Allgemeinheit hinübergeführt werden.*
1917 bis 1921 sind die Jahre des sogenannten Kriegskommunismus mit all seinen Furchtbarkeiten, aber auch mit dem *ungeheuren Mut* zu dem ernsten Versuch, den Sozialismus aufzubauen. Die Feudalherren auf dem Lande, die Unternehmer in den Städten werden unschädlich gemacht; das Finanzkapital wird unter staatliche Aufsicht gestellt; alles wird in die Hände der Bauern und Arbeiter, in die Verwaltung der neuen kommunistischen Staatsbeamten gegeben. Nur so sei den früheren Machthabern jede Hoffnung auf Wiederaufrichtung der alten Verhältnisse genommen, nur so werde das Proletariat sich der neuen Aufgaben und der Schwere der Verantwortung bewußt. Nur so werde das russische Beispiel auf das Proletariat der anderen Völker anfeuernd wirken.
Mehr als vier Jahre dauert dieses Regiment. Ruinen, Hunger, Elend sind das Ergebnis. Da tritt Lenin seinen berühmten Rückzug an: der Traum der Weltrevolution ist vorläufig ausgeträumt. Die Bauern sind stutzig geworden. Auf dem Elften Kongreß der kommunistischen Partei sagt Lenin offen: Entweder gelingt es uns Kommunisten, den Bauer mit Ware zu versorgen, ihm in seiner qualvollen Lage zu helfen, oder dieser schickt uns zu allen Teufeln. Der Grundsatz »Gleicher Lohn für Alle« wird verlassen. Hochbezahlte Techniker zur Wiederaufrichtung der Industrie werden herangezogen. Lenin selber prägt das Wort: Ein Techniker ist zehn Kommunisten wert. Der freie Handel wird wieder erlaubt. Die Getreidezwangswirtschaft wird aufgehoben; die im Lande schlummernden Naturkräfte sollen durch Verleihung von Konzessionen an fremde Kapitalisten gehoben werden.
Den greifbaren Erfolg der neu eingeschlagenen Wege hat Lenin nicht mehr erlebt. Im Winter 1921/22 wirft ihn Krankheit darnieder. Die Ärzte stellen eine organische Verletzung des Gehirns fest. Die Glieder versagen den Dienst; die Sprache ist ihm genommen. Vorübergehend erlebt er eine Besserung und teilweise Behebung dieses Zustandes. Lenin ist wieder in seinem Kremlzimmer und entwirft neue Pläne und fragt zum hundertsten Male im Blick auf das Nicht zum Ziele führen vieler versuchter Pfade der neuen ökonomischen Ordnung: »Warum machen wir Dummheiten? Das ist klar: erstens sind wir ein rückständiges Land. Zweitens ist unsere Bildung minimal. Drittens sind wir ohne Hilfe. Kein zivilisiertes Land hilft uns, im Gegenteil, sie arbeiten alle gegen uns. Viertens wegen unseres Staatsapparates.«[9] Die Besserung seines Gesundheitszustandes ist nur vorübergehend. Im März 1923 machen sich die Lähmungserscheinungen in verstärktem Maße geltend. Die hartnäckige Sklerose – das Ergebnis der unmenschlichen Überanstrengung der Kräfte bei unerhörter geistiger Arbeit – machte die Lage Wladimir Iljitschs auch vor dem letzten Schlaganfall, der am 21. Januar 1924 sich ereignete und zur Katastrophe führte, vollkommen hoffnungslos. Am Abend dieses 21. Januar hat er seinen letzten Atemzug getan.

9 *Valerin Marcu,* S. 352.

2. Der Mensch Lenin

Lenin ist vor allem ein Mensch reinsten Wollens. Es ist ganz unmöglich, je gründlicher man sich mit ihm beschäftigt, sich dieser Erkenntnis zu verschließen. Das zu sehen, gehört zu dem Packendsten und zugleich Erschütterndsten, was wir erleben können, wenn wir dabei gegenwärtig haben die Furchtbarkeit und Grausigkeit der Methoden, mit denen Lenin sein Ziel zu verwirklichen versucht hat. Lenin ist förmlich besessen von einer ungeheuren Sache, an die er glaubt und die er Wirklichkeit lassen werden will: es ist *die neue Erde, in der Gerechtigkeit wohnt*. Der Weg zu diesem Ziel ist ihm schrankenloseste Gewalt. Es ist schon hier daran zu erinnern, daß, wer den Krieg rechtfertigt, sich darüber klar zu sein hat, daß er grundsätzlich jedes Recht, Lenin aus ethischen Gründen zu verdammen, verliert. Lenin hat die Gewalt um ihrer selbst willen ganz und gar nicht geliebt. Gorki erzählt, wie Lenin einmal mit ihm spazieren gehend beim Anblick einer Schar spielender Kinder gesagt habe: »Das Leben dieser Kinder wird bereits glücklicher sein als das unsere. Sie werden vieles von dem, was wir mitgemacht haben, nicht mehr an sich erfahren. Ihr Schicksal wird weniger grausam sein. Uns haben die Umstände gezwungen, grausam zu sein. Aber spätere Zeiten werden uns rechtfertigen. Dann wird man alles begreifen.«[10] Nachdem er in einer Gesellschaft die Beethovensche Appassionata hatte vortragen hören, bezeugt er – wiederum zu Gorki: »Ich kenne nichts Schöneres als die Appassionata, ich könnte sie jeden Tag hören. Es ist eine erstaunliche überirdische Musik. Mit Stolz und vielleicht kindischer Naivität denke ich jedes Mal, wenn ich diese Klänge vernehme, es sei doch wunderbar, was die Menschen vollbringen können. Aber ich kann Musik nicht oft hören, sie geht mir auf die Nerven. Ich möchte liebenswürdige Dummheiten reden und diesen Leuten die Köpfe streicheln, die inmitten einer schmutzigen Hölle solche Schönheiten schaffen können. Heute aber ist nicht die Zeit, den Menschen die Köpfe zu streicheln; heute fallen die Hände nieder, um die Schädel zu spalten, erbarmungslos zu spalten, obwohl der Kampf gegen jede Gewalt unser letztes Ideal ist. Das ist eine höllisch schwere Aufgabe.«[11] Nein, Lenin *will nicht die Gewalt*, sondern *er will das große* Ziel: Ausrottung sozialer Ungerechtigkeit zwischen den Menschen bis in die Wurzel; das allgemeine menschliche Wohl; ja vorwärts zum Sieg selbst über Krankheiten und Naturgewalten![12]

Wie groß und intensiv der Glaube Lenins an seine Sache war, bezeugt Sinowjew wenn er schreibt: »Tausende von Menschen, die in entscheidenden Augenblicken verantwortliche Stellungen bekleideten und von diesen oder jenen Zweifeln ergriffen wurden, richteten sich mutig auf, wenn sie einige Minuten mit Lenin gesprochen hatten, und kühn schlugen sie den Weg ein, auf den er sie gewiesen hatte.«[13] Wenn es eine von der Beugung unter Gott losgelöste absolute *Sachlichkeit* gibt, so ist sie in Lenin Fleisch geworden. Daß und wie sehr ihm die Sache Alles ist, tritt in die Erscheinung in der Art, wie die von ihm vertretene und geglaubte Sache bei ihm alle Ich-Interessen, man möchte sagen restlos alle Ich-Interessen völlig auslöscht. Lenin war erfüllt von einem ins Maßlose gesteigerten Altruismus. Nicht einmal Freude an der Macht ist als ein irgendwie sein Handeln kennzeichnendes Merkmal zu erkennen.

---

10 *Fülöp-Miller,* Lenin und Gandhi, Amalthea-Verlag, Leipzig, S. 50.

11 Vgl. Die Tat, Sept. 1927, S. 464.

12 Vgl. Gorki bei *Sinowjew,* Lenin, Verlag für Literatur u. Politik, Wien, S. 52/3.

13 *Sinowjew,* S. 33.

Dieses Sich ganz in den Dienst der Sache stellen macht sich schon darin bemerkbar, wie er allem entsagt, was ihm nicht sicher um der Sache willen gefordert scheint. Schon als junger Mensch läßt er aus solchen Erwägungen oder Empfindungen heraus Schlittschuhlaufen, Schachspiel u. ä. Schlicht und asketisch ist seine ganze Lebenshaltung. Wir hörten schon Gorki: »wenn unsere Zeit vorwiegend religiös gestimmt wäre, so würde man Lenin für heilig erklären.« In größter Einfachheit und Dürftigkeit lebt er mit seiner Lebensgefährtin, sei's in Paris, Zürich oder sonstwo. Die Stillosigkeit der zur Gewohnheit gewordenen Armut kennzeichnet seine Lebenshaltung. »In der Spiegelgasse in Zürich wohnt er in einem alten Hause in einer engen Stube, deren Fenster am Tage nicht geöffnet werden konnten, da sich im Hof eine Wurstfabrik befand, die die Luft verpestete. Ein Holztisch, zwei Sessel, zwei Betten und eine Nähmaschine möblierten das Zimmer. Die Wirtin hätte ihre Wohnung ›Hotel zur Armut‹ nennen können. Kurz vor der Rückkehr nach Rußland in Stockholm führt Radek Lenin in ein Warenhaus und kauft ihm ein paar Stiefel, damit der kommende Mann Rußlands sein Reich nicht mit zerrissenen Schuhen betritt. Doch protestiert der Beschenkte gegen einen neuen Mantel, gegen Wäsche, versichert, in St. Petersburg keinen Konfektionsladen eröffnen zu wollen.«[14]

Alles aber, seine gesamte Lebenshaltung ist beherrscht von der *Verbundenheit mit den Unterdrückten.* Auch der ärmste Bauer hatte vor ihm, als er auf dem Gipfelpunkt seiner Macht stand, das Empfinden, als Gleichgestellter vor einem Freund zu stehen. Erst muß des Volkes allgemeines Niveau gehoben werden, damit die Kunst zum Volke kommen könne: »Darf man einer Minderheit süßes raffiniertes Biskuit reichen, während es den Massen an Schwarzbrot gebricht? . . . Dürfen in Moskau Tausende in den Theatern genießen, wenn Millionen die Kunst des Buchstabierens nicht kennen?«

Mitten in angespanntester staatsmännischer Arbeit für das Ganze ist er fürsorglich für einzelne Volksgenossen, deren besondere Notlage ihm bekannt geworden ist. Er will sich möglichst in seiner Lebensführung vom Proletariat überhaupt nicht unterscheiden. Es ist ihm peinlich, daß in dem schweren Hungerjahr 1919 ihm von allen Seiten aus der Provinz Lebensmittel zugeschickt werden, er habe nicht das Recht, mehr zu essen, als alle anderen Genossen: »Man schickt mir Lebensmittel wie einem Herrn. Wenn ich die Pakete nicht annehme, so beleidige ich die Spender, aber es ist mir sehr unangenehm, sie zu nehmen, während das Volk ringsum hungert.«[15]

Ein Zug erhellt besonders diese völlige Sachlichkeit: Lenin ist *frei von jeglicher persönlicher Eitelkeit.* Es sei hier erinnert an das über Lenins Empfang in Petersburg nach seiner Rückkehr aus zehnjähriger Verbannung 1917 Berichtete, das Triumphgeschrei der Masse, tausendfache Umarmung, die ganze Armee, die im Takt »Lenin, Lenin« in die von Scheinwerfern erleuchtete Nacht hineinschreit, und »er, der noch nie in seinem Leben vor mehr als hundert Menschen sprach, der dreißig Jahre lang von einer Gruppe, die aus zehn Anhängern bestand, zur andern lief, die zwanzig Getreue zählte, dem noch keine Straße eine öffentliche Ovation brachte, strauchelt keinen Augenblick, verliert keine Träne der Rührung, sagt dasselbe, was er auch vor nur zwanzig Leuten gesagt hätte«.[16]

---

14 *Marcu,* S. 178 und 215.
15 *Fülop-Miller,* S. 98.
16 *Marcu,* S. 217.

Nach dem Mitgeteilten erübrigt es sich, Einzelnes davon zu sagen, in welchem Grade Lenin auch *dem Tod gegenüber* in völliger Ruhe und Sachlichkeit verharrte. Er hat mit ihm gerechnet fast täglich, mindestens in den ersten Zeiten nach seiner Rückkehr nach Rußland. Er hat mit ihm gerechnet auch immer wieder, nachdem er die Macht ergriffen hatte. Eine seiner berühmtesten Schriften »Der Staat und die Revolution« hat er, während Kerenski alle nur denkbaren Mächte mobilisierte, ihn zu fangen, im Winkel seines Versteckes zu Ende geschrieben: »Auch wenn die Wünsche seiner Gegner erfüllt und er gelyncht würde – dieser Band muß bleiben, damit seine Anhänger die Lehre nicht vergessen könnten.«[17] Ähnliches finden wir öfter bei ihm. Er ist dauernd auf dem Posten und in jedem Augenblick bereit, wenn es die Sache fordert, sein Leben aufs Spiel zu setzen. Es muß von ihm gesagt werden: »Er hat sein Leben hingegeben!«

Und das alles bei völligem *Fehlen jeglicher religiöser Ideologie,* ja jeder religiösen Haltung, wenn man nicht seinen Glauben an seine Sache als eine Art religiöse Haltung bezeichnen will. Es tauchen, wenn man sich die Haltung Lenins dem religiösen Problem gegenüber vergegenwärtigt und dabei diesen entselbsteten, in der Verbundenheit mit den Unterdrückten gänzlich aufgehenden Menschen, im Auge hat, schwere ernste Fragen auf. Dieser selbe praktisch im Dienst des Wohles aller Menschen erglühende und sich verzehrende Mensch ist theoretisch konsequentester Utilitarist und Materialist. Die Weltanschauungen sind ihm nur ideologische Waffen im Klassenkampf. Nachdem für ihn der Kommunismus politisch und wirtschaftlich gesiegt hat, soll er auch siegen über die idealistische Philosophie. In der Frömmigkeit des Volkes sieht er das ärgste Hindernis für die Durchführung seiner Ideen. »Gott«, der Erzfeind der kommunistischen Gesellschaft, muß niedergerungen werden. Er lehnt auch jede Theologie ab. Denn auch das sei versteckte Religiosität: »Die soziale Unterdrücktheit der werktätigen Massen . . . ist die tiefste zeitgemäße Wurzel der Religion. Die Angst zeugte die Götter . . .« Er ist förmlich erschrocken, als er feststellen muß, daß Gorki »nur für eine Zeit lang gegen die Gottsucherei« ist, und daß er die Gottsucherei durch eine Gotterschaffung ersetzen will. »Ist es denn nicht grauenhaft« schreibt er am 14. November 1913 an Gorki, »daß bei Ihnen so was herauskommt? . . . Gerade deshalb, weil jede religiöse Idee, jede Idee von jedem Gott, ja sogar jedes Kokettieren mit einem Gott – unaussprechliche Gemeinheit ist, die von der demokratischen Bourgeoisie besonders gern geduldet, oft sogar mit Wohlwollen aufgenommen wird – gerade deshalb ist es die gefährlichste Gemeinheit, die niederträchtigste Infektion.«[18] Darum ist Lenin auch nichts so unfaßbar wie die Toleranz. Die religiösen Sozialisten sind ihm die schlimmste Sorte aller Sozialisten überhaupt.

Man darf freilich zum Verständnis dieser Haltung nicht vergessen, daß die russische Kirche jahrhundertelang das Instrument des zaristischen Staates gewesen ist und daß von ihr gesegnet, ja ins Leben gerufen in den Jahren des russischen Bürgerkrieges »Jesusregimenter« und »Muttergottesregimenter« gegen die Sowjetmacht kämpften, und daß der Patriarch Tichon über die Sowjetmacht und über die Bolschewisten den Bannfluch verkündete. Aber auch das Ideal sittlicher Freiheit ist ihm eine wertlose Phrase. Eine absolute Ethik gibt es nicht. Lenins Begriffe von Moral und Sittlichkeit, von Gut und Böse sind stets den jeweiligen politischen Interessen des Bolschewismus untergeordnet. Lüge ist eine aus der Unterdrückung

17 *Marcu*, S. 245.

18 *Lenin,* Über Religion, S. 67 f.

eines Menschen durch einen anderen sich ergebende Konsequenz, das Resultat des Klassen- und Gruppenkampfes.

Zu dem Wesen des Menschen Lenin gehört auch sein *Glaube an die Gewalt.* Parlamentarismus darf höchstens einmal als Notbehelf im Dienst der Förderung des Bolschewismus mit benützt werden. Wirklich erneuert kann nach Lenin die Menschheit nur werden durch Diktatur, eine verläßliche Armee, Spione, Gefängniswärter und Folterknechte. Alle Arten des materiellen und geistigen Terrors müssen angewendet werden. »Ich kenne politischen Gegnern gegenüber nur eine Form der Versöhnung: écraser. Es geht nur durch Revolution, und das heißt nicht bloß durch Gefangensetzung der bisherigen Machthaber im politischen und ökonomischen Leben, sondern durch ihre Tötung. Der Auffassung, als ob es möglich wäre, mit friedlichen Mitteln, wie Wirtschaftsdemokratie, Kontrollämter, Kartellausschüsse u. ä. das entscheidende Mitbestimmungsrecht der Arbeiter im Rahmen des kapitalistischen Staates durchzusetzen, erklärt er für vollständig falsch. Im kapitalistischen Staat gilt das Wort: *un socialiste ministre n'est pas un ministre socialiste.*

Diese Gesamthaltung ist es auch, aus der heraus Lenin beißenden Spott über jede Form von Pazifismus ausgießt. Das »Sich dem Bösen nicht Widersetzen« ist ihm eine ganz ernste Ursache der Niederlage der ersten russischen Revolution. Tolstoi, dessen Kritik an der Kultur er gutheißt »ist lächerlich als Prophet, der neue Rezepte zur Rettung der Menschheit erfunden haben will, und schon ganz kläglich sind darum die ausländischen und russischen Tolstoianer, die ausgerechnet die schwächste Seite seiner Lehre zum Dogma erheben wollen«.[19]

Wir sahen oben, daß trotz allem Lenin nicht falscher beurteilt werden kann, als wenn man ihn einen gewissenlosen brutalen Gewaltmenschen nennt, dem Menschenleben nichts gelten. Es ist nur das Tragische an der Gestalt Lenins, daß er ganz fest überzeugt war, daß das von ihm für Millionen erstrebte höchste Erdenglück nur dadurch möglich werde, daß Hunderttausende in namenloses Elend gestürzt werden, daß es notwendig sei, dem Zukunftsglück der Arbeiterkinder das Gegenwartsglück ihrer Väter zu opfern.

3. Von Lenins Werk

Es ist natürlich schwer, über Lenins Werk, schon wenn man sich auf die Feststellung des Tatsächlichen beschränkt, geschweige wenn man sich anschickt, das Festzustellende zu werten, Unanfechtbares zu sagen, zumal für den, der niemals in Rußland gewesen ist! Immerhin sind unbestreitbare Tatsachen da, die unsere volle Aufmerksamkeit beanspruchen dürfen, und es ist manches nicht eindeutig Festzustellende da, Eindrücke, Wertungen von Menschen, die dort waren und denen man schon Vertrauen schenken darf, die bei aller widerspruchsvoller Art, ja vielfach sogar wegen der starken Gegensätzlichkeit, die ihre Aussagen bedeuten, den lebendigen Menschen beschäftigen müssen.

Schon, daß Rußland heute noch besteht, bedeutet etwas. Wie oft ist ihm gleich nach seiner Begründung durch Lenin prophezeit worden: Das hält nicht, das bricht in Kürze zusammen! Selbst ein Kopf wie Paul Rohrbach erklärte im Frühjahr 1918, daß Rußland als selbständige Macht aus der Geschichte ausschiede. Rußland ist da, und wir wissen, wie ernstlich mit ihm gerechnet wird, so ernst, daß nicht wenige Politiker und Wirtschafter vor ihm in steter Sorge sind. Und was heißt das neue

---

19 *Lenin,* Über Religion, S. 65.

»Rußland«?, was heißt es vor allem, wenn man darunter das Rußland versteht, soweit Lenin ihm das Gepräge gegeben hat?
Heben wir zunächst das äußerlich Greifbarste heraus. Einmal: es besteht der Bund sozialistischer Sowjetrepubliken, und das heißt zur Zeit ein Bund von sechs Mitgliedstaaten, von denen vier selbst wieder Bundesstaaten sind. Wir werden nachher zu zeigen versuchen, daß dieser Staatenbund trotz aller Erweichungen und Abbröckelungen ursprünglicher Prinzipien, auf denen dieses Staatengebilde aufgebaut war oder sein sollte, ein Gebilde bedeutet, das gegenüber allen übrigen heute bestehenden Staatengebilden etwas wesentlich Neues darstellt. – Das Andere, was Lenin schuf, ist die russische kommunistische Partei, d. h. der Zusammenschluß einer halben Million und mehr Menschen, von denen mindestens die Mehrheit angesprochen werden darf als Menschen, die von der Idee einer neuen Menschheit besessen sind, einer Menschheit, von der sie in unheimlich einfacher und selbstverständlicher Weise überzeugt sind, sie werde unvergleichlich höher dastehen, als die gesamte bisherige: diese Menschen sind ganz gewiß, daß sie diese neue Welt herbeiführen. Es ist für uns schwer, uns ein rechtes Bild von der kommunistischen Partei Rußlands zu machen. Es scheint festzustehen: sie ist *etwas ganz Andres als alle unsere* und auch als die uns von andern Ländern her bekannten *politischen Parteien.* Man kommt nur sehr schwer in sie hinein; zu ihr gehören, heißt auf alle persönliche Freiheit gleichsam wie ein Mitglied eines religiösen Ordens verzichten. »Die Parteimitgliedschaft erschöpft sich nicht im Bezahlen der Mitgliedsbeiträge. Ein Parteimitglied ist neben seinem Beruf mit zahlreichen Funktionärsstellungen, im Betriebsrat und in der Zelle, mit Propaganda-, Lehr- und Aufklärungstätigkeit belastet. Zu einem eigenen oder Familienleben kommt es überhaupt nicht. Die Partei fordert von ihren Mitgliedern militärischen Gehorsam. . . . Finanziell ist es nicht unbedingt ein Vorteil, in der Partei zu sein, da ein Parteimitglied nicht über ein bestimmtes Gehalt beziehen darf und mit starken Parteisteuern belastet ist. Anderseits sind alle politisch wichtigen Posten des Staates und der großen wirtschaftlichen Organisationen praktisch den Parteimitgliedern reserviert.«[20] »Auch der russische Arbeiter hat es keineswegs leicht, in die russische kommunistische Partei aufgenommen zu werden. Man muß sich eine langwierige Prüfung auf seine Echtheit und Zuverlässigkeit gefallen lassen. Man hat dann nach der Aufnahme zwar alle Aussicht, eine gute und verhältnismäßig sichere Verwendung zu finden. Aber gewinnsüchtige Menschen kommen in keinem Falle auf ihre Rechnung. Die Gehälter auch der höchsten russischen Staatsbeamten, soweit es sich um Kommunisten handelt, sind für westeuropäische Verhältnisse lächerlich niedrig bemessen. Aber gerade darin liegt System. Von dem Gliede des kommunistischen Ordens fordert man ganz ausdrücklich gesellschaftliche Pflichterfüllung aus anderen als materiellen Motiven. . . . Gewiß darf dabei nicht verkannt werden, daß die russische kommunistische Partei ein Körper ist, der in allen seinen Bewegungen um seine Selbsterhaltung ringt – aber immerhin: ein großzügiger Versuch, andere als rein materielle Triebkräfte für die gesellschaftliche und wirtschaftliche Arbeit auszulösen liegt hier vor.«[21]
Umstrittener, aber nicht einfach als grundlos bei Seite zu schieben ist die Feststellung, daß dank Lenin in *Rußland Ansätze zu einer neuen Art menschlicher Gesellschaft* vorhanden sind. Die Kommunisten Rußlands beanspruchen nicht das soziali-

20 *Gumbel,* Vom Rußland der Gegenwart, S. 45.
21 *Mennicke,* Sozialismus als Bewegung und Aufgabe, S. 45.

stische oder gar das kommunistische Gesellschaftsideal verwirklicht zu haben, wohl aber, daß sie auf dem Wege zu ihm sind. Der Versuch einer Planwirtschaft in der Produktions- und Absatzorganisation ist gemacht. Das Privateigentum an den Produktionsmitteln ist aufgehoben, und deren Überführung in den Staatsbesitz in die Wege geleitet. Der private Handel mit dem Ausland ist verboten, es besteht das staatliche Außenhandelsmonopol. Im Binnenhandel sind private Unternehmungen zugelassen, aber man versucht, sie mit Hilfe der staatlichen Wirtschaftsorganisationen und der Genossenschaften zurückzudrängen. Es scheint unbestreitbar, daß dieses System die Lebenshaltung der *Bauern* gebessert hat; von den verschiedenen Kategorien der *Industriearbeiter* ist ein Ähnliches nicht ohne Weiteres zu sagen: »aber auch hier dürfte im Durchschnitt gesehen das Ergebnis einer Prüfung positiv sein, zumal dann, wenn man die sozialen Leistungen und sonstigen Vergünstigungen, die der Staat den arbeitenden Klassen gewährt, dem Reallohn zurechnet.« »Die positive Leistung des russischen Planwirtschaftssystems ist abgesehen von den reichen Mitteln, die es für kulturelle und soziale Mittel frei macht, in der *Steigerung* der landwirtschaftlichen und industriellen Erzeugung zu sehen. Vielfach ist die Vorkriegszeit erreicht, stellenweise sogar überschritten und somit der durch die Revolution veranlaßte Niedergang der Arbeitsleistung schnell überwunden worden.[22]
Zur Veranschaulichung sei noch auf Folgendes hingewiesen. Wie nirgends sonst ist in dem Leninschen Rußland die *Geldherrschaft eingedämmt* worden. Vorwärtskommen ist vom Haben oder Nichthaben von Geld gänzlich unabhängig. Besessenheit von der kommunistischen Idee, Nachweis von Fähigkeit und Wille zum Aufbau der Sowjetunion sind entscheidend. Ganz gering sind im Vergleich mit den westeuropäischen Verhältnissen die Spannungen zwischen den Gehältern der Beamten. Der rote Direktor z. B., d. h. der eigentliche Leiter des Betriebes hat 225 Rubel monatliches Gehalt, und dies ist auch das Maximum für jeden Parteifunktionär, gleich in welcher Stellung er sich befinde. (NB. die verstaatlichte Industrie umfaßt etwa 70 % der gesamten Industrie.) Das Erbrecht ist beschränkt auf Ehegatten und direkte Verwandte in absteigender Linie. Das zulässige Höchstmaß des Wertes beträgt zehntausend Goldrubel; das übrige »erbt« der Staat. Was nicht ausdrücklich im BGB als Privateigentum zugelassen ist, ist Eigentum des Staates. Auch da ist Enteignung möglich, wo der Privateigentümer mit seinem Eigentum nicht so verfährt, daß es seine volkswirtschaftlich notwendige Funktion erfüllt. Der Staat soll eben reich, der Bürger dagegen in seiner wirtschaftlichen Position beschränkt und vom Staat abhängig sein. Allen, die von Kapitalrente leben oder fremde Arbeitskraft ausbeuten, wird in der *Sowjetverfassung* das *Wahlrecht verweigert.* Jeder Arbeiter hat das Recht auf vierzehn Tage bezahlten Urlaub im Jahre. Schwangere erhalten einen Monat vor und einen Monat nach der Entbindung Urlaub. Die Arbeitszeit ist streng auf acht Stunden festgesetzt, für Schwerarbeiter auf sechs – allerdings ist der Achtstundentag zum Teil durch die geringen Löhne wieder wettgemacht. Ganz außerordentlich sind – auch nach dem Urteil von Rußland gegenüber kritisch Gesinnten – die Leistungen Sowjetrußlands in der Bildungsarbeit.[23] Karl Mennicke nennt sie »mindestens soweit es sich um die konkreten Intentionen und die geschaffenen Ansätze handelt, schlechthin vorbildlich«[24].
Noch weniger greifbar, vielleicht aber entscheidender als Zeichen des Ansatzes

---

22 *Hans Stein* über Lenin, Rundfunk-Verlag, S. 42, vgl. FZ 1928 Nr. 158.
23 *Gumbel,* S. 57 f.
24 *Mennicke,* S. 43.

eines neuen Gesellschaftslebens in dem Leninschen Rußland ist das dort heraufgestiegene *neue gesellschaftliche Ethos.* Irgendwie ist das eben Mitgeteilte davon bereits Ausdruck. Aber es verdient doch besonders herausgehoben zu werden, daß, wenn auch mit allen Reserven, gesagt werden muß: in Rußland regt sich *der Gedanke eines über den egoistischen Willen des Einzelnen tretenden höheren* nicht transzendentalen, sondern *überindividuellen Willens einer Klasse mächtiger als irgendwo sonst.* Der Grundsatz des Lebens und Arbeitens für die Gesamtheit gewinnt an Macht. Der arbeitende Mensch gilt als Mittelpunkt der neuen Gesellschaft; Arbeitspflicht ist als sittlicher Grundsatz proklamiert; den arbeitsfähigen, aber nach eigenem Willen nicht arbeitenden Menschen umgibt soziale Mißachtung. Lenin sagt einmal irgendwo: »Wie man sich heute schämen würde, nackt öffentlich herumzulaufen, so wird man sich in unserer heraufsteigenden Gesellschaft schämen, nicht zu arbeiten.«

So werden auch die sogenannten Rep-Leute, d. h. die seit der neuen ökonomischen Politik, zu der sich Lenin 1921 entschloß, zugelassenen Händler als Spekulanten angesehen, die nur ihr Privatinteresse im Auge haben und als unerwünschte, aber im Augenblick notwendige Parasiten empfunden. »Der Mensch, der zu seinem eigenen Vorteil Wucher treibt, wird in Rußland als sittlich aussätzig betrachtet wie in keinem anderen Lande der Welt«, heißt es in einem Bericht, den im Jahre 1926 eine Gruppe von 24 amerikanischen Universitätsrektoren, Verlegern, Geistlichen und Geschäftsleuten über ihre Studienreise durch Rußland an den Präsidenten Coolidge gerichtet haben mit dem Ziel, die Vereinigten Staaten möchten die Sowjetregierung anerkennen[25]. Mit der Anrede towarischtsch = Arbeitsgenosse wird jeder beehrt, der dem werktätig schaffenden Volke angehört und sich als Glied dieses Volkes betätigt in lebendigem Gemeinsinn. Versagt wird diese Anrede allen, auf die nach dem öffentlichen Urteil diese Anrede nicht zutrifft. Die Anrede »Herr« (gospodjin) und Frau (gosposcha) ist im heutigen Rußland verpönt, auch auf Briefadressen verpönt. Mit towarischtsch redet der Fabrikarbeiter nicht bloß seinen Kollegen an, sondern ebenso auch den Fabrikdirektor *und sämtliche* Angestellte, und diese wiederum jenen. So ists auch im Heer, in dem es nur Funktions-, nicht Rangunterschiede gibt. Auch die Gefangenen in den Gefängnissen werden als Arbeitsgenossen betrachtet.
Und nun nach dem Licht die Schatten? Vor allem das große ökonomische Elend, unter dem Rußland leidet: die in vielen Städten, vor allem in Moskau herrschende, die unsrige weit übersteigende Wohnungsnot; die noch immer erschreckend große Zahl völlig verwahrloster Kinder; die ungeheure Schwierigkeit, das gesamte Volk mit Nahrungsmitteln zu versehen u. ä. Auch die vorläufig noch geringe Arbeitsintensität des russischen Industriearbeiters, sowie der Mangel an hochwertigen Technikern und Ingenieuren. Aber von allen diesen Nöten ist doch zu sagen, daß es fraglich ist, bis zu welchem Grade sie dem sowjetrussischen Regierungs- und Wirtschafts*system* zur Last fallen. Am ehesten dürfte das so sein hinsichtlich der landwirtschaftlichen Produktion und der mangelhaften Versorgung des Volkes mit deren Erzeugnissen. Dabei darf nicht vergessen werden, daß Rußland nicht bloß drei Jahre Weltkrieg, sondern – was ungleich schwerer ins Gewicht fällt – vier Jahre Bürgerkrieg und Kriegskommunismus hinter sich hat, und daß die spezifische Wirksamkeit des russischen Systems jedenfalls nicht durch einen Vergleich mit der wirtschaftlichen Leistungsfähigkeit Europas erfaßt wird, die auch *vor* der russischen Revolution eine, ungleich höhere gewesen ist.

25 *Vogl,* Sowjetrußland. Leipzig 1927, S. 54.

Der tiefste und für uns unerträglichste Schatten, der auf Lenins Werk lastet, der Schatten, der wohl geeignet ist, alles sonst Anzuerkennende in Frage zu stellen, ist vielmehr die *Unterdrückung all der Freiheiten, in deren Genuß zu stehen uns unerläßlich scheint.* Sowjetrußland kennt keine Preßfreiheit, keine Versammlungsfreiheit, keine Redefreiheit, kein Recht der Parteibildung, kein allgemeines gleiches und geheimes Wahlrecht, kein parlamentarisches Regime, kein Recht der Initiative, kein Referendum, kein Recht des Streikes. In Lenins Rußland ist auch alle Freiheit wissenschaftlicher Forschung aufgehoben. Alle Wissenschaft bis hinein in die exakten Wissenschaften unterliegt staatlicher Kontrolle, damit nur ja nicht z. B. das eine oder andere Resultat sich einschleiche, das Schlußfolgerungen auf die Existenz und das Walten einer geistigen Macht zulassen könnte. »Lenin tat in seiner marxistischen Philosophie das, was Marx nie unternommen hätte. Er droht: Wenn ihr das denkt, jenes unterlaßt, dann kommt ihr zu Resultaten, die Mut und Lust zum Kampf rauben. Er verbot eine Idee, bewies ihre Unrichtigkeit nur durch die Notwendigkeiten der Bewegung, nicht durch philosophische Schlußfolgerungen.«[26] In welchem Grade von solcher Freiheitsunterdrückung das öffentliche Bekennen religiöser Überzeugungen getroffen wird, darüber pflegt besonders die kirchliche Presse häufig und ausführlich zu berichten, oft auch, in dem sie sich dabei allerhand Übertreibungen zu Schulden kommen läßt. In dieser Beziehung nötigt Rußland zum Aufmerken in einer ganz anderen Richtung, sofern es immer offenbarer zu werden scheint, daß die Verfolgungen auch heute dort die Echtheit und urwüchsige Kraft christlichen Glaubens ins hellste Licht rücken.

4. Schlußbemerkungen

Es erscheint unmöglich, wenn man, wie es in dem Vorangegangenen versucht ist, den über Lenins Gestalt und Werk ausgebreiteten Schleier nur ein wenig lüftet, in irgendeins der üblichen raschen Vergötterungs- oder Verdammungs-Urteile über Lenin einzustimmen. Wir werden mit ihm nicht so rasch fertig, vielleicht wird unsere Generation mit ihm überhaupt nicht fertig. Wir müssen ihn lieben, und zugleich müssen wir die Art seines Vorgehens verabscheuen. Wir können ihm nicht folgen, und zugleich steht er vor uns als einer, der uns durch seine urgewaltige, sachliche, gänzlich unsentimentale Verbundenheit mit allen Elenden und Unterdrückten der Welt, durch seinen restlosen Altruismus weit überlegen ist. Wir müssen die letzten von ihm erstrebten Ziele: allgemeines Menschenglück, völlige Bändigung aller Naturkräfte als Romantik und – religiös gesehen – als Vermessenheit ablehnen. Wir müssen es als einen Wahn betrachten, auf dem Weg hemmungslos angewendeter brutaler Gewalt einen gewaltlosen Idealzustand des Zusammenlebens der Menschen und Völker herbeiführen zu wollen. Zugleich aber sind wir durch das Hereinragen Leninscher Wirklichkeit in die unserer Erfahrung zugängliche Welt vom Evangelium her gefragt, ob und inwieweit unsere *Gottverbundenheit ohne* die vom Menschen Lenin durch ein Leben völliger Hingabe gelebte *Menschverbundenheit* wirkliche Gottverbundenheit ist, ob und inwieweit unser Glaube an das kommende Reich Gottes, das doch letztlich auch, wenn schon in unvergleichlich tieferem Sinne allgemeines Menschenglück und Bändigung aller Naturkräfte, weil Wiederherstellung der gesamten Welt in ihrer Unmittelbarkeit zu Gott bedeutet, echter, stärker, realer ist als Lenins Glaube und die von ihm erhoffte Welterlösung.

---

26 *Marcu,* S. 155.

Muß nicht jedem Frommsein gegenüber, dem die Verbundenheit mit dem Bruder mit bewußten sich-Beugen unter Gott unlöslich verbunden ist, auch der, wie wir – vielleicht anmaßend – meinen, irrende Lenin als Warner und Mahner dastehen, daß es trotz oder vielmehr gerade wegen unserer Beugung unter Gott unsere Sache ist, in der Opposition zu stehen gegen die soziale Ordnung oder Unordnung, bei der unzählige Menschen zu Sachen erniedrigt sind, Unzähligen der Weg zu sinnerfülltem Leben versperrt ist, und daß solche Opposition nicht in der bloßen unfruchtbaren Verneinung verharren darf, sondern mitzuarbeiten hat am Schaffen von Wegen neuer Weltgestaltung, ja daß sie den Mut aufbringen und wecken helfen muß zu praktischen Versuchen solcher Neugestaltung.
Freilich: der entscheidende Beweis, daß Wirtschaft, d. h. Produktion aller lebensnotwendigen Güter, in hinreichendem Maße für die Versorgung und Entfaltung der Menschen und Völker möglich ist unter Ausschaltung alles Einzelegoismus rein aus dem Solidaritätsmotiv, ist bis jetzt von Rußland nicht erbracht. Dennoch muß es weltgeschichtlich als etwas Gewaltiges angesehen werden, daß der Versuch zu solcher neuen Gestaltung in Rußland gemacht wurde und weiter verfolgt wird. Insbesondere sollte jeder westeuropäische Sozialismus Lenin und seinem Werk gegenüber sich hüten vor überlegen tuender Gebärde; hat Lenin auf seinem Weg sein Ziel nicht erreicht, so haben die Sozialisten der westeuropäischen Länder, nicht zum wenigsten die Deutschen den Beweis erst noch zu erbringen, daß sie ihr Ziel auf ihrem Wege erreichen werden. Oder wird allmählich ihr einst nahe geglaubtes Ziel in die Unendlichkeit verlegt? Ich habe Anlaß, überzeugt zu sein, daß das bei einigen – und nicht den schlechtesten – Sozialistenführern bereits geschieht.
Alles in Allem: es ist etwas Ungeheures um den Menschen Lenin und seine Lebensarbeit. Dieser »gottlose Mensch« hat nicht das Seine gesucht – es sei denn, daß wir ein Recht hätten, sein Eintreten für die Sache, an die er glaubte, und deren Verwirklichung herbeiführen zu können er überzeugt war: »Ausrottung sozialer Ungerechtigkeit zwischen den Menschen bis in die Wurzel; das allgemeine menschliche Wohl« – als das »Seine« suchen zu bezeichnen.

D/8 Gottlosenbewegung und Kirche

6. Jahrgang
Nr. 1/2

Mitte Februar
1932

Kartäuser Pfarrblätter

Die Blätter erscheinen monatlich. Sie sind für jeden umsonst erhältlich, solange die freiwilligen Beiträge zur Deckung der Kosten das möglich machen. Beiträge und Anfragen sind an den Herausgeber zu richten.

Herausgegeben von Pfr Fritze Köln Große Witschgasse 17.

Freiw. Beiträge zur Deckung der Druckkosten erwünscht auf Kto. 8491 Spark. Köln, Fritze.

Denn so ihr liebet, die euch lieben, was werdet ihr für Lohn haben? Und so ihr euch nur zu euren Brüdern freundlich tut, was tut ihr Sonderliches? Matthaeus 5 V. 46.

Segnet, die euch verfolgen; segnet und fluchet nicht. Wenn deinen Feind hungert, so speise ihn; dürstet ihn, so tränke ihn! Denn indem du dies tust, wirst du feurige Kohlen auf sein Haupt häufen.
Römer 12 V. 14 u. 20.

Gottlosenbewegung und Kirche.

Leitsätze zur Aussprache in der größeren Gemeindevertretung der Evangel. Gemeinde Köln am 29. 1. 32.

1. Es geht um die Gottlosenbewegung in der besonderen Gestalt, die sie in dem von Sowjetrußland her zu uns herübergekommenen, planmäßig organisierten Feldzug gegen alles Religiöse und, was irgendwie damit verbunden ist, angenommen hat.

a) Es hat immer Gottlose gegeben, es gibt ihrer auch heute viele außerhalb der Gottlosenbewegung. Die Eigenart der gegenwärtigen Gottlosenbewegung ist, daß in ihr die Gottlosen in der ganzen Welt zum planmäßigen Angriff auf die Religion übergegangen sind und zwar mit missionarischem Eifer und in der des Sieges sicheren Überzeugung innerer Überlegenheit.

b) Diese Bewegung ist unlösbar verbunden mit der kommunistisch-sozialistischen, politischen und ökonomischen Bewegung, ja auf der letzteren liegt dabei der Hauptton. (Die Frage nach Sein oder Nichtsein Gottes steht den kämpfenden Gottlosen gar nicht mehr zur Diskussion!)

2. Tief in den Köpfen und Gemütern der „Gottlosen" und ihrer Führer (z. B. Lenin, Stalin u. a.) steckt die Überzeugung, daß die Religion (NB. nicht blos die Kirche!) der Feind der Befreiung der proletarischen Arbeiterschaft und damit des Volkswohles sei. Daß es soweit gekommen ist, daß die Religion als Feind des Volkswohles angesehen wird und daß diese Betrachtungsweise begeisterte Anhänger findet, damit haben wir uns auseinanderzusetzen.

Man begründet diese Überzeugung:

a) praktisch mit dem Hinweis, die Kirchen hätten es in den Befreiungskämpfen der Arbeiterschaft mit den Machthabern des bestehenden Wirtschaftssystems gehalten und täten das noch jetzt. (Es genügt nicht, diese Überzeugung entrüstet als falsch abzulehnen, sie muß widerlegt werden! Das hält schwer!)

b) theoretisch damit, daß man sagt: wer den Schwerpunkt seines Lebens außerhalb der sichtbaren Welt hat, ist untauglich für die Mitarbeit an der Veränderung der Weltzustände. (Was hier behauptet ist, muß Gegenstand ernster theologischer Erörterung sein. Die Praxis hat dieser Behauptung reichliches Material geliefert, mit dem man sie begründen könnte). Es kommt aber darauf an, die Welt zu verändern, nicht blos sie zu interpretieren. Die Wirklichkeit macht die Menschen verantwortlich und verpflichtet zur Tat. (Marx.)

3. Die kommunistisch-gottlose Haltung ist selbst zu einer Art Religion geworden:

a) man glaubt an das Kommen der kollektivistisch geordneten Welt — fester und zuversichtlicher und glühender als sehr viele Christen an das Kommen des Reiches Gottes glauben. (Diese glühende Hoffen müssen wir sehen und werten).

b) Die bewußten klassenkämpferischen Proletarier fühlen sich als Kollektivmessias. Man darf die in Sowjetrußland durchaus nicht seltene Geisteshaltung von Proletariern nicht gering einschätzen: „wir kämpfen, wir leiden, ja wir hungern für die kommende Welt freier Arbeiter!" Über den Grad der Verbreitung dieses Ethos mag man verschiedener Meinung sein, daß ein solches Ethos in Sowjetrußland herausgewachsen ist, ist nicht mehr bestreitbar.

c) Marx „Kapital" (und andere Schriften von ihm) ist ihre Bibel. Gekämpft wird nur noch um deren richtige Auslegung.

4. Im Blick auf das bisher Gesagte ist es schon richtig, wenn erklärt wird, daß die Gottlosenbewegung garnicht ernst genug genommen werden könne. Aber dieses die Gottlosenbewegung Ernstnehmen darf nun nicht vornehmlich bedeuten: Sorge um den Bestand unserer Kultur. (Es könnte sein, daß in späterer Zeit unsere gerühmte „Kultur" noch einmal als eine in hohem Grade barbarische empfunden wird!). sondern es heißt Ringen darum, soweit das möglich ist, daß aufgehellt werde, welches die tieferen Gründe sind, die zu der oben gekennzeichneten Haltung geführt haben, und inwieweit in ihr Wahrheitsmomente liegen, die wir — vielleicht mit Beschämung — anerkennen müssen.

5. Zu einem solchen Ernstnehmen gehört

a) das Massenelend und seine seelenvernichtende Bedeutung ernst nehmen (lies u.a. Sombart, „Das Proletariat", Dehn, „Proletarische Jugend", Birnbaum, „Wider die Front des Gottlosentums", Wenzel Holek „Lebensgang eines Handarbeiters!" Wohnverhältnisse!) „Die kapitalistische Wirtschaftsform hat in all ihren praktischen Auswirkungen als der Einbruch eines antichristlichen Wesens in die Welt gewirkt, gegen den ein rein mit Waffen des Geistes geführter Angriff auf das Christentum nur wie ein harmloses Geplänkel erscheint. Der Arbeiter kam in den großen Strom der neuen Wirtschaftswelt hinein und wurde einfach heruntergerissen. . . . Religion, Vaterlands- und Heimatsgefühle, gute alte Sitten und Überlieferungen, all das wurde verschlungen von dem unersättlichen Alltagsleben, das eben alles in den Strudel seiner harten Arbeit und bitteren Sorgen mit hineinriß. Es trat im Ganzen eine jammervolle Verarmung des inneren Lebens ein, zufolge deren der religiöse Strom fast gänzlich versiegte. . . . Die Religion kam unter die Räder der Wirtschaftsverhältnisse und ist seitdem nicht wieder aufgestanden" Dehn.

b) wohl unterscheiden, was in Karl Marx Lehre und Werk als verhängnisvoll, irrig, den Gottesglauben gefährdend (*kann* wirklicher Gottesglaube durch ihm feindliche *Lehren* erschüttert werden?) und was als richtig, ja als für die Arbeit der Kirche wertvoll angesehen werden muß.

a) wir werden den Versuch, den Geschichtsverlauf ausschließlich mit Hilfe der Lehre des Historischen Materialismus (der Verlauf der Geschichte wird allein durch den jeweiligen Stand der Produktivkräfte bestimmt) zu deuten, als unzureichend und falsch ablehnen.

b) wir werden andrerseits — *auch als Theologen*, ja *gerade als Theologen* — zuzugeben haben, daß Marx etwas ganz Richtiges gesehen hat, was in seiner ernsten Bedeutung von der Kirche her nicht oder nur vorübergehend gesehen wurde, nämlich, daß es *eine Illusion ist, Geistiges losgelöst vom Materiellen pflegen zu wollen.* (Blumhardt: „Die Gottlosen haben Recht!" Leib und Geist zu trennen ist griechisch, aber nicht biblisch, vgl. auch das unter 5a Gesagte!)

c) *Kritik der Christen und Kirchen an sich selbst.* Vielleicht steht über der Haltung der Kirchen und Christen — von Ausnahmen abgesehen — wie über vielem, was unser deutsches Volk angeht, das schwere Geschichtsurteil: „zu spät!" „Zu spät seid Ihr sehend geworden" (wenn wir es wirklich „schon" geworden sind). Die Erkenntnis müßte heute Gemeingut der Kirchen und Christen sein, daß schwere Versäumnisse der Kirchen mindestens mit daran schuld sind, daß das Gottlosentum hat so stark werden können. Vgl. Leitsatz 8.

6. Das rasche Starkwerden und den fanatischen Charakter, der Gottlosenbewegung in Rußland kann man nur verstehen, wenn man sich gegenwärtig hält:

a) die *völlige Gleichgültigkeit*, in welcher die russische Kirche gegenüber den *Fragen der Gestaltung der Welt* und ihrer sozialen Ordnungen verharrt hat.

b) daß *die russische Kirche stets ein gefügiges Werkzeug des zaristischen Systems gewesen ist.* (Auch das alte zaristische Rußland hat in neronischer Weise Christen verfolgt. Die russisch orthodoxe Kirche half dabei!)

c) die fast ausschließlich dem *Jenseits zugewandte* Frömmigkeit der russisch orthodoxen Kirche.

7. Fraglos ist der Schuldanteil der deutschen Christenheit an dem Starkgewordensein der Gottlosenbewegung (in der dreifachen im Blick auf die russisch orthodoxe Kirche angegebenen Richtung) *beträchtlich geringer, aber eben nur geringer.* Die Gottlosenbewegung wird zur ernstesten Frage an die Gottgläubigen oder doch an die, die gottgläubig zu sein wünschen.

a) Die bei uns lange herrschend gewesene — nur vereinzelt durchbrochene — Beurteilung der sozialistischen Arbeiterbewegung als einer kurzerhand als gottlos und unfromm empörerisch zu kennzeichnenden Bewegung *war falsch.* (Dagegen: *Wichern* „die entstellten, aber doch Wahrheit bergenden Züge des Angesichts einer tiefgebeugten, schmerzerfüllten Menschheit, die sich in sozialer Beziehung nach Erlösung und Wiedergeburt sehnt!" *Birnbaum*: „Den befreienden Dienst, auszudrücken, was es litt, hat dem Proletariat um die Mitte des vorigen Jahrhunderts nicht die Kirche geleistet, sondern Marx; Klassenkampf ist für das Proletariat der Verzweiflungsschrei einer in Zersetzung geratenden Existenz)

b) Unser Christentum hatte kapituliert vor der „Welt" und vor dem „Staat". „Königlich preußisches Christentum" (bitte nicht nervös werden!) Engste Verbundenheit mit der ganzen wirtschaftlichen, sozialen und nationalen Denkweise bestimmter Schichten des Bürgertums. „Die Welt ist ein Jammertal! Der Christ hat im Wesentlichen die Aufgabe, alles Elend geduldig zu ertragen." Das Kreuz wurde Mittel zur Pflege der religiösen Selbstsucht, die in der Sicherheit des eigenen Heils die Macht Gottes vergißt. (Blumhardt)

8. Der Staat wird für den Schutz gegen die Gottlosenbewegung nur in ganz peripheren Dingen in Anspruch zu nehmen sein.

9. Von der Kirche ist zu fordern:

a) nicht Abwehr, sondern Dienst (die tiefste und eigentliche Grundhaltung soll hiermit angedeutet sein, die hier allein in Frage kommt). Es kommt viel darauf an, daß wir uns freihalten von allen Versuchen, die Gottlosenbewegung etwa so zu bekämpfen, wie es gelegentlich in unserer Kirche geplant zu sein schien, nämlich dadurch, daß man eine stark nach dem Vorbild der Gottlosenbewegung aufgezogene Gegenaktion organisiert. Die Beschaffenheit der Kirche als solche muß die nachdrücklichste Bekämpfung der Gottlosenbewegung sein. Aufklärung. Schulung in schlagfertigem Antworten auf nichtige Angriffe gegen die Religion, wie das Freidenkertum sie zu führen gewohnt ist, ist nicht wertlos. Aber die eigentliche Bekämpfung der Gottlosenbewegung, (die, wie oben hervorgehoben wurde aufs Engste mit Politik verbunden und der die Gottesfrage gar nicht diskutabel ist!) kann nur sein: Treue im Dienst Jesu Christi, Ringen um Antwort auf die Frage, was er uns in diese gegenwärtige Lage hinein sagt, wenn er aufruft: seid Salz! leuchtet! verkündet das Evangelium! Evangelium! Das ist etwas anderes als nationale Macht und als Mittel zur Befriedigung egoistisch religiöser Bedürfnisse, natürlich auch als Kollektivierung der Wirtschaft.

b) Darum: nicht einseitiges, selbstgerechtes zu Gericht sitzen über den Gegner, sondern Selbstgericht. Es erscheint nicht zweifelhaft, daß vielerlei bisheriger kirchlicher Kampf gegen die Gottlosenbewegung dieser eher genützt als geschadet hat: es mangelte an dem Ernst der Gerechtigkeit, die wir auch dem Gegner schuldig sind, es mangelte a ernstester Besinnung auf unsere eigenen Schwächen, nicht wenige gebärdeten sich viel zu hemmungslos als in religiöser Beziehung glücklich Besitzende!

c) Besonders tut not: **deutliches Abrücken von aller derjenigen Gegnerschaft gegen das Gottlosentum, das nicht religiös sondern politisch und wirtschaftlich begründet ist.** Der Vorwurf „sie sagen Christus, aber sie meinen ihre politischen und wirtschaftlichen Privilegien, von denen sie fürchten, daß sie ihnen durch eine etwaige kommunistische Neuregelung der Gesellschaft verloren gehen könnten", bedarf nachdrücklicher Widerlegung durch Taten. „Das Abendland sagt durch den Mund seiner Missionen: Christus. Aber im entscheidenden Augenblick spricht es mittels

Kanonen und Geldes und all der Machtmittel von Herrenvölkern" (Frick. Krisis der Religion) Auch der Mißbrauch des Christentums im Dienst rechts gerichteter politischer Ziele muß scharf und öffentlich verurteilt werden. Die Massen der gegen die sowjetrussischen Religionsverfolgungen Protestierenden würden höchstwahrscheinlich auf eine verhältnismäßig kleine Zahl zusammenschrumpfen, sobald klar würde daß Sowjetrußland keine ökonomische Gefahr mehr für die übrigen Länder wäre.

b) Die von der Kirche in die Welt und durch die Zeiten zu tragende, Verkündigung des Evangeliums muß rein gehalten werden von innerweltlichen Bindungen. Die kirchliche Verkündigung muß gänzlich unabhängig sein von allen jeweils herrschenden politischen, ökonomischen und sonstigen weltlichen Mächten. **Daß das werde, ist vielleicht das Wichtigste alles dessen, was wir zn tun haben.** Gott, Gott sein lassen! Gott über alle Dinge fürchten, lieben, vertrauen! Es gibt auch einen nötigen Kampf mit den Gottlosen gegen das Gottlosentum in der Kirche, und zwar nicht blos bei den sogenannten gleichgiltigen Massen oben und unten und in der Mitte, die noch zur Kirche gehören, sondern auch bei den Kirchgängern aller Schattierungen, bei den vermeintlich Frommen, nicht zuletzt bei uns Pfarrern und auf der Kanzel! Es gibt einen „Christengott", einen „Kirchenleutegott." den auch wir bekämpfen müssen, das ist der Gott, der nicht weh tut, der im praktischen Leben nichts zu sagen hat, der nicht ins Hauptbuch und in die Aufsichtsratsitzungen und Kontore der Aktiengesellschaften hineinwirkt, der zum Mittel für religiös egoistische Zwecke erniedrigt ist, **den wir benutzen, statt uns von ihm führen zu lassen wohin immer er uns führen will.**

10. Neben der angedeuteten inneren Einstellung der Kirche können praktische Maßnahmen eine Bedeutung gewinnen:

ich denke dabei nicht an irgend eine besondere Organisation zur Abwehr der Gottlosenbewegung, sondern vor allem an die heute unter der Losung „Männerschulung" mit Recht betonte Arbeit an der Weckung des Verantwortungsbewußtseins für die Gemeinde bei unsern erwachsenen Gemeindemitgliedern.

Daß die Gemeinde verpflichtet ist, aufmerksam zu beobachten, was an Äußerungen der Gottlosenbewegung in ihrem Bereich feststellbar ist, versteht sich dabei von selbst. Es wird hier nicht viel mehr nötig sein, als die Stelle namhaft zu machen, bei der das Material zu sammeln ist. Ob weitere besondere Maßnahmen nötig sein werden, muß die nächste Zukunft lehren.

D/9 Die biblische Verkündigung von der Auferstehung

Leitsätze Georg Fritzes für einen Vortrag Kartäuser Pfarrblätter 66/1933

1. Es gibt biblische ›Weltanschauung‹, die überwunden oder religiös unwesentlich ist (das sogenannte geozentrische Weltbild mit seinen drei Stockwerken u. ä.), und es gibt biblische Schau, der gegenüber nur die beiden Möglichkeiten des Ärgernisses und des Glaubens bestehen, das ist die Schau: »Gott war in Christo und versöhnte die Welt mit ihm selber.« 2. Cor. 5, 19.
Auch die synoptischen Evangelien sind »paulinisch«; auch bei ihnen ist alles getragen von der Erkenntnis, daß der tiefste Sinn des Kommens Jesu in seinem Tod und seiner Auferstehung zu finden ist.
2. Der Gedanke einer allmählichen Entwicklung und eines allmählichen Fortschreitens der Welt zu immer größerer Vollkommenheit ist der Bibel fremd.
3. Der gesamte Inhalt der biblischen Verkündigung, vom lebendigen Gott, vom Reiche Gottes, usw. kann in der Verkündigung von der Auferstehung ausgedrückt werden.
4. Unsterblichkeit der Seele mit der Christushoffnung gleichzusetzen ist unchristlich.
5. Es geht bei der christlichen Auferstehungshoffnung nicht um den massivpopulären Auferstehungsbegriff der Sadduzäer (Mc. 12, 18–27), es geht auch nicht bloß um Überwindung des leiblichen Sterbens, sondern es geht um Aufhebung des auf der Welt lastenden Todesbannes, um die von Gott geschaffene neue Welt, die nichts zu tun hat mit irgend einer verklärten und gehobenen Menschenwelt.
6. Die Bibel sieht im Tod den Feind; damit ist die in der Christenheit verbreitete Verklärung des Todes (Tod als Freund, Erlöser usw.) unvereinbar.
7. Die Geringschätzung des Leibes und die Zerreißung von Geist, Seele, Leib, ist nicht biblisch sondern spätgriechisch.
8. Die Bibel verkündigt das Kommen Gottes in Christus in unsre dem Tode verfallene Welt; der Sinn *dieses* Kommens ist die völlige Verwandlung der Weltverhältnisse, Neuschöpfung, Auferstehung. Nicht ein Teil des Menschen, seine Seele, sein Geist, sondern der ganze Mensch einschließlich des Leibes wird wiedererstehen.
9. Gott will nicht eine spiritualistische Erlösungsgemeinschaft durch den Tod hindurchgegangener seliger Geister, sondern Lebenswirklichkeit befreiter Leiber und Geister.
10. Auferstehung, Besiegung, Besiegung des *Todes* ist eigentlichster und machtvollster Ausdruck des Reiches Gottes.
11. Die Wunder des Neuen Testaments sind nicht im eigentlichen Sinne das Unnormale, Befremdende; sie sind *Vorboten,* Christi Auferstehung ist *Anbruch* der Neuordnung, die Gott will. Gott will nicht Krankheit, Hunger, Sterben.
Die Frage der »Geschichtlichkeit oder Nichtgeschichtlichkeit« der einzelnen Wundererzählungen ist von untergeordneter Bedeutung.
12. Bei der Auferstehungsfrage geht es letztlich um die Gottesfrage: Ist Gott Gott?

(Februar 1933)

Der Generalsuperintendent
der Rheinprovinz

Koblenz, am Tag der nationalen Arbeit, 1. Mai 1933.

Vertraulich!

Meine lieben Herren und Brüder!

Als ich zum letzten Tag des alten Jahres meinen ersten Rundbrief an Sie schrieb, konnte niemand ahnen, was für ein ungeheures vaterländisches Erleben uns die kommenden Monate schenken würden. Seit dem 30. Januar, an dem Hindenburg und Hitler sich die Hand zum Bunde reichten, wird mit Riesenbuchstaben an einem neuen Kapitel der deutschen Geschichte geschrieben. Die Wahlen am 5. und 12. März brachten dem Kanzler nach Jahren schwersten Ringens den entscheidenden Sieg. Der 21. März bescherte uns durch die Feierstunde in der Garnisonkirche und die Eröffnung der Reichstags Ereignisse von ganz außerordentlicher Wucht. Seitdem wird mit zähester Tatkraft Tag für Tag an dem Neubau unseres Reichs gearbeitet.

Wir haben viel Grund, zu dem nationalen Umbruch, in dem wir stehen, mit Dank gegen Gott ein freudiges Ja, nicht ein Ja sich berechnend umstellender Unmännlichkeit, sondern ein von Herzen kommendes Ja zu sagen. Ich glaube, die Wenigsten ahnen, wie groß die bolschewistische Gefahr war, in der wir schwebten. Nicht, als wenn Gottlosigkeit und Christusfeindschaft jetzt verschwunden wären. Wir sind nicht so harmlos und töricht, das zu wähnen, aber der schamlosen öffentlichen Propaganda ist ein Ende gemacht worden. Schon das ist ein Großes. Es ist uns fast wie ein Traum, daß wir uns 14 Jahre lang das Regiment von Männern gefallen lassen mußten, die zum Teil als Dissidenten bekundeten, daß sie mit Christentum und Kirche persönlich nichts zu tun haben wollten; daß im deutschen Land Gottlosenumzüge unter polizeilicher Bedeckung möglich waren; daß in Berlin eine Jfa-Ausstellung zugelassen wurde; daß ebenda eine Karl-Marx-Schule bestehen konnte; daß Lehrer sich herausnehmen durften, Kindern das Heilige verächtlich und lächerlich zu machen. Was ist unserem Volk an Schmutz und Schund aller Art ungehindert [illegible] boten worden! Wie bedenklich sank, um nur noch eins anzuführen, un[illegible]örlich die Ehemoral! Wir können Gott nicht genug dafür danken, daß wir [illegible] wieder Führer über uns wissen, denen die Furcht Gottes der Weisheit Anfang ist, Männer, die es freimütig aussprechen, wie der Kanzler es am [illegible]. März in Königsberg und am heutigen Abend auf dem Tempelhofer Feld tat, daß letztlich alles an Gottes Segen gelegen ist; daß Ordnung und Sauberkeit wieder ihren Einzug unter uns halten; daß Autorität und Pietät wieder gelten in unserem Lande. Wir haben natürlich auch heute unsere Fragen und Sorgen, aber ich wehre mich dagegen, daß auf Einzelerscheinungen und Einzelmaßnahmen, die wir nicht glauben billigen zu können, daß auf unerfreuliche Einzelvorgänge, die jede Revolution im Gefolge hat und die psychologisch zu bewerten sind, absprechende Gesamturteile begründet werden. Ueber dem

Morgen und dem Uebermorgen unseres Vaterlandes aber falten wir betend und fürbittend unsere Hände, ernst entschlossen, zu dem Aufbau, der im Gange ist, aus der Verantwortung vor Gott heraus unter Einsatz aller unserer Kräfte unseren Beitrag zu liefern, jeder an seiner Stelle. Glaube und Heimat, Kirche und Volkstum gehören zusammen. Das ist uns eine Selbstverständlichkeit. Wer sich ihr entziehen wollte, würde klare biblische Linien Alten und Neuen Testaments verletzen.

In die elementare nationale Bewegung unserer Gegenwart ist die Kirche hineingezogen, nicht nur in dem Sinne der Verpflichtung zum Dienst, die die Kirche Volk und Vaterland gegenüber hat, sondern auch insofern, als der eingetretene Umschwung das Problem der Schaffung einer „Reichskirche" in Fluß gebracht hat. Ich nehme jetzt zu dem Namen „Reichskirche" nicht Stellung. Wir können es nur begrüßen, daß die straffe Zusammenfassung des gesamten deutschen Protestantismus nunmehr in ganz absehbarer Zeit zu erhoffen ist. 28 deutsche evangelische Landeskirchen nebeneinander sind einfach ein Unding. Auf welchem Wege das gesteckte Ziel erreicht werden wird, steht dahin. Unter allen Umständen ist festzuhalten, daß die Kirche, die allen ihren Gliedern ohne Ansehen der Person und Partei mit dem Evangelium zu dienen hat, ihre Angelegenheiten in Freiheit und Selbständigkeit muß erledigen können. Ein Grundsatz, zu dem der Reichskanzler sich am 21. März unmißverständlich bekannt hat. An dem Grundsatz darf nicht gerüttelt werden. Bei dem in Angriff genommenen kirchlichen Neubau kann es sich natürlich bei aller Angleichung nicht um eine Uniformierung handeln. Wie die Länder bei dem politischen Umbau ihre besonderen Aufgaben auf dem Gebiet der Verwaltung, der Wirtschaft und insbesondere der Kultur behalten haben, so müssen bei der kirchlichen Neugestaltung die kirchen-historischen Befunde geachtet werden. Geschichtlich gewordener Bekenntnisstand und presbyterial-synodale Verfassung sind für uns keine gleichgültigen Nebendinge. Im übrigen aber muß mit allem Nachdruck unterstrichen werden, daß in dem Augenblick, in dem mit heißem Bemühen Volks g e m e i n s c h a f t gesucht wird, die Kirche nicht durch N e b e n einanderschaltungen bestehende Konfessions- und Kräftezusammenfassungen gefährden oder gar zerstören darf. Ich werde dazu meine Hand nicht bieten. Wer die Union, in der das lutherische und das reformierte Bekenntnis, sich gegenseitig befruchtend, im Frieden m i t einander leben und ihre Sonderart pflegen konnten, ausgerechnet in diesem Moment in Frage stellt, ohne klipp und klar zu sagen, was aus unserer rheinisch-westfälischen Kirche und ihren Gemeinden werden soll, der handelt unverantwortlich. Eine Kirche kann nicht ohne Bekenntnis sein. Auch die Union kann es nicht. Ich verweise dazu auf die §§ I—III der Einleitung unserer Rheinisch-Westfälischen Kirchenordnung. N e b e n einanderstehende Kirchen, die über sich n u r ein gemeinsames Verwaltungsdach haben, stellen keine sinnvolle Union dar. Eine Union hat selbstverständlich auch ihre Mängel. Das teilt sie mit a l l e n menschlichen Gebilden. So suche man die Mängel der Union zu beseitigen. Eine g e l ä u t e r t e Union, daß ich so sage, muß unser Ziel sein; eine Union, in der das lutherische und das reformierte Sondergut zu ihrem Recht und zu ihrer Auswirkung kommen, in der aber gleichzeitig beide Bekenntnisse i m B u n d e m i t e i n a n d e r schaffen am Bau der Kirche und des Reiches Gottes.

Ich füge an dieser Stelle ein Wort an über die „Glaubensbewegung Deutsche Christen", die auf ihrer Reichstagung in Berlin den Ruf nach der Reichskirche so laut hat erschallen lassen. Man mag gegenüber einzelnen Punkten des Programms der Bewegung ernste Fragen und Einwände haben — darüber kann und muß offen diskutiert werden. In summa wollen wir uns aber doch darüber freuen, daß in den „Deutschen Christen" ein stattliches Heer, vielleicht hier und da recht unwirsch, an die Pforten der Kirche klopft. Müssen wir nicht unsere Arme weit öffnen für jeden, der die Kirche und ihren Dienst, der die Kirche und die Mitarbeit in ihr sucht? Mit abwartendem, vorurteilsvollem Mißtrauen allein kommen wir nicht weiter. Es ist Zeit, daß die Beziehungen zu den „Deutschen Christen" überall, wo solche sind, ernsthaft aufgenommen und gepflegt werden, wie ich solche Beziehungen erfreulicherweise zu dem Landesleiter der „Deutschen Christen" für das Rheinland und das Saargebiet habe. Wir müssen es uns abgewöhnen, jede neue Erscheinung erst darauf zu prüfen, ob sie unseren Anschauungen hundertprozentig entspricht, und sie, wenn das nicht der Fall ist, kalt abzulehnen. Durch diese Methode ist in der Vergangenheit allzuviel versäumt und verdorben worden.

Ich habe noch einige Wünsche. Ich schrieb in meinem ersten Rundbrief von einer Verjüngung unserer kirchlichen Körperschaften. Ich möchte das noch einmal wiederholen im Blick auf die Wahlen zu den Kreissynoden und zur Provinzialsynode. Es darf nicht so bleiben, daß ein nicht unbeträchtlicher Teil unserer Synodalen auf scheinbar angestammten Sitzen über Gebühr lange belassen wird. Damit sage ich kein Wort dagegen, daß besonders hervorragende Männer und Frauen durch längere Jahre bewährte Traditionen auf unseren Synoden mitarbeitend vertreten.

Noch eins. Wir gehen mit unserer Kirche gegenwärtig einen ganz besonders ernsten Entscheidungsweg. So selbstverständlich es ist, daß jeder von uns sich über den Um- und Neubau der Kirche seine Gedanken macht und diese Gedanken mit anderen austauscht, so notwendig muß doch vermieden werden, daß wir auseinandergehende Meinungen in häßlichem Zank und mit unbrüderlichen Vokabeln vor der Oeffentlichkeit auspauken. Damit tun wir unserer Kirche keinen guten Dienst und damit fördern wir das Werk der Neugestaltung nicht. Ich bin jedem dankbar, der mir seine Meinung offen entwickelt und klar begründet. Ich verspreche, nichts ohne sorgfältige Prüfung zu lassen und alles irgendwie brauchbar Erscheinende gewissenhaft zu verwerten.

Gott schenke uns in aller Unruhe der Tage das Stillesein zu Ihm, in aller unserer Ohnmacht Seine Kraft, in aller Torheit Seine Weisheit, in aller Bangigkeit den getrosten Mut des Glaubens, der die Welt überwunden hat und überwindet. Lassen Sie uns, meine lieben Brüder, nicht vergessen, daß die Kirche zuerst und zuletzt nicht von ihrer Verfassung und ihren Ordnungen lebt, so wichtig sie auch sind. Die Kirche lebt vom Wort und nur vom Wort. Was das Wort nicht ausrichtet, das kann und muß unausgerichtet bleiben. Weil das so ist, darum gründe Gott der Herr uns immer fester in dem Wort Seiner ewigen Wahrheit und mache uns geschickter, als wir es waren, das teure Evangelium von Seiner Gnade in Christo Jesu, dem Sieger über Tod und Grab, in unsere Zeit und in unser Volk hinein zu verkündigen, daß dadurch Sein Ruhm unter uns vermehret werde.

In treuem Gedenken und mit herzlichen Segenswünschen für Haus und Amt

Ihr

Ihnen treuverbundener

Stoltenhoff.

Pfarrer G. Fritze
Große Witschgasse 17

Köln, den 13. Mai 1933

Vertraulich

Sehr verehrter Herr Generalsuperintendent!
Gleich nachdem ich am Sonntag, den 7. Mai Ihren an uns Pfarrer gerichteten vertraulichen Brief gelesen hatte, war es mir klar, daß ich Ihnen dazu einiges schreiben müsste. Ich finde in Ihrem Brief Manches, dem ich freudig zustimmen kann und wofür ich Ihnen dankbar bin. Ich denke dabei besonders daran, daß Sie sich ohne freilich das Wort zu gebrauchen – gegen »Gleichschaltung« von Kirche und Staat wehren. Denn so muß ich doch wohl das, was Sie auf der zweiten Seite Ihres Briefes sagen, verstehen? Als Pfarrer der nun seit 17 Jahren der rheinischen Kirche Dienste leistet, bin ich auch mit Ihnen überzeugt, daß es nicht angeht, die Union in der die beiden Hauptbekenntnisse der evangelischen Kirche miteinander leben, zu gefährden, ohne klipp und klar zu sagen, was aus unserer rheinisch-westfälischen Kirche und ihren Gemeinden werden soll. (Daß der *Unionskatechismus* für unsere Unterrichtsarbeit ein Kreuz bedeutet, sei nur nebenher bemerkt.) Auch sonst sagen Sie Manches, für das ich aufrichtig dankbar bin.
Aber schon beim ersten Lesen Ihres Briefes und dann bei jedem weiteren Lesen empfinde ich eine gewisse Sorge, als könnten Ihre Darlegungen schließlich doch in eine Richtung weisen oder wenigstens in einer bestimmten Weise verstanden werden, die nach meiner Überzeugung dem Anliegen nicht dienen, das viele jüngere Theologen (ich rechne mich jetzt einmal zu den jüngeren) haben und das ganz sicher auch Ihr eigenstes Anliegen ist, nämlich, daß *unsere Kirche wirklich Kirche werde.* Ich glaube: die gegenwärtige Zeit ist für die Kirche und kirchliche Entscheidungen nicht bloß eine ernste und schwere Zeit, sondern sie ist auch eine Zeit ungeheurer, gottgeschenkter *Möglichkeiten,* vor allem der Möglichkeit, klare und ausdrucksvolle Kirche zu sein, nämlich Kirche, die, *wie Sie selbst schreiben, »nur vom Wort lebt«,* also nicht vom staatlichen Schutz oder guten Beziehungen zu Staat oder ähnlichem. Umso notwendiger scheint es mir, daß da, *wo von der Kirche her geredet ist,* auch der Schein vermieden wird, als habe die Kirche in irgend einer Form sich in den Dienst einer weltlichen Größe zu stellen. Selbstverständlich ist es auch mir keinen Augenblick zweifelhaft, daß die rechte *Kirche* dem *»Volkstum«* dient. Aber ich trage bereits Bedenken, zu sagen, *sie habe dem Volkstum zu dienen.* Sie hat nur echte, wahre, das Evangelium lauter und rein verkündende Kirche zu sein oder zu werden, *das ist dann der größte Dienst,* den sie dem Volk und dem Volkstum zu leisten hat. Es ist Ihnen, sehr geehrter Herr Generalsuperintendent, fraglos gegenwärtig, daß es in allen Völkern Zeiten gegeben hat, in denen ernste Freunde des Volkes *sehr verschiedener Meinung darüber gewesen sind was ihrem Volke wahrhaft zum Segen sei.* Es gibt hier nie etwas Endgültiges. *Vom Evangelium und von der Kirche her ist auch zu dem gegenwärtigen Staat einne völlig eindeutige und uneingeschränkte Bejahung nicht möglich.* Ich sage nicht, daß fromme evangelische Christen *ein solches* uneingeschränktes Ja zum Staat, auch zum gegenwärtigen Staat, nicht sagen könnten, aber sie müssen sich darüber klar sein, daß ihre Haltung *streng genommen nicht eigentlich evangelisch und ganz sicher keineswegs die schlechthin evangelische Haltung ist;* vom Evangelium her ist *jeder* Staat und *jede* Staatsform sündig und der Vergänglichkeit verhaftet! Ja sogar *vom Deutschtum* her darf doch

mindestens gefragt werden, ob der gegenwärtige Staat mit seinen Methoden wirklich deutschem Wesen zur Erfüllung gereicht. Denken Sie nur daran, wie Bitteres man gerade als echter guter Deutscher empfinden kann wenn man von Herzen mitsingen möchte: »Deutschland, Deutschland über alles – Einigkeit und Recht und Freiheit sind des Glückes Unterpfand«, und wenn man dann weiß, in welchem Grade diese Einigkeit heute (z. B. am 1. Mai, aber auch sonst) durch Zwang und Druckmittel aller Art herbeigeführt wird, wie heute treue deutsche Menschen um ihr Brot fürchten müssen, wenn sie für heute in unserem Volk Entrechtete eintreten, wie statt Freiheit weithin Angst und Sorge herrscht, zu sagen, was man denkt, weil Spitzeltum, Angeberei, heuchlerisches Wesen sich breitmachen, kurz wie russisch so manches anmutet, was wir jetzt haben (bis zur Tscheka). Da kommen wir wirklich mit einer Formel wie »Glaube und Heimat, Kirche und Volkstum gehören zusammen« nicht weiter. Ich weiß es auch nicht, ob die sicher guten Früchte der nationalen Revolution, die Sie auf der ersten Seite Ihres Briefes aufzählen, und die ich wie manches andere in der nationalen Erhebung begrüße, ausreichen, um »den nationalen Umbruch« unter den *Dank gegen Gott* zu stellen. Sie müßten denn zugeben, daß *auch* die Revolution von 1918 allerlei im Gefolge gehabt hat, für das wir gleichfalls von Herzen dankbar, Gott dankbar sein müssen? Ich denke u. a. an die ganze *grundsätzliche* Neueinstellung der Regierenden gegenüber der Arbeiterschaft, die *damals* eingesetzt hat und die doch auch zu manchen wertvollen, praktischen Verwirklichungen geführt hat, wie Ausbau des Arbeitsrechts, Tarifrecht, Recht auf Erwerblosenunterstützung u. ä. gar nicht zu reden davon, daß 1918/19 dem *Sozialdemokraten* Ebert von einem *Hindenburg* der Dank dafür ausgesprochen worden ist, daß er Deutschland vor dem bolschewistischen Chaos bewahrt habe! *Ist das alles nichts?* Soll man dem lieben Gott danken für *diesen* nationalen Umbruch, wenn man bedenkt, daß bei den letzten Wahlkämpfen, *an denen die Gegner sich gar nicht mehr aktiv beteiligen* konnten (!) noch jetzt eine *Geschichtsdarstellung* entscheidend mitgewirkt hat, die der Wissende als in hohem Grade ungerecht empfinden muß? Ich weiß natürlich, daß wir letztlich Gott *für alles* von Herzen danken sollen und müssen, auch für die Trübsal! Aber *wenn* wir schon einmal den lieben Gott in so enge Verbindung mit dem zeitlichen Geschehen bringen, so dürfte es keineswegs als ein Zeichen von Unfrömmigkeit, auch nicht als Zeichen von Wirklichkeitsferne angesprochen werden, daß einst wie Ihnen wahrscheinlich bekannt ist, der Züricher Professor Schweizer seinen Theologiestudenten zurief: »Danken Sie Gott auf den Knien dafür, daß es eine Sozialdemokratie gibt!«
Überhaupt: sind denn Stockholm[1], Bielefeld[2] etc. mit ihren weit ruhigeren und – von dem, was wir heute erleben aus gesehen – tieferen Beurteilungen der Entwicklung des Gesellschaftslebens erledigt? War das, was da über die Fragen Kirche, Arbeiterschaft, sozialistische Arbeiterbewegung gesagt worden ist, verkehrt? Liegt heute wirklich ein derart *wesenhaft* neuer Tatbestand vor, daß wir sagen müßten: damals haben wir falsch gesehen und falsch geurteilt (ich denke natürlich an die *große Linie, nicht an Einzelheiten*)? Ist das, was wir in den Rengsdorfer sozialen Freizeiten z. T. unter Ihrer Mitwirkung erarbeitet haben an Erkenntnissen, Weisungen für das kirchliche Verhalten gegenüber den sozialen Kämpfen *ein großer Irrtum* gewesen?

---

1 *Stockholm* = Erste Weltkirchenkonferenz für praktisches Christentum, im Jahre 1925.

2 *Bielefeld* = Betheler Kirchentag 1924, mit seiner Schlußkundgebung zur Sozialen Frage.

Oder geht es nicht letztlich vor allem darum, daß eben der Nationalsozialismus die politische *Macht erobert* hat (und wie erbarmungslos wendet er seine Macht allen Gegnern gegenüber an!)? Hätte wirklich die nationale Revolution uns *neue richtigere Erkenntnisse* gebracht über die Zusammenhänge des gesellschaftlichen und besonders des wirtschaftlichen Lebens? Kann die fortgesetzte schlagwortartige Anwendung der Worte »Marxismus«, »Marxisten« vor dem deutschen, geschweige christlichen Gewissen denkender und wissender Menschen bestehen?
Damit komme ich zu dem Wichtigsten, was mir bei meiner Antwort auf Ihren Brief auf der Seele liegt. Ihr Brief ist doch auch seelsorgerlich, vielleicht ausschließlich seelsorgerlich gemeint, d.h. Sie möchten uns *in unsern gegenwärtigen seelischen Nöten helfen.* Wahrlich: ich fühle Ihre Verbundenheit mit uns und den Ernst, mit dem Sie zu uns sprechen. *Ich danke Ihnen dafür.* Aber ich muß doch auch sagen: die leisen Vorbehalte, mit denen Sie Ihr »freudiges Ja zum nationalen Umbruch« einschränken, scheinen mir der Wirklichkeit gegenüber zu leise, viel zu leise zu sein. Es geht doch – *das ist natürlich immer meine Voraussetzung* – um Verkündigung, um lautere und reine Verkündigung des Wortes, und *zwar jetzt in einem Staat, der sich mit Betonung im Gegensatz zum früheren zum Christentum bekennt!* Wie ist es da möglich, in einem solchen vertraulichen Brief an Evangeliumsverkündiger nicht ein *deutliches* Wort zur Judenfrage zu sagen? Es müßte doch schlimm stehen um unsern Pfarrerstand, wenn das, was wir in Deutschland hinsichtlich der Behandlung unserer jüdischen Mitbürger erlebt haben und noch erleben, nicht für ihn eine ganz schwere innere Not bedeutete! Mir ist es unmöglich gewesen in dem ersten Gottesdienst, den ich, abgesehen von Karfreitag und Ostern, nach dem dies ater für unser deutsches Volk, 1. April[3], hier in Köln zu halten hatte, nicht das vom Evangelium her Gebotene zu sagen. (Auf Grund von Lukas 9, 52/56.) »Erfolg«? Viel ernstes Danken auf der einen Seite, Protestschreiben auf der andern. Mit den Protestierenden habe ich mich brüderlich zusammengefunden: ich habe sie gebeten, mir zu sagen, was sie geärgert habe. Dann habe ich sie vor die nackten Tatsachen des 1. April und *allesdessen, was damit zusammenhängt* und vor die Tatsachen des Evangeliums hingestellt, und wir sind als Freunde auseinandergegangen. (N. B. Die Protestierenden waren ausgesprochene Nationalsozialisten.) Einer meinte am Schluß der Besprechung: »ich sehe jetzt, Sie sind ja eigentlich kein »Politiker«. »Gott sei dank«, antwortete ich, »auf der Kanzel bestimmt nicht.« Andere freilich, die gar nicht in der Predigt waren, haben benutzt, was ihnen (z.T. entstellt) zugetragen war, um mich in ordentlicher Presbyteriumssitzung zu bedrohen: »Noch einmal solche Predigt, und Sie werden von der Kanzel weg verhaftet«, überhaupt: »ich müsse mich umstellen oder es gehe nicht so weiter, ich würde dauernd überwacht« u.s.w. diktierten »Deutsche Christen«. Wie steht es hier eigentlich? Darf der Prediger, der gewissenhaft Evangelium verkündigt und, da er das in die Zeit hinein tut, *manchmal unangenehme Wahrheiten sagen muß,* auch in dem gegenwärtigen Staat auf den Schutz der Kirchenbehörde rechnen, und wenn die Kirchenbehörde dazu nicht in der Lage ist, wenigstens darauf, daß sich die Kirchenbehörde hinter ihren Prediger stellt? Ja, die Frage muß gestellt werden: Darf der Verkündiger heute von der Kanzel die evangelische Wahrheit sagen, ohne besorgt zu sein, daß ihm vom Staate Leids geschieht? Ich weiß, man kann viele Predigten halten, die so das Zentrale sagen, daß jene Besorgnis *fast* unberechtigt ist. Aber *dürfen* wir

3 *dies ater, 1. April* = Schwarzer Tag des Boykotts jüdischer Geschäfte, Ärzte und Anwälte am 1. 4. 1933.

dauernd das vom Evangelium her zu verurteilende Zeitgeschehen in der Predigt unangerührt lassen? Müssen wir nicht – *vom Evangelium her* – »es ist nicht recht« sagen, nicht bloß zur gesunkenen Ehemoral, schamlosen Gottlosenpropaganda, sondern auch zu Mißhandlungen, unberechtigten Einkerkerungen, Entrechtungen? Ich fürchte, daß das Schweigen der Kirche zur gegenwärtigen deutschen Judenfrage unerwünschte Folgen haben wird (schon gehabt hat), und daß das Schweigen vor dem Evangelium auch dadurch nicht zu rechtfertigen ist, daß das Nichtschweigen die Spannung zum gegenwärtigen Staat verschärft haben würde.
Im Zusammenhang hiermit erscheint mir besonders schwerwiegend die sehr freundliche Art, mit der Sie die »Glaubensbewegung deutscher Christen« begrüßen. Es liegt mir ferne, zu meinen, daß nicht in dieser Bewegung wertvolle Kräfte verborgen sein könnten. – *Aber um nur Einiges herauszugreifen* – kennen Sie das Sonntagsblatt der Deutschen Christen? Ein mir befreundeter einstiger kommunistischer Redakteur (seit vielen Jahren aus der K.P.D. ausgetreten), der eine tiefgehende Wandlung hin zu ernsterer evangelischer christlicher Frömmigkeit durchlebt hat (N. B. ich war nicht das Werkzeug), und der täglich und gründlich in seiner Bibel liest, schrieb mir u. a. von der Nummer des 9. April »Blasphemien, wie die im Sonntagsboten oder im Leitaufsatz des Evangeliums im dritten Reich habe ich selbst beim Atheismus selten gefunden, ausgenommen den Antisyllabus eines Johannes Most.« Ich muß ihm Recht geben und zwar nicht bloß auf Grund jener einen Nummer! Sie haben gewiß die *Vorschläge von Pfarrer Hossenfelder* für eine evangelische Reichskirche gelesen. Sie enthalten nichts, was den Leser des Sonntagsblattes »Evangelium im dritten Reich« überraschen könnte. Umso überraschter bin ich, verehrter Herr Generalsuperintendent, daß Sie gegenüber dem Programm der Deutschen Christen nur von *Fragen,* wenn auch von *ernsten Fragen* sprechen, die offen diskutiert werden müssen! Sie schreiben u. a.: man solle und müsse dies stattliche Heer, das an der Kirche und in der Kirche mitarbeiten wolle, willkommen heißen. Mir will scheinen, es sei gar nicht zu erkennen, daß, wenn die Evangelische Kirche die Linie einnehmen würde, die die deutschen Christen bisher in ihrem offiziellen K.-Organ, sowie durch ihren Führer Pfarrer Hossenfelder aufgezeigt haben, unsere Kirche sich der Erfüllung ihrer eigentlichen Bestimmung nicht nur nicht nähern, sondern daß sie sich weit davon entfernen würde. Daß nur nicht das »in der Kirche Mitarbeitenwollen« vieler deutschen Christen werde zu einem »Die Kirche benutzen für politische Zwecke« (etwas, was freilich *Adolf Hitler* selber in »Mein Kampf« IX, Aufl. S. 294 verurteilt hat mit den Worten: »Am Ärgsten sind die Verwüstungen, die durch den Mißbrauch der religiösen Überzeugung zu politischen Zwecken hervorgerufen werden.). Eine große Zahl deutscher Christen, vielleicht die meisten, wollen das höchstwahrscheinlich nicht, aber ich fürchte und muß feststellen, daß bei nicht wenigen, sogar bei Pfarrern, die Verwirrung bereits so groß ist, daß sie zwischen *kirchlichem Denken und Handeln* und *politisch-staatlichem Denken und Handeln* im Sinne der gegenwärtigen Regierung gar nicht mehr zu unterscheiden vermögen. Ausgesprochen oder unausgesprochen: viele empfinden dort so, als ob »nicht eindeutig für die gegenwärtige Regierung sein« *gleichbedeutend* wäre mit »gegen Christus sein!!!« Sonst könnte es doch nicht geschehen, daß z. B. die Forderung der Gleichschaltung in aller Form von einzelnen Mitgliedern des Presbyteriums an mich gerichtet worden ist, wiewohl mir dieselben Menschen offen zubilligen, daß gegen meine Amts- und Lebensführung weder religiös noch kirchlich, noch theologisch-wissenschaftlich, noch sittlich Einwendungen zu erheben sind. Meiner neben andern ausgesprochenen Bitte, man möge mich von meiner

vermeintlich falschen Haltung (politisch tätig bin ich schon lange nicht mehr) durch *theologische Erwägungen* befreien, wurde freilich *von Theologen* entgegengehalten: »Ach was, Theologie, es steht jetzt Größeres auf dem Spiele!« Ich mußte Ihnen auch dies Letzte sagen. Vielleicht lassen Sie sich gelegentlich über jene tieftraurigstimmende Sitzung des Kölner Presbyteriums vom 5. Mai von Anderen, die dabei waren, unterrichten.

Das Allerbedenklichste scheint mir zu sein, daß nach den erwähnten Hossenfelderschen Vorschlägen für eine evangelische Reichskirche in aller Klarheit die Gleichschaltung so weit getrieben wird, daß »nur Christen arischer Rasse zur evangelischen Reichskirche« gehören dürfen. Sehr verehrter Herr Generalsuperintendent, geht es hier wirklich nur um eine Frage, eine ernste Frage? Oder ist es nicht zweifellos, daß hier schlimmste Vergewaltigung oder Entstellung urbiblischer Botschaft vorliegt? Können wirklich nach dorthin ernsthaft Beziehungen gepflegt und aufgenommen werden, *solange von solchen Verirrungen nicht entschlossen abgerückt wird?* Was soll ich den Menschen jüdischer »Rasse« sagen, die ich getauft habe nach ernstestem Unterricht und nachdem ich die Überzeugung gewonnen habe, daß sie aufrichtig glauben, daß »Jesus Christus . . . sei ihr Herr«, wenn eine Kirche, die zu solchen sagt: »bei uns ist für euch kein Raum«, evangelische Kirche heißen soll? Wird hier nicht die Taufe unterhöhlt, ist hier nicht Substanz christlicher Wahrheit preisgegeben? Wie finden sich, die so sagen und handeln, mit dem ersten Pfingstfest ab?

Ich breche ab! Viel hätte ich noch zu sagen und zu fragen von der bereits erwähnten ungerechten, ja, den Tatsachen nicht entsprechenden Geschichtsdarstellung, die dem deutschen Volk von Denen, die es jetzt führen, eingehämmert wird, ohne daß ernster Widerspruch, begründeter Widerspruch sich öffentlich erheben *darf* – von dem bis heute unwiderrufenen Telegramm Hitlers nach Beuthen[4] aus dem Jahre 1932 (letztes Vierteljahr) und der ihm folgenden Erklärung: wenn *1000* Polen getötet werden, will das nicht allzuviel sagen, aber wenn *ein* Deutscher getötet wird, so ist das unerträglich – von den Vielen, Vielen, die heute *gezwungen* werden, falls sie ihre Stelle nicht verlieren wollen, so zu tun, als stimmten sie zu usw. Sind das alles bloß »Einzelheiten«? Ich glaube, wir dürfen – *immer vom Evangelium und von reformatorisch frommer Gründlichkeit her* – solche Dinge nicht leicht nehmen.

Ich darf gewiß sein, verehrter Herr Generalsuperintendent, daß Sie meine Darlegungen nicht als eigensinnige Nörgeleien eines Unbelehrbaren, auch nicht als rasch abzuweisende relativ unwichtige Kritik empfinden werden, sondern daß Sie sie hinnehmen als Notschrei eines ihrer Pfarrer, dem es wirklich um das Schicksal unserer Kirche zu tun ist und der »sich umzustellen« bereit ist, sobald ihm innerlich die Erkenntnis erwächst, daß er irrt. Es ist mir nicht bange. Aber: daß mir nur nicht später Untreue vorgeworfen werden dürfte! Daß nur nicht viele Gewissen durch etwaige Billigung staatlichen Zwanges auf kirchlichem religiösem Gebiet, durch Abhängigmachung des Heimatrechtes der Prediger in der Kirche von der Zustimmung zu einer bestimmten Politik in bitterste Not, vielleicht ins Elend getrieben werden!

Ich weiß um Ihre große Verantwortung, ich weiß um Ihr Können, ich habe Vertrauen zu Ihnen.

Ihr ergebener (Georg Fritze)

---

4 *Beuthen* = Kommunistenmörder von Potempa, siehe S. 80.

D/11 Aktenvermerk des Konsistorialpräsidenten

Düsseldorf, den 10.Oktober 1938.

A k t e n v e r m e r k
z.d.Personalakten des Pfarrers F r i t z e - Köln.

Auf Grund der am 19.9.38 im hiesigen Dienstgebäude stattgefundenen verantwortlichen Vernehmung des Pfarrers Fritze (der sich hierzu in Begleitung seines Rechtsbeistandes, Rechtsanwalt Schulze zur Wiesche, eingefunden hatte), habe ich zusammen mit dem Sachbearbeiter, Herrn Kons.Ass. Kolrep, am folgenden Tage, dem 20.9.38, in Köln mit dem derzeitigen Präses des Presbyteriums, Pfarrer K ö h l e r , und dem von ihm zugezogenen Pfarrer W e r n e r , dem Vorsitzenden des Männerwerks der Gemeinde Köln, eine eingehende Aussprache über die weitere Behandlung des Falles Fritze gehabt. Bei dieser Besprechung betonten die Vertreter der Gemeinde Köln, dass das Presbyterium und die Pfarrkonferenz fast einmütig entschlossen gegen ein weiteres Amtieren von Pfarrer Fritze in Köln eingestellt seien. Im Presbyterium sässen zahlreiche kirchlich bewusste Nationalsozialisten, die schon seit 1933 an dem Auftreten Pfarrer Fritze's und an seiner politischen Einstellung stärksten Anstoss genommen hätten. Im Einzelnen wurde hierzu auf folgendes hingewiesen:

Schon 1933 hätte bei einem Festgottesdienst in der Trinitatiskirche in Köln Pf.Fritze den Volksunwillen so stark durch sein Verhalten oder seine Äusserungen erregt, dass Pf. Köhler damals mit Mühe seine Verhaftung verhindert konnte. Ungezählte Male sei er schon von der Polizei vorgeladen worden. Seine Vorträge erregten immer wieder Anstoss. Er kehrte sich als einziger der Pfarrer der Gemeinde Köln nicht an die Ordnung der Gemeinde, er täte, was er wollte, predigte, was er wollte, stellte auf die Kanzel, wenn er wollte, ginge auf Urlaub, wann er wollte, käme zu den Sitzungen, wann er wollte oder bliebe ihnen fern, wenn es ihm passte usw. Er befolge stur die Anordnungen der BK und bekümmere sich nicht um die Beschlüsse des Presbyteriums und der Pfarrkonferenz, sondern habe sich aus dieser Gemeinschaft herausgestellt. Eine Besonderheit

derheit

sonderheit von ihm sei es auch gewesen, dass er Gottesdienste von etwa zweistündiger Dauer gehalten hätte durch die Einzufügung [redacted] langer BK-Abkündigungen, die zur Folge gehabt hätten, dass der anschliessende Kindergottesdienst, der von einem andern Pfarrer gehalten wurde, nicht rechtzeitig beginnen konnte. Auch dies hätte oft grosse Verärgerung hervorgerufen. Dieses ganze Verhalten hätte in immer steigendem Masse den Unwillen des Presbyteriums erregt und ebenso den der andern Geistlichen, sodass schon im vorigen Jahre einmal das Presbyterium seinen Weggang gefordert hätte und diesen Beschluss auch gegen die Beschwichtigungsversuche des Konsistoriums oder des Generalsuperintendenten aufrechterhalten hätte. Pf. Fritze würde als eine dauernde schwere Belastung der Gemeinde Köln, des Ansehens der Gemeinde und des Ansehens der Kirche in weitesten Kreisen empfunden. Ein grosser Teil der Kirchenaustritte in Köln sei auf sein Konto zurückzuführen. Sein Verhalten jetzt in der Vereidigungsfrage sei der Tropfen, der das Fass zum Überlaufen bringe, und es sei ausgeschlossen, dass das Presbyterium diesmal wieder, wie im vorigen Jahre, sich damit zufriedengebe, dass nichts geschehe. Das Presbyterium sei nicht gewillt, noch länger die Verantwortung dafür zu übernehmen, dass ein Mann wie Fritze weiterhin auf einer Kölner Kanzel stehe, dass er die Jugend erziehen und dass er amtlich Menschen leiten dürfe. Es erwarte vom Konsistorium ein scharfes Zugreifen und endlich eine klare, energische Haltung.

In diesem Falle schon hätte das Presbyterium die Absicht gehabt, durch Telegramme an den Reichskirchenminister und an andere Stellen ein sofortiges energisches Einschreiten der Behörden herbeizuführen. Pf. Köhler hätte dies verhindert, um die Sache in ein etwas beschleunigtes Fahrwasser zu leiten. Auf die Frage aber, wie das Presbyterium sich verhalten würde, wenn die Finanzabteilung die Gehaltssperre aufhöbe, erwiderten Pf. Köhler und Pf. Werner, das Presbyterium würde sich dies in keinem Falle gefallen lassen, nur was es tun würde, könne man noch nicht sagen. Keinesfalls würde es eine solche, zu Gunsten Fritze's lautende Entscheidung verstehen.

Zu

-3-

Zu den Familienverhältnissen von Pf.Fritze wurde auf meine Frage erklärt:

Frau Pf.Fritze sei gebürtige Holländerin und als deutschfeindlich eingestellt bekannt. Sie sei nicht unvermögend und habe eine vermögende Verwandtschaft in Holland. Sein Sohn sei früher der Führer der sozialdemokratischen Studentenschaft in Köln gewesen, sei beim Umbruch 1933 sofort über die Grenze geflohen und seitdem nicht wieder nach Deutschland zurückgekehrt. Dieser Sohn habe eine Holländerin geheiratet und sei in Holland geblieben. Die Tochter Fritze's sei in der Schweiz verheiratet. Er selbst verbringe jeden Urlaub im Auslande. Er sei religiöser Sozialist.-Schon diese ganzen Umstände und Familienverhältnisse stimmten die Bevölkerung misstrauisch, zumal er nichts getan hätte, um der sich hieraus ergebenden Stimmung entgegenzuwirken. Sein Verhalten werde natürlich mit dem seines Sohnes und der anderen Familienangehörigen in einer Linie gesehen.

Ganz besonders habe zu der jetzigen Erregung gegen Pf.Fritze noch beigetragen der Kirchenaustritt des Chefarztes des ev.Krankenhauses der Gemeinde Köln, Professor N i e d e h der mit seiner Frau kürzlich aus der Kirche ausgetreten ist und auf Befragen ausdrücklich als Grund angegeben hätte, er könne in einer Kirche, in der ein grosser Teil der Pfarrer den Eid auf den Führer nicht leiste, nicht länger bleiben. Professor Nieden ist zwischen 50 und 60 Jahren alt, Chirurg und schon seit Jahrzehnten am ev.Krankenhause tätig. Er hat noch kürzlich einen Assistenzarzt vom Kirchenaustritt zurückgehalten, wie protokollarisch festgelegt ist. Unter den Patienten genissst er grosses Vertrauen und ist die Zugkraft des Krankenhauses. Von dem Bekanntwerden seines Austritts werden in Köln erhebliche propagandistische Wirkungen befürchtet. Pf.Fritze hat in diesem Krankenhaus auch turnusmässig zu predigen.

Auf die Frage, ob der Fall von Pf.Fritze als ein Sonder fall angesehen werden könnte gegenüber anderen Pfarrern, die auch den Eid nicht geleistet haben, wurde erwidert, das wäre

wegen

wegen seiner oben angeführten Stellung in Köln der Fall, aber auch deswegen, weil er nicht, wie fast alle BK-Pfarrer, seine Erklärung mit den Worten begonnen hätte "Ich bin bereit, dem Führer einen Treueid zu leisten", sondern nur zu einem sehr bedingten Eide sich bereiterklärt hätte.

Seine Anhängerschaft wird nicht sehr gross geschätzt. Allerdings werden seine Gottesdienste auch von Neugierigen und von BK-Freundenaus anderen Gross-Kölner Gemeinden besucht.

SeineEntfernung aus Köln würde kein entscheidender Verlust für die BK sein, da der Kreis seiner BK-Anhänger unschwer von anderen Gross-Kölner BK-Pfarrern versorgt werden könnte.

Auch das Männerwerk verlangt energisch die Entfernung Pf.Fritze's aus Köln.

Auf die Frage, welche Massnahmen die Stapo vorgenommen hat, wurde mitgeteilt, dass das Verfahren bei der Stapo schwebte; die Kölner Stapo nehme den Fall weiterhin sehr wichtig und habe darüber an das Geheime Staatspolizeiamt in Berlin berichtet, dessen weitere Weisungen man abwarten müsse. Inzwischen habe ihm die Kölner Stapo den Pass abgenommen. Der Leiter der Kölner Stapo habe den dringenden Wunsch nach einer Besprechung mit uns (Konsistorium) über die weitere Behandlung dieses Falles. Wir vereinbarten, dass Herr Pf.Köhler oder in seiner Vertretung - er wollte jetzt auf Urlaub gehen - Herr Pf.Werner mit der Stapo einen Termin für diese Besprechung in Bälde verabreden solle. Das Ergebnis dieser Besprechung soll für die hiesige Entscheidung der Fin.Abt. und für den Bericht an den EO abgewartet werden.

Zum Schluss wurde noch die rechtliche Schwierigkeit der Gehaltssperre ohne gleichzeitiges Disziplinarverfahren erörtert. Die Kölner Pfarrer gaben zu, dass einige Beamte, die Mitglieder des Presbyteriums wären, bei der Beratung des Presbyteriums ihrerseits schon darauf hingewiesen hätten, dass die Kirchenbehörde ~~XXXX~~ ein Disziplinarverfahren gegen Pf.Fritze einleiten müsse mit Suspension, dass dagegen ohne ein solches die Fortdauer der Gehaltssperre rechtlich sehr

zweifelhaft

-5-

zweifelhaft sei. Die Herren waren der Meinung, dass ein solches Disziplinarverfahren möglich wäre mit Rücksicht auf die früheren und jetzigen Beschlüsse des Presbyteriums und auf das durch die Haltung Pf.Fritze's früher und jetzt in der Gemeinde hervorgerufene Ärgernis sowie durch die staatlicherseits gegen ihn erhobenen Massnahmen (Untersuchung und Passentziehung). Sollte dies nicht als ausreichende Grundlage für ein Disziplinarverfahren angesehen werden können, so müsse seine Versetzung betrieben werden. Die Bereitwilligkeit zur freiwilligen Pensionierung ist bei Pf. Fritze offenbar nicht vorhanden, obwohl er schon 64 Jahre alt ist; aus diesem Grunde kann zurzeit eine zwangszweise Pensionierung nicht durchgeführt werden, ausser bei Vorlegung eines amtsärztlichen Zeugnisses über Dienstunfähigkeit oder im Zuge eines Versetzungsverfahrens. Es zeigte sich auch bei dieser Gelegenheit wieder, wie bedauerlich das Fehlen einer Möglichkeit der Versetzung in den Wartestand ist in Fällen dieser Art. Übrigens teilte Pf.Köhler mit, dass der Beamte der Stapo, der Pf.Fritze am selben Tage vernommen hat, den Eindruck hatte, dass es sich um einen stark pathologisch veranlagten Fanatiker handele.

Abschliessend gaben die Herren nochmals ihrer Auffassung Ausdruck, dass das Presbyterium Köln als verantwortungsbewusste Vertretung einer absolut geschlossenen staatsbejahenden Gemeinde nicht länger mit der Person Fritze's als mit einem Fremdkörper und Ärgernis belastet sein wolle und dass es von der Kirchenbehörde entsprechende Schritte erwarte.

Abkürzungen

Abs.	Absatz
AEKR	Archiv der Evangelischen Kirche im Rheinland
Anm.	Anmerkung
BDKJ	Bund d. Kath. Jugend
BDM	Bund Deutscher Mädel
BK	Bekennende Kirche
CDU	Christlich Demokratische Union
CSU	Christlich Soziale Union
CVJM	Christlicher Verein Junger Männer
DAF	Deutsche Arbeitsfront
DC	Deutsche Christen
DDR	Deutsche Demokratische Republik
DEK	Deutsche Evngelische Kirche
DG	Deutsche Glaubensbewegung
DNVP	Deutschnationale Volkspartei
DVP	Deutsche Volkspartei
EOK	Evangelischer Oberkirchenrat
ev.	evangelisch
FDP	Freie Demokratische Partei
Gestapo	Geheime Staatspolizei
Hg.	Herausgeber
HJ	Hitlerjugend
Joh.	Johannesevangelium
JU	Junge Union
kath.	katholisch
KPD	Kommunistische Partei Deutschlands
KZ	Konzentrationslager
MdB	Mitglied des Bundestages
MdR	Mitglied des Reichstages
MS	Manuskript
NS	Nationalsozialismus
NSDAP	Nationalsozialistische Deutsche Arbeiterpartei
Offb.	Offenbarung des Johannes
Ps.	Psalm
RKA	Reichskirchenausschuß

Röm.	Brief des Paulus an die Römer
RS	Religiöser Sozialist
RZ	Rheinische Zeitung
SA	Sturmabteilung
SPD	Sozialdemokratische Partei Deutschlands
SS	Schutzstaffel
Stapo	Staatspolizei
VdAV	Vereinigung d. Deutschen Arbeitgeber-Verbände e. V.
Verf.	Verfasser
VL	1. bzw. 2. Vorläuf. Leitung der Bekennenden Kirche
VO	Verordnung
Vors.	Vorsitzender
Tscheká	Tschreswyitscháinaja kommissija = Außerordentliche Kommission

Zitierte Literatur

Algermissen, Konrad, Die Gottlosenbewegung der Gegenwart und ihre Überwindung, 1932.

Archiv der sozialen Demokratie – Friedrich-Ebert-Stiftung (Hg.), Gustav W. Heinemann, Bibliographie, 1976.

Balzer, Friedrich-Martin, Klassengegensätze in der Kirche. Erwin Eckert und der Bund der Religiösen Sozialisten, 1975, 2. Aufl.

Barth, Christoph, Bekenntnis im Werden – Neue Quellen zur Entstehung der Barmer Erklärung, 1979.

Barth, Karl, Der Römerbrief, 1919.

– Der Christ in der Gesellschaft, 1919, in: Jürgen Moltmann, Anfänge der dialektischen Theologie, Theologische Bücherei, Bd. 17, 1977.

– Quosque tandem . . .?, in: Zwischen den Zeiten, 1930.

– Theologische Existenz heute!, 1933

– Reformation als Entscheidung, 1933.

– So wahr mir Gott helfe, 1938.

– Consilium zur Frage des Treueides der Geistlichen vom 18. 5. 1938, hektographierter Abzug, 1938.

– Offener Brief an die 6. Bekenntnissynode der evangelischen Kirche der altpreußischen Union vom 8. 8. 1938, hektographierter Abzug, 1938.

Beckmann, Joachim (Hg.), Die Briefe zur Lage der evangelischen Bekenntnissynode im Rheinland – Dezember 1933 bis Februar 1939, 1977.

Bethge, Eberhard, Dietrich Bonhoeffer, Theologe Christ Zeitgenosse, 1970.

Billstein, Reinhold (Hg.), Das andere Köln – Demokratische Traditionen seit der Französischen Revolution, 1979.

Birnbaum, Walter, Wider die Front des Gottlosentums – Abwehr oder Verkündigung? 1931.

Biskup, Harald, Pfarrer wurde im Stich gelassen. Gedenkartikel zum 40. Todestag von Georg Fritze, in: Kölner Stadt-Anzeiger vom 3. 1. 1979.

Bizer, Ernst, Zur Theologie der Religiösen Sozialisten, in: Die Christliche Welt, 14/1927.

– Die Religiösen Sozialisten und die dialektische Theologie, in: Zeitschrift für Religion und Sozialismus, 3/1932.
Björnson, Björnstjerne, Über die Kraft, 1896.
Böll, Heinrich, Mein Lesebuch, 1978.
Brakelmann, Günter, Hans Ehrenberg – ein judenchristliches Schicksal im »Dritten Reich«, in: Jahrbuch für westfälische Kirchengeschichte, 1979.
Bredendiek, Walter, Lenin und die Sowjetunion im Urteil evangelischer Theologen in den letzten Jahren der Weimarer Republik, in: Stimme der Gemeinde vom 15. 4. 1970.
– Wege neuer Weltgestaltung, Gedenkartikel zum 100. Geburtstag Georg Fritzes, in: Neue Zeit (DDR), Nr. 206, vom 31. 8. 1974.
Busch, Eberhard, Karl Barths Lebenslauf, 1975.
Cathrein, Victor, Der Sozialismus. Eine Untersuchung seiner Grundlagen und seiner Durchführbarkeit, 1920.
Dahm, Karl Wilhelm, Pfarrer und Politik – Soziale Position und politische Mentalität des deutschen evangelischen Pfarrerstandes zwischen 1918 und 1933, Dortmunder Schriften zur Sozialforschung, Bd. 29, 1965.
Dannemann, Ulrich, Der unvollendete Abschied vom Bürgertum. Karl Barths Kritik des Religiösen Sozialismus, in: Günter Ewald (Hg.), Religiöser Sozialismus, 1977, T-Reihe, Kohlhammer, Bd. 632.
Dehn, Günther, Die religiöse Gedankenwelt der Proletarierjugend, 1923.
Der Prozeß gegen die Hauptkriegsverbrecher vor dem Internationalen Militärgerichtshof, Nürnberg 1947, Bd. XVI.
Diercks, Margarita, Ein Pfarrer im Widerstand, in: Christ in Köln, 19. Ausgabe – 2/74, Hg. Evang. Kirchengemeinde Köln.
Dostojewskij, Fjodor Michailowitsch, Die Brüder Karamasoff, dt. Übersetzung 1919.
Eichner, Günter, Pfarrer im Widerstand gegen Hitler-Genossen, in: Der Weg – Evangelisches Sonntagsblatt für das Rheinland, Ausgabe Köln, vom 11. 8. 1974.
Encke, Hans, Was schuldet die Kirche dem Proletariat? in: Die Tribüne, 12/1928.

Evangelische Kirchengemeinde Köln (Hg.), Festbuch der Evangelischen Gemeinde Köln zur Wiedereinweihung der Antoniterkirche am 18. Mai 1952, 1952.
Ewald, Günter (Hg.), Religiöser Sozialismus, 1977, T-Reihe, Kohlhammer, Bd. 632.
Frick, Heinrich, Die Krisis der Religion, in: Bultmann-Soden-Frick, Krisis des Glaubens, Krisis der Kirche, Krisis der Religion, 1931.
Fritze, Georg, Die Aussichten des Evangeliums in Belgien, 1902.
– Los von Rom und Hin zum Evangelium in Belgien, 1904.
– Die Evangelisationsarbeit der Belgischen Missionskirche, 1908.
– Adolf Harnack, in: Montagsblatt der Magdeburgischen Zeitung, Nr. 48, vom 25. 11. 1912.
– Schriften über Belgien, in: Die Christliche Welt, Nr. 44, 45 und 46, 1915.
– Kirche und Sozialdemokratie, 1919.
– Widerspruch und Aufbauarbeit in Köln, in: Die Eiche, 2/1921.
– (Hg.) Mitteilungen des Bundes religiöser Sozialisten, Monatsblatt Nr. 1 bis 9/1921 (Sammlung Prolingheuer: komplett).
– (Hg.) Ihr seid Brüder – religiös sozialistische Blätter aus dem Rheinland, Fortsetzung der monatl. »Mitteilungen«, Monatsblatt Nr. 10 bis 12/1921 (Sammlung Prolingheuer: komplett).
– Religiöser Sozialismus und Katholizismus. Skizze des bei dem Meersburger religiös-sozialistischen Kongreß gehaltenen Vortrages, 1926, in: Neuwerk 8/1926–1927.
– /Schyns, Belgien, in: Die Religion in Geschichte und Gegenwart, Handwörterbuch für Theologie und Religionswissenschaft (RGG), 2. Aufl., Bd. 1, Sp. 877–883, 1927.
– Beitrag (ohne Überschrift), in: Vierzig Jahre »Christliche Welt« – Festgabe für Martin Rade zum 70. Geburtstag. Im Auftrag der Freunde zusammengestellt von Hermann Mulert, 1927 (S. 89–92).
– Internationaler Kongreß der Unterdrückten, in: Die Eiche, 1927.
– Internationaler Kongreß gegen koloniale Unterdrückung und den Imperialismus, in: Sonntagsblatt des arbeitenden Volkes, 15/1927.

– Vom Brüsseler Antikolonialkongreß, in: Neuwerk, 9/1927–1928.
– Zur Sache! Predigt über Psalm 40 Vers 10, während der Religiösen Maifeier, am 1. Mai 1927, in der Trinitatiskirche zu Köln, in: Kartäuser Pfarrblätter, 2/1927.
– Über den Evangelisch-sozialen Kongreß in Hamburg, in: Rheinische Zeitung vom 1. 7. 1927, Beilage: Das Neue Werden, auch zitiert in: Evangelisch-Sozial, 3/1927 (S. 118–122).
– Der Sündenfall der Kirche – über Christentum, Staat und Krieg, in: Die Christliche Welt, 4/1929.
– Grußadresse an das Rote Blatt, in: Das Rote Blatt der katholischen Sozialisten, 2/1929.
– Lenin, in: Neuwerk, 12/1930–1931.
– Von Lenin, dem Menschen und seinem Werk, in: Die Christliche Welt, Nr. 5 und 6/1930.
– Dein Reich komme! Morgenfeier im Westdeutschen Rundfunk, am 19. 7. 1931, in: Kartäuser Pfarrblätter, 7/1931, und Protestantenblatt, 48/1931.
– Gottlosenbewegung und Kirche, in: Kartäuser Pfarrblätter, 1–2/1932.
– Die biblische Verkündigung von der Auferstehung, Leitsätze für einen Vortrag, in: Kartäuser Pfarrblätter 66/1933.
– (Hg.) Kartäuser Pfarrblätter, Nr. 1 bis 93 (fortlaufende Numerierung seit Ausg. vom 17. 9. 1932 mit Nr. 63), 1927–1938. (Sammlung Prolingheuer: Von Nr. 1, 1927 bis Nr. 62, 1932: 21 Ausgaben, von Nr. 63, 1932 bis Nr. 93, 1938: komplett).
Fuchs, Emil, Sozialismus und Reich Gottes – Die Religiösen Sozialisten wehren sich, in: Die Christliche Welt, 14/1927.
Fülöp-Miller, René, Lenin und Gandhi, 1928.
Gerlach, Angelika, Die Kirche vor der Eidesfrage, 1967.
Globke, Hans / Wilhelm Stuckart (Kommentatoren), Reichsbürgergesetz vom 15. 9. 1935 – Gesetz zum Schutze des deutschen Blutes und der deutschen Ehre vom 15. 9. 1935 – Gesetz zum Schutze der deutschen Erbgesundheit des deutschen Volkes (Ehegesundheitsgesetz) vom 18. 10. 1935, nebst allen Ausführungsbestimmungen und den einschlägigen Gesetzen und Verordnungen, 1936.

Goeters, J. F. Gerhard / Albert Stein / Friedrich Gerhard Venderbosch, Bekenner und Zeugen, Zum Gedenken an den 450. Todestag der Märtyrer Adolf Clarenbach und Peter Fliesteden, 1979.
Gollwitzer, Helmut, Reich Gottes und Sozialismus bei Karl Barth, 1972.
– Nie unpolitisch, Leserbrief auf den Spiegel-Artikel »Gott oder Führer« vom 16. 1. 1978, in: Der Spiegel, Nr. 6 vom 6. 2. 1978.
Greschat, Martin, Der deutsche Protestantismus im Revolutionsjahr 1918–1919, 1974.
Guilbeaux, Henri, Wladimir Iljitsch Lenin, dt. Übersetzung 1923.
Gumbel, Emil Julius, Vom Rußland der Gegenwart, 1930.
Hainke, Emilie, Erinnerungen an zwei Kölner Pfarrer, . . . 2. Georg Fritze (1874–1939), in: Die Kartause in Köln, S. 112–116, siehe Sommer.
Harder, Johannes (Hg.), Christoph Blumhardt – Ansprachen, Predigten, Reden, Briefe 1865–1917, 3. Bd., 1978.
Harnack, Adolf, Die Dienstentlassung des Pfarrers Lic. Gottfried Traub, 1912.
Heering, G. J., De Zondeval van het Christendom, 1928 (Holland).
Heim, Karl, Deutsche Staatsreligion oder Evangelische Volkskirche, 1933.
– Ich gedenke der vorigen Zeiten, 1957.
Historisches Archiv der Stadt Köln (Hg.), Widerstand und Verfolgung in Köln 1933–1945, Ausstellungskatalog, 1974.
Hitler, Adolf, Mein Kampf, 9. Aufl.
Hofer, Walter, Der Nationalsozialismus – Dokumente 1933–1945, 1957.
Holek, Wenzel, Lebensgang eines deutsch-technischen Handarbeiters, Jena, 1909–1921.
Immer, Karl, Augsburg 1935, 1935.
Jankowski, Gerhard / Klaus Schmidt (Hg.), Arthur Rackwitz – Christ und Sozialist zugleich, Schwarz-Weiß-Reihe, Reich, Bd. 7, 1976.
Jatho, Carl Otto (Hg.), Carl Jatho – Briefe, 1914.

Klingenburg, Georg, Ernst Moritz Arndt als Führer der deutsch-evangelischen Christlichkeit, Kölner Flugblatt, 1933.
Kluke, Paul, Der Fall Potempa, in: Vierteljahreshefte für Zeitgeschichte, 1957, Nr. 5.
Koch, Werner, Heinemann im Dritten Reich. Ein Christ denkt für morgen, 1972.
Kramm, Franz, Georg Fritze, Nachruf, in: Die Christliche Welt, 3/1939.
Krüger-Velthusen, Hermann, Fürstenenteignung und Evangelium, in: Frankfurter Zeitung vom 8. 6. 1926.
Lejeune, Robert (Hg.), Christoph Blumhardt. Eine Auswahl aus seinen Predigten, Andachten und Schriften, Bd. 3, 1928.
Lenin, Wladimir Iljitsch, Die Entwicklung des Kapitalismus in Rußland, 1894.
– Freunde des Volkes, 1895.
– Die Aufgaben der russischen Sozialdemokratie, 1899.
– Staat und Revolution, 1922.
– Über Religion, 1926.
Lepsius, Johannes, Der Todesgang des armenischen Volkes, 1916, Neuauflage 1980.
Liebmann, Maximilian, Die Märzerklärung der österreichischen Bischöfe, in: Theologisch-Praktische Quartalsschrift 1/1980 (Linz, Österreich).
Lindemann, Helmut, Gustav Heinemann – Ein Leben für die Demokratie, 1978.
Marcu, Valerin, Lenin – 30 Jahre Rußland, 1927.
Marx, Karl, Das Kapital.
Mees, Rudolf, Georg Fritze – Een persoonlijke herinnering, in: Het Kouter, Jan./1939 (Holland).
Meier, Kurt, Der evangelische Kirchenkampf, Bd. 1, 1976 (Halle, DDR)
Mennicke, Karl, Sozialismus als Bewegung und Aufgabe, 1926.
Mertens, Heinrich (Hg.), Das rote Blatt der katholischen Sozialisten, 1929/30, Reprint: Glashütten 1972.
Mulert, Hermann (Hg.), Vierzig Jahre »Christliche Welt«. Festgabe für Martin Rade zum 70. Geburtstag, 1927.

Müller, Hans, Katholische Kirche und Nationalsozialismus – Dokumente 1930–1935, 1963.
Müller, Walter, Zur Theologie des Religiösen Sozialismus, in: Die Christliche Welt, 23/1927.
Niemöller, Wilhelm, Die Evangelische Kirche im Dritten Reich. Handbuch des Kirchenkampfes, 1956.
Norden, Günther van, Der deutsche Protestantismus im Jahre der nationalsozialistischen Machtergreifung, 1979.
– Helmut Hesse, ein Bekenntnispfarrer, den die Bekennende Kirche nicht ertrug, in: Monatshefte für Evangelische Kirchengeschichte des Rheinlandes, 1980.
Piechowski, Paul, Gewalt gegen Gewalt – Zur Auflösung der kommunistischen Gottlosenverbände, in: Zeitschrift für Religion und Sozialismus, 4/1932.
Pieper, August, Kapitalismus und Sozialismus als seelisches Problem, 1925, 2. Aufl.
Pommerin, Reiner, ›Sterilisation der Rheinlandbastarde‹ – Das Schicksal einer farbigen deutschen Minderheit 1918–1937, 1979.
Priepke, Manfred, Die Evangelische Jugend im Dritten Reich 1933–1936, 1960.
Prolingheuer, Hans, Christus stand zur Debatte. Zur Reaktion der CDU/CSU-Bundestagsfraktion auf die Rede Gustav W. Heinemanns am 23. 1. 1958 im Deutschen Bundestag, in: Das Reißbrett, 2/1958.
– Der Fall Karl Barth 1934–1935 Chronographie einer Vertreibung, 1977.
– Achtung vor dem Recht des anderen. Zur 450. Wiederkehr des Todestages der Kölner Märtyrer Clarenbach und Fliesteden, in: Kölnische Rundschau vom 28. 9. 1979.
– Georg Fritze 1874–1939 – Pfarrer in Köln, Sozialdemokrat und Bekenner im Widerstand. Vortrag während der öffentlichen Veranstaltung des Landeskirchlichen Ausschusses für die Geschichte des Kirchenkampfes im Rheinland, im Rahmen der Kölner »Gedenkwoche zur 450. Wiederkehr der Verbrennung von Adolf Clarenbach und Peter von Fliesteden«, am 2. 10. 1979, in: Allein Gottes Wort, Schriftenreihe des Vereins für Rheinische Kirchengeschichte, 1980.

– Christ, Sozialist, Antifaschist. Auszüge aus den Kapiteln 1 bis 17 des Buchmanuskriptes im Vorabdruck, in: Fluchblatt 39, Informationen für rheinische Theologiestudenten, November 1979.
– Kirchenkampf vor 1933 – ein Kampf gegen die Weimarer Republik, 1980 (Sonderheft 5, Neue Stimme).
– Joachim Beckmann, Zur Geschichte der Bekennenden Kirche im Rheinland, 1981.
Rade, Martin, An die 42 britischen Kirchenmänner, die den Aufruf evangelischer Deutscher an die evangelischen Christen im Auslande beantwortet haben, in: Die Christliche Welt, 46/1914.
– Volksentscheid und Kirche, in: Die Christliche Welt, 13/1926.
Ragaz, Leonhard, Sozialismus und Reich Gottes – Die Religiösen Sozialisten wehren sich, in: Die Christliche Welt, 14/1927.
Repgen, Konrad, Kardinal Josef Frings (1887–1978) im Rückblick. Aktuelle Fragen – ein Jahr nach seinem Tod, in: Zeitfragen Nr. 3, Presseamt Erzbistum Köln, 1980.
Reuter, Fritz, De Reis' nah Belligen, 1855.
Riemeck, Renate, Moskau und der Vatikan, 2 Bde., 1978, 2. Aufl. (Schweiz).
Rosenberg, Alfred, Der Mythus des 20. Jahrhunderts, 1930.
Rührup, Reinhard, Arbeiter- und Soldatenräte im rheinisch-westfälischen Industriegebiet, 1975.
Rupprecht, Johannes (Hg.), Bezzel-Brevier, Bd. 1, 1933.
Schloßmacher, Wilhelm, Die Barmherzigkeit Gottes – deutschchristliche Sonntagsbetrachtung über Psalm 33, 5, in: Sonntagsbote der Deutschen Christen im Kirchenkreis Köln, 9/1933.
Schmidt, Klaus, siehe Jankowski.
Scholder, Klaus, Die Kirche und das Dritte Reich, Bd. 1, 1977.
Sinowjew, Georg, Lenin, 1924.
Sombart, Werner, Das Proletariat – Bilder und Studien, 1906.
Sommer, Rainer (Hg.), Die Kartause in Köln – Festschrift der Evangelischen Kirchengemeinde Köln zum 50. Jahrestag der Einweihung der Kartäuserkirche in Köln zur evangelischen Kirche am 16. September 1978, 1978.
Stein, Albert, siehe Goeters.
Steinbuechel, Theodor, Der Sozialismus als sittliche Idee, 1921.

Stoevesandt, Hinrich, »Von der Kirchenpolitik zur Kirche!« Zur Entstehungsgeschichte von Karl Barths Schrift »Theologische Existenz heute!« im Jahre 1933, in: Zeitschrift für Theologie und Kirche, 1/1979.

Stuckart, Wilhelm, siehe Globke.

Thurneysen, Eduard, Zum religiös-sozialen Problem, in: Zwischen den Zeiten, 6/1927.

Tillich, Paul, Die religiöse Lage der Gegenwart, 1926.

Traub, Hellmut, Karl Barth, in: Hans Jürgen Schultz (Hg.), Tendenzen der Theologie im 20. Jahrhundert – Eine Geschichte in Porträts, 1966.

Venderbosch, Friedrich Gerhard, siehe Goeters.

Verhandlungen der 44. Rheinischen Provinzialsynode 1946 in Velbert, 1948.

Vogl, Karl, Sowjet-Rußland. Wie ein deutscher Pfarrer es sah und erlebte, 1927.

Vordemfelde, Hans, Aus dem Freundeskreis – Nachruf auf Georg Fritze, in: Protestantenblatt, 3/1939.

Wright, Jonathan R. C., Über den Parteien – Die politische Haltung der evangelischen Kirchenführer 1918–1933, 1977.

Wünsch, Georg, Die Religiösen Sozialisten und die dialektische Theologie, in: Zeitschrift für Religion und Sozialismus, 4/1932.

Ziegler, Adolf, Die russische Gottlosenbewegung. Eine authentische Darstellung mit reichem, in Deutschland erstmals veröffentlichtem Bildmaterial, Imprimatur vom 26. 5. 1932 von Generalvikar Dr. Rudolf Hindringer, 1932.

Personenverzeichnis

(Die den Namen beigegebenen Daten beziehen sich überwiegend auf den Zeitraum, in dem die Personen im Buch genannt werden.)

Autorennotiz

Hans Prolingheuer, geboren am 29. 3. 1930 als Sohn eines Formers in Kamen/Westfalen. Dort Schulzeit bis 1950, davon 1944–1945 »Jungschütze« der Heeresschule in Bückeburg. 1950–1955 kirchenmusikalische und religionspädagogische Ausbildung in Herford, Wuppertal und Villigst, Examen 1955 und 1957. 1947–1959 Chorleiter und Organist. 1955–1965 Religionslehrer, Synodal- und Landesjugendwart. 1956 Heirat, 1957 und 1961 Vater eines Sohnes und einer Tochter. 1962–1969 von der westfälischen Kirchenleitung freigestellt zur Vorbereitung und Durchführung der Deutschen Evangelischen Kirchentage Dortmund, Köln, Hannover und Stuttgart als Leiter des Organisationsamtes und Hauptabteilungsleiter. Seit 1969 Mitarbeiter des Evangelischen Stadtkirchenverbandes Köln im Jugendpfarramt, ab 1980 im Amt für Diakonie. 1970–1972 Vorsitzender des Kölner Jugendringes. 1973–1980 Mitglied des Jugendpolitischen Ausschusses der Evang. Jugendkammern Rheinland/Westfalen/Lippe. 1977–1979 Mitglied des Jugendpolitischen Beirates der Arbeitsgemeinschaft der Evangelischen Jugend in der Bundesrepublik Deutschland und Westberlin (AEJ). Ab 1980 Mitglied der Synode des Kirchenkreises Köln-Nord und stellv. Mitglied der rheinischen Landessynode. Seit 1975 Mitglied des Rates der Stadt Köln und der Landschaftsversammlung Rheinland.

Veröffentlichungen: Der Fall Karl Barth 1934–1935. Chronographie einer Vertreibung (Neukirchen, 1977); Kirchenkampf vor 1933 – ein Kampf gegen die Weimarer Republik (Köln, 1980); Zur Geschichte der Bekennenden Kirche im Rheinland (ein »Register zum rheinischen Kirchenkampf«, in Zusammenarbeit mit Altpräses Prof. D. Dr. Joachim Beckmann, Köln/Düsseldorf, 1981).